Bürgerliches Recht

Übungs- und Diplomprüfungsfälle mit Lösungen

3., überarbeitete Auflage

von

a. Univ.-Prof. Dr. Wolfgang Faber

Universität Salzburg
Fachbereich Privatrecht

Ass.-Prof. Dr. Albert Heidinger

Universität Salzburg
Fachbereich Arbeits- und Wirtschaftsrecht

Ass.-Prof. Dr. Kristin Nemeth, LLM

Universität Innsbruck
Institut für Zivilrecht

nw
V
neuer
wissenschaftlicher
Verlag

RECHT

Wien · Graz 2015

Bibliografische Information Der Deutschen Nationalbibliothek

Die Deutsche Nationalbibliothek verzeichnet diese Publikation in der deutschen Nationalbibliografie; detaillierte bibliografische Daten sind im Internet über http://dnb.d-nb.de abrufbar.

ISBN 978-3-7083-1059-6
NWV Verlag GmbH
Faradaygasse 6, 1040 Wien, Österreich
Tel.: +43 1 796 35 62-24, Fax: +43 1 796 35 62-25
E-Mail: office@nwv.at

Geidorfgürtel 24, 8010 Graz, Österreich
E-Mail: office@nwv.at

www.nwv.at

© NWV Neuer Wissenschaftlicher Verlag, Wien · Graz 2015

Druck: Prime Rate Kft., Budapest
E-Mail: info@primerate.hu

Einleitung: Zur Benützung dieses Buchs

Fälle lösen können – das ist eine Fähigkeit, die dem angehenden Juristen nicht nur während der Ausbildung, sondern auch in der späteren juristischen Praxis abverlangt wird. Im Studienbetrieb ist die Fallbearbeitung nicht bloß deshalb wichtig, weil sie die übliche Prüfungsform darstellt: Wer sich mit einem Fall auseinandersetzt, trainiert juristische Denk- und Arbeitsweise. Damit kann man nicht früh genug beginnen.

Das vorliegende Buch ist daher so konzipiert, dass es **vom Beginn des juristischen Studiums an** verwendet werden kann. Der Reihung der Fälle im Buch liegt eine **Dreigliederung** zu Grunde: Die erste Kategorie umfasst **leichte Fälle** zu jenen Gebieten des Privatrechts, die typischerweise am Anfang des Studiums gelehrt werden (Allgemeiner Teil und Schuldrecht Allgemeiner Teil). Diese Fälle sind so angelegt, dass Studierende im ersten Studienabschnitt sie vom Schwierigkeitsgrad her ohne weiteres bewältigen können. Für bereits fortgeschrittene Studierende sind sie zur Wiederholung geeignet. Die zweite Kategorie beinhaltet **mittlere Fälle**. Das sind einmal mittelschwere Fälle, die gegen Ende des ersten Studienabschnitts lösbar sein sollten, sofern an der betreffenden Universität die jeweiligen Stoffgebiete bereits im ersten Abschnitt gelehrt werden. Zum anderen enthält diese Kategorie mittellange Fälle, die hinsichtlich der Anforderungen einer Diplomklausur nahe kommen können, jedoch weniger umfangreich sind. Es treten hier auch Lehrinhalte hinzu, die am Beginn der juristischen Ausbildung typischerweise nur gestreift werden, wie etwa das IPR. Wir haben uns bemüht, die Sachverhalte innerhalb dieser Gruppe so anzuordnen, dass der Schwierigkeitsgrad schrittweise ansteigt. Die dritte Kategorie schließlich umfasst **Diplomklausurfälle**, die durchwegs für eine Bearbeitungszeit von vier Stunden ausgelegt sind. Über die Zuordnung der einzelnen Fälle zu den einzelnen Kategorien gibt das Inhaltsverzeichnis Auskunft.

Unseren Erfahrungen zufolge kämpfen Studierende bei der Fallbearbeitung mit folgenden **Hauptproblemen**, die einzeln oder kumuliert auftreten: Man hat Schwierigkeiten mit dem Herangehen an einen Fall im Allgemeinen, weiß also nicht, womit man beginnen soll und wie die vielen Rechtsprobleme zu einer schlüssigen Abfolge geordnet werden können. Oft bestehen auch Schwierigkeiten im „Umsetzen" von Lernwissen, das heißt es fällt schwer, Rechtsregeln, die einem in der Theorie bereits geläufig sind, auf einen konkreten Fall anzuwenden. Zuletzt besteht häufig eine beträchtliche Diskrepanz zwischen dem, was sich der Studierende zu einem Fall überlegt – beziehungsweise wovon er meint, dass es ihm ohnehin klar ist – und dem, was er in der Klausur zu Papier bringt. Es mangelt an der Fähigkeit (oder Übung!), Gedanken präzise auszudrücken, oder es werden einzelne Lösungsschritte einfach übersehen. Kommt dann noch die verständliche Nervosität in einer Prüfungssituation dazu, führt dies vielfach zum Scheitern. Das muss nicht sein und ist bei entsprechender Übung weitgehend vermeidbar.

Dieses Fallbuch will Sie auf Ihrem Weg zum Prüfungserfolg unterstützen: Eine detaillierte **Einführung in die Methode der Fallbearbeitung** dient der Ausstattung mit dem erforderlichen technischen Rüstzeug. Es folgen 23 Sachverhalte **mit vollständig ausformulierten Lösungen**, anhand derer Sie Ihre eigenen Lösungen kontrollieren können. Wir haben uns bemüht, die Lösungen „**realistisch**" zu gestalten: Sie orientieren sich daran, was Sie als gut vorbereitete Studierende selbst zustande bringen können. Besonderes Augenmerk ist auf die **durchgängige Subsumtion** sämtlicher Tatbestandserfordernisse gelegt. Die Fallbearbeitungen beschränken sich also nicht auf die zentralen Rechtsprobleme der einzelnen Sachverhalte; vielmehr wird aus didaktischen Gründen auch scheinbar Selbstverständliches ausformuliert. So werden zum Beispiel bei Schadenersatzansprüchen Adäquanz und Rechtswidrigkeitszusammenhang meist selbst dann geprüft, wenn sie „unproblematisch" sind, auch wenn es wohl keine feste Regel gibt, ob dies im Rahmen einer Klausur immer notwendig ist, und nicht alle Prüfer stets eine vollständige und tiefgehende Prüfung verlangen. Sie sollen sich in der Prüfungsvorbereitung auch in solchen Punkten zum Nachdenken zwingen und sich bemühen, eine überzeugende Begründung zu formulieren. Die daraus gewonnene Erfahrung wird Ihnen später sowohl bei der Prüfung als auch in der beruflichen Praxis nützlich sein. Zusätzlich haben wir versucht, die Lösungen durch zahlreiche eigens hervorgehobene „**Anmerkungen**" transparent zu machen und, wo dies zweckdienlich erscheint, Hilfestellungen für die Entwicklung des Lösungsaufbaus zu geben. Zum Teil enthalten diese Anmerkungen auch Hinweise zu weiterführenden Rechtsfragen und Lösungsansätzen, die über eine klausurmäßige Fallbearbeitung hinausgehen würden. Auf bevorstehende Rechtsänderungen wird ebenfalls in Form von Anmerkungen hingewiesen.

Den **Fußnotenapparat** haben wir bewusst schlank gehalten, doch sind Entscheidungen des OGH stets mit Geschäftszahl zitiert, damit Sie diese im RIS (www.ris.bka.gv.at/jus/) abrufen und nachlesen können. Das **Inhaltsverzeichnis** weist bei jedem Fall in **Stichworten** auf die berührten Rechtsgebiete hin. Dies soll Ihnen die Auswahl der Fälle erleichtern, die gerade zu ihrem aktuellen Lernprogramm passen. Am Ende des Buches finden Sie ferner ein detailliertes Stichwortverzeichnis, mit dessen Hilfe Sie auch später bei Bedarf gezielt nachsehen können, wie ein bestimmtes Rechtsproblem im Rahmen einer Klausur abgehandelt werden könnte.

Wie erzielen Sie mit diesem Buch einen **optimalen Lerneffekt**? Zu allererst: Seien Sie ehrlich! – Lesen Sie zuerst nur den Sachverhalt und lösen Sie den Fall selbständig. Sehen Sie sich erst dann die Lösung an. Zweitens: Arbeiten Sie Ihre Lösung schriftlich aus! Das kostet zwar auf den ersten Blick mehr Zeit, doch ist nur so gewährleistet, dass Sie Ihre Argumente vollständig zu Papier bringen und sich konkrete, schlüssige Formulierungen abringen. Darauf wird es bei der Prüfung ankommen! Und noch ein weiterer Tipp: Versetzen Sie sich bei der „Korrektur" Ihrer Lösung in die Rolle des Prüfers. Dieser hat nur Ihre schriftlichen Ausführungen zur Verfügung und kann Ihre zusätzlichen Gedanken nicht lesen! Was nicht da steht, zählt nicht, so ist die Realität. Hier kann es sehr hilfreich sein, wenn Sie sich mit einer Kollegin oder einem Kollegen zusammentun, Ihre Ausführungen gegenseitig korrigieren und die Fehler beziehungsweise Verbesserungsvorschläge anschließend diskutieren. Schließlich etwas Selbstverständliches: Ein Fallbuch kann und soll weder Lehrbücher noch den Besuch von Lehrveranstaltungen, insbesondere von Übungen und Falllösungspraktika, ersetzen!

Für **Rückmeldungen und Anregungen** sind wir dankbar!

Salzburg und Innsbruck, September 2015

Wolfgang Faber (wolfgang.faber@sbg.ac.at)
Albert Heidinger (albert.heidinger@sbg.ac.at)
Kristin Nemeth (kristin.nemeth@uibk.ac.at)

Inhaltsverzeichnis

Abkürzungsverzeichnis

aA	anderer Ansicht
ABB	Allgemeine Bedingungen für Bankgeschäfte
aaO	am angegebenen Ort
ABGB	Allgemeines bürgerliches Gesetzbuch
Abs	Absatz
aE	am Ende
aF	alte Fassung
AG	Aktiengesellschaft
Anm	Anmerkung
Art	Artikel
ASVG	Allgemeines Sozialversicherungsgesetz
AT	Allgemeiner Teil
bbl	Baurechtliche Blätter
Begr	Begründer
Bekl	Beklagte, -r
BG	Bezirksgericht, Bundesgesetz
BGBl	Bundesgesetzblatt
BGH	Bundesgerichtshof (Deutschland)
BlgNR	Beilagen zu den Stenographischen Protokollen des Nationalrats
BWG	Bankwesengesetz
bzw	beziehungsweise
ca	circa
cic	culpa in contrahendo
CISG	United Nations Convention on Contracts for the International Sale of Goods = Übereinkommen über das auf internationale Warenverkäufe anwendbare Recht (UN-Kaufrecht)
DaKRÄG	Darlehens- und Kreditrechts-Änderungsgesetz, BGBl I 2010/28
dh	das heißt
DHG	Dienstnehmerhaftpflichtgesetz
E	Entscheidung
EFSlg	Ehe- und familienrechtliche Entscheidungen
EGBGB	Einführungsgesetz zum Bürgerlichen Gesetzbuch (Deutschland)
EheG	Ehegesetz
EKHG	Eisenbahn- und Kraftfahrzeug-Haftpflichtgesetz
EO	Exekutionsordnung
ErbRÄG 2015	Erbrechts-Änderungsgesetz 2015, BGBl I 2015/87
ErläutRV	Erläuterungen zur Regierungsvorlage
etc	et cetera
EU	Europäische Union
EuErbVO	Verordnung über die Zuständigkeit, das anzuwendende Recht, die Anerkennung und Vollstreckung von Entscheidungen und die Annahme und Vollstreckung öffentlicher Urkunden in Erbsachen sowie zur Einführung eines Europäischen Nachlasszeugnisses,

	ABl 2012 L 201/107
EuGH	Europäischer Gerichtshof
EvBl	Evidenzblatt der Rechtsmittelentscheidungen (in ÖJZ)
EVÜ	Übereinkommen über das auf vertragliche Schuldverhältnisse anzuwendende Recht
f	und der, die folgende
FAGG	Fern- und Auswärtsgeschäfte-Gesetz, BGBl I 2014/33
FamErbRÄG	Familien- und Erbrechts-Änderungsgesetz 2004, BGBl I 2004/58
ff	und der, die folgenden
FN	Fußnote
FS	Festschrift
GBG	Grundbuchsgesetz
gem	gemäß
GewRÄG	Gewährleistungsrechts-Änderungsgesetz, BGBl I 2001/48
GmbH	Gesellschaft mit beschränkter Haftung
GoA	Geschäftsführung ohne Auftrag
GP	Gesetzgebungsperiode
hA	herrschende Ansicht
HaRÄG	Handelsrechts-Änderungsgesetz, BGBl I 2005/120
HG	Handelsgericht
HGB	Handelsgesetzbuch
hL	herrschende Lehre
hM	herrschende Meinung
Hrsg	Herausgeber
idF	in der Fassung
idR	in der Regel
iHv	in Höhe von
immolex	Neues Miet- und Wohnrecht
insbes	insbesondere
IPR	Internationales Privatrecht
IPRG	Internationales Privatrechts-Gesetz
iSd	im Sinne des, der
iVm	in Verbindung mit
JAP	Juristische Ausbildung und Praxisvorbereitung
JBl	Juristische Blätter
KFG	Kraftfahrgesetz
KindRÄG	Kindschaftsrechts-Änderungsgesetz, BGBl I 2001/135
Kl	Kläger, -in
KRES	Konsumentenrecht Entscheidungssammlung
KSchG	Konsumentenschutzgesetz
L	Lehre
LG	Landesgericht
LGZ	Landesgericht für Zivilrechtssachen
lit	litera
MietSlg	Mietrechtliche Entscheidungen
mj	minderjährig
MR	Medien und Recht

mwN	mit weiteren Nachweisen
mwV	mit weiteren Verweisen
nF	neue Fassung
NJW	Neue juristische Wochenschrift
NotAktsG	Notariatsaktsgesetz
Nr	Nummer
NRsp	Neue Rechtsprechung des OGH (in der ÖJZ)
NZ	Notariatszeitung
ÖBA	Österreichisches Bankarchiv
OGH	Oberster Gerichtshof
ÖJZ	Österreichische Juristen-Zeitung
OLG	Oberlandesgericht
ÖZW	Österreichische Zeitschrift für Wirtschaftsrecht
RdW	Österreichisches Recht der Wirtschaft
RIS	Rechtsinformationssystem des Bundes
RL	Richtlinie
Rn	Randnummer
Rsp	Rechtsprechung
Rz	Randziffer
S	Satz
Slg	Sammlung (hier der Rsp des EuGH und des EuGEI)
sog	sogenannte, -er
StGB	Strafgesetzbuch
StPO	Strafprozessordnung
stRsp	ständige Rechtsprechung
StVO	Straßenverkehrsordnung
SZ	Entscheidungen des österreichischen Obersten Gerichtshofes in Zivil- (und Justizverwaltungs-)sachen
uE	unseres Erachtens
UGB	Unternehmensgesetzbuch
ua	unter anderem
usw	und so weiter
uU	unter Umständen
VersVG	Versicherungsvertragsgesetz
vgl	vergleiche
VKrG	Verbraucherkreditgesetz
VO	Verordnung
wN	weitere Nachweise
wobl	Wohnrechtliche Blätter
Z	Ziffer
ZEuP	Zeitschrift für Europäisches Privatrecht
ZPO	Zivilprozessordnung
ZVB	Zeitschrift für Vergaberecht und Bauvertragsrecht
ZVR	Zeitschrift für Verkehrsrecht

Verzeichnis abgekürzt zitierter Literatur

Apathy/Riedler, Bürgerliches Recht III. Schuldrecht. Besonderer Teil[4] (2010)

Apathy/Iro/Koziol (Hrsg), Österreichisches Bankvertragsrecht I[2] (2006), II[2] (2008), IV[2] (2012), IX (2011)

Bamberger/Roth (Hrsg), Kommentar zum Bürgerlichen Gesetzbuch III[3] (2012)

P. Bydlinski, Bürgerliches Recht I. Allgemeiner Teil[6] (2013)

Dullinger, Bürgerliches Recht II. Schuldrecht. Allgemeiner Teil[5] (2014)

Eccher, Bürgerliches Recht VI. Erbrecht[5] (2014)

Ferarri/Likar-Peer (Hrsg), Erbrecht – Ein Handbuch für die Praxis (2007)

Harrer, Sicherungsrechte (2002)

Hinteregger, Familienrecht[6] (2013)

Iro, Bürgerliches Recht IV. Sachenrecht[5] (2013)

Iro/Koziol, Allgemeine Bedingungen für Bankgeschäfte – Kommentar (2001)

Jabornegg/Artmann (Hrsg), Kommentar zum UGB I[2] (2010)

KBB: Koziol/P. Bydlinski/Bollenberger (Hrsg), Kurzkommentar zum ABGB[4] (2014)

Kerschner, Bürgerliches Recht V. Familienrecht[5] (2013)

Klang (Hrsg), Kommentar zum Allgemeinen bürgerlichen Gesetzbuch[2] IV/2 (1976)

Klang[3]: Fenyves/Kerschner/Vonkilch (Hrsg), Klang Kommentar zum Allgemeinen Bürgerlichen Gesetzbuch[3], §§ 1-43 (2014), §§ 285-352 (2011), §§ 353-379 (2011), §§ 1451-1502 (2012), KSchG (2006)

Kletečka/Schauer (Hrsg), ABGB-ON: Kommentar zum Allgemeinen bürgerlichen Gesetzbuch (2010) + Online-Updates

Kosesnik-Wehrle (Hrsg), Konsumentenschutzgesetz und Fern- und AuswärtsgeschäfteG[4] (2015)

Koziol, Österreichisches Haftpflichtrecht I[3] (1997), II[2] (1984)

Koziol/Apathy/Koch, Österreichisches Haftpflichtrecht III[3]: Gefährdungs-, Produkt- und Eingriffshaftung (2014)

Koziol/Welser, Grundriss des bürgerlichen Rechts I[14] (2014), II[13] (2007)

Krejci (Hrsg), Kommentar zu den durch das HaRÄG 2005 eingeführten Neuerungen im Unternehmensgesetzbuch und im Allgemeinen Bürgerlichen Gesetzbuch (2007) (zitiert als: Reformkommentar)

Lurger/Melcher, Bürgerliches Recht VII. Internationales Privatrecht (2013)

Münchener Kommentar zum Bürgerlichen Gesetzbuch X, Internationales Privatrecht[6] (2015)

Rauscher (Hrsg), Europäisches Zivilprozess- und Kollisionsrecht. EuZPR/EuIPR III (2011)

Rummel (Hrsg), Kommentar zum ABGB I^3 (2000), $II/1^3$ (2002), $II/2a^3$ (2007), $II/2b^3$ (2004), $II/3^3$ (2002), $II/4^3$ (2002)

Rummel/Lukas (Hrsg), Kommentar zum ABGB^4 §§ 531-824 (2014), §§ 859-916 (2014)

Schwimann (Hrsg), ABGB Praxiskommentar VI^3 (2006), VII^3 (2005)

Schwimann/Kodek (Hrsg), ABGB Praxiskommentar I^4 (2011), II^4 (2012), III^4 (2013), IV^4 (2014), V^4 (2014), Va (2015)

Schwimann, Internationales Privatrecht einschließlich Europarecht^3 (2001)

Straube (Hrsg), Wiener Kommentar zum Unternehmensgesetzbuch I^4 (2009 ff)

Welser/B. Jud, Die neue Gewährleistung (2001)

Einführung in die Methode der Fallbearbeitung

I. Allgemeine Grundlagen für den Aufbau der Lösung

1) Die Aufgabe

Grundlage jeder juristischen Tätigkeit ist die Kenntnis des geltenden Rechts, also der Gesetze und ihrer Auslegung. Praktischen Wert erlangt dieses Wissen jedoch erst, wenn es in **Beziehung zu konkreten Sachverhalten** aus dem Lebensalltag gesetzt wird. Diese werden zum juristischen Fall, wenn entgegengesetzte Interessen der am Geschehen beteiligten Personen aufeinander treffen. Hier ist es Aufgabe des Juristen zu beurteilen, welche Rechte den Beteiligten zustehen, also ob zum Beispiel A die Sache an B herausgeben oder ob C den Kaufpreis bezahlen muss, obwohl die verkaufte Sache defekt ist.

Auch wenn jeder Fall anders ist, gibt es einige Grundsätze, die bei der rechtlichen Beurteilung zu beachten sind, um mit ökonomischem Aufwand eine schlüssige und vollständige Lösung anzufertigen. Eine gute Falllösung soll durch **Gegenüberstellung von Sachverhalt und Gesetz** überzeugend begründen, wer gegenüber wem welche Ansprüche hat. Bei komplexen Fällen besteht freilich die Gefahr, dass man zunächst nicht so recht weiß, an welchem Punkt anzusetzen ist. Mit den nachfolgenden Ausführungen wollen wir Ihnen einige praktische Hinweise geben, nach welchen Gesichtspunkten sich ein Fall in **kleinere, übersichtliche Einheiten** zerlegen lässt. Dadurch können Sie sich jeweils auf einige wenige Normen und Argumente konzentrieren. Sobald Sie für alle diese Bausteine die Subsumtion, also die Gegenüberstellung von Sachverhalt und Gesetz vorgenommen haben, müssen Sie die einzelnen Elemente nur noch zu einem stimmigen Ganzen zusammenfügen.

2) Gliederung der Lösung nach Anspruchsgrundlagen

a) Einteilung der Rechte

Rufen Sie sich in Erinnerung, dass man im Privatrecht unterschiedliche Typen von Rechten unterscheidet:[1]

---

1   Vgl *P. Bydlinski*, Allgemeiner Teil[6] Rz 3/7 ff; *Koziol/Welser*, Grundriss I[14] 50 f.

Herrschaftsrechte gewähren die Befugnis, auf ein bestimmtes Objekt unmittelbar einzuwirken und fremde Einflüsse auszuschließen. Dies gilt etwa für dingliche Rechte wie das Eigentum oder die Immaterialgüterrechte.

Ansprüche verleihen einer Person das Recht, von einer anderen Person ein Tun oder Unterlassen zu fordern. So hat zB der Verkäufer gegen den Käufer einen Anspruch auf Zahlung des Kaufpreises (§ 1062 ABGB) oder kann der Eigentümer einer Sache vom jeweiligen Besitzer die Herausgabe verlangen (§ 366 ABGB).

Gestaltungsrechte räumen dem Berechtigten das Recht ein, durch einseitige Erklärung – also ohne Mitwirkung der anderen Partei – eine Veränderung der bestehenden Rechtsverhältnisse herbeizuführen. Zu den Gestaltungsrechten zählt etwa die Anfechtung eines Vertrags wegen Irrtums (§ 871 ABGB), das Preisminderungsrecht wegen Übergabe einer mangelhaften Sache (§ 932 Abs 4 ABGB) oder die Erklärung, mit einer Gegenforderung aufzurechnen (§ 1438 ABGB).

b) Bedeutung dieser Einteilung für den Aufbau der Falllösung

Die oben genannten Unterscheidungen sind von großer Bedeutung, denn bei der Falllösung ist nach dem so genannten **Anspruchsgrundlagen-Modell** vorzugehen. Ausgehend von den konkreten oder möglichen Begehren der beteiligten Personen[2] sind die Gesetzesstellen aufzufinden, die ihnen zu ihrer Forderung verhelfen könnten. Dazu ist es erforderlich, aus dem Sachverhalt die einzelnen rechtlichen Beziehungen zwischen den beteiligten Personen „herauszuschälen". Innerhalb dieser Rechtsbeziehungen – meistens zwischen zwei Personen – ist dann zu fragen, wer von wem welches Verhalten fordern könnte, und nach jenen Bestimmungen zu suchen, aus denen sich ein solcher Anspruch ergeben könnte. Dabei ist Folgendes zu beachten:

aa) Gliederung nach Anspruchsgrundlagen

In jedem Gliederungsabschnitt der Falllösung ist jeweils nur **ein Anspruch** zu behandeln. Jedem dieser Abschnitte ist eine Überschrift voranzustellen, aus der möglichst genau hervorgeht, welches Begehren Sie prüfen. Die **Überschrift** ergibt sich aus folgender Frage: **Wer will von wem was und woraus?** Wollen Sie zu Beispiel untersuchen, ob A von B die Bezahlung des Kaufpreises fordern kann, so muss die Überschrift lauten: „A gegen B auf Bezahlung des Kaufpreises gemäß § 1062 ABGB". Wenn aus dem Sachverhalt die Höhe des vereinbarten Kaufpreises hervorgeht, können Sie anstelle der allgemeinen Formulierung „Bezahlung des Kaufpreises" auch den konkreten Betrag angeben. Die passende Überschrift wäre dann: „A gegen B auf Bezahlung von € 100,- gemäß § 1062 ABGB". Als Grundregel gilt, dass das Begehren so konkret wie möglich angegeben werden soll.

Mitunter fordert eine Partei jedoch mehr, als ihr objektiv zusteht. In diesem Fall empfiehlt es sich, in der Überschrift den begehrten Betrag anzuführen. Ob der Anspruch in vollem Umfang besteht, ist dann im Rahmen der Prüfung zu

---

2   Diese entnehmen Sie im Allgemeinen den Fragen am Ende des Sachverhalts.

beurteilen. Auch bei Gericht erhält der Kläger nie mehr zugesprochen, als er eingeklagt hat.

Merke:

1) Das „Was" bezeichnet den **Anspruch**, also das konkrete Tun oder Unterlassen, das von der anderen Person verlangt wird. In Ihrer späteren Praxis als Rechtsanwalt oder Richter entspricht das dem Klagebegehren, das bestimmt formuliert sein muss, damit der Beklagte dazu verurteilt und das Urteil vollstreckt werden kann.[3] Die genaue Formulierung des Anspruchs im Studium hat also durchaus einen praktischen Hintergrund.

2) Das „Woraus" bezieht sich auf die **Anspruchsgrundlage**, das ist jene Norm, die bei Erfüllung ihrer Tatbestandsvoraussetzungen als Rechtsfolge ausspricht, dass der Anspruch zu Recht besteht. Es gibt allerdings keine allgemein gültige Regel, welche Bestimmung im konkreten Fall als Anspruchsgrundlage heranzuziehen ist. Es empfiehlt sich, auf jene Norm zurückzugreifen, die möglichst exakt jene Rechtsfolge anordnet, die die Partei geltend machen will. Zum Beispiel beim Begehren von Schadenersatz: „§ 1295 Abs 1 ABGB" und nicht bloß „§§ 1293 ff ABGB", oder wenn die Rückzahlung des Kaufpreises nach Wandlung des Kaufvertrages gefordert wird: „§ 1435 iVm § 932 Abs 4 ABGB" statt „§§ 922 ff ABGB". Dies ist kein bloßer Selbstzweck sondern hilft bei der Entwicklung einer guten Lösung, weil es zum genauen Nachdenken zwingt, unter welchen Voraussetzungen welche Rechtsfolge zum Tragen kommt.

Die Frage „wer will von wem was und woraus" ist nicht nur hilfreich bei der Formulierung eines konkreten Anspruchs und der Ermittlung der passenden Anspruchsgrundlage. Sie steckt zugleich das **Programm für die nachfolgende inhaltliche Prüfung** ab, die ermitteln soll, ob die zu prüfende Norm den gewünschten Anspruch auch tatsächlich einräumt. Für jeden Anspruch ist ein **eigener Gliederungsabschnitt** vorzusehen, der mit einer Überschrift nach obigem Muster eingeleitet wird. Darin ist ausschließlich dieser eine Anspruch zu behandeln. Es ist zu prüfen, ob alle Voraussetzungen für den in Frage stehenden Anspruch vorliegen bzw zu erläutern, warum diese nicht erfüllt sind. Alles andere hat in diesem Gliederungsabschnitt keinen Platz. Wird beispielsweise geprüft, ob A von B die Bezahlung des Kaufpreises fordern kann, dann haben Ausführungen zu möglichen Schadenersatzansprüchen in diesem Abschnitt nichts verloren. Damit vermeidet man ein Abgleiten in andere, im Fall ebenfalls angesprochene Rechtsprobleme, was zu einem heillosen Durcheinander und zum Verlust des Überblicks führen würde. Sollten Sie also während der Prüfung einer Anspruchsgrundlage Ideen zu möglichen anderen Ansprüchen

---

3   Ein Klagebegehren, das lediglich auf „Gewährleistung" oder „Ersatz des Mangelschadens" lautet, würde dem nicht genügen. Es muss zum Beispiel im Fall der Wandlung schon der konkrete Geldbetrag angeführt werden, der zurückgefordert wird.

haben, notieren Sie diese lieber kurz auf einem Notizzettel, um sie nicht zu vergessen, vermeiden Sie aber aus dem eben angeführten Grund eine unsystematische Abhandlung derselben.

bb) Berücksichtigung von Einwendungen

Im Anschluss an einen Anspruch sind mögliche Einwendungen zu prüfen, die der Anspruchsgegner **gegen den Anspruch** vorbringen könnte.[4] Auch hier ist wieder die Frage zu stellen: Wer will von wem was und woraus? Macht etwa B die Bezahlung des Kaufpreises von der Behebung eines Mangels an der verkauften Sache abhängig, so müsste die Überschrift sinngemäß lauten: „Einwendung des B, dass er aufgrund der Verbesserungspflicht des A zur Zurückhaltung des Kaufpreises berechtigt ist, § 1052 iVm § 932 Abs 2 ABGB"; oder kürzer: „Einrede des nicht gehörig erfüllten Vertrags, § 1052 iVm § 932 Abs 2 ABGB".[5] Eine feste Regel, ob man eine Einwendung zusammen mit dem „bekämpften" Anspruch, also unter derselben Überschrift, behandeln kann, oder ob dafür ein eigener Gliederungspunkt (mit eigener Überschrift) zu erstellen ist, besteht nicht. Lässt sich die Einwendung in wenigen Sätzen behandeln, so wird man das zweckmäßigerweise zusammen mit dem Anspruch erledigen. Dies wird zum Beispiel bei einem zu prüfenden Verjährungseinwand (zB § 1489 ABGB) oft und beim Mitverschuldenseinwand (§ 1304 ABGB) regelmäßig der Fall sein. Wirft die Einwendung hingegen komplexere Fragen auf, die umfangreiche Ausführungen erfordern, so fördert ein selbständiger Gliederungspunkt die Übersichtlichkeit (wie beim oben erwähnten Beispiel der „Einrede des nicht gehörig erfüllten Vertrags", wenn hier auch der dafür konstitutive Verbesserungsanspruch noch geprüft werden muss[6]).

cc) Gestaltungsrechte

Mitunter entsteht ein Anspruch erst nach der Ausübung eines Gestaltungsrechts. Will zum Beispiel A als Käufer den Vertrag mit B beseitigen, weil er sich bei Vertragsabschluss geirrt hat, so kann er die von ihm bereits erbrachte Leistung erst dann zurückfordern, wenn der rechtliche Grund des Behaltens weggefallen ist. A muss deshalb zuerst den Vertrag wegen Irrtums anfechten (§ 871 ABGB), also ein Gestaltungsrecht ausüben, um zu einem Bereicherungsanspruch auf Rückzahlung zu gelangen (§ 877 ABGB). Weil aber A das Geld zurück will, ist ihm mit der Anfechtung alleine nicht gedient. Diese ist vielmehr **Vorbedingung** für das Entstehen des (Kondiktions-)Anspruchs. Machen Sie daher nicht den – ebenso häufigen wie leicht vermeidbaren – Fehler, lediglich das Gestaltungsrecht (in diesem Beispiel: Irrtumsanfechtung) zu untersuchen

---

4   Zu den einzelnen Arten von Einwendungen sogleich unten 3).
5   Der Übernehmer B kann bei mangelhaft erfolgter Leistung dem Zahlungsanspruch des Übergebers A die „Einrede des nicht gehörig erfüllten Vertrags" entgegenhalten. Diese wird aus § 1052 ABGB abgeleitet und berechtigt zum Zurückhalten des Kaufpreises, bis die geschuldete Verbesserung erfolgt ist. Voraussetzung für diese Einwendung ist damit, dass B von A Verbesserung verlangen kann (§ 932 Abs 2 ABGB). Diese Gedanken werden in der Überschrift zusammengefasst.
6   So in Fall 5, Abschnitt 1)b).

und den **eigentlichen Anspruch** (in diesem Beispiel: den Anspruch auf Rückzahlung) zu vergessen. Die Überschrift hat vielmehr zu lauten: „A gegen B auf Rückzahlung des Kaufpreises gemäß § 877 iVm § 871 ABGB".

dd) Herrschaftsrechte

Ebenso kann es erforderlich sein, das Bestehen eines Herrschaftsrechts als **Vorfrage für einen konkreten Anspruch** zu prüfen. So hängt etwa der Herausgabeanspruch nach § 366 ABGB davon ab, ob der potentiell Anspruchsberechtigte überhaupt der Eigentümer ist. Hat die Sache etwa mehrfach den Besitzer gewechselt (Beispiel: B verkauft die von A geliehene Sache an C, der sie wiederum an D vererbt, von dem A nun die Herausgabe fordert), empfiehlt sich der so genannte **historische Aufbau**. Dabei ist beginnend mit dem gesicherten Ausgangspunkt (im Beispiel das Eigentum des A) für jede Weitergabe der Sache zu prüfen, ob auch das Eigentum übergegangen ist. Denn erst nach Verfolgung der gesamten Personenkette steht fest, ob demjenigen, der den Anspruch geltend machen will (hier A gegen D auf Herausgabe), das dem Anspruch zugrunde liegende Herrschaftsrecht (im Beispiel das Eigentum an der Sache) zusteht. Davon hängt letztlich ab, ob er den aus dem Herrschaftsrecht abgeleiteten Anspruch geltend machen kann.

3) Einwendungen

a) Funktion der Einwendungen, Klassifizierung

Die bisherigen Überlegungen haben sich weitgehend auf Ansprüche konzentriert. Diese bilden den Kern der Gliederung der Falllösung, doch auch allfällige Einwendungen sind zu berücksichtigen. Sind alle Tatbestandsmerkmale, die ein Anspruch voraussetzt, erfüllt, so bedeutet dies nicht automatisch, dass der betreffende Anspruch auch zum Ziel führt. Vielmehr können Einwendungen des Anspruchsgegners der Durchsetzung des Anspruchs entgegenstehen.

Einwendungen sind „**Verteidigungsmittel**" verschiedenster Art, die sehr unterschiedliche Rechtsfolgen nach sich ziehen. Diese können entweder das Entstehen eines Anspruchs verhindern, einen bereits bestehenden Anspruch vernichten oder seine Durchsetzbarkeit zeitweilig oder dauerhaft hemmen. Dazu einige Beispiele:

Rechtshindernde Einwendungen: Sittenwidrigkeit (§ 879 ABGB); fehlende Geschäftsfähigkeit (zB § 865 ABGB).

Rechtsvernichtende Einwendungen: Verzicht (§ 1444 ABGB); Erfüllung (§ 1424 ABGB).

Gestaltungsrechte als Verteidigungsmittel: Rücktritt wegen Schuldnerverzugs (§ 918 ABGB); Anfechtung wegen Irrtums (§ 871 ABGB); Preisminderung bzw Wandlung (§ 932 ABGB).

Rechtshemmende Einwendungen **(Einreden)** lassen den Anspruch selbst unberührt, doch stehen sie einer Geltendmachung entweder **vorübergehend** (dilatorisch) oder **dauernd** (peremtorisch) entgegen. Bloß vorübergehend hemmend wirkt zum Beispiel die Einrede des nicht (bzw nicht gehörig) erfüllten Vertrags (§ 1052 ABGB) oder das Zurückbehaltungsrecht (§ 471 ABGB), während etwa die Verjährungseinrede (§§ 1478 ff ABGB) die Durchsetzung des Anspruchs auf Dauer hindert.

b) Bedeutung der Einwendungen für den Aufbau der Lösung

Wie oben 2) ausgeführt, gliedert sich die Falllösung nach Anspruchsgrundlagen. Die Prüfung eines Anspruchs und die Frage, ob ein Anspruch zu Recht besteht, kann nicht isoliert von der Frage der Einwendungen betrachtet werden. Mögliche Einwendungen sind einem Anspruch stets **entgegenzusetzen**. So wird deutlich, dass der Anspruch grundsätzlich besteht, seine Durchsetzbarkeit aber vom Bestehen möglicher Einwendungen abhängt. Wenn dies jeweils im Anschluss an die Anspruchsprüfung erfolgt, ist der Übersichtlichkeit der Falllösung am besten Genüge getan.

Ferner ist zu beachten, dass einer Einwendung auch eine **Gegeneinwendung** gegenüber stehen kann,[7] die wiederum gleich im Anschluss zu behandeln ist. Diese trifft womöglich sogleich auf eine „Gegen-Gegeneinwendung". Komplexe Fälle lassen sich manchmal durch ein solches Hin-und-Her an Gesichtspunkten übersichtlich und leicht nachvollziehbar lösen, weil man sich in jedem Schritt auf einige wenige Argumente konzentrieren kann und nicht plötzlich mit einer Summe an unüberblickbar erscheinenden Aspekten konfrontiert ist.

4) Reihenfolge bei der Prüfung von Ansprüchen?

a) Der Versuch eines Schemas

Es gibt **kein allgemein gültiges, zwingendes Schema**, das eine Reihenfolge festlegt, in der bestimmte Ansprüche zu prüfen sind. Teilweise wird – wenn auch mit kleinen Unterschieden – folgende Reihung empfohlen:[8]

1. **Vertragliche Ansprüche** im weiteren Sinn; dazu zählen Leistungsansprüche, Gestaltungsrechte, vertragliche Schadenersatzansprüche einschließlich culpa in contrahendo, Bereicherungsansprüche nach Wegfall des Vertrages usw.
2. Ansprüche aus **Geschäftsführung ohne Auftrag**.
3. **Sachenrechtliche Ansprüche**; etwa rei vindicatio (§ 366 ABGB), actio negatoria (§ 523 ABGB), Unterlassungsansprüche nach § 364 Abs 2 ABGB etc.
4. **Bereicherungsansprüche**, soweit sie nicht unmittelbare Folge eines Gestaltungsrechts sind. Zu dieser Gruppe zählt der Verwendungsanspruch (§ 1041 ABGB) oder § 1431 ABGB bei irrtümlicher Leistung.

---

7   Vgl etwa die Lösung zu Fall 5.
8   *Kerschner/P. Bydlinski*, Bürgerliches Recht für Fortgeschrittene – Fälle und Lösungen[6] (2015) XVI f; *Harrer/Honsell/Mader*, Prüfungsfälle zum bürgerlichen Recht[6] (2013) 5; *Grassl-Palten*, Falllösung nach Anspruchsgrundlagen, JAP 1992/93, 8 f.

5. Schadenersatzansprüche aus **Delikt** und **Gefährdungshaftung** (zB EKHG, PHG).

b) Bedeutung für den Aufbau der Lösung

Die Falllösung muss sich nicht strikt nach diesem Schema richten. Auch jene Autoren, die eine solche Reihung vorschlagen, richten sich nicht in jedem Fall danach. Zudem ist dieses Schema unvollständig, denn es finden familien- und erbrechtliche Ansprüche, wie etwa der Anspruch eines Kindes auf Unterhalt oder der Anspruch auf den Pflichtteil oder die Erfüllung eines Vermächtnisses, keine Berücksichtigung. Dennoch kann es mitunter als „**Checkliste**" zur Vorbereitung der Lösung nützlich sein. Die Reihung beruht nämlich auf folgendem **Hintergrund**:

Manche Ansprüche haben gegenüber anderen lediglich **subsidiären Charakter**; so zum Beispiel die GoA gegenüber vertraglichen Ansprüchen oder Bereicherungsansprüche gegenüber vertraglichen Ansprüchen und solchen aus GoA.

Mitunter hat eine Rechtsfrage den Charakter einer **Vorfrage** für bestimmte Ansprüche. Aus diesem Grund erscheint es zweckmäßig, zuerst jene Frage zu behandeln, von deren Beantwortung die weitere Vorgangsweise abhängt. So setzt etwa ein Verwendungsanspruch voraus, dass dem Verkürzten ein Rechtsgut zugewiesen ist, was wiederum vom Bestehen eines entsprechenden Forderungsrechts (vertraglicher Anspruch) oder Sachenrechts abhängt. Deliktische Schadenersatzansprüche können auf Eingriffen in absolut geschützte Rechtsgüter beruhen – ob ein solches Recht besteht, hängt zum Beispiel davon ab, wer Eigentümer der beschädigten Sache ist.

Als „goldene Regel" für einen gelungenen Aufbau kann man sich daher merken: **keine Verweisungen nach unten!** Wenn die Lösung eines Rechtsproblems von der Klärung einer anderen Frage abhängt, die Sie erst weiter unten vornehmen wollen, dann ist Ihr Aufbau unzweckmäßig. Die Lösung soll sich Stück für Stück „vorantasten".

5) Sachverhalte mit Auslandsberührung (IPR)

a) Vorliegen einer Auslandsberührung und deren Konsequenzen für die Falllösung

Zuweilen spielt sich ein Sachverhalt nicht nur in Österreich ab, sondern enthält Anknüpfungspunkte zu verschiedenen Rechtsordnungen: Die Vertragsparteien stammen aus verschiedenen Ländern, ein Vertrag ist im Ausland zu erfüllen, der Onkel verstirbt in Argentinien und vererbt dem österreichischen Neffen seine Hazienda usw. In solchen Fällen ist zunächst zu klären, ob die aus diesen Sachverhalten oder Sachverhaltselementen abzuleitenden Ansprüche überhaupt nach österreichischem materiellen Recht zu lösen sind bzw das Recht welchen Staates sonst zur Anwendung gelangt. Diese Frage ist naturgemäß **vor Prüfung des materiellrechtlichen Anspruchs** selbst zu beantworten.

In Ihrer schriftlichen Falllösung ist stets davon auszugehen, dass der Sachverhalt vor einem österreichischen Gericht zur Entscheidung kommt. Dies bedeutet, dass Sie in der Prüfung nur die Regeln des **österreichischen IPR** anzuwenden haben. Sie werden in einer bürgerlichrechtlichen Diplomprüfung nie Fragen des internationalen Zuständigkeitsrechts zu beantworten haben, vor allem weil von Ihnen nicht verlangt werden kann, die Frage des anwendbaren Rechts nach dem Kollisionsrecht eines anderen Staates zu lösen.

Bei Sachverhalten mit Auslandsberührung wird die **Frage nach dem anwendbaren Recht** vielfach gesondert gestellt: „Welches Recht/welche Rechte sind auf den vorliegenden Sachverhalt anzuwenden?" Dann ist die IPR-Problematik in einem eigenen Gliederungspunkt der Falllösung zu behandeln. Im Anschluss an den IPR-Teil wird in einem eigenen Punkt um die Lösung des Falles in materiellrechtlicher Hinsicht gebeten. Diese hat dann unter Ausklammerung der internationalen Aspekte rein nach den Regeln des österreichischen materiellen Privatrechts zu erfolgen.[9]

Zuweilen ist die Auslandsberührung nur ein vergleichsweise unbedeutendes Sachverhaltselement. Dann kann es sein, dass Sie in den Fragen nicht eigens darauf hingewiesen werden. In einem solchen Fall ist es erlaubt und zweckmäßig, die Frage des anwendbaren Rechts bei den einzelnen Ansprüchen vorweg zu beleuchten.

b) Lösungsschema IPR

aa) Allgemeine Hinweise

Bei der Lösung der Frage nach dem anwendbaren Recht muss man sich zunächst vor Augen halten, dass es durchaus möglich ist, dass auf einen Sachverhalt mit Auslandsberührung für verschiedene Rechtsfragen verschiedene Rechtsordnungen anzuwenden sind. Dies kann aus der Vielzahl an beteiligten Personen und/oder aus einer größeren Anzahl tangierter Rechtsbereiche resultieren, die jeweils eigenen IPR-Regeln unterliegen. Das **anwendbare Recht** ist deshalb **für die einzelnen** zwischen den beteiligten Personen bestehenden **Rechtsbeziehungen und Ansprüche jeweils gesondert** zu ermitteln. In Ihrer Prüfung bringen Sie dies am besten durch eine entsprechende Gliederung in Unterabschnitte mit entsprechenden Überschriften zum Ausdruck; zB: Ermittlung des auf das Rechtsverhältnis zwischen A und B anwendbaren Rechts, Ermittlung des auf die vertraglichen Ansprüche des A gegen B anwendbaren Rechts, Ermittlung des für deliktische Ansprüche zwischen A und B maßgeblichen Rechts usw. Beachten Sie ferner, dass auch innerhalb solcher Kapitel unterschiedliche Verweisungsregeln zur Anwendung kommen können, wenn etwa sachen- und schuldrechtliche Rechtsvorgänge einzuordnen sind.

---

9   Vgl die Fälle 13 und 18. Nur ausnahmsweise könnte das CISG als den Regeln des IPR vorgehendes Einheitsrecht anwendbar sein; siehe dazu sogleich b).

bb) Schema

Bei Prüfung der IPR-Fragen empfiehlt sich nachstehende Reihenfolge, wobei Sie unproblematische Punkte natürlich nicht ausführlich ansprechen müssen.[10]

- Liegt ein Sachverhalt mit **Auslandsberührung** vor?
- Gibt es für diesen Sachverhalt **vereinheitlichtes Sachrecht** (zB CISG), das eine Anknüpfung nach IPR obsolet macht? Wenn ja, wird dieses Sachrecht angewendet.
- Gibt es einschlägige **Eingriffsnormen**, das sind Normen des materiellen Rechts, die kraft eigenen Anwendungswillens unabhängig vom durch IPR berufenen Recht gelten? Wenn ja, werden Eingriffsnormen der lex fori (dh in unserem Fall des österreichischen Rechts)[11] direkt angewendet.
- Primäre Qualifikation: Um welchen **Anknüpfungsgegenstand** handelt es sich und welche **IPR-Vorschrift** ist einschlägig (IPRG, Rom I-III-VO, EU-ErbVO, Haager Straßenverkehrsabkommen, Haager Unterhaltsstatutsabkommen usw). Geht es zum Beispiel um einen Vertrag, ist vorrangig die Anwendung der Rom I-VO zu prüfen, für Fragen der Geschäftsfähigkeit oder des Sachenrechts die Bestimmungen des IPRG.[12]
- Liegt eine zulässige **Rechtswahl** vor (§§ 11, 35 IPRG, Art 3 Rom I-VO, Art 14 Rom II-VO)?
- Gibt es eine **Erstfrage**[13] zu lösen? Es ist zB das auf den Unterhaltsanspruch zwischen Ehegatten anwendbare Recht zu bestimmen. Die maßgebliche IPR-Vorschrift ist § 18 IPRG. Diese Bestimmung geht vom Bestehen eines Rechtsverhältnisses, nämlich der Ehe, aus. Für die Prüfung des bestehenden Rechtsverhältnisses ist ebenso erst das maßgebliche Recht durch IPR zu ermitteln. Im Beispielsfall wären dafür §§ 16, 17 IPRG einschlägig.
- Welchen **Anknüpfungspunkt** verwendet die konkrete IPR-Norm (zB die vertragscharakteristische Leistung in Art 4 Abs 2 Rom I-VO)? Gibt es eine Folge von Anknüpfungen (vgl § 18 Abs 1 IPRG)?
- Zur Anwendung welchen Rechts führt die **Verweisung**?
- Handelt es sich um eine **Sachnormverweisung**, dh das berufene materielle Recht ist endgültig anzuwenden (vgl zB Art 20 Rom I-VO), oder wird auf das gesamte Recht samt IPR, dh einschließlich **Rück- und Weiterverweisungen** (vgl § 5 IPRG), verwiesen?

---

10 Zur Erläuterung der nachfolgenden Begriffe und Konzepte etwa *Lurger/Melcher*, Internationales Privatrecht Rz 1/1 bis 1/87.

11 In Ausnahmefällen (Art 9 Abs 3 Rom I-VO) kann auch ausländischen Eingriffsnormen (des Erfüllungsstaates) nach richterlichem Ermessen Wirkung verliehen werden. Mit solchen Normen werden Sie es allerdings im Prüfungsbetrieb kaum einmal zu tun bekommen.

12 Um ein Gefühl für die verschiedene Anknüpfungsgegenstände zu bekommen, empfiehlt es sich, den Aufbau und Inhalt der einzelnen Kollisionsnormen anzusehen.

13 Dies ist nicht mit der Lösung einer allfälligen „Vorfrage" zu verwechseln. Vorfragen sind Anknüpfungsfragen, die sich im Rahmen der Anwendung des berufenen Sach- und Kollisionsrechts stellen können (*Schwimann*, Internationales Privatrecht³ 42 ff). Dazu kommt man aber erst nach Durchlaufen des hier wiedergegebenen Schemas.

II. Das Herangehen an einen konkreten Fall

1) Die konkreten Aufgaben

Welche Ansprüche im Einzelnen zu prüfen sind, ergibt sich aus den jeweiligen Fragen. Lautet die Aufgabe „Wie ist die Rechtslage?", so sind **alle in Betracht kommenden Ansprüche** zwischen allen im Sachverhalt erwähnten Personen zu untersuchen.

Manchmal ist die **Aufgabe eingegrenzt**, indem nach bestimmten Ansprüchen oder Personenbeziehungen gefragt ist. Lautet die Frage etwa „Kann A die Herausgabe der Sache verlangen?" oder „Welche Ansprüche bestehen zwischen A, B und C?" so sind mögliche andere Ansprüche nicht zu berücksichtigen.

Lässt sich ein Ziel, wie etwa die Zahlung eines Geldbetrags, auf **mehrere Anspruchsgrundlagen** stützen, so sind stets alle möglichen Anspruchsgrundlagen zu prüfen. Anderes gilt für jene Aufgabenstellungen, in denen nur nach einem bestimmten Anspruch gefragt ist oder ein bestimmter Anspruch ausdrücklich nicht zu behandeln ist.

Ausnahmsweise kann die Suche nach Ansprüchen entfallen, weil die Frage konkret auf das Bestehen von Gestaltungs- oder Herrschaftsrechten gerichtet ist. Beispiele: „Ist A zur Kündigung des Mietvertrags berechtigt?"[14] oder „Kann sich B scheiden lassen?". Selbiges gilt, wenn nach dem Bestehen eines Rechtsverhältnisses gefragt ist. Beispiele: „Ist die Adoption gültig?" oder „Ist ein Vertrag zustande gekommen?" oder „Wer sind die Erben?".

Die Fragen geben also nicht nur darüber Auskunft, was alles zu prüfen ist, sondern auch, welche Aspekte nicht zu behandeln sind. Es ist daher unerlässlich, die **Fragen genau zu lesen** und sich an sie zu halten! Für „Mehrleistungen" fehlt meistens die Zeit und diese werden gewöhnlich auch nicht belohnt. Umgekehrt wirkt es sich negativ auf die Beurteilung aus, wenn Sie Ansprüche, nach denen ausdrücklich gefragt ist, nicht prüfen.

Zur Aufgabenstellung bei einem Sachverhalt mit Auslandsberührung siehe oben I.5).

2) Das Verfassen der Lösung

Haben Sie die Überschriften formuliert und die möglichen Anspruchsgrundlagen gefunden, so bedarf es einer detaillierten Prüfung, ob die Norm auch wirklich anzuwenden ist und zum gewünschten Erfolg führt. Dies hat durch **Subsumtion** des Sachverhaltes unter die Tatbestandsmerkmale der anzuwendenden Norm(en) zu erfolgen. Man vergleicht dabei, ob die einzelnen Elemente des Sachverhalts mit den im Gesetz aufgelisteten Voraussetzungen übereinstimmen. Ob dies der Fall ist, ist **für jedes einzelne Tatbestandsmerkmal gesondert zu begründen**. Aus Ihren Ausführungen muss deshalb eindeutig hervorgehen,

---

14   Vgl Fall 6.

- welches Sachverhaltselement Sie unter welches Tatbestandselement subsumieren und
- warum Sie der Meinung sind, dass sich das im Sachverhalt geschilderte Geschehen mit dem in der Norm gebrauchten Begriff deckt bzw warum das nicht der Fall ist.

Ihre Gedanken sind für den Prüfer natürlich nur dann nachvollziehbar, wenn Sie Ihre **Überlegungen auch niederschreiben**, und zwar auch dann, wenn die Begründung im einen oder anderen Punkt vielleicht banal erscheinen mag. Bedenken Sie, es geht nicht darum, die „einzig richtige", sondern **eine konsequente und nachvollziehbare Lösung** zu finden. Dazu zählt auch, dass Sie sich stets in ganzen Sätzen und nicht bloß in Stichworten ausdrücken!

Am Ende jeder Anspruchsprüfung sollten Sie ein **eindeutiges Ergebnis** festhalten. Also nicht: A könnte vermutlich von B die Bezahlung verlangen, sondern: A kann von B die Bezahlung verlangen.

Sie müssen sich stets für **eine Lösung** entscheiden, auch wenn alternative Lösungen denkbar erscheinen. Sie können verschiedene Lösungsansätze sehr wohl diskutieren, dürfen aber das Ergebnis nicht offen lassen, sondern müssen sich für eine Alternative entscheiden und auch begründen, warum Sie diese bevorzugen.[15]

3) Ein paar praktische Empfehlungen

a) Erste Phase: Der Sachverhalt

Widmen Sie sich zuerst dem **genauen Lesen** des Sachverhaltes und erfassen Sie die konkreten Aufgaben (Fragen). Anders als in der Praxis, wo zunächst die für die rechtliche Beurteilung erforderlichen Fakten zu erheben und Relevantes von Unerheblichem zu trennen ist, ist ein Klausurfall ein vom Prüfer juristisch durchdachter Sachverhalt. Folglich enthält er **alle für die Lösung erforderlichen Fakten**, jedoch nichts Überflüssiges.[16] Aus diesem Grund sollten Sie besonders darauf achten, dass Sie keinen der im Sachverhalt geschilderten Umstände übersehen. Hat ein Sachverhaltselement nach Ihrer Lösung keine Funktion, so ist dies meist ein Indiz, dass Sie einen Anspruch übersehen haben oder Ihre Lösung unrichtig ist. Es versteht sich von selbst, dass Sie den Sachverhalt nicht abändern oder ergänzen dürfen.

Sind im Sachverhalt **Geschehnisse nicht besonders erwähnt**, so ist vom Regelfall auszugehen. Haben nach der Schilderung A und B einen Vertrag abgeschlossen, so können Sie davon ausgehen, dass die Parteien geschäftsfähig waren und das Rechtsgeschäft auch wirksam zustande gekommen ist.

---

15   Anderes gilt nur, wenn der Sachverhalt eine Tatfrage bewusst offen lässt. Vgl etwa Fall 3, wo offen bleibt, ob der Gläubiger vom Vertrag zurücktritt oder nicht. Vielfach wird dann in den Fragen konkret darauf hingewiesen, dass der Fall sowohl unter der Prämisse, dass der fragliche Umstand vorliegt, also auch dass dieser nicht gegeben ist, zu prüfen ist.

16   Jedenfalls sollte dies im Idealfall so sein.

Es wäre dann verfehlt, diese offenbar unstrittigen Punkte ausführlich in der Lösung zu erörtern.

b) Zweite Phase: Die Lösungsskizze

Die nächste Phase dient der Vorbereitung der eigentlichen Lösung. Sie hat große Bedeutung für das Gelingen Ihrer Arbeit, denn wenn Sie sich eine gute Gliederung zurecht gelegt haben, müssen Sie für die eigentliche Lösung nur noch das in dieser Phase erstellte Gerüst „ausfüllen". Für die zweite Phase können (und sollen) Sie etwa ein Viertel der insgesamt zur Verfügung stehenden Bearbeitungszeit aufwenden.

- **Zerlegen** Sie zunächst den Sachverhalt nach folgenden Gesichtspunkten: Welche Personen sind beteiligt und zwischen welchen Beteiligten sind welche rechtlichen Beziehungen zu prüfen? Eine wertvolle Hilfe ist oftmals eine **Skizze**, in der Sie die Personen und die Rechtsbeziehungen zwischen diesen grafisch festhalten. Ein Vorgehen anhand der Skizze vermeidet, dass Sie Personenbeziehungen übersehen.
- Für die einzelnen Personenbeziehungen (also: A gegen B, A gegen C usw) gilt es sodann, die **einzelnen Ansprüche samt Anspruchsgrundlagen** zu ermitteln sowie eventuelle Einwendungen festzuhalten. Denken Sie an die Frage „Wer will von wem was und woraus"! Es empfiehlt sich, diese Überlegungen in Stichworten in einem Konzeptpapier festzuhalten. Sobald Sie sich in Details vertiefen, besteht nämlich die Gefahr, dass Sie vorher Erdachtes wieder vergessen. Mit dem schriftlichen Konzept halten Sie hingegen ein **„Arbeitsprogramm"** in Händen, nach dem Sie bei der weiteren Vertiefung vorgehen können. Aus diesem Grund sollten Sie darauf achten, dass dieses Konzept möglichst vollständig ist.
- Verfeinern Sie im nächsten Schritt Ihr Konzept, indem Sie für jede Anspruchsgrundlage in Stichworten die **einzelnen Tatbestandsmerkmale** und sogleich jeweils ein oder zwei Stichworte zur Begründung notieren. Bei der schriftlichen Ausarbeitung der Lösung fällt es Ihnen dann leichter, unter jedes Tatbestandsmerkmal das entsprechende Sachverhaltselement zu subsumieren. Wenn Sie mit einzelnen Begründungen in der Konzeptphase Schwierigkeiten haben, können Sie diese zu einem späteren Zeitpunkt ergänzen. Beim Nachdenken kann sich aber auch zeigen, dass der Anspruch doch nicht so besteht, wie Sie dies zunächst angenommen haben. Je früher Sie dies herausfinden, desto günstiger wirkt sich das auf das Gelingen einer stimmigen Gesamtlösung aus.
- Achten Sie darauf, dass die **Reihenfolge**, in der Sie die einzelnen Ansprüche prüfen, sinnvoll ist, also insbesondere keine Verweisungen nach unten erfordert. Je sorgfältiger Sie Ihr Konzept erstellen, umso leichter werden Sie herausfinden, welche Reihenfolge sich als zweckmäßig erweist.
- Schließlich dürfen Sie sich **nicht** selbst **widersprechen**. Achten Sie darauf, dass Sie zu Anspruch Y nicht etwas schreiben, das mit Ihren Ausführungen zu Anspruch X nicht zusammenpasst.

c) Dritte Phase: Die Ausarbeitung

Nachdem Sie ein möglichst vollständiges Konzept in Stichworten erstellt haben, beginnen Sie mit der **Niederschrift der Lösung.**[17] Halten Sie sich an das „Arbeitsprogramm" Ihres Konzepts, damit Sie in der Hektik nichts übersehen. Sollten Ihnen Zweifel an den dort festgehaltenen Argumenten kommen, denken Sie aber besser noch einmal darüber nach. Unbedingt vermeiden sollten Sie bloße Nacherzählungen des Sachverhalts, denn das bringt keine Vorteile, kostet aber wertvolle Zeit. Eine Wiedergabe einzelner Sachverhaltselemente ist ohnedies anlässlich der Subsumtion der einzelnen Tatbestandsmerkmale erforderlich.

Nicht alle Tatbestandsmerkmale sind gleich ausführlich zu behandeln. Auf für die Falllösung **entscheidende Probleme** ist genauer einzugehen, während Merkmale, die offenkundig erfüllt sind, nur einer knappen Erörterung bedürfen. Jeder Schritt Ihrer Ausführungen sollte Sie dem Ergebnis einen Schritt näher bringen, weshalb Darlegungen Ihres Lernwissens unbedingt zu vermeiden sind, wenn sie nichts zur Lösung des konkreten Falles beitragen.

Achten Sie auf eine **klare und exakte Sprache.** Sie ist das einzige Mittel um Ihre Gedanken darzulegen. Schreiben Sie so, als sei der Leser zwar mit den wichtigsten Grundgedanken des Rechts vertraut, nicht jedoch mit dem konkreten Fall. Sie erläutern dem Leser Schritt für Schritt, warum Sie welche Normen anwenden und warum Sie der Ansicht sind, dass ein bestimmtes Sachverhaltselement dem gesetzlichen Tatbestandsmerkmal entspricht. Vermeiden Sie dabei komplizierе Schachtelsätze, übermäßige Verwendung des Passiv sowie übertriebene Substantivierung.

III. Zu guter Letzt: Übung macht den Meister

Nicht nur die Aneignung des „Lernstoffs" sondern auch das Erlernen der Fallbearbeitung erfordert eine gewisse Zeit, weshalb Sie nicht erst kurz vor dem geplanten Prüfungsantritt zu üben beginnen sollten. Viele Universitäten bieten zudem Klausurenkurse an, die das Verfassen von Falllösungen unter simulierten Prüfungsbedingungen einschließlich einer individuellen Korrektur zum Gegenstand haben. Bietet Ihre Universität eine solche Lehrveranstaltung an, sollten Sie unbedingt daran teilnehmen! Sie erhalten dadurch ohne Notendruck eine individuelle Rückmeldung, ob Sie bereits über die für einen erfolgreichen Prüfungsantritt erforderlichen Fähigkeiten verfügen bzw in welchen Punkten Sie sich noch verbessern sollten. Stellen sich nicht sofort die von Ihnen erhofften Ergebnisse ein, so ist dies kein Grund zum Verzweifeln: Es ist noch kein Meister vom Himmel gefallen! Üben Sie konsequent weiter und versuchen Sie gezielt, an den aufgezeigten Schwachstellen zu arbeiten. Auch die methodisch korrekte sowie überzeugende juristische Argumentation anhand eines konkreten Falles ist erlernbar!

---

17   Vgl dazu schon oben II.2).

Leichte Fälle

Fall 1. Das Liebespaar von Schiele

I. Sachverhalt

A ersucht den Kunsthändler H, ihn zu informieren, wenn „etwas Interessantes hereinkommt". Am 4.11. erhält A von H ein Schreiben mit folgendem Inhalt:

> „Neu eingetroffen: Egon Schiele (Tulln 1890-1918 Wien): Liebespaar, signiert, datiert Egon Schiele 1912, Bleistift auf Papier, 47,6 x 31,6 cm, Blatt ist sehr stark und unbeholfen restauriert worden, Passepartout, gerahmt, (K) Prof. Dr. Rudolf Leopold hat die Zeichnung im September 2000 im Dorotheum gesehen und als ein Werk Egon Schieles bestätigt. Jane Kallir nimmt dieses Blatt nicht in ihr Werkverzeichnis auf. Provenienz: Privatbesitz, Wien.
> Verkaufspreis: € 18.000,-. Angebot gilt bis 30.11."

A erklärt mit Schreiben vom 1.12., das Angebot anzunehmen. Sein Brief langt am 3.12. bei H ein. Dieser antwortet noch am selben Tag telefonisch und erklärt, nunmehr einen anderen Kunden zu haben, der ihm mehr geboten hätte; A könne das Bild aber um € 21.000,- erwerben. A antwortet mit „ach so". Zwei Tage später, am 5.12., erscheint er jedoch bei H und erklärt, mit dem höheren Preis einverstanden zu sein. Allerdings will H jetzt nicht mehr verkaufen, da er inzwischen davon ausgeht, von dem anderen Kunden noch mehr erzielen zu können.

> A ist der Auffassung, dass H ihm das Bild um € 21.000,- überlassen muss. Mit Recht?

II. Lösung

A gegen H auf Übergabe des Schiele-Bildes, § 1061 ABGB

A möchte die Schiele-Zeichnung „Liebespaar" von H gegen Zahlung eines Geldbetrags erwerben. Ein Anspruch auf Übergabe der Zeichnung könnte sich aus § 1061 ABGB ergeben. Voraussetzung hierfür ist, dass zwischen A und H ein **Kaufvertrag** im Sinne des § 1053 ABGB wirksam zustande gekommen ist. Hierfür bedarf es nach §§ 861, 1054 ABGB übereinstimmender Willenserklärungen beider Parteien. Es müssen also ein gültiges **Angebot** und eine wirksame **Annahmeerklärung** vorliegen. Dies ist in der Folge zu prüfen.

Anmerkungen:

1) Zur Formulierung der Anspruchsgrundlage: Bei der Lösung dieses Falles stehen eindeutig die Vertragsschlussregeln der §§ 861 ff ABGB im Mittelpunkt. Dennoch wäre es unrichtig, diese Bestimmungen anstelle des § 1061 ABGB als Anspruchsgrundlage anzuführen. Denn anhand der §§ 861 ff ABGB lässt sich nur ermitteln, ob zwischen den beiden Parteien ein wirksamer Vertrag zustande gekommen ist oder nicht. Ein konkreter Anspruch, also die rechtliche Befugnis, von der anderen Partei ein bestimmtes Verhalten zu fordern, ergibt sich hieraus noch nicht. Dafür bedarf es einer weiteren Norm, konkret des § 1061 ABGB, der für den Fall des Bestehens eines gültigen Kaufvertrags die Rechtsfolge anordnet, dass der Käufer die Übergabe der Sache beanspruchen kann. § 1061 ABGB ist daher als Anspruchsgrundlage anzuführen, §§ 861 ff ABGB haben nur die Funktion, eine – im vorliegenden Fall freilich entscheidungswesentliche – Vorfrage zu klären.

2) Eine ausführliche Prüfung der Vertragsschlussbestimmungen wird nur dann vorausgesetzt, wenn der Sachverhalt diesbezüglich Probleme aufwirft. Dies ist hier der Fall. Ergeben sich hinsichtlich der Gültigkeit eines Vertragsschlusses hingegen aus dem Sachverhalt keine Zweifel oder wird der Vertrag ausdrücklich als gültig bezeichnet, kann – und sollte – eine nähere Erörterung des Zustandekommens des Vertrags entfallen.

3) Der vorliegende Sachverhalt beinhaltet mehrere Anknüpfungspunkte für einen möglichen Vertragsabschluss. Um nichts zu übersehen, empfiehlt sich ein chronologischer Aufbau der Prüfung.

1) Zunächst ist zu prüfen, ob das **am 4.11. bei A eingelangte Schreiben des H** ein rechtlich verbindliches **Angebot** darstellt.[1] Dies ist der Fall:

- Die Erklärung weist den für einen Kaufvertrag erforderlichen **Mindestinhalt (essentialia negotii)** auf: Sowohl die zu verkaufende Ware, eine näher beschriebene Schiele-Zeichnung mit dem Titel „Liebespaar", als auch der Kaufpreis von € 18.000,-, sind festgelegt (§ 1053 Satz 1 ABGB).

- Die Erklärung muss **inhaltlich bestimmt** bzw zumindest **bestimmbar** sein (vgl § 869 ABGB); es muss somit der Erklärung allenfalls unter Ausschöpfung sämtlicher Auslegungsmethoden ein klarer Inhalt beigelegt werden können. Im konkreten Fall treten keinerlei Schwierigkeiten hinsichtlich der Klarheit des Erklärungsinhalts auf: Um welches Werk es sich handelt, ist in dem Brief des H genauestens umschrieben. Der Kaufpreis ist mit € 18.000,- ebenfalls exakt festgelegt.

> Anmerkung:
>
> Hinsichtlich dieser beiden ersten Kriterien fallen die Begründungen in der Fallbearbeitung oft sehr ähnlich aus. Sie überschneiden sich zum Teil auch in ihrer Funktion, haben aber doch unterschiedliche Stoßrichtungen: Während es beim hier zuerst geprüften Kriterium der essentialia negotii darum geht, dass aus der Willenserklärung klar wird, welche Art von Vertrag geschlossen werden soll, zielt das Bestimmtheitsgebot auf inhaltliche Klarheit (der essentialia negotii und allfälliger weiterer Vertragspunkte), damit anschließend ermittelt werden kann, wer was von wem zu fordern berechtigt ist.

- Weiters muss die Erklärung den **Bindungswillen** des Offerenten zum Ausdruck bringen, das heißt seine Bereitschaft, sich am Erklärten festhalten zu lassen. Dies kann angesichts der Formulierung „Angebot gilt bis 30.11." im Schreiben des H aus Sicht eines objektiven Dritten angenommen werden.

> Anmerkung:
>
> Eine bloße invitatio ad offerendum – vergleichbar den Schaufenster-„Angeboten" oder „Angeboten" in Massen-Postwurfsendungen[2] – liegt hier nicht vor. Dies ergibt sich jedenfalls aus der Vorgeschichte: A hat um individuelle Information gebeten, „wenn etwas Interessantes hereinkommt"; daraufhin darf er ein auf ein bestimmtes Exponat bezugnehmendes Schreiben mit dem geschilderten Wortlaut als bindende Offerte verstehen.

- Schließlich muss, da das Angebot eine empfangsbedürftige Willenserklärung ist, das Schreiben des H dem A auch **zugegangen** sein. Dies war am 4.11. der Fall.

---

1   Der nachfolgende Prüfungsaufbau ist angelehnt an die Darstellung bei *P. Bydlinski*, Allgemeiner Teil[6] Rz 6/6 ff. Vgl auch *Bollenberger* in KBB[4] § 861 Rz 3.
2   Vgl dazu *P. Bydlinski*, Allgemeiner Teil[6] Rz 6/8.

Als **Zwischenergebnis** kann festgehalten werden, dass das Schreiben des H ein wirksames Angebot darstellt. Allerdings **erlischt** das Angebot **durch Nichtannahme innerhalb** der von H gesetzten **Annahmefrist** mit 30.11. (vgl §§ 862 Satz 1, 862a Satz 1 ABGB).

> Anmerkung:
>
> § 862a Satz 2 ABGB, der unter bestimmten Voraussetzungen die Bindungswirkung des Anbots erstreckt, kommt nicht zur Anwendung, da die „Annahmeerklärung" vom 1.12. innerhalb der Annahmefrist nicht einmal abgeschickt wurde. Das Annahmeschreiben vom 1.12. bezieht sich somit auf kein wirksames Angebot mehr und kann daher nicht zum Vertragsschluss führen.

2) Das **„Annahmeschreiben" des A vom 1.12.** stellt ein **neues Angebot** dar: Hinsichtlich der Voraussetzungen des Mindestinhalts und der inhaltlichen Bestimmtheit kann auf die Ausführungen unter 1) verwiesen werden, da A in seinem Schreiben unmittelbar auf das (inzwischen erloschene) Angebot des H Bezug nimmt. Der Bindungswille des A ist unzweifelhaft. Er erklärt, das Angebot des H anzunehmen, und bringt damit klar zum Ausdruck, dass er ein Geschäft dieses Inhalts abschließen will. Auch ist die Willenserklärung dem H zugegangen; der Brief langt am 3.12. bei H ein.

H **lehnt** dieses neue Angebot des A jedoch **ab**, indem er noch am selben Tag telefonisch mitteilt, dass das Bild nunmehr um € 21.000,- erworben werden könne. Damit stellt er klar, dass er an einem Vertragsabschluss zum Kaufpreis von € 18.000,-, wie von A offeriert, nicht mehr interessiert ist.

3) Die am 3.12. **telefonisch** gemachte **Mitteilung des H**, das Bild könne um € 21.000 erworben werden, stellt wiederum ein **neues Angebot** dar: Mit Ausnahme des geänderten Preises entspricht es dem ursprünglich von H unterbreiteten Anbot. Im Hinblick auf die Voraussetzungen des Mindestinhalts und der erforderlichen Bestimmtheit kann also wieder auf die Ausführungen unter 1) verwiesen werden. Am Bindungswillen des H ist nicht zu zweifeln. Er macht klar, dass er A den Vorzug gegenüber seinem anderen Kunden geben wird, wenn A bereit ist, mehr zu zahlen. Auch der Zugang der Erklärung ist erfolgt; beim Telefonat geht die Willenserklärung sofort zu. H hat dem A also neuerlich ein wirksames Angebot unterbreitet.

Besonderes Augenmerk bedarf hier aber die Frage, **wie lange** dieses Angebot **Bindungswirkung** entfaltet (**Annahmefrist**): Nach der Regel des § 862 Satz 2 ABGB ist in Ermangelung einer vom Offerenten gesetzten Annahmefrist ein „mittels Fernsprechers von Person zu Person" unterbreitetes Angebot **sogleich** anzunehmen, also solange das Gespräch noch andauert. Danach erlischt das Anbot.

Im vorliegenden Fall hat H im Telefonat keine Annahmefrist gesetzt, so dass die Dispositivregel des § 862 Satz 2 ABGB zur Anwendung kommt. Am Telefon antwortet der Oblat A lediglich mit „ach so", was nach dem **objektiven Erklärungswert** der Äußerung keinesfalls als Annahmeerklärung gewertet werden kann (vgl §§ 863, 869). Auch dieses Angebot ist somit **durch Nichtannahme innerhalb offener Annahmefrist erloschen**. Die „Annahme" durch

A zwei Tage später im Geschäftslokal des H erfolgt verspätet; ein Vertrag kommt dadurch nicht zustande.

4) Zugleich stellt die eben erwähnte „**Annahmeerklärung**" des A vom **5.12.** wiederum ein wirksames Angebot dar. Die rechtliche Beurteilung entspricht jener des unter 2) geprüften Sachverhalts; am Bindungswillen kann angesichts der expliziten Einverständniserklärung des A kein Zweifel bestehen. Der Zugang erfolgt hier jedoch unter Anwesenden im Geschäftslokal des H. Dem Sachverhalt zufolge wird dieses Anbot von H aber neuerlich abgelehnt, da er inzwischen davon ausgeht, bei dem anderen Kunden einen noch höheren Preis erzielen zu können.

Als **Ergebnis** ist festzuhalten, dass ein wirksamer Kaufvertrag zwischen A und H nie zustande gekommen ist. A kann demzufolge auch die Übergabe des Bildes gemäß § 1061 ABGB nicht fordern.

Fall 2. Das schwarze Fahrrad

I. Sachverhalt

A will sein schon etwas rostiges Fahrrad neu lackieren lassen. Er wendet sich deshalb an den Lackierer B und erkundigt sich, wie viel die Lackierung in der Farbe „silber-metallic" kostet. B nennt einen Preis von € 180,-. Weil dies A zu teuer ist, fragt er B: „Und was kostet es schwarz?". B nennt einen Preis von € 150,-. A antwortet: „Also gut, dann schwarz." Als A sein Fahrrad zum verein-barten Termin abholt, ist dieses zu seinem Entsetzen schwarz lackiert.

> Muss A die € 150,- bezahlen?

II. Lösung

1) Anspruch B gegen A auf Bezahlung von € 150,- gemäß § 1170 ABGB

Anmerkung:

Weil A und B über den Inhalt des Vertrages unterschiedlicher Ansicht sind, ist in einem ersten Schritt zu klären, ob sie überhaupt einen Vertrag mit eindeutigem Inhalt abgeschlossen haben.

B kann von A die Bezahlung fordern, falls die Parteien einen Werkvertrag über die Lackierung des Fahrrades in schwarzer Farbe zum Preis von € 150,- abgeschlossen haben. Beim Werkvertrag verpflichtet sich der Werkunternehmer zur Herstellung eines bestimmten Erfolges. Der Werkbesteller hat gemäß § 1170 ABGB nach Vollendung des Werkes das vereinbarte Entgelt zu leisten. Im vorliegenden Fall wünscht A die Lackierung seines Fahrrades. B nimmt diese mit schwarzer Farbe vor. Es ist fraglich, ob es sich dabei um die geschuldete Leistung handelt, weil A meint, B solle das Fahrrad in silberner Farbe lackieren, jedoch unter Umgehung der Steuerpflicht. Ein Vertragsschluss setzt gemäß § 861 ABGB voraus, dass Angebot und Annahme übereinstimmen. Hier wünscht A die Lackierung in silberner Farbe, während B meint, A wolle diese in schwarzer Farbe. Weisen die beiden Willenserklärungen einen unterschiedlichen Inhalt auf, würde **Dissens** vorliegen, der Vertrag also nicht zustande gekommen sein.

Welchen Inhalt Angebot und Annahme haben, ist nicht alleine nach dem subjektiven Willen der Beteiligten zu beurteilen, weil dieser für den Erklärungsempfänger oftmals nicht erkennbar ist. Vielmehr gilt die **Vertrauenstheorie**, der zufolge eine Erklärung jene Bedeutung hat, auf die ein redlicher Erklärungsempfänger unter den konkreten Umständen vertrauen darf. Ist eine Erklärung mehrdeutig, so regeln die §§ 914, 915 ABGB, wie sie zu verstehen ist **(Auslegung)**.[1] Gemäß § 914 ABGB ist nicht am buchstäblichen Sinn des Ausdrucks zu haften, sondern der wahre Wille des Erklärenden zu erforschen. Die Grenze für die Berücksichtigung des subjektiven Willens bildet jedoch die oben angesprochene Vertrauenstheorie.[2] Das mit einer Erklärung subjektiv Gewollte ist nur soweit zu berücksichtigen, als der Erklärungsempfänger die Aussage unter den konkreten Umständen auch so verstehen musste, wie sie vom Erklärenden gemeint war.[3] Erst wenn mit diesen Regeln die Bedeutung einer Erklärung nicht eindeutig ermittelt werden kann, kommt subsidiär § 915 ABGB zur Anwendung. Dieser Bestimmung zufolge ist bei zweiseitig verbindlichen Ver-

---

1   Die Überschrift vor den §§ 914, 915 ABGB lautet zwar „Auslegungsregeln bei Verträgen", doch ist es unbestritten, dass diese Bestimmungen auch für die Auslegung von Willenserklärungen gelten, s nur *Koziol/Welser*, Grundriss I[14] 117 f.

2   *Bollenberger* in KBB[4] § 914 Rz 1 ff.

3   § 914 ABGB bezeichnet dies als „Übung des redlichen Verkehrs".

trägen eine undeutliche Erklärung zu Lasten jener Partei auszulegen, die sich missverständlich ausgedrückt hat.

Hier erkundigt sich A zunächst nach dem Preis für die Lackierung in silberner Farbe. Dann fragt er nach „schwarz", worauf B einen niedrigeren Preis nennt. B wollte damit zwei Angebote über die Lackierung des Fahrrades abgeben: das eine für die Lackierung in silber-metallic und das andere für die Lackierung in schwarzer Farbe. Hingegen wollte A von B ein zweites Angebot über die Lackierung des Fahrrades in silber-metallic, jedoch unter Umgehung der Steuerpflicht. Die diesbezügliche Frage des A „was kostet es schwarz" ist objektiv **mehrdeutig**, weil das Wort „schwarz" sowohl eine Farbe als auch ein Geschäft verbunden mit Steuerhinterziehung beschreiben kann. Somit ist zu klären, wie B unter den konkreten Umständen die Frage des A nach „schwarz" verstehen musste. Davon wiederum hängt der rechtlich maßgebliche Inhalt der für den Vertragsabschluss konstitutiven Willenserklärungen (Angebot des B, Annahmeerklärung des A) ab.

Es ist allgemein bekannt, dass der Preis für die Lackierung eines Fahrzeuges auch von der Art des verwendeten Lackes abhängt. Angesichts dieser Tatsache darf B die seinem Anbot vorangehenden Preisanfragen des A als solche für die Lackierung in unterschiedlichen Farben verstehen. Ohne nähere Anhaltspunkte muss A als redlicher Erklärungsempfänger nicht davon ausgehen, dass B anstelle der Lackierung in unterschiedlichen Farben ein gesetzwidriges Geschäft anbieten will, zumal Erklärungen im Zweifel gesetzeskonform auszulegen sind.[4] Weil der subjektive Wille der Vertragsparteien nicht übereinstimmt, ist gemäß § 914 ABGB auf jenen Vertrags- bzw hier Erklärungsinhalt abzustellen, den beide Teile redlicherweise annehmen mussten.[5] Das von B auf die mehrdeutige Anfrage des A hin unterbreitete Angebot ist somit als solches über die Lackierung des Fahrrades in schwarzer Farbe zum Preis von € 150.- **auszulegen**.

A wollte mit seiner Erklärung ein Angebot über die Lackierung in silberner Farbe, aber ohne Rechnung annehmen. Ein solches Angebot hat B freilich nicht abgegeben. A und B haben also „aneinander vorbeigeredet". Weil B den Ausdruck „schwarz" hier aber als Farbe verstehen darf, stimmen die beiden Erklärungen **bei objektiver Betrachtung** dahingehend überein, dass B das Fahrrad in schwarzer Farbe zu lackieren hat, wofür ihm ein Werklohn von € 150,- zusteht.[6] Es herrscht also **normativer Konsens**, obwohl A subjektiv etwas anderes wollte als er nach objektivem Verständnis erklärt hat.

> **Anmerkung:**
>
> Rekapitulieren wir kurz die Struktur des obigen Auslegungsvorgangs: Der mehrdeutige Begriff „schwarz" in der Preisanfrage des A darf von B aufgrund der Vertrauenstheorie in einem bestimmten Sinn verstanden werden (schwarze Farbe) und wird von B auch tatsächlich in diesem Sinne aufgefasst. Dieses Verständnis fließt in die Angebotserklärung

---

4   OGH 7 Ob 231/02z, RdW 2003, 495/425.
5   Vgl OGH 4 Ob 111/98x, ÖBA 1998, 976/755.
6   Man spricht in diesem Zusammenhang auch vom „objektiven Erklärungswert".

> des B ein, die nun A – wiederum aufgrund der Vertrauenstheorie – nach ihrem objektiven Erklärungswert (schwarze Farbe) zu verstehen hat. Die daraufhin abgegebene Annahmeerklärung ist aus Sicht eines redlichen Erklärungsempfängers in der Position des B wiederum iSv „schwarze Farbe" aufzufassen, wodurch der Vertrag mit diesem Inhalt zustandekommt.
>
> Auf die Unklarheitenregel des § 915 zweiter HS ABGB wäre als subsidiäre Norm lediglich dann zurückzugreifen, wenn sich nach § 914 ABGB kein eindeutiges Auslegungsergebnis erzielen ließe. Das Ergebnis wäre dasselbe, da der mehrdeutige Begriff „schwarz" von A in die Vertragsverhandlungen eingeführt worden ist und daher zu seinem Nachteil auszulegen wäre.

Zwischenergebnis: A und B haben einen Werkvertrag über die Lackierung des Fahrrades in schwarzer Farbe abgeschlossen. Diese Leistung hat B erbracht, weshalb er von A die Bezahlung des vereinbarten Werklohns von € 150,- verlangen kann.

2) Einwendung des A, dass er sich bei Vertragsabschluss geirrt hat, § 871 ABGB

> Anmerkung:
>
> Nunmehr ist zu prüfen, ob sich A gegenüber B darauf berufen kann, dass er etwas anderes wollte. Sollte A den Vertrag wegen Irrtums anfechten können, könnte sich B – nach der Abgabe einer entsprechenden Anfechtungserklärung seitens A – nicht mehr auf den unter 1) ermittelten Anspruch berufen.

Grundsätzlich sind Verträge von beiden Parteien einzuhalten. Die Erklärungen gelten so, wie sie ein redlicher Erklärungsempfänger verstehen musste.[7] Eine Anfechtung aufgrund eines einer Partei bei Vertragsabschluss unterlaufenen Irrtums ist nur innerhalb der engen Grenzen des § 871 ABGB möglich. Die **Voraussetzungen** hiefür sind die folgenden:

Erstens muss A bei Vertragsabschluss ein **Irrtum** unterlaufen sein. Ein Irrtum ist eine falsche Vorstellung von der Wirklichkeit. A hat sich geirrt, indem er davon ausgegangen ist, mit B die Lackierung des Fahrrades in der Farbe silbermetallic, jedoch unter Umgehung der Steuerpflicht vereinbart zu haben.

Zweitens muss der Irrtum für den konkreten Vertragsabschluss **kausal** gewesen sein. Auch diese Voraussetzung ist hier erfüllt, denn laut Sachverhalt war A die von B angebotene Lackierung in silberner Farbe zu teuer und die schwarze Farbe wollte er nicht. Hätte sich A nicht geirrt, hätte er den vorliegenden Vertrag nicht abgeschlossen.

---

7   *Rummel* in Rummel/Lukas[4] § 871 Rz 1.

> **Anmerkung:**
>
> Ob sich A gegenüber B auf den Irrtum berufen kann, hängt davon ab, ob er bei Kenntnis der tatsächlichen Umstände den Vertrag entweder gar nicht oder nur mit einem anderen Inhalt abgeschlossen hätte. Wie sich diesfalls der Vertragspartner des Anfechtenden (hier also B) verhalten hätte, spielt für die Prüfung der Kausalität des Irrtums keine Rolle. Auf den hypothetischen Willen beider Parteien kommt es erst bei der Frage nach den Rechtsfolgen an, denn davon hängt ab, ob der Vertrag angefochten (bei wesentlichem Irrtum) oder angepasst (bei unwesentlichem Irrtum) werden kann.

Drittens muss der Irrtum **beachtlich** sein. Beachtlich ist ein Irrtum, wenn er sich auf Umstände innerhalb des Vertrages bezieht, also entweder ein Erklärungs- oder ein Geschäftsirrtum vorliegt. Hier hat sich A über die Bedeutung der von ihm gebrauchten Worte geirrt, was als Erklärungsirrtum zu werten ist. Ferner hat er sich auch über die von B zu erbringende Leistung, konkret über die zu verwendende Farbe, geirrt. Dies ist ein Geschäftsirrtum. Eine exakte Abgrenzung zwischen Erklärungs- und Geschäftsirrtum ist hier nicht möglich, weil sich beide Irrtümer überschneiden. Sie ist aber auch nicht erforderlich, weil sowohl der Erklärungs- als auch der Geschäftsirrtum beachtlich ist.

Viertens muss A **schutzwürdiger** sein als B. Dies ist gemäß § 871 Abs 1 ABGB der Fall, wenn der Irrtum des A entweder vom anderen (hier: B) veranlasst wurde oder dem anderen (also B) hätte auffallen müssen oder rechtzeitig aufgeklärt wurde.

a) B hat den Irrtum des A im vorliegenden Fall nicht **veranlasst**, weil nicht er sondern A den missverständlichen Begriff der „Lackierung in schwarz" gebraucht hat.

b) Der Irrtum des A hätte B auch nicht **auffallen müssen**, denn es ist nicht ungewöhnlich, dass sich ein Kunde nach den Preisunterschieden bei Verwendung verschiedener Farben erkundigt. Aus der Frage des A musste B unter den konkreten Umständen nicht zwingend darauf schließen, dass A ihn zur Steuerhinterziehung anstiften will.[8]

c) Ferner wurde der Irrtum auch nicht **rechtzeitig aufgeklärt**. Dies wäre der Fall, wenn der wahre Wille des A hervorgekommen wäre, bevor B im Vertrauen auf die Gültigkeit des Vertrages Dispositionen getroffen hat. Hier hat B jedoch die ihm obliegende Leistung, nämlich das Lackieren des Fahrrads, bereits erbracht.[9]

---

8   Auch aus dem Umstand, dass der Preis für die Lackierung in silber-metallic um 20 Prozent über jener bei Verwendung schwarzer Farbe liegt und die Differenz somit exakt jenem Betrag entspricht, den B als Umsatzsteuer auszuweisen hat, kann man nicht ableiten, dass B auf einen Irrtum das A hätte schließen müssen.

9   Die (auch bloß teilweise) Vertragserfüllung durch den Vertragspartner des Irrenden schließt nach verbreiteter Ansicht das Vorliegen einer „res integra" und damit „Rechtzeitigkeit" der Aufklärung iSd § 871 ABGB aus; vgl etwa *Rummel* in Rummel/Lukas[4] § 871 Rz 26. Im vorliegenden Fall einer Lackierungsleistung ist dies zweifellos richtig, da dem B bei Aufhebung des Vertrags ein Vertrauensschaden verbliebe.

Weil keine der vom Gesetz aufgezählten Voraussetzungen zutrifft, ist A im vorliegenden Fall nicht als schutzwürdig anzusehen. Er kann sich daher gegenüber B nicht darauf berufen, dass er bei Vertragsabschluss von falschen Vorstellungen ausgegangen ist.

Ergebnis: A kann den Vertrag mit B nicht wegen Irrtums anfechten. Er ist deshalb an den Vertrag gebunden und hat den vereinbarten Werklohn von € 150,- an B zu bezahlen.

Fall 3. Die falsch gelieferte Küche

I. Sachverhalt

Ignaz, der in Wien lebt und arbeitet, hat ein Ferienhäuschen im Waldviertel. Für dieses bestellt er Ende Mai 2015 beim Möbelhaus A eine neue Küche. Als Liefer- und Einbautermin wird Mitte August vereinbart. Das Möbelhaus verständigt Ignaz am 19. August, dass die Küche fertig sei und tags darauf geliefert werde. Ignaz reist am 20. August eigens ins Waldviertel, um zunächst die alte Küche zum örtlichen Bauhof zu bringen und dann den Einbau der neuen Küche zu überwachen. Als die beiden Lieferanten des A die einzelnen Elemente der Küche abladen und in den zugewiesenen Raum tragen, kommt schnell zutage, dass es sich nicht um die von Ignaz bestellte Küche handelt. Die Einbauteile passen nicht genau in den vorgesehenen Raum. Außerdem sind die Kästchen nicht in Buche sondern weiß lackiert und anstelle einer Arbeitsplatte aus Marmor befindet sich eine solche aus beschichteter Spanplatte im Lieferumfang. Nach einem Anruf beim Möbelhaus ist klar, dass der Lieferwagen am Morgen des 20. August aufgrund einer Schlamperei falsch beladen und die von Ignaz bestellte Küche nach St. Pölten gebracht wurde. Der dortige Kunde B hat die Falschlieferung zwar bemerkt; er war aber flexibel genug, hier und dort ein Eckchen abschleifen und Ignaz Küche bei sich einbauen zu lassen.

Ignaz ist verärgert. A kann eine neue Küche nach Ignaz Vorstellungen frühestens in sechzehn Wochen liefern. Eine gleichwertige Küche eines anderen Möbelhauses würde um € 2.000,- teurer kommen, weil nur A die Marmorplatten günstig aus Italien beziehen kann. Erbost reist Ignaz zurück nach Wien und will von Ihnen wissen, was er tun kann.

> Prüfen Sie bitte, welche Rechte und Ansprüche zwischen Ignaz und A bestehen und lassen Sie das Vertragsverhältnis zwischen A und B außer Betracht.

II. Lösung

1) Ignaz gegen A auf Erfüllung des Vertrags, §§ 918 Abs 1, 1061 ABGB

Anmerkungen:

1) Mangels gegenteiliger Hinweise im Sachverhalt können Sie davon ausgehen, dass der Vertrag mangelfrei zustande gekommen ist. Einzelheiten zum Vertragsschluss sind deshalb nicht zu erörtern. Probleme treten erst im Stadium der Vertragserfüllung auf. Wir befinden uns somit im Leistungsstörungsrecht.

2) Bei Vorliegen von Leistungsstörungen ist der Inhalt des Vertrags genau zu beleuchten. Nur so kann der Aspekt identifiziert werden, aus dem allfällige Gestaltungsrechte und Ansprüche abzuleiten sind. Um nichts zu übersehen, empfiehlt es sich, den Vertrag auf Vertragstyp, Vertragsgegenstand, Leistungszeit und Leistungsort hin zu untersuchen.

Ignaz schließt mit dem Möbelhaus A einen Vertrag über den Kauf einer Küche gegen Zahlung eines im Sachverhalt nicht näher bezeichneten Entgelts ab. Zum Kauf der Küche sollen im vorliegenden Fall noch deren Lieferung sowie Montage hinzutreten, weswegen der Vertrag auch Elemente eines Werkvertrags aufweist. Nach der Zweifelsregel des § 1166 ABGB, die zur Abgrenzung zwischen Kauf- und Werkvertrag heranzuziehen ist, ist dann, wenn auch das Material geliefert wird, vom Vorliegen eines Kaufvertrags auszugehen. Auch treten die genannten werkvertraglichen Elemente beim vorliegenden Vertrag vergleichsweise in den Hintergrund, denn die Lieferung und Montage sind Zusatzleistungen zum Erwerb der Küchenmöbel. Zwischen Ignaz und A besteht sohin ein **Kaufvertrag**.

Betreffend **Kaufgegenstand** und **Kaufpreis** ergeben sich mangels näherer Hinweise im Sachverhalt keine Probleme. Dasselbe gilt für den **Leistungsort**: Aus der Vereinbarung ergibt sich klar, dass verabredeter Erfüllungsort das Ferienhäuschen des Ignaz sein soll (§ 905 Abs 1 ABGB). Auch die **Fälligkeit**, dies ist der Zeitpunkt, zu dem der Schuldner seine Verpflichtung erfüllen muss und der Gläubiger die Leistung annehmen soll, ist primär Sache der Parteienvereinbarung (siehe § 904 S 1 ABGB). Hier wird zwischen Ignaz und A zunächst vereinbart, dass „Mitte August" geliefert werden soll. Diese Vereinbarung bedarf der **Auslegung** gemäß § 914 ABGB. Danach ist über die eigentliche Bedeutung der Worte hinaus auf die Absicht der Parteien abzustellen und der Vertrag so zu verstehen, wie es der Übung des redlichen Verkehrs entspricht. Nach der Wortbedeutung ist Mitte August der 16. August, weil der Monat August 31 Tage zählt. Wäre allerdings tatsächlich der 16. August von den Parteien gemeint gewesen, hätten sie dieses Datum explizit in den Vertrag aufnehmen können. Da sie das aber nicht getan haben, ist davon auszugehen, dass mit Mitte August ein längerer Zeitraum gemeint ist. Bei der Bestellung von Küchen ist es üblich, dass das Lieferdatum in Kalenderwochen angegeben ist. Es liegt also nahe, dass mit Mitte August die Woche um den 16. August herum gemeint gewesen sein muss. Ob die Lieferung am 20. August noch in diesen Zeitraum fällt oder nicht, kann freilich dahin gestellt bleiben, weil sich Ignaz und A Tags davor telefonisch auf diesen Termin einigen.

Gemäß § 918 Abs 1 ABGB gerät der Schuldner eines **entgeltlichen Geschäfts** in **Verzug**, wenn er nicht zur rechten Zeit, nicht am rechten Ort oder **nicht auf die bedungene Weise** leistet. Im vorliegenden Fall liefert A zwar zum vereinbarten Termin, jedoch eine Küche, die nicht der von Ignaz bestellten entspricht. Eine Nachlieferung ist erst in sechzehn Wochen möglich. A befindet sich somit mit Ablauf des 20. August 2015 in **Schuldnerverzug** (vgl § 903 Satz 2 ABGB).

§ 918 Abs 1 ABGB gewährt dem Gläubiger bei Schuldnerverzug ein Wahlrecht zwischen Vertragserfüllung und Vertragsauflösung.[1] Aus dem Sachverhalt geht nicht hervor, für welche Variante sich Ignaz entscheidet. Da A durch die mangelhafte Leistung nicht von seiner Vertragspflicht befreit ist, besteht der Anspruch des Ignaz auf ordnungsgemäße Erfüllung gemäß § 1061 ABGB naturgemäß weiter, solange Ignaz nicht den Rücktritt erklärt. Diese Rechtsfolge tritt bereits bei **objektivem Schuldnerverzug** ein, also unabhängig davon, ob A den Verzug verschuldet hat oder nicht.

Ergebnis: Ignaz kann von A weiterhin die Erfüllung des Vertrags begehren.

Anmerkung:

Weil Ignaz von seinem Wahlrecht nach § 918 Abs 1 ABGB noch nicht Gebrauch gemacht hat und von Ihnen wissen will, wie er vorgehen soll, sind in diesem Fall beide Varianten zu prüfen.

---

2) Ignaz gegen A auf Ersatz des Verspätungsschadens gemäß §§ 1295 Abs 1, 918 Abs 1 Variante 1 ABGB

Besteht Ignaz auf Erfüllung des Vertrags und hat A den Verzug verschuldet (**subjektiver Verzug**), kann Ignaz allfällige ihm aus der Verspätung des A erwachsende Kosten ersetzt verlangen.

Anmerkung:

Das Verschuldenskriterium wird in § 918 Abs 1 ABGB zwar nicht explizit genannt, ergibt sich aber aus den allgemeinen Regeln des Schadenersatzrechts. Aus didaktischen Gründen soll hier auch eine kurze Prüfung der Ersatzfähigkeit eines allfälligen Verspätungsschadens nach dem Schema: Schaden, Kausalität, Adäquanz, Rechtswidrigkeit, Rechtswidrigkeitszusammenhang und Verschulden vorgenommen werden.

---

1   *Koziol/Welser*, Grundriss II[13] 53.

Ein konkreter **Schaden** aufgrund der verspäteten Lieferung der Küche wird im Sachverhalt nicht angesprochen. Jedoch ist klar, dass Ignaz extra wegen der Lieferung der Küche von Wien ins Waldviertel gereist ist und auch eine zweite Reise antreten muss, um die endgültige Lieferung zu empfangen. Die Kosten für eine zweite Anreise würden nicht anfallen, wäre die erste Lieferung korrekt gewesen. Darüber hinaus ist anzunehmen, dass Ignaz in der Zwischenzeit für einen Küchenersatz sorgen muss; immerhin hat er die alte Küche bereits entsorgt. Ignaz erleidet somit einen Schaden an seinem **Vermögen**.[2]

Dieser Schaden wurde unzweifelhaft durch A **verursacht**, weil er bei termingerechter Lieferung und termingerechtem Einbau der bestellten Küche nicht entstanden wäre. Der Schaden wurde auch **adäquat** verursacht, da er die logische Konsequenz von As Verzugs ist.

A handelt auch **rechtswidrig**, weil er gegen seine vertragliche Pflicht zur termingerechten Erfüllung verstößt. Im vertraglichen Bereich ist im Regelfall auch das Vermögen des Vertragspartners vom Schutzzweck des Vertrags mit umfasst.[3] So soll im vorliegenden Fall die Verpflichtung zur termingerechten Lieferung der vereinbarten Küche den Käufer jedenfalls auch vor Schäden in seinem Vermögen schützen, die durch eine Verspätung entstünden. Der **Rechtswidrigkeitszusammenhang** ist somit ebenfalls gegeben.

Ebenso ist von einem **Verschulden** des A jedenfalls in Form von leichter Fahrlässigkeit auszugehen. Ein umsichtiges Möbelhaus hat das Verpacken, Verladen und Liefern von Küchen so zu organisieren, dass nach Möglichkeit keine Fehler passieren. Fehlgeleitete Lieferungen können durch richtiges Beschriften sowie nochmalige Kontrolle der Kartons vor dem Beladen leicht vermieden werden. Im vorliegenden Fall hat A diese Sorgfalt eines bedachten Möbelhauses (§ 1299 ABGB) allerdings nicht walten lassen, weswegen ihm der Verstoß auch subjektiv vorwerfbar ist.

Ergebnis: Ignaz kann neben seinem Erfüllungsanspruch auch die Kosten einer zweiten Anreise ins Waldviertel von A verlangen. Ferner müsste A Ignaz auch allfällige Kosten für ein Provisorium ersetzen, das für die Überbrückung bis zur (verspäteten) Lieferung der bestellten Küche erforderlich ist.

3) Gestaltungsrecht des Ignaz auf Rücktritt vom Vertrag, § 918 Abs 1 Variante 2 ABGB

Die zweite in § 918 Abs 1 ABGB vorgesehene Alternative ermöglicht es Ignaz, vom Vertrag zurückzutreten. Er hat seinen Rücktritt grundsätzlich unter **Setzung einer angemessenen Nachfrist** zu erklären. Da im vorliegenden Fall bereits feststeht, dass die Nachlieferung der Küche sechzehn Wochen betragen wird, kann die Setzung der Nachfrist allerdings **entfallen**.[4] Eine Nachlieferungsdauer

---

2 Die Unannehmlichkeiten, die Ignaz durch die fehlende Küche oder das Organisieren eines Provisoriums entstehen, sind hingegen als immaterieller Schaden nicht ersatzfähig.

3 *Apathy/Riedler*, Schuldrecht BT[4] Rz 13/18.

4 OGH 4 Ob 587/87, JBl 1988, 241 mwN.

von sechzehn Wochen kann keineswegs als angemessen betrachtet werden. Ignaz hat auf die ursprüngliche Lieferung von Ende Mai bis 20. August und somit rund dreizehn Wochen warten müssen. Als Nachfrist ist aber nur eine Periode zu verstehen, innerhalb der eine bereits vorbereitete Leistung fertig gestellt werden kann. Keineswegs ist die ursprünglich bedungene Lieferfrist nochmals zu gewähren und schon gar nicht eine darüber hinaus gehende Frist.[5]

Ergebnis: Ignaz kann gleich vom Vertrag mit A zurücktreten. Er braucht sich in diesem Fall keine weiteren Erfüllungsversuche gefallen zu lassen und wird von seiner Verpflichtung zur Zahlung des Kaufpreises (§ 1062 ABGB) endgültig befreit.

> Anmerkung:
>
> Der Sachverhalt enthält keine Hinweise darauf, dass bereits vor Lieferung Leistungen erbracht wurden. Hätte Ignaz etwa bereits eine Anzahlung geleistet, müsste man einen Kondiktionsanspruch nach § 1435 ABGB prüfen.

4) Ignaz gegen A auf Zahlung von € 2.000,- und Ersatz weiterer Nichterfüllungsschäden gemäß §§ 1295 Abs 1, 918 Abs 1, 921 Satz 1 ABGB

Tritt Ignaz vom Vertrag zurück, steht ihm bei Verschulden des A der Ersatz des Nichterfüllungsschadens zu. Das bedeutet, dass Ignaz so zu stellen ist, wie er stünde, wenn ordnungsgemäß erfüllt worden wäre.

Aus dem Sachverhalt geht hervor, dass Ignaz ein **Schaden** in Höhe von € 2.000,- entsteht, wenn er eine gleichwertige Küche bei einem anderen Möbelhaus bestellt. Auch die Kosten einer neuerlichen Anreise bei Lieferung und Montage der Ersatzküche sowie gegebenenfalls Kosten einer Interimslösung stellen ersatzfähige Schäden dar. Betreffend Kausalität, Rechtswidrigkeit und Verschulden kann auf die Prüfung oben 2) verwiesen werden. Dort hat sich gezeigt, dass diese Voraussetzungen für die Geltendmachung eines Schadenersatzanspruchs vorliegen.

Ergebnis: Ignaz kann von A den Ersatz des Nichterfüllungsschadens einschließlich Mehrkosten von € 2.000,- aus dem Deckungskauf begehren.

> Anmerkungen zur Abgrenzung von anderen Rechtsinstituten:
>
> 1) Im vorliegenden Fall liefert A nicht auf die bedungene Weise (§ 918 Abs 1 S 1 aE ABGB). Seine Lieferung ist somit auch „mangelhaft". Das ABGB verwendet den Begriff des Mangels (im Sinne eines qualitativen Zurückbleibens hinter dem vertraglich Geschuldeten) vorrangig im Gewährleistungsrecht (§§ 922 ff ABGB). Dennoch sind auf den vorliegenden Fall die Verzugsregeln anzuwenden. **Gewährleis-**

---

5   Vgl statt vieler OGH 3 Ob 2427/96z, ecolex 1999, 16/6.

> **tungsrecht** gilt erst ab dem Zeitpunkt, in dem die Leistung vom Gläubiger als Erfüllung angenommen wird. Im vorliegenden Sachverhalt nimmt Ignaz die Leistung nicht an, sondern telefoniert sofort mit A, um den Fehler zu klären.
>
> 2) Es liegt Verzug und nicht **Unmöglichkeit** vor, weil der Leistung des A kein dauerndes Hindernis entgegensteht. Zwar ist die erste Küche mittlerweile bei B eingebaut. Grundsätzlich – wenngleich mit einer erheblichen Zeitverzögerung – ist es aber möglich, die bestellte Küche nochmals zu liefern, da diese lediglich nach gattungsmäßigen Kriterien bestimmt ist.

Fall 4. Der allseits begehrte Honig

I. Sachverhalt

Feinkosthändler A fragt telefonisch bei dem für die Qualität seines Honigs weithin bekannten Hobbyimker B an, ob er ihm 25 Gläser Waldhonig der letzten Ernte verkaufen könne. B erklärt, wegen der großen Nachfrage nur noch 20 Gläser vorrätig zu haben. Sie einigen sich drauf, dass A diese zum Gesamtpreis von € 200,- abnimmt.

Muss A den Honig bezahlen, wenn

1) A den Honig am nächsten Tag bei B abholt und A auf der Rückfahrt zu seinem Geschäft in einen Verkehrsunfall verwickelt wird, bei dem die im Kofferraum seines PKW transportierten Hönigglässer zu Bruch gehen?

2) A den B bittet, den Honig per Postpaket an ihn zu senden, die Gläser aber bei der Übergabe des Paketes an A zerbrochen sind, während sie bei der Aufgabe am Postamt noch intakt waren?

3) A und B vereinbaren, dass B den Honig in das Geschäft des A liefert und die Honiggläser während einer kurzen Rast von unbekannten Tätern aus dem versperrten Auto des B gestohlen werden?

II. Lösung

1) B gegen A auf Bezahlung von € 200,- gemäß § 1062 ABGB

A und B haben sich am Telefon über die Art des Geschäftes sowie über Ware und Preis geeinigt (§ 861 ABGB). Sie haben einen **Kaufvertrag** über den Erwerb von 20 Gläsern Waldhonig zum Preis von insgesamt € 200,- abgeschlossen.

Grundsätzlich ist der Käufer einer Sache gemäß § 1062 ABGB verpflichtet, den vereinbarten Kaufpreis zu bezahlen, wenn der Verkäufer seinerseits bereit ist, seinen vertraglichen Verpflichtungen nachzukommen.[1] Nach § 1061 ABGB iVm § 1047 ABGB ist der Verkäufer insbesondere verpflichtet, die verkaufte Sache an jenem Ort und zu jenem Zeitpunkt an den Käufer zu übergeben, den die Parteien im Vertrag bestimmt haben. Zudem muss sich die Sache bei der Übergabe noch im selben Zustand befinden wie bei Vertragsabschluss. Um über den Anspruch des B auf Bezahlung des Honigs befinden zu können, muss deshalb zunächst geklärt werden, ob er seinen Verkäuferpflichten nachgekommen ist.

Weil sich die Vertragsparteien an verschiedenen Orten aufhalten, ist zunächst zu prüfen, an welchem Ort die Erfüllung – also der Austausch der vereinbarten Sachleistung – zu erfolgen hat (**Erfüllungsort**). Dieser richtet sich primär nach der Vereinbarung der Parteien. Fehlt wie in unserem Fall eine solche Festlegung durch die Vertragsparteien und ergibt sich der Erfüllungsort auch nicht aus dem Zweck des Geschäfts (vgl § 905 Abs 1 ABGB), dann greift das dispositive Recht ergänzend ein. Nach § 905 Abs 1 ABGB muss B als (Sach-) Schuldner an jenem Ort leisten, an dem er bei Vertragsabschluss seinen Wohnort hat.[2] Dies bedeutet, dass A den Honig bei B abholen muss (**Holschuld**). Dem entspricht A, weil er wie vereinbart am nächsten Tag zu B kommt und die Honiggläser übernimmt. Im Zeitpunkt der Übergabe befindet sich der Honig auch im selben Zustand wie bei Vertragsabschluss, weil die Gläser erst nach der Übergabe, nämlich während des Transports zum Geschäft des A, zu Bruch gehen.

Gemäß § 1064 iVm §§ 1048 ff ABGB geht im vereinbarten Übergabezeitpunkt bzw, wenn ein solcher nicht vereinbart wurde, mit der tatsächlichen Übergabe, die Gefahr der Beschädigung oder Zerstörung der Sache auf den Erwerber, hier A, über (**Gefahrenübergang**).[3] Die Übergabe der Sache hat im

---

1 Vgl auch § 1052 ABGB.

2 Bei Verbindlichkeiten aus dem Betrieb eines Unternehmens kommt es nach § 905 Abs 1 ABGB anstelle des Wohnsitzes auf den Ort der Niederlassung an. Weil B die Imkerei als Hobby betreibt, kann man nicht von einem Unternehmen sprechen, weshalb auf den Wohnsitz des B abzustellen ist. Geht man mangels anderer Hinweise im Sachverhalt davon aus, dass B sein Hobby ohnedies an seinem Wohnsitz ausübt, ist der Erfüllungsort derselbe, gleichgültig ob man auf den Wohnsitz oder den Ort der Niederlassung abstellt.

3 S etwa *Koziol/Welser*, Grundriss II[13] 170.

vorliegenden Fall – wie bereits ausgeführt – zum vereinbarten Zeitpunkt statt-gefunden, weshalb die Gefahr der Zerstörung der Honiggläser im Unfallzeit-punkt zweifellos bereits auf A übergegangen war.

Mit der vollständigen Erbringung der Sachleistung durch B ist A **Zug um Zug** zur Zahlung des Kaufpreises verpflichtet. Er kann die Bezahlung somit nicht verweigern.

Anmerkungen:

1) Den Zahlungsanspruch könnte A nur dann zur abwehren, wenn ihm Einwendungen offen stehen. Diese wären im Anschluss an den An-spruch zu prüfen. Weil im hier zu behandelnden Fall jedoch keine (plausiblen) Einwendungen erkennbar sind, kann dieser Schritt ent-fallen.

2) Der Gefahrenübergang schließt nicht aus, dass A als Träger der Ge-fahr einen Ersatzanspruch gegen den Unfallverursacher geltend ma-chen kann. Diese Frage ist hier jedoch nicht zu prüfen, weil aus-schließlich nach dem Zahlungsanspruch von B gefragt ist.

Ergebnis: A muss den vereinbarten Kaufpreis iHv € 200,- an B leisten.

2) B gegen A auf Bezahlung von € 200,- gemäß § 1062 ABGB

Wie bereits oben erörtert, haben A und B am Telefon einen Kaufvertrag abge-schlossen. Im Unterschied zu Frage 1 vereinbaren sie nun jedoch, dass B den Honig per Post an A senden soll. Es handelt sich also um einen sogenannten **Versendungskauf**.

Der Zahlungsanspruch des B hängt davon ab, wer das **Risiko einer zufälligen Beschädigung oder Zerstörung** der verkauften Sache zwischen dem Ver-tragsschluss und dem Einlangen bei A zu tragen hat **(Gefahrtragung)**. „Zufall" im Sinne der Gefahrtragungsregeln liegt vor, wenn die Beschädigung oder Zer-störung weder vom Schuldner noch vom Gläubiger zu vertreten ist. Das be-deutet, dass weder die Vertragsparteien noch Dritte, für die die Parteien einzu-stehen hätten, ein Verschulden an der Vereitelung der Erfüllung trifft.[4] Welche Partei die Gefahr für Zufall zu tragen hat, hängt davon ab, ob es sich bei der geschuldeten Leistung um eine Spezies- oder Gattungsschuld handelt und an welchem Ort der Schuldner zu leisten hat.

Grundsätzlich stellt die Lieferung von Honig eine Gattungsschuld dar, wes-halb B an sich auch Honig derselben Art und Güte eines anderen Imkers leisten könnte. Jedoch hat A zum Ausdruck gebracht, dass er nur Waldhonig des B aus dessen letzter Ernte will. Indem B erklärt, statt der gewünschten 25 nur

---

4   Diese Grundregel modifiziert § 1419 ABGB für den Fall, dass sich der Gläubiger in Annahmeverzug befindet (vgl dazu Fall 8). Dafür fehlen hier freilich jegliche An-haltspunkte.

noch 20 Gläser Waldhonig vorrätig zu haben, hat er diesen Wunsch des A zustimmend zur Kenntnis genommen. Daher kann B seine Verpflichtung nur durch die Lieferung von Waldhonig aus eigener Erzeugung erfüllen, der zudem aus der letzten Ernte stammen muss. Es handelt sich also um eine **begrenzte Gattungsschuld**. Mit der Auswahl bestimmter Stücke aus einem Vorrat wird die Gattungsschuld zur Speziesschuld (sogenannte **Konzentration**). Diese findet spätestens mit der Übergabe der Sache an den Transporteur statt. Weil A jedoch alle Stücke der ausgewählten Gattung kauft, hat die Konzentration in diesem Fall schon mit der Einigung über den Kaufgegenstand stattgefunden.

Ferner vereinbaren A und B, dass der Honig versendet werden soll, weshalb hier eine **Schickschuld** vorliegt. Trotz dieser (Zusatz-)Vereinbarung, die eine vertragliche Nebenpflicht darstellt, bleibt **Erfüllungsort** der Wohnsitz des Schuldners.[5] Die Frage, ob der Schuldner mit der Übergabe der Sache an den Transporteur vollständig erfüllt hat und deshalb auch die Gefahr auf den Käufer übergeht, ist nunmehr in § 905 Abs 3 ABGB ausdrücklich geregelt. Soll die Sache mit dem Willen des Gläubigers an einen anderen als den Erfüllungsort versendet werden, so geht die Gefahr auf ihn über, sobald der Schuldner die Sache an den Transporteur aushändigt. Wie auch nach § 429 ABGB kommt es also darauf an, ob die **Art der Übersendung** der getroffenen Vereinbarung entspricht. Hier hat A mit B vereinbart, den Honig per Post zu verschicken. An diese Vorgabe hat sich B gehalten, weshalb der Honig als an A übergeben gilt, sobald B das Paket mit den zu diesem Zeitpunkt noch unbeschädigten Honiggläsern am Postamt aufgegeben hat.

Jetzt ist nur noch zu klären, ob der Honig durch **Zufall** untergegangen ist. Ein eigenes sorgfaltswidriges Verhalten der Vertragsparteien A oder B ist nicht ersichtlich. Die Versendung per Post kann B nicht als Verschulden angelastet werden, weil diese Versendungsart auf Wunsch des A vereinbart wurde. Ebenso fehlen Hinweise, dass B die Gläser nicht sorgfältig verpackt hat. Dennoch wurde die Sache während des Transports durch die Post zerstört. Aber selbst wenn man der Post ein Verschulden anlasten könnte, weil sie das Paket nicht mit der geschuldeten Sorgfalt transportiert hat,[6] hätte B dieses nicht zu vertreten: Bei einem Versendungskauf erfüllt der Verkäufer bereits mit der Übergabe der verkauften Sache an den Transporteur seine vertraglichen Pflichten. Der **Transporteur** ist daher **nicht** sein **Erfüllungsgehilfe**.[7] Aufgrund der fehlenden Zurechenbarkeit der Handlungen des Transporteurs zur Sphäre des B ist der Honig somit durch Zufall untergegangen.

Weil A die Versendungsart ausgewählt und B das Paket mit zu diesem Zeitpunkt noch intakten Gläsern wie vereinbart bei der Post aufgegeben hat, trägt A die Gefahr für diesen Zufall. Obwohl er nur zerbrochene Gläser erhält und der erworbene Honig damit unbrauchbar geworden ist, kann A die Bezahlung nicht verweigern.

Ergebnis: A muss die vereinbarten € 200,- an B bezahlen.

---

5   *Binder/Kolmasch* in Schwimann/Kodek[4] § 905 Rz 5; *Kietaibl* in Kletečka/Schauer, ABGB-ON[1.01] § 905 Rz 15. Dabei ist es gleichgültig, welche Partei die Kosten der Versendung übernimmt.

6   Dies lässt der Sachverhalt offen.

7   *Bollenberger* in KBB[4] § 905 Rz 4.

Anmerkung:

Die Gefahrtragungsregeln verteilen lediglich das Risiko zwischen den Vertragsparteien. Mögliche Ansprüche jener Partei, die das Risiko für Zufall zu tragen hat, gegen Dritte bleiben dadurch unberührt. Allfällige Ersatzansprüche des A gegen die Post sind hier aber nicht zu behandeln, denn es ist ausschließlich nach dem Kaufpreisanspruch des B gefragt.

3) B gegen A auf Bezahlung von € 200,- gemäß § 1062 ABGB

Wie bereits oben erörtert, haben A und B einen Kaufvertrag über den Erwerb von 20 Gläsern Waldhonig abgeschlossen. Im Unterschied zu den Fragen 1 und 2 vereinbaren die Vertragsparteien nunmehr, dass B den Honig in das Geschäft des A bringen soll. Erfüllungsort ist somit nicht der Wohnsitz des B sondern das Geschäftslokal des A **(Bringschuld)**. Um seinen Vertragspflichten vollständig nachzukommen, muss er die 20 Gläser Waldhonig im Geschäft des A übergeben.

B ist die Übergabe der 20 Gläser Waldhonig jedoch nicht mehr möglich, weil diese von unbekannten Tätern aus seinem Auto gestohlen wurden. Wie bereits oben 2) dargelegt, ist die Lieferverpflichtung des B als **begrenzte Gattungsschuld** zu bewerten. Weil aber der gesamte Vorrat der ausgewählten Gattung gestohlen wurde, verfügt B über keine vertragskonforme Ware, die er A anstelle der abhanden gekommenen Honiggläser liefern kann. Obwohl es sich um Gattungssachen handelt, ist der Honig im vorliegenden Fall als Speziesschuld zu behandeln.

Mit dem Diebstahl ist die geschuldete Leistung unmöglich geworden, denn der Erfüllung steht ein **dauerhaftes Leistungshindernis** entgegen. Eine Nachproduktion der geschuldeten Ware ist nicht möglich. Auch erscheint es wenig wahrscheinlich, dass die unbekannten Täter ausgeforscht werden und sich der Honig zu diesem Zeitpunkt noch in ihrer Gewahrsame befindet.[8] Es liegt somit ein Fall der **nachträglichen Unmöglichkeit** vor, weil die versprochene Leistung im Zeitpunkt des Vertragsabschlusses noch erbracht werden konnte. Das Leistungshindernis hat sich erst in der Zeitspanne zwischen Vertragsabschluss und Erfüllungszeitpunkt eingestellt.

Hat der Schuldner der unmöglich gewordenen Leistung (hier B) die nachträgliche Unmöglichkeit **zu vertreten**, so kann der Gläubiger (hier A) gemäß §§ 920, 921 ABGB vom Vertrag zurücktreten und so den Entgeltanspruch des (Sach-)Schuldners zum Erlöschen bringen; zudem könnte er Ersatz für erlittene Schäden verlangen.[9] Hat der Schuldner das Unmöglichwerden hingegen **nicht**

---

8   Vgl *Reidinger* in Schwimann/Kodek[4] § 920 Rz 3 f.

9   Alternativ könnte A bei Anwendbarkeit dieser Bestimmungen am Vertrag festhalten und das Erfüllungsinteresse begehren. Da jedoch die Fragestellung darauf abzielt, ob A den Kaufpreis bezahlen muss, wird in der Lösung nur auf das von § 920

zu vertreten, so ist der Vertrag als nicht geschlossen anzusehen (§§ 1048, 1447 ABGB). Für die Frage, ob B einen Zahlungsanspruch hat, kommt es also darauf an, ob ihm der Verlust zuzurechnen ist oder nicht. Dies hängt davon ab, ob B die **notwendige Sorgfalt** aufgewendet hat. Ein Verstoß gegen Sorgfaltspflichten ist im vorliegenden Fall nicht zu erkennen, denn B hat sein Auto während der Rast abgesperrt. Das Einlegen einer kurzen Rast, während der das versperrte Fahrzeug für kurze Zeit unbeaufsichtigt bleibt, kann B im Allgemeinen nicht als Verschulden angelastet werden. Es sind aus dem Sachverhalt auch keine besonderen Umstände erkennbar, die das unbeaufsichtigte Abstellen seines versperrten Autos ausnahmsweise als sorglos erscheinen lassen. Somit hat B das nachträgliche Unmöglichwerden der Leistung nicht zu vertreten und der Kaufvertrag ist als nicht geschlossen anzusehen.[10] Weil die wechselseitigen Vertragspflichten mit Wirkung ex tunc entfallen, ist A nicht verpflichtet, den Honig zu bezahlen und umgekehrt muss B keinen Honig mehr liefern.

> Anmerkung:
>
> Mit dem Eintritt der nicht zu vertretenden nachträglichen Unmöglichkeit fällt der Vertrag automatisch weg. Weder A noch B müssen rechtsgestaltend eingreifen, etwa durch Erklärung des Rücktritts oder der Kündigung.

Ergebnis: B kann von A nicht die Bezahlung von € 200,- verlangen.

ABGB eingeräumte Rücktrittsrecht eingegangen, das A dem Zahlungsanspruch des B als Einwendung entgegenhalten könnte.

10 *A. Heidinger* in Schwimann § 1447 Rz 15.

Fall 5. Der schlampige Fliesenleger

I. Sachverhalt

Im Frühjahr 2015 beauftragt Rechtsanwalt R den Fliesenleger F, in einem als Aktenlager genutzten Kellerraum seines Kanzleigebäudes den Boden zu verfliesen. Für Arbeit und Material vereinbaren sie einen Pauschalpreis von € 3.000,-.

Einige Tage nach der Fertigstellung und Abnahme durch F Anfang Mai 2015 stellt R fest, dass F schlampig gearbeitet hat: Die grauen Bodenfliesen weisen teilweise Farbabweichungen und einen unterschiedlichen Glanzgrad auf. Ferner sind die Fugen unterschiedlich breit geraten. Die Mängel sind auch bei flüchtiger Betrachtung wahrnehmbar. R ist unter den gegebenen Umständen nicht bereit, Zahlungen zu leisten und fordert F umgehend auf, zuerst die beanstandeten Mängel zu beheben. F lehnt dies jedoch ab.

Im Juni 2015 besichtigt der von R zur Rate gezogene Fliesenleger S den Lagerraum. Als Ursache für die Farbabweichungen stellt er die Verwendung von Fliesen unterschiedlicher Produktionschargen fest. Eine Sanierung wäre nur durch teilweises Herausschlagen der Fliesen samt anschließender Neuverfliesung der betroffenen Stellen möglich, was nach Schätzung des S rund € 2.000,- kosten würde. Auf die Möglichkeit dieser Form der Mängelbehebung angesprochen, weist F ein derartiges Ansinnen energisch von sich. Schließlich sei die Nutzbarkeit des Raumes in keiner Weise beeinträchtigt. F fordert R vielmehr zur umgehenden Bezahlung der unbeglichenen Rechnung auf.

Ebenso erinnert R den F im Zuge dieses Gesprächs daran, dass ihm dieser noch immer das seit Ende Mai 2012 fällige Honorar für die rechtsfreundliche Vertretung in einem Gewährleistungsprozess schulde. Diese Forderung würde er im Falle eines Rechtsstreits jedenfalls aufrechnungsweise gegen eine Werklohnforderung einwenden.

> Im September 2015 kommt F zu Ihnen und bittet Sie um Auskunft, ob eine Klage gegen R Aussicht auf Erfolg hat. Berücksichtigen Sie bei ihrer Lösung, dass es in Fachkreisen bekannt ist, dass Fliesen unterschiedlicher Produktionschargen hinsichtlich Farbton und Glanzgrad voneinander abweichen!

II. Lösung

1) Anspruch F gegen R auf Bezahlung von € 3.000,- gemäß § 1170 ABGB

a) Werklohnforderung

Zunächst ist zu klären, wie der zwischen R und F abgeschlossene Vertrag über die Verfliesung des Kellerraums einschließlich der Lieferung der dafür benötigten Materialien zum Pauschalpreis von € 3.000,- rechtlich einzuordnen ist. In Frage kommen entweder ein Kauf- oder ein Werkvertrag. Gemäß § 1166 ABGB ist **im Zweifel** von einem Kaufvertrag auszugehen, wenn der Werkunternehmer auch das für die Herstellung des Werkes benötigte Material liefert. F hat zwar die Fliesen sowie sonstige erforderliche Materialien bereit zu stellen, jedoch steht nach dem **Willen der Vertragsparteien** nicht der Kauf bzw Verkauf der Fliesen sondern deren Verlegung nach den Wünschen und Vorstellungen des R im Vordergrund, weil bei der Verlegung insbesondere auf die individuellen baulichen Gegebenheiten Bedacht zu nehmen ist. Für die Anwendung der Zweifelsregel des § 1166 ABGB bleibt somit kein Raum: Es überwiegen eindeutig die Elemente des Werkvertrages.

Der vereinbarte Werklohn wird gemäß § 1170 ABGB mit der Vollendung des Werkes **fällig**. F hat die Arbeiten im Mai 2015 abgeschlossen, weshalb Fälligkeit eingetreten ist.[1] Einer Rechnungslegung durch F bedarf es dazu nicht, weil ein Pauschalpreis vereinbart wurde.

b) Einwendung des R, dass er aufgrund der Verbesserungspflicht des F zur Zurückhaltung des Werklohns berechtigt ist, § 1052 iVm § 932 Abs 2 ABGB

R macht jedoch geltend, dass das Werk mit Mängeln behaftet sei. Ist die Mängelrüge des R berechtigt, so ist die Durchsetzbarkeit des Werklohnanspruches solange gehemmt, bis F die Mängel beseitigt hat, weil R dem Anspruch auf Zahlung des Werklohns die Einrede des nicht gehörig erfüllten Vertrags entgegensetzen kann (§ 1052 ABGB).[2] Durch dieses Druckmittel soll der Werkunternehmer zur Verbesserung des Werkes veranlasst werden. Es steht jedoch nur solange zur Verfügung, als der Werkbesteller, hier also R, einen Verbesserungsanspruch hat.[3]

---

1 Vgl *Apathy* in KBB[4] § 1052 Rz 2; aA *Karollus/Lukas*, Das sogenannte Zurückbehaltungsrecht des Werkbestellers, JBl 2001, 677, 766, die fehlende Fälligkeit annehmen, solange der Werkunternehmer die (behebbaren) Mängel nicht behoben hat. Diesen folgend etwa *Kletečka* in Kletečka/Schauer, ABGB-ON[1.02] § 1170 Rz 7 f.

2 OGH 4 Ob 163/11s, bbl 2012/66; *Koziol/Welser*, Grundriss II[13] 257; *M. Bydlinski* in KBB[4] § 1170 Rz 3; *Aicher* in Rummel[3] § 1052 Rz 1 und 7.

3 Vgl OGH 10 Ob 10/10h, ecolex 2010/233.

Weil R behauptet, dass F seinen Leistungspflichten aus dem Vertrag nicht ordnungsgemäß nachgekommen ist, muss geklärt werden, ob eine **Leistungsstörung** vorliegt. Von den im ABGB unterschiedenen Erscheinungsformen[4] kommen hier zwei in Betracht: Verzug bzw Gewährleistung. Beide Rechtsinstitute setzen voraus, dass zwischen R und F ein **entgeltliches Vertragsverhältnis** besteht.[5] Der Werkvertrag zählt gemäß der Legaldefinition des § 1151 Abs 1 ABGB zu den entgeltlichen Verträgen; zudem haben die Vertragsparteien ausdrücklich ein Entgelt in der Höhe von € 3.000,- vereinbart.

Der Schuldner befindet sich mit seiner Leistung in **Verzug**, wenn er nicht zur gehörigen Zeit, nicht am gehörigen Ort oder auf die bedungene Weise erfüllt (§ 918 ABGB). Hingegen sind die **Gewährleistungsregeln** anzuwenden, wenn die überlassene Sache nicht die vereinbarten oder gewöhnlich vorausgesetzten Eigenschaften aufweist, also mangelhaft ist (§ 922 Abs 1 ABGB). R meint, F habe nicht sorgfältig genug gearbeitet. Die bemängelten Farbabweichungen bzw unregelmäßigen Fugen könnten entweder den Tatbestand des § 918 Abs 1 Alternative 3 ABGB, nämlich dass „nicht auf die bedungene Weise erfüllt" wurde, oder jenen des § 922 Abs 1 ABGB, dass „die erbrachte Leistung nicht die gewöhnlich vorausgesetzten Eigenschaften aufweist", erfüllen. Für die **Abgrenzung** zwischen diesen beiden Tatbeständen kommt es darauf an, ob der Gläubiger die angebotene Leistung bereits als Erfüllung angenommen hat oder nicht.[6] R hat laut Sachverhalt das Werk ohne Vorbehalt abgenommen. Erst wenige Tage später fordert er F auf, seiner Ansicht nach bestehende Mängel auszubessern. R hat damit die von F angebotene Leistung als Erfüllung angenommen, weshalb die Gewährleistungsregeln zur Anwendung kommen.

Nach § 922 Abs 1 ABGB liegt ein **Mangel** iSd Gewährleistungsrechts vor, wenn die Sache nicht dem Vertrag entspricht, also die bedungenen oder gewöhnlich vorausgesetzten Eigenschaften nicht aufweist bzw nicht der Natur des Geschäftes oder der Vereinbarung gemäß benützt werden kann. Als Sache gilt in diesem Zusammenhang auch eine Werkleistung, wie § 1167 ABGB klarstellt. Hier ist das Werk zwar benützbar, doch fehlt ihm die gewöhnlich vorausgesetzte Eigenschaft, dass die Fliesen einen einheitlichen Farbton und Glanzgrad aufweisen. Ferner kann gewöhnlich vorausgesetzt werden, dass die Breite der einzelnen Fugen nur geringfügig voneinander abweicht, sodass die Verfliesung insgesamt ein gleichförmiges Bild abgibt.

Gemäß § 924 ABGB muss der Mangel bei der **Übergabe** der Sache bereits **vorhanden** gewesen sein, bei Werkverträgen wie dem vorliegenden ist der Zeitpunkt der „Abnahme" der Leistung maßgebend. Laut Sachverhalt hat R das Werk unmittelbar nach seiner Fertigstellung abgenommen. Zu diesem Zeitpunkt waren die Mängel, nämlich der unterschiedliche Farbton und Glanzgrad der Fliesen sowie die unregelmäßige Verfugung, zweifellos bereits vorhanden.

Als Rechtsfolge ordnet § 932 Abs 2 ABGB an, dass R als Übernehmer des mangelhaften Werkes zunächst nur die Verbesserung oder den Austausch der Sache fordern kann **(primäre Gewährleistungsbehelfe)**. Austausch der Sache

---

4   Verzug, nachträgliche Unmöglichkeit, Gewährleistung.

5   Vgl auch die Überschrift vor § 917 ABGB.

6   *Koziol/Welser*, Grundriss II[13] 65 f; *P. Bydlinski* in KBB[4] § 922 Rz 5 mwN; aA *Reischauer* in Rummel[3] Vor §§ 918-933 Rz 9.

bedeutet die Neuerrichtung des gesamten Werkes.[7] Die Verbesserung könnte hingegen durch ein teilweises Herausschlagen der Fliesen an den von den Mängeln betroffenen Stellen und anschließende Neuherstellung dieser Stellen erfolgen. Sie geht also weniger weit, weil sie für F einen geringeren Aufwand bedeutet. Der Übernehmer kann zwischen diesen beiden Rechtsbehelfen grundsätzlich wählen. R fordert von F die Beseitigung der beanstandeten Mängel, nicht die Neuherstellung des Werkes. Er hat also die Verbesserung gewählt.

Solange R als Werkbesteller seinen Verbesserungsanspruch berechtigterweise verfolgt, kann er gemäß § 1052 ABGB die Zahlung des Werklohns zurückhalten.

Anmerkungen:

1) Nimmt der Gläubiger die angebotene Leistung an, so erlischt grundsätzlich die Leistungspflicht des Schuldners (§ 1412 ABGB). Erweist sich die erbrachte Leistung als mangelhaft, kann der Gläubiger im Wege der Verbesserung vom Schuldner die Herstellung des geschuldeten Zustandes verlangen. Dabei handelt es sich um die Fortsetzung des Erfüllungsanspruchs aus dem Vertrag.[8] Weil aber der Schuldner nicht ordnungsgemäß geleistet hat, hemmt der Verbesserungsanspruch den mit der Annahme der Leistung bereits fällig gewordenen Zahlungsanspruch.

2) Fraglich ist, ob den R eine Prüf- und Rügeobliegenheit iSd § 377 UGB trifft; ein beidseitig unternehmensbezogenes Geschäft läge grundsätzlich vor. § 381 Abs 2 UGB erweitert den Anwendungsbereich des § 377 UGB allerdings (lediglich) auf Werkverträge über die Herstellung beweglicher körperlicher Sachen, worunter der Einbau beweglicher Sachen (Fliesen) in eine unbewegliche (Haus) überwiegend nicht subsumiert wird.[9] Im Ergebnis ist die Beurteilung dieser Frage hier unproblematisch, weil R laut Sachverhalt ohnedies innerhalb weniger Tage von F die Verbesserung der Mängel einfordert und einer allfälligen Rügeobliegenheit damit jedenfalls entsprochen hätte.

---

c) Gegeneinwendung des F, dass der Verbesserungsaufwand unverhältnismäßig ist, § 932 Abs 4 ABGB

F verweigert allerdings die von R geforderte Verbesserung aufgrund der hohen Kosten von etwa € 2.000,-. Nach § 932 Abs 4 ABGB kann der Übergeber der mangelhaften Sache die Verbesserung ablehnen, wenn sie[10] für ihn einen **unverhältnismäßigen Aufwand** erfordern würde.

---

7   *W. Faber*, Handbuch zum neuen Gewährleistungsrecht (2001) 137 mwN.

8   *Koziol/Welser*, Grundriss II[13] 72.

9   Vgl *Kramer/Martini* in Straube, UGB[4] § 381 Rz 4 mwN; ferner *Kerschner* in Jabornegg/Artmann, UGB[2] § 381 Rz 11 mit Nw zur nicht ganz einheitlichen Rsp.

10 Dies gilt für beide primären Rechtsbehelfe, vgl den Wortlaut des § 932 Abs 4 Satz 1 ABGB. Weil R aber ohnedies die Verbesserung fordert, ist hier auf den

Die Rsp[11] beurteilt den Verbesserungsaufwand als **unverhältnismäßig**, wenn dieser in keinem Verhältnis zur Bedeutung des Mangels für den Besteller steht. Dabei ist insbesondere zu berücksichtigen, welche Unannehmlichkeiten für den Werkbesteller mit dem Verweis auf die Preisminderung verbunden sind. Zieht der Mangel im Gebrauch der Sache nur einen eher geringen Nachteil mit sich, dann können schon relativ geringe Verbesserungskosten unverhältnismäßig sein. Beeinträchtigt hingegen der Mangel den Gebrauch der Sache erheblich, so können auch beträchtliche Verbesserungskosten noch verhältnismäßig sein. Dies gilt insbesondere dann, wenn der aus der Verbesserung erwachsende Vorteil so erheblich ist, dass ein redlicher und vernünftiger Verkehrsteilnehmer die Reparatur auch auf eigene Kosten vornehmen würde. Die **Abwägung** im hier zu beurteilenden Fall ergibt, dass die Mängel bloß einen zur Aufbewahrung von Akten genutzten Raum im Keller des Kanzleigebäudes betreffen, der keinerlei repräsentative Zwecke erfüllt. Die Funktionstüchtigkeit ist durch die Mängel nicht beeinträchtigt, denn der Raum ist trotzdem uneingeschränkt für den vorgesehenen Zweck nutzbar. Die Verfliesung soll in erster Linie die Reinigung des Bodens erleichtern, was auch mit unregelmäßig verlegten Fliesen unterschiedlichen Glanzgrades erreicht wird. Besondere Unannehmlichkeiten oder gar Gefahren für R sind mit den Mängeln nicht verbunden. Lediglich sein ästhetisches Empfinden ist beeinträchtigt. Umgekehrt würde die Verbesserung F einen erheblichen Aufwand verursachen, der etwa zwei Drittel des ursprünglich vereinbarten Werklohns erreicht. Wägt man den für den Werkbesteller erzielbaren Nutzen gegen den Verbesserungsaufwand ab, so erscheint der Verbesserungsaufwand tatsächlich unverhältnismäßig.[12] R könnte dadurch ausschließlich einen optischen Gewinn erzielen, der in einem als Aktenlager genutzten Raum freilich nicht allzu hoch zu veranschlagen ist. Dem stünde ein erheblicher Aufwand des F gegenüber. Aus diesem Grund kann R nicht die Verbesserung verlangen.[13]

Austausch nicht weiter einzugehen.

11 Grundlegend OGH 8 Ob 108/06z, JBl 2007, 519 mit krit Anm *W. Faber*; zuletzt wieder 4 Ob 44/14w, JBl 2015, 45. Nach einem anderen Ansatz ist für die Beurteilung der Unverhältnismäßigkeit hingegen primär ein Kostenvergleich zwischen der wirtschaftlichen Belastung des Übergebers aus dem konkreten Primärbehelf (hier Verbesserung) und den in Betracht kommenden Sekundärbehelfen vorzunehmen. Erweist sich dabei der Primärbehelf aus teurer, ist unter Rückgriff auf die in § 932 Abs 2 2. Satz ABGB genannten Kriterien abzuwägen, ob die Mehrkosten noch verhältnismäßig sind. Die angesprochenen Kriterien sind der Wert der mangelfreien Sache, die Schwere des Mangels sowie die Unannehmlichkeiten für den Übernehmer (*W. Faber*, Handbuch zum neuen Gewährleistungsrecht 120 f). Im konkreten Fall führen beide Ansätze freilich zum selben Ergebnis.

12 Vgl OGH 1 Ob 829/81, SZ 55/29 zur Rechtslage vor dem GewRÄG, die der OGH in 8 Ob 108/06z, JBl 2007, 519 ausdrücklich fortschreiben will.

13 Dies gilt auch für den Austausch der Sache, den R aber ohnedies nicht fordert.

Anmerkung:

Nach der Weber & Putz-Entscheidung des EuGH ist der Einwand der Unverhältnismäßigkeit nach § 932 Abs 4 ABGB im Anwendungsbereich der Verbrauchsgüterkauf-RL nicht zulässig.[14] Diese RL ist auf den vorliegenden Fall jedoch nicht anwendbar, weil für beiden Vertragsparteien ein Unternehmergeschäft vorliegt. Nach der Rsp des OGH ist außerhalb des Anwendungsbereichs der Verbrauchsgüterkauf-RL § 932 Abs 4 ABGB im Wege einer „gespaltenen" Auslegung weiterhin nach dem bisherigen Verständnis anzuwenden.[15] Folglich kann F gegenüber R die Unverhältnismäßigkeit der Verbesserungskosten einwenden. Gegenüber einem Verbraucher stünde F dieser Einwand nicht zu.

Anstelle der Verbesserung kommen die **sekundären Gewährleistungsbehelfe**, also Preisminderung oder Wandlung in Betracht. Auch wenn F berechtigt ist, die Verbesserung aufgrund des unverhältnismäßigen Aufwandes abzulehnen, hat er für den Mangel einzustehen, denn er schuldet ein mangelfreies Werk. Grundsätzlich hat der Übernehmer der mangelhaften Sache das Wahlrecht zwischen Preisminderung und Wandlung. Gemäß § 932 Abs 4 Satz 1 ABGB ist die Wandlung jedoch bei einem **bloß geringfügigen Mangel** ausgeschlossen. Dem Übernehmer soll nämlich das Wandlungsrecht verwehrt sein, wenn die Auflösung des Vertrages angesichts des geltend gemachten Mangels unverhältnismäßig erscheint. Dies ist im Einzelfall durch eine Abwägung der Interessen der Vertragsparteien zu beurteilen.[16] Seitens des R ist zu berücksichtigen, dass die Nutzbarkeit des Raumes durch den Mangel nicht beeinträchtigt wird und die Unregelmäßigkeiten in der Verfliesung in einem Aktenlagerraum weniger bedeutsam sind als etwa in für den Parteienverkehr bestimmten Kanzleiräumen. Eine Verkürzung der Nutzungsdauer ist ebenfalls nicht zu befürchten. Hinsichtlich der Interessen des F ist festzuhalten, dass er im Falle der Wandlung keinen Werklohn erhalten würde und das mangelhafte Werk auch nicht an einen anderen Interessenten veräußern könnte. Diese **Abwägung** führt zum Ergebnis, dass F im Falle einer Wandlung Nachteile erleiden würde, die in keinem Verhältnis zu den Nachteilen stehen, die R aufgrund der Mangelhaftigkeit des Werkes in Kauf nehmen muss und die durch eine Preisminderung nicht ausgeglichen werden können. Weil die Wandlung unter den gegebenen Umständen eine unverhältnismäßige Sanktion wäre, hat R nur ein Preisminderungsrecht.[17]

Die Bestimmung des **objektiven Minderwerts** ist letztlich eine Wertungsfrage. Angesichts der genannten Umstände scheinen 10 Prozent des verein-

---

14   EuGH Rs C-65/09 und C-87/09, Slg 2011, I-5257 ECLI:EU:C:2011:396.

15   OGH 9 Ob 64/13x, EvBl 2013/89 (*Perner*); bestätigt in 7 Ob 94/14w. Näher zur Problematik *W. Faber*, Aus- und Einbaukosten und Unverhältnismäßigkeit der Nacherfüllung (2013) 95 ff.

16   ErläutRV 422 BlgNR 21. GP 19 unter Hinweis auf das System der Verbrauchsgüterkauf-RL.

17   Vgl OGH 1 Ob 14/05y, JBl 2005, 720.

barten Werklohns angemessen. R hat sohin ein Preisminderungsrecht iHv € 300,-.

Dies bedeutet, dass der **Werklohnanspruch fällig** ist und diesem auch kein Leistungsverweigerungsrecht entgegensteht, weil R keinen Verbesserungsanspruch hat. Allerdings ist der Werklohnanspruch, sofern R sein Gestaltungsrecht der Preisminderung geltend macht, um den Minderungsbetrag **verringert** und macht sohin € 2.700,- statt € 3.000,- aus.

d) Einwendung der Aufrechnung durch R, § 1438 ABGB

R kündigt an, im Falle eines Rechtsstreits mit einer Honorarforderung gegen die auf € 2.700,- verminderte Werklohnforderung des F aufrechnen zu wollen. Die Aufrechnungserklärung könnte bedeuten, dass R damit **schlüssig** die Werklohnforderung des F als in voller Höhe zu Recht bestehend **anerkennt**. Dies ist freilich nicht der Fall, weil R nicht seinen Standpunkt aufgibt, Gewährleistungsrechte zu haben. F darf daher die Erklärung des R, mit seiner Honorarforderung im Falle eines Rechtsstreits aufrechnen zu wollen, nicht als Anerkenntnis des ungekürzten Werklohnanspruchs verstehen (§ 914 ABGB).[18]

Die Aufrechnung **wechselseitiger Forderungen** setzt voraus, dass eine Partei eine **Aufrechnungserklärung** abgibt, sowie dass die beiden Forderungen richtig, gleichartig und im Zeitpunkt der Aufrechnungserklärung fällig sind (§ 1438 ABGB). R beruft sich ausdrücklich auf die Aufrechnung mit seiner Honorarforderung gegen F. Umgekehrt ist R Schuldner der Werklohnforderung des F, weshalb es sich um wechselseitige Forderungen handelt.

Die Forderungen sind **gleichartig**, weil beide Parteien der anderen jeweils Geld schulden. Ferner sind sie beide **fällig**. Wie bereits oben[19] erläutert, kann auch die mangelhafte Leistungserbringung das Fälligwerden der Werklohnforderung nicht verhindern.

„**Richtig**" bedeutet, dass die Forderung frei von Einreden sein muss.[20] Auch diese Voraussetzung ist bezogen auf die Forderung des F gegeben, weil R keinen Verbesserungsanspruch hat und daher der Geltendmachung der Werklohnforderung durch F nicht die Einrede des nicht gehörig erfüllten Vertrags (§ 1052 ABGB) entgegensteht. Anderes könnte hingegen für die Honorarforderung des R gelten. Diese ist im Zeitpunkt der Geltendmachung der Aufrechnung (Juni 2015) bereits verjährt, denn gemäß § 1486 Z 1 ABGB unterliegt sie der kurzen dreijährigen Verjährungsfrist. F könnte also gegen ein Zahlungsbegehren die **Einrede der Verjährung** erheben (§ 1501 ABGB). Nach der Rsp ist jedoch die Aufrechnung mit einer verjährten Gegenforderung möglich, wenn sich die Forderungen in einem früheren Zeitpunkt unverjährt gegenüber gestanden sind.[21] Der OGH begründet dies damit, dass die Aufrechnung

---

18 Vgl *A. Heidinger* in Schwimann[3] § 1438 Rz 15 mwN.

19 S Abschnitte 1)a) und b) sowie FN 1 zur Gegenposition von *Karollus/Lukas*.

20 *A. Heidinger* in Schwimann[3] § 1439 Rz 2 ff.

21 OGH 1 Ob 638/95, SZ 69/57; 3 Ob 76/97s, JBl 1999, 815; 6 Ob 110/12p, SZ 2012/90. Diese Rsp stößt in der Lehre zunehmend auf Kritik, weil sich die Rückwirkung der Aufrechnung nicht aus dem Gesetz ableiten lässt. Für Einzelheiten s *A. Heidinger* in Schwimann[3] § 1438 Rz 20 ff mwN.

als Gestaltungsrecht zwar einer Erklärung bedarf, die Zahlungswirkung aber rückwirkend in jenem Zeitpunkt eintritt, in dem sich die Forderungen erstmals aufrechenbar gegenüber standen.

Somit ist nach dem **exakten Zeitpunkt** zu fragen, in dem die Fälligkeit der Werklohnforderung eingetreten ist. F schließt die Arbeiten Anfang Mai 2015 ab. Zu diesem Zeitpunkt wären sich also die beiden Forderungen unverjährt gegenüber gestanden. Allerdings ist das Werk zu diesem Zeitpunkt mangelhaft, weshalb der Werklohnanspruch grundsätzlich nicht durchsetzbar ist.[22] Dies setzt jedoch voraus, dass der Mangel behebbar ist und der Werkbesteller ernsthaft die Verbesserung fordert.[23] Dies hat R zweifelsfrei getan, jedoch hat er – wie oben erörtert – keinen Verbesserungsanspruch. Der zwar an sich behebbare Mangel ist aufgrund des unverhältnismäßigen Verbesserungsaufwandes **rechtlich wie ein unbehebbarer Mangel** zu behandeln. Die Wirkungen der Qualifikation als unbehebbarer Mangel treten bereits im Zeitpunkt der Fertigstellung des Werkes und nicht erst mit Ablehnung der Verbesserung durch den Werkunternehmer ein.[24]

> Anmerkung:
>
> Dies folgt aus dem Umstand, dass die Behebbarkeit des Mangels eine Tatbestandsvoraussetzung für das Entstehen des Verbesserungsanspruchs bildet (vgl § 932 Abs 2 ABGB), der seinerseits die Durchsetzbarkeit[25] des Werklohnanspruchs hindert. Anderes würde nur gelten, wenn es sich bei der Einrede der Unverhältnismäßigkeit des Verbesserungsaufwandes um ein Gestaltungsrecht handeln würde, das einen zunächst bestehenden Verbesserungsanspruch ex nunc beseitigt.

Weil die Werklohnforderung des F nach Abschluss der Arbeiten Anfang Mai 2015 fällig geworden ist, die Verjährung der Honorarforderung des R hingegen erst Ende Mai 2015 eingetreten ist, sind sich die beiden Forderungen im Mai 2015 **unverjährt gegenüber gestanden**. R kann deshalb auch noch im September 2015 (oder sogar später) wirksam die Aufrechnung mit seiner in der Zwischenzeit verjährten Forderung erklären.

Die zulässige Aufrechnung entfaltet dieselben **Wirkungen** wie die Barzahlung, weshalb die Werklohnforderung des F teilweise getilgt ist. Offen bleibt ein Forderungsrest in der Höhe von € 200,-, den R noch zu bezahlen hat.

Ergebnis: F hat gegen R einen Anspruch auf Bezahlung des Werklohns iHv € 2.700,-. Hievon kann R mittels Aufrechnung € 2.500.- tilgen. In diesem Fall haftet nur noch ein Forderungsrest von € 200,- unberichtigt aus.

---

22   Dazu schon oben 1)a).
23   Vgl *M. Bydlinski* in KBB[4] § 1170 Rz 3.
24   *Karollus/Lukas*, JBl 2001, 677, 766 (775 f).
25   Folgt man der Ansicht von *Karollus/Lukas*, so wird in diesem Fall die Forderung gar nicht fällig (vgl oben FN 1).

2) R gegen F auf Ersatz des Mangelschadens iHv € 300,- gemäß §§ 933a, 1295 Abs 1 ABGB

R erleidet aufgrund der mangelhaften Ausführung der Arbeiten auch einen **Schaden** in seinem Vermögen, weil er für den vereinbarten Werklohn keine gleichwertige Gegenleistung erhält. Die Höhe des erlittenen Schadens entspricht dem objektiven Minderwert des mangelhaften Werkes gegenüber einem mangelfreien und beträgt sohin € 300,-. § 933 Abs 1 ABGB stellt klar, dass R nicht nur mit den Instrumenten des Gewährleistungsrechts Abhilfe begehren kann, sondern ihm auch die Geltendmachung von Schadenersatzansprüchen offen steht. Dies setzt freilich voraus, dass alle Voraussetzungen für einen solchen Anspruch erfüllt sind.

Die mangelhafte Ausführung des Werkes durch F war für den Vermögensschaden des R **ursächlich**: Wenn F die Arbeiten mit der nötigen Sorgfalt durchgeführt hätte, hätte R eine dem vereinbarten Werklohn entsprechende Leistung erhalten und somit auch keinen Schaden erlitten. Es ist auch nicht außergewöhnlich, dass die nicht sachgerechte Ausführung von Fliesenlegerarbeiten dem Auftraggeber einen Vermögensschaden zufügt (Adäquanz).

Das schädigende Verhalten des F ist ferner **rechtswidrig**, denn § 922 ABGB lässt erkennen, dass eine mangelhafte Leistungserbringung nicht den Geboten der Rechtsordnung entspricht. Zudem verpflichtet das Vertragsverhältnis die Beteiligten zur besonderen Rücksichtnahme auf die Interessen des jeweils anderen Vertragsteils. Zu den solcherart geschützten Rechtsgütern zählt auch fremdes Vermögen (Rechtswidrigkeitszusammenhang).

Schadenersatzansprüche setzen ferner voraus, dass dem Schädiger jenes Verhalten, das den Schaden verursacht hat, subjektiv vorwerfbar ist, weil er sich in der konkreten Situation auch rechtskonform hätte verhalten können. Erfolgt die Schädigung bei Erfüllung vertraglicher Pflichten, so muss gemäß § 1298 ABGB der Schädiger beweisen, dass ihn kein **Verschulden** trifft. Dieser Beweis wird F hier freilich nicht gelingen, denn als Fliesenleger muss ihm bekannt sein, dass die Fliesen der einzelnen Produktionschargen hinsichtlich Farbton und Glanzgrad voneinander abweichen können. Er hätte daher darauf achten müssen, dass alle verwendeten Fliesen aus derselben Produktionscharge stammen.[26] Zudem kann man von einem sorgfältigen Fliesenleger erwarten, dass er über das erforderliche handwerkliche Können verfügt (§ 1299 ABGB), um die Fugen einheitlich breit auszuführen.

Somit haftet F dem Grunde nach. **Art und Umfang der Ersatzpflicht** regelt § 933a Abs 2 ABGB. Auch für das Schadenersatzrecht gilt der Vorrang der Naturalrestitution in Form der Verbesserung. Weil aber F hier die Verbesserung aufgrund der Unverhältnismäßigkeit des Aufwandes ablehnen kann, hat R lediglich einen Anspruch auf Geldersatz. Dieser richtet sich nach dem Minderwert des mangelhaften Werkes im Vergleich mit einem gleichartigen mangelfreien Werk und wurde oben mit € 300,- beziffert. Mit diesem Schadenersatz-

---

26   Zu diesem Zweck ist die jeweilige Chargennummer üblicherweise auf den Verpackungskartons aufgedruckt.

anspruch kann R gegen den (unverminderten) Werklohnanspruch des F aufrechnen (§ 1438 ABGB).

> **Anmerkung:**
>
> Zwischen den Ansprüchen aus Schadenersatz und Gewährleistung besteht volle Konkurrenz. Dies bedeutet, dass R zwar beide Ansprüche geltend machen kann, die begehrte Leistung aber nur einmal erhält – also entweder eine Preisminderung oder den Ersatz des Minderwerts als Ausgleich für den erlittenen Schaden.

Mittlere Fälle

Fall 6. 3 x Mobilfunk

I. Sachverhalt

Mit rechtskräftigem Gerichtsbeschluss vom 9.9.2014 wurde dem 57-jährigen Günther S ein Sachwalter zur umfassenden Vermögensverwaltung in Person des Rechtsanwalts Walter H bestellt. Dieser bekam im September 2015 drei Klagen von verschiedenen Mobilfunkbetreibern zugestellt. S hatte im Laufe der Jahre 2011 bis 2014 mit jedem dieser Unternehmen einen Vertrag abgeschlossen, die ihm in der Folge monatlich zugestellten Rechnungen aber niemals bezahlt. Den Klagen war jeweils eine Kopie des von S unterschriebenen Vertrags angeschlossen. S bestritt nicht, die Rechnungen nicht bezahlt zu haben. Er hat die Mobiltelefone nie lange besessen. Zwei kamen ihm in seinem Stammlokal abhanden. Eines hat er an einen Freund weitergegeben. S kann sich nicht erinnern, wie viele der verrechneten Telefonate er selbst geführt hat.

Im Einzelnen hatten die Klagen folgenden Inhalt:

(1) Klage der FranzMobil-GmbH auf € 426,64 aufgrund eines am 24.3.2011 für 1 Jahr abgeschlossenen Vertrags für ausständige Verbindungsentgelte von April bis Oktober 2011 und die Grundgebühr bis 23.3.2012.

(2) Klage der B7-AG auf € 524,67 aufgrund eines am 5.3.2013 für 2 Jahre abgeschlossenen Vertrags für unbezahlte Verbindungsentgelte zwischen April 2013 und Jänner 2014 und die Grundgebühr bis 4.3.2015.

(3) Klage der Eleven-AG auf € 289,69 aufgrund eines am 6.10.2014 für 1 Jahr abgeschlossenen Vertrags für unbezahlte Verbindungsentgelte von Dezember 2014 bis Juli 2015 sowie die Grundgebühr bis 5.10.2015.

Die drei Kläger beriefen sich jeweils auf die Leistungspflicht des S aus dem Mobilfunkvertrag. Hilfsweise machten sie geltend, dass S jedenfalls um die vertelefonierten Beträge und den Netzzugang bereichert sei. Die B7-AG machte darüber hinaus geltend, dass sie dem S anlässlich des Vertragsabschlusses ein Mobiltelefon im Wert von € 299,- geschenkt hat und dass S auch um den Wert dieses Mobiltelefons bereichert sei. Dieses Telefon gab S im Juli 2013 um € 90,- an seinen Freund Fritz weiter, mit dem er das erhaltene Geld umgehend bei einer gemeinsamen Zechtour verbrauchte.

Im Laufe der Gerichtsverfahren stellt ein gerichtlich beeideter medizinischer Sachverständiger fest, dass Günther S bereits seit mindestens Herbst 2010 aufgrund seiner jahrelangen Alkoholkrankheit in einem zunehmend verwahrlosten Zustand war. Im Frühjahr 2011 war S noch in der Lage, den Alltag inklusive Bank- und Behördengänge ohne einen Nachteil für sich selbst zu bewältigen. Seit Anfang 2013 war es ihm jedenfalls nicht mehr möglich, komplexere Geschäftsvorgänge zu erfassen.

1) Werden die drei Mobilfunkbetreiber mit ihren Klagen Erfolg haben? Beurteilen Sie insbesondere die Wirksamkeit der einzelnen Vertragsabschlüsse sowie die bereicherungsrechtlichen Aspekte.

2) Ausgehend davon, dass der auf zwei Jahre geschlossene Vertrag zwischen S und der B7-AG gültig war: Hätte es eine Möglichkeit gegeben, aus dem Vertrag früher auszusteigen?

3) Beurteilen Sie ausgehend von der Gültigkeit des Vertrages zwischen S und der FranzMobil-GmbH folgenden Zusatzsachverhalt:
Das von S unterschriebene Vertragsformular der FranzMobil-GmbH enthält nachstehende Klausel: „Wird der hiermit abgeschlossene Vertrag nicht spätestens 1 Monat vor Vertragsende vom Kunden mittels eingeschriebenem Brief gekündigt, verlängert er sich jeweils unwiderruflich um ein Jahr." S, der am Weiterlaufen des Vertrags nicht interessiert ist, denkt zum fraglichen Zeitpunkt nicht an die Klausel und wird auch von Seiten des Mobilfunkbetreibers nicht auf die Notwendigkeit einer Kündigung aufmerksam gemacht. Er kündigt in der Folge nicht vereinbarungsgemäß. Als er im April 2012 eine weitere Monatsrechnung über die fällige Grundgebühr erhält, wendet er sich an den Shop der FranzMobil-GmbH und erklärt einem Vertreter des Mobilfunkbetreibers gegenüber, am Weiterbenützen des Netzes der FranzMobil-GmbH nicht mehr interessiert zu sein. Er übergibt dem Vertreter auch die SIM-Karte. Kurz darauf bekommt S die Rechnung über eine Jahresgrundgebühr zugestellt.

Muss er diese begleichen?

II. Lösung

Frage 1

1) FranzMobil-GmbH gegen S auf Zahlung von € 426,64 aus dem Mobilfunkvertrag, §§ 1090 ff, 1151 ff analog ABGB

Zu prüfen ist, ob die FranzMobil-GmbH einen Anspruch aus dem am 24.3.2011 zwischen ihr und S abgeschlossenen **Mobilfunkvertrag** hat.

Ein Mobilfunkvertrag ist als Mischvertrag **sui generis** mit dienstvertraglichen und mietvertraglichen Elementen zu qualifizieren, bei dem dem Kunden gegen Bezahlung eines monatlichen Grundentgelts und Bezahlung des jeweiligen verbindungsabhängigen Entgelts für einen gewissen Zeitraum (im vorliegenden Fall ein Jahr) der Zugang zum Netz eines Mobilfunkbetreibers zur Verfügung gestellt wird.[1] Der Zugang zum Netz samt allen technischen Einrichtungen wird am Beginn des Vertrags eingeräumt und für die gesamte Vertragsdauer gewährt. Dem Kunden eines Mobilfunkbetreibers wird also gewissermaßen eine „Sache" zum Gebrauch überlassen, was den Vertrag in die Nähe des **Bestandvertrags** nach §§ 1090, 1096 ABGB rückt.[2] Die einzelnen während der Vertragsdauer zustande kommenden Gesprächsverbindungen werden zwar über das System des Mobilfunkbetreibers jeweils separat hergestellt, ein Verbindungserfolg, der Ausdruck des Bestehens eines **Werkvertrags** wäre, wird aber nicht geschuldet. Schließlich ist die Möglichkeit des Verbindungsaufbaus durch das ständige Aussenden von Funksignalen bereits mit Einrichten des Netzzugangs ab Vertragsbeginn ständig gegeben. Im Zustandekommen von Verbindungen können allenfalls dienstvertragliche Elemente gesehen werden, allerdings solche des freien Dienstvertrags, weil die persönliche Abhängigkeit und Weisungsgebundenheit fehlen.[3] Allfällige werkvertragliche Elemente – wie etwa die Wartung des Netzes – treten gleichzeitig so weit in den Hintergrund, dass sie für die Einordnung des Mobilfunkvertrags in eine Vertragskategorie keine Rolle mehr spielen.

> Anmerkung:
>
> Die genaue Einordnung des Vertrages ist von Bedeutung, weil die passende Verjährungsnorm zu finden ist (Frage 1) sowie die Anwendung einschlägiger Vorschriften geprüft werden muss (Frage 2).

---

1   Vgl jüngst OGH 7 Ob 217/13g, VbR 2014, 135.
2   Vgl OGH 6 Ob 69/05y, JBl 2005, 735. Dieser Entscheidung ist der Frage 3 zugrunde liegende Sachverhaltsteil entnommen. Der OGH folgt hier der Argumentation von *Zankl*, Qualifikation und Dauer von Mobilfunkverträgen, ecolex 2005, 29.
3   So auch der OGH 6 Ob 69/05y, JBl 2005, 735, der hier ohne nähere Ausführungen die Argumentation des BGH III ZR 199/01, NJW 2002, 2386 übernimmt.

Laut Sachverhalt wurde der Vertrag zwischen der FranzMobil-GmbH und S schriftlich abgeschlossen; es gibt keine Hinweise auf etwaige Fehler im Hinblick auf die abgegebenen Willenserklärungen (§ 861 ABGB). Trotzdem ist das wirksame Zustandekommen des Vertrags in Frage zu stellen, da geklärt werden muss, ob S zum Zeitpunkt des Vertragsabschlusses aufgrund seines Gesundheitszustandes in der Lage war, den in Frage kommenden Vertrag ohne Nachteil für sich selbst abzuschließen, ob er also **geschäftsfähig** war.

Gemäß § 865 Satz 1 ABGB sind „... Personen über sieben Jahre, die den Gebrauch der Vernunft nicht haben ... unfähig ein Versprechen zu machen oder es anzunehmen". Bei **geistig beeinträchtigten** Personen, denen kein Sachwalter bestellt ist, ist das Vorliegen der Geschäftsfähigkeit im **Einzelfall** zu beurteilen, außer die Beeinträchtigung ist so gravierend, dass sie Kindern unter sieben Jahren gleichzuhalten sind und als völlig geschäftsunfähig gelten.[4] Abzustellen ist also auf den Zustand des S zum konkreten Zeitpunkt des Geschäftsabschlusses sowie auf das konkrete Geschäft.

Bei einem Mobilfunkvertrag handelt es sich sicherlich um einen komplexeren Geschäftsabschluss; immerhin verpflichtet man sich für einen längeren Zeitraum zu wiederholten Zahlungen, geht also ein Dauerschuldverhältnis ein. Ein potentieller Mobilfunkkunde ist auch insofern vor intellektuelle Anforderungen gestellt, als er aus verschiedenen Tarifen das für sich günstigste Angebot heraussuchen sollte. Laut Sachverhalt war S im März 2011 zwar schon alkoholkrank, aber noch fähig, den Alltag inklusive Bank- und Behördengänge gut alleine zu meistern. Da es sich bei den genannten Angelegenheiten, die S damals noch ohne Nachteil für sich selbst erledigen konnte, zumindest teilweise um komplizierte Vorgänge handelt, kann davon ausgegangen werden, dass S im fraglichen Zeitpunkt auch für den Abschluss des Mobilfunkvertrages mit der FranzMobil-GmbH noch geschäftsfähig war, sodass der Vertrag gültig zustande gekommen ist.

Zwischen Vertragsschluss und Klage sind allerdings bereits mehr als 3 Jahre vergangen, weswegen zu erwägen ist, ob S (nunmehr vertreten durch seinen Sachwalter) den Einwand der **Verjährung** erheben kann. Dazu müsste die Zahlungsverpflichtung des S aus dem Mobilfunkvertrag der kurzen Verjährung gem § 1486 ABGB unterliegen. Wie oben beschrieben, handelt es sich bei einem Mobilfunkvertrag um einen Vertrag mit überwiegend bestandrechtlichen Elementen sowie allenfalls Elementen des freien Dienstvertrags. Gemäß § 1486 Z 4 ABGB verjährt die Forderung von Mietzinsen nach drei Jahren ab dem jeweiligen Zeitpunkt, zu dem ihre Geltendmachung möglich ist. Die bei dem am 24.3.2011 abgeschlossenen Vertrag als letzte fällig gewordene Forderung war die Forderung auf das Grundentgelt für März 2012. Diese hätte bis März 2015 gerichtlich eingefordert werden müssen. Im September 2015 ist somit auch die letzte Teilforderung auf Miete gem § 1486 Z 4 ABGB verjährt. Ähnlich verhält es sich betreffend Forderungen aus freiem Dienstvertrag, der – wenngleich nicht wörtlich erfasst – unter § 1486 Z 5 zu subsumieren ist.[5]

---

4   Vgl dazu und zu der aus der Einzelfallabwägung resultierenden Unsicherheit im Rechtsverkehr *P. Bydlinski*, Allgemeiner Teil[6] Rz 2/28.

5   *Oberhofer*, Verjährung im Recht der selbständigen Versicherungsvertreter, ZAS 1989, 161; *Mader/Janisch* in Schwimann[3] § 1486 Rz 15; *Vollmaier* in Klang[3] § 1486 Rz 30.

Die FranzMobil-GmbH dringt somit gegen S mit ihrer Forderung nicht durch, weil sie verjährt ist. Auf die Verjährung wird allerdings nur Bedacht genommen, wenn sich S (bzw sein Sachwalter) darauf beruft. Gemäß § 1501 ABGB wird die Verjährung nicht von Amts wegen wahrgenommen.

> **Anmerkung:**
>
> Wenngleich sich die FranzMobil-GmbH explizit auch auf einen Bereicherungsanspruch stützt, braucht auf einen solchen nicht eingegangen werden, da die Entgeltforderung wirksam begründet wurde, aber verjährt ist. Das Bereicherungsrecht kann nicht zur Umgehung der Verjährungsvorschriften herangezogen werden.

2) B7-AG gegen S auf Zahlung von € 524,67 aus dem Mobilfunkvertrag, §§ 1090 ff, 1151 ff analog ABGB

Zu prüfen ist wiederum die Frage der **Geschäftsfähigkeit** des S. Der Abschluss des zweiten Mobilfunkvertrags vom 5.3.2012 fällt in eine Zeit, in der es dem S nicht mehr möglich war, komplexere Geschäftsvorgänge zu erfassen. Der Abschluss eines Mobilfunkvertrages stellt jedenfalls kein alltägliches Geschäft dar, wie es zum Beispiel der Kauf von Lebensmitteln oder Kleidungsstücken oder der Abschluss eines Beförderungsvertrages wären. Es handelt sich vielmehr um einen Vertrag, dem gründliche Überlegung vorausgehen sollte – man denke beispielsweise an die Kompliziertheit der unterschiedlichen angebotenen Tarife und Laufzeiten der Verträge. Auch lässt sich der Vertrag wie bereits oben 1) beschrieben nicht eindeutig einer Vertragskategorie zuordnen, sondern weist Elemente verschiedener Vertragstypen auf. Weiters wird durch den Abschluss eines Mobilfunkvertrages kein Zielschuldverhältnis sondern ein Dauerschuldverhältnis mit sich wiederholenden Zahlungsverpflichtungen bestehend aus monatlichem Grundentgelt und leistungsabhängigen Verbindungsentgelten eingegangen.

Der Vertrag zwischen S und der B7-AG ist somit gemäß § 865 Satz 1 ABGB nicht wirksam zustande gekommen, da es S an der für den Abschluss des konkreten Geschäfts nötigen Einsicht fehlte. Daran ändert sich auch nichts, wenn dem bevollmächtigten Vertreter der B7-AG zum Zeitpunkt des Vertragsabschlusses nicht auffiel, dass es dem S an der nötigen Einsichtsfähigkeit mangelte, da die Bestimmungen des ABGB zur Geschäftsfähigkeit nicht die Sicherheit des Rechtsverkehrs sondern den **Schutz des Geschäftsunfähigen** vor ihm nachteiligen Geschäften im Auge haben.[6]

Die B7-AG kann die € 524,67 somit nicht aus Vertrag fordern.

---

6   *P. Bydlinski*, Allgemeiner Teil[6] Rz 2/13 und 2/28.

3) B7-AG gegen S auf Zahlung von € 524,67 aus ungerechtfertigter Bereicherung, §§ 1431, 1424 Satz 2 ABGB analog

Wenngleich – wie oben beschrieben – zwischen S und der B7-AG kein gültiges Vertragsverhältnis begründet wurde, so ist doch unzweifelhaft, dass S etwas konsumiert hat. Er hat im Wert von € 524,67 telefoniert bzw hatte er für ein Jahr die Möglichkeit, das Netz des Betreibers zu benutzen. Es stellt sich also die Frage, ob S in diesem Ausmaß ungerechtfertigt bereichert ist.

Die Vermögensverschiebung kam dadurch zustande, dass die B7-AG eine Leistung erbrachte, die sie aufgrund des ungültigen Titels nicht schuldete. In Frage kommt daher eine **Leistungskondiktion**, konkret die **condictio indebiti** gemäß § 1431 ABGB, weil die B7-AG ihre Leistung irrtümlich – im Glauben an einen gültigen Titel – erbracht hat.[7]

Der Bereicherungsanspruch des § 1431 ABGB richtet sich primär auf die Herausgabe einer geleisteten Sache. Wurde aber keine Sache geleistet, so ist ein dem verschafften Nutzen angemessener Lohn zu fordern. Dieser könnte im vorliegenden Fall im Gegenwert der geführten Telefonate bzw im Wert der Möglichkeit, das Netz der Mobilfunkbetreiberin zu nutzen, bestehen.

Im Ergebnis scheitert ein Anspruch nach § 1431 ABGB allerdings an der mangelnden Geschäftsfähigkeit des S. Ist der **Bereicherte** nämlich **geschäftsunfähig**, so ist § 1424 Satz 2 ABGB analog heranzuziehen.

§ 1424 Satz 2 ABGB behandelt an sich die Frage, ob der Geschäftspartner eines Geschäftsunfähigen schuldbefreiend leistet, wenn er direkt an den Geschäftsunfähigen zahlt. Dies ist gemäß der zitierten Bestimmung nur dann der Fall, wenn das Gezahlte noch **im Vermögen** des Geschäftsunfähigen **vorhanden** oder **zu seinem Nutzen verwendet** worden ist. Die Bestimmung soll den Geschäftsunfähigen vor einer aus seinem Unvermögen resultierenden unzweckmäßigen Verwendung des Erlangten bewahren.[8] Im Bereicherungsrecht ist diese Problematik gleichermaßen gegeben, jedoch fehlt eine explizite Regelung, weswegen § 1424 Satz 2 ABGB **analog** heranzuziehen ist. Dies bedeutet, dass die (ungerechtfertigte) Vermögensverschiebung beim Geschäftsunfähigen noch vorhanden oder zu seinem Nutzen verwendet worden sein muss, um Gegenstand einer Kondiktion sein zu können. Der erste Fall des noch vorhandenen Vermögens ist auszuschließen: Bei geführten Telefonaten kann man nicht davon sprechen, dass sich diese noch im Vermögen befinden; auch ist die Zeit, in der die Möglichkeit bestand, über das Netz der B7-AG zu telefonieren, bereits verstrichen. Zu klären ist mithin lediglich, ob eine Verwendung zum Nutzen des S stattgefunden hat. Nach der Rechtsprechung des OGH kann man nur dann von einem Nutzen des Geschäftsunfähigen sprechen, wenn sich seine Vermögenssituation nachhaltig verbessert, indem er Anschaffungen von

---

7   Der umgekehrte – hier nicht zu prüfende – Kondiktionsanspruch des Geschäftsunfähigen setzt hingegen keinen Irrtum bei Leistungserbringung, wie er von § 1431 ABGB normiert wird, voraus. Als Anspruchsgrundlage wird von der Rsp und Teilen der Lehre § 877 ABGB herangezogen, zT iVm §§ 1431, 1433 ABGB; zT wird nur ein Rückgriff auf §§ 1431, 1433 ABGB vertreten; vgl dazu etwa *Riedler* in Schwimann/Kodek[4] § 877 Rz 4 f.

8   Vgl *Mader/W. Faber* in Schwimann[3] § 1424 Rz 4.

bleibendem Wert tätigt, richtige und fällige Schulden tilgt oder sich einen Aufwand erspart, der ihm unter normalen Lebensumständen auch sonst erwachsen wäre.[9] Im vorliegenden Fall, in dem S das Handy nicht einmal lange besessen hat und auch nicht weiß, inwieweit er selbst oder jemand anders telefoniert hat, kann man nicht von einem Nutzen im beschriebenen Sinne sprechen. Dies gilt umso mehr, als die Beweispflicht eines Geschäftsunfähigen in einem solchen Fall nicht überspannt werden darf; es genügt die Widerlegung der Umstände, die für die Erzielung eines Nutzens sprechen.[10]

Inwieweit S durch den Erhalt des Mobiltelefons im Wert von € 299,- bereichert ist, ist nach denselben Kriterien zu beurteilen. Das Telefon befindet sich nicht mehr im Vermögen des S, weswegen er höchstens um den Betrag von € 90,-, den er von F für das Telefon erhalten hat, bereichert sein kann. Das Geld wurde von S und seinem Freund bei einer Zechtour ausgegeben, weswegen man wohl auch hier nicht von einem Nutzen im obigen Sinn sprechen kann.

Der Bereicherungsanspruch der B7-AG geht also ins Leere.

4) Eleven-AG gegen S auf Zahlung von € 289,69 aus dem Mobilfunkvertrag, §§ 1090 ff, 1151 ff analog ABGB

Zum Zeitpunkt des dritten Vertragsabschlusses am 6.10.2014 ist dem S bereits ein **Sachwalter** in Person des Walter H bestellt. Gemäß § 280 Abs 1 ABGB kann eine Person, für die ein Sachwalter bestellt ist, innerhalb des Wirkungskreises des Sachwalters ohne dessen ausdrückliche oder stillschweigende Einwilligung rechtsgeschäftlich weder verfügen noch sich verpflichten. Im vorliegenden Fall wurde Walter H zur umfassenden Vermögensverwaltung eingesetzt, weswegen dem S keine rechtsgeschäftliche Befugnis in Vermögensangelegenheiten mehr zukommt.

Im Rahmen des Wirkungsbereichs des Sachwalters abgeschlossene Verträge sind freilich nicht absolut nichtig, sondern bis zur Genehmigung durch den Sachwalter schwebend unwirksam.[11] Eine solche Genehmigung liegt laut Sachverhalt nicht vor.

Somit ist auch der am 6.10.2014 abgeschlossene Mobilfunkvertrag mangels Geschäftsfähigkeit bzw mangels Mitwirkung und/oder Genehmigung des Sachwalters nicht gültig.

---

9   OGH 5 Ob 22/02z, JBl 2002, 655; vgl auch jüngst OGH 7 Ob 50/10v, ÖBA 2011, 57.
10 OGH 5 Ob 22/02z, JBl 2002, 655.
11 *Koziol/Welser*, Grundriss I[14] 66.

5) Eleven-AG gegen S auf Zahlung von € 289,69 aus ungerechtfertigter Bereicherung, §§ 1431, 1424 Satz 2 ABGB analog

Für die Frage, ob S durch die Telefongespräche und die Möglichkeit des Netzzugangs bereichert ist, kann auf das oben 3) Gesagte verwiesen werden.

Auch der Bereicherungsanspruch der Eleven-AG geht ins Leere.

> Anmerkung:
>
> Im Hinblick auf das bereicherungsrechtliche Ergebnis wäre es aus Sicht des Sachwalters also nicht günstig, den Mobilfunkvertrag mit der Eleven-AG zu genehmigen.

Frage 2: Prüfung des Vorliegens eines Gestaltungsrechts des S gegen die B7-AG auf Kündigung des Vertrags

Bei dem am 5.3.2012 zwischen S und der B7-AG abgeschlossenen Vertrag, dessen wirksames Zustandekommen laut Fragestellung zu unterstellen ist, wurde eine Vertragsdauer von zwei Jahren vereinbart, innerhalb derer dem S kein Recht zur vorzeitigen Lösung des Vertrags zustehen sollte.

Zu prüfen ist, ob S trotz dieser Klausel ein Recht gehabt hätte, das Vertragsverhältnis früher zu lösen, obwohl nach allgemeinem Zivilrecht Dauerschuldverhältnisse mit einem bestimmten Endtermin mangels anderweitiger vertraglicher Regelung vorzeitig nur aus wichtigem Grund gelöst werden können.[12]

Da an dem fraglichen Mobilfunkvertrag ein Unternehmer, für den das Geschäft zum Betrieb seines Unternehmens gehört (die B7-AG) und ein Verbraucher, für den dies nicht zutrifft (S) beteiligt sind, ist das **KSchG** einschlägig (vgl § 1 KSchG). § 15 Abs 1 KSchG sieht für Verträge, durch die sich der Unternehmer zur wiederholten Lieferung beweglicher körperlicher Sachen einschließlich Energie oder zu wiederholten Werkleistungen und der Verbraucher zu wiederholten Geldzahlungen verpflichtet, und die für eine unbestimmte oder ein Jahr übersteigende Zeit geschlossen worden sind, vor, dass der Verbraucher diese nach Ablauf eines Jahres unter Einhaltung einer Kündigungsfrist von 2 Monaten lösen kann. Die direkte Anwendung dieser Bestimmung scheitert daran, dass der Mobilfunkvertrag weder einen Kaufvertrag (Lieferung beweglicher körperlicher Sachen) noch einen Werkvertrag (Werkleistungen) darstellt. Siehe dazu die Erwägungen oben 1).

Zu denken ist allenfalls an eine **analoge Anwendung** (§ 7 ABGB) des § 15 Abs 1 KSchG auf einen Mobilfunkvertrag; immerhin ist der Verbraucher zur Erbringung wiederholter Geldleistungen verpflichtet und werden im Mobilfunkvertrag ua Elemente des freien Dienstleistungsvertrags erblickt und der Unter-

---

12   Vgl §§ 1117 f, 1162, 1210 ABGB.

nehmer sohin zu wiederholten Dienstleistungen (vgl § 15 Abs 1 KSchG: „wiederholte Werkleistungen") verpflichtet. Eine analoge Anwendung wäre bei Vorliegen einer planwidrigen Lücke geboten. So könnte man argumentieren, dass die Problematik von Mobilfunkverträgen im Jahr des Erlassens des KSchG noch nicht gegeben war, weswegen der Gesetzgeber auch nicht an eine Einbeziehung solcher Verträge gedacht hat. Der OGH lehnt eine analoge Anwendung des § 15 Abs 1 KSchG auf Mobilfunkverträge allerdings strikt ab.[13]

Zu prüfen ist noch, ob die Vertragsdauer von 2 Jahren nach einer anderen Bestimmung ungültig sein könnte. In Frage käme allenfalls eine Sittenwidrigkeit nach § 6 Abs 1 Z 1 KSchG, wonach für den Verbraucher eine Bestimmung, nach der sich der Unternehmer eine **unangemessen lange Frist** ausbedingt, während der der Verbraucher an den Vertrag gebunden ist, im Sinn des § 879 ABGB nicht verbindlich ist. Die Bestimmung will verhindern, dass der Verbraucher durch eine überlange Vertragsdauer seiner wirtschaftlichen Dispositionsfreiheit beraubt wird. Es ist anhand des konkreten Vertragsverhältnisses zu beurteilen, welche Vertragsdauer noch als angemessen gilt. Bei einem Mobilfunkvertrag ist dabei jedenfalls zu berücksichtigen, dass sich dieser auf ein sehr schnelllebiges Produkt bezieht, das sich sowohl in technischer als auch in absatzorientierter Hinsicht ständig ändert. Eine Vertragsdauer von zwei Jahren kann hier als gerade noch vertretbar angesehen werden, weswegen kein Verstoß gegen § 6 Abs 1 Z 1 KSchG vorliegt.[14]

S hätte also keine Rechtsgrundlage gehabt, den Vertrag mit der B7-AG vorzeitig zu lösen.

Frage 3: FranzMobil-GmbH gegen S auf ein Jahresgrundentgelt gemäß §§ 1090 ff, 1151 ff analog ABGB

Zu beurteilen ist hier eine so genannte **Verlängerungsklausel**. Eine solche fällt in den Anwendungsbereich des § 6 Abs 1 Z 2 KSchG,[15] der bestimmt, dass eine Vertragsbestimmung, nach der ein bestimmtes Verhalten des Verbrauchers als Abgabe oder Nichtabgabe einer Erklärung gilt, nur dann gültig ist, wenn der Unternehmer den Verbraucher bei Beginn der hierfür vorgesehenen Frist auf die Bedeutung seines Verhaltens besonders hinweist und zur Abgabe einer ausdrücklichen Erklärung auffordert. Uneinigkeit herrscht in der Lehre darüber, ob die Gültigkeit einer solchen **Erklärungsfiktion** auch davon abhängt, dass die Hinweispflicht in der Klausel selbst enthalten ist, oder ob es ausreicht, dass der Unternehmer den Hinweis tatsächlich vornimmt.[16] Im vor-

---

13 OGH 6 Ob 69/05y, JBl 2005, 735; jüngst bestätigt durch 5 Ob 205/13b, EvBl 2014/118.

14 Vgl demgegenüber OGH 3 Ob 121/06z, MR 2006, 288 mit Anm *Hasberger*, der eine Vertragsdauer von zehn Jahren bei der Miete einer Telefonanlage für vertretbar erachtet; vgl auch 7 Ob 192/12d, SZ 2012/144.

15 Die Anwendbarkeit des KSchG wurde bereits bei Frage 2 besprochen.

16 Vgl mwN *Apathy* in Schwimann/Kodek[4] § 6 KSchG Rz 13.

liegenden Fall ist dies freilich nicht relevant, da die FranzMobil-GmbH auch de facto nicht auf die Vertragsverlängerung hinweist. Somit verlängert sich der Vertrag nicht automatisch um ein Jahr und S braucht die Rechnung nicht zu begleichen.

Anmerkungen:

1) Eine Anwendung des § 15 Abs 1 KSchG kommt hier schon deshalb nicht in Frage, weil nicht ein auf mehr als 1 Jahr abgeschlossener Vertrag vorliegt; die Frist beginnt mit jedem Verlängerungsjahr neu an zu laufen.

2) Die Klausel enthält auch noch ein nach § 6 Abs 1 Z 4 KSchG ungültiges Element, nämlich die Vereinbarung einer strengeren Form als der Schriftform, indem eine Kündigung mittels eingeschriebenem Brief gefordert wird. Dieses Detail wäre freilich nur dann relevant, wenn die Verlängerungsklausel und das Erfordernis einer Kündigung an sich gültig wären. Dann würde nämlich eine formlose Kündigung genügen.

3) Im Übrigen wäre S im Verlängerungszeitpunkt bereits geschäftsunfähig gewesen. Seinem Verhalten könnte man deshalb keinen Erklärungswert zuschreiben. Weil die Vertragsverlängerung – wie oben dargelegt – aber ohnedies nicht eingetreten ist, muss dieser Aspekt nicht mehr näher behandelt werden.

Fall 7. Ärger mit dem Versicherungsvertreter

I. Sachverhalt

Luis, der Kläger, ist Dressman und aus Anlass seines Berufs oft im Ausland unterwegs. Aufgrund seiner Leidenschafte für schnelle Autos fährt er zu Foto-shootings in benachbarte Länder gerne selbst. Im Zuge einer solchen Reise nach Mailand wird ihm am 21.6.2013 ein BMW Z4 gestohlen. Er erstattet sofort eine Diebstahlsanzeige und gibt den Schaden nach seiner Rückkehr umge-hend seiner Versicherung, der nunmehr beklagten Saturn-AG, bekannt.

Die beklagte Versicherung weigert sich allerdings, den Schaden zu ersetzen, weil der Diebstahl von der von Luis im Frühjahr 2012 abgeschlossenen Versiche-rung nicht gedeckt sei. Tatsächlich sieht die Versicherungspolizze im zweiten Versicherungsjahr eine Teilkaskoversicherung vor, die aber den Fall des Dieb-stahls nicht erfasst. Luis ist bestürzt, er liest die Polizze im Detail zum ersten Mal. Trotzdem ist er der Meinung, von der Saturn-AG den Schaden ersetzt bekommen zu müssen.

Als Luis im Frühjahr 2012 den BMW kaufte, war er mit Stefan E, einem An-gestellten der Saturn, der mit Beratungsgesprächen vor Abschluss einer Versi-cherung betraut war aber keine Abschlussvollmacht hatte, in Verbindung. Luis erklärte damals dem E, dass es ihm neben dem Abschluss einer Haftpflicht-versicherung primär um eine Diebstahlversicherung ginge, da ihm bereits ein-mal ein PKW, der bei der Saturn versichert gewesen war, in Italien gestohlen wurde. Er machte dabei deutlich, dass er die Diebstahlversicherung für die ge-samte Dauer der Anmeldung des Fahrzeugs wünschte. Stefan E riet dem Luis daraufhin zu folgendem Versicherungsschutz: Er solle eine übliche Haftpflicht-versicherung mit einer sich mangels Kündigung von Jahr zu Jahr verlängernden Teilkaskoversicherung samt Diebstahlversicherung und im ersten Betriebsjahr statt der Teilkaskoversicherung eine Vollkaskoversicherung abschließen. Luis stimmte dieser Variante nach Rücksprache mit seinem Steuerberater gegen-über Stefan E zu. Als der Versicherungsvertragsabschluss dann aktuell wurde, wurde Luis von E wegen eines Urlaubes an Gabriele S, eine andere Angestellte der Saturn, verwiesen. Auch S war zum Abschluss von Versicherungen nicht berechtigt. E beteuerte, dass er S bereits genau über die Wünsche des Luis in-formiert habe, was den Tatsachen entspricht. Dies bestätigte S auch, als sich Luis mit ihr im Stadtbüro der Saturn in Verbindung setzte: Die gewünschten Vertragsvarianten seien ihr bekannt. Nach nochmaliger Besprechung wies sie den Luis bei Ausfüllen des Versicherungsantrags noch auf die Tatsache hin, dass ausdrücklich festgehalten war, dass die Vollkaskoversicherung nur für die Dauer eines Jahres abgeschlossen werde.

Als Luis die Polizze zugesandt wurde, richtete er sein Augenmerk im We-sentlichen nur auf den Umstand, dass die Vollkaskoversicherung lediglich für ein Jahr abgeschlossen wurde und sich nicht automatisch verlängerte. Dass nach Ablauf dieses Jahres neben der Haftpflichtversicherung eine Teilkasko-versicherung samt Diebstahlversicherung weiterlaufen würde, war für ihn klar. Die Polizze sah dies – dem von S formulierten Antrag entsprechend – aber entgegen der vorangegangen Besprechungen nicht vor. Bei Bestehen einer Teilkasko- samt Diebstahlversicherung wäre im Diebstahlsfall eine Versiche-rungsleistung von € 50.000,- ausgezahlt worden.

Luis verlangt nun diesen Betrag gerichtlich von der Saturn-AG.

1) Wird die Klage Erfolg haben?

2) Bestehen auch Ansprüche gegenüber Stefan E und/oder Gabriele S?

II. Lösung

Frage 1

1) Luis gegen Saturn auf Zahlung von € 50.000,- aus dem abgeschlossenen Versicherungsvertrag, § 1 Abs 1 VersVG

Damit Luis die € 50.000,- aus Vertrag begehren kann, muss die Ersatzpflicht der Saturn-AG für Diebstahlsfälle **Vertragsinhalt** geworden sein. Laut Sachverhalt enthalten weder das schriftliche Antragsformular noch die Versicherungspolizze einen entsprechenden Passus. Vielmehr ist lediglich vorgesehen, dass im ersten Jahr eine Vollkaskoversicherung und in den Folgejahren jeweils nur die Haftpflichtversicherung läuft. Die schriftlich festgehaltenen Erklärungen sind eindeutig, weswegen Luis die € 50.000,- jedenfalls nicht aus dem schriftlichen Vertrag fordern kann.

Laut Sachverhalt wurde in mündlichen Gesprächen vor Vertragsabschluss ein entsprechender Versicherungswunsch des Luis aber umfassend diskutiert. Somit ist zu prüfen, ob sich Luis auf eine zwischen ihm und der Saturn getroffene **mündliche Vereinbarung** stützen kann. Verhandlungspartner des Luis waren Stefan E und Gabriele S. Damit die Erklärung eines dieser Angestellten der Saturn als verbindliche Vertragserklärungen wirkt, müssten die beiden allerdings dazu ermächtigt gewesen sein, entsprechende Erklärungen im Namen der Saturn abzugeben. Aus dem Sachverhalt geht eindeutig hervor, dass weder Gabriele noch Stefan von der Bekl **rechtsgeschäftlich bevollmächtigt** waren, einen entsprechenden Vertrag abzuschließen.

Um zu einer gültigen Bevollmächtigung zu gelangen, könnte man auch an eine **Anscheinsvollmacht** (vgl §§ 1027 ff ABGB) denken. Eine solche setzt voraus, dass der Geschäftsherr zu einer Zeit vor dem Abschluss des in Frage kommenden Geschäfts ein Verhalten gesetzt hat, aus dem der Schluss abzuleiten ist, dass Stefan und Gabriele mit einer gültigen Vollmacht ausgestattet sind. Geschützt wird dann das Vertrauen auf den äußeren Tatbestand.[1] Zu einem solchen Verhalten fehlt allerdings jeglicher Hinweis im Sachverhalt. Auch kann man nicht einfach sagen, es sei üblich, dass Angestellte einer Versicherung, die eine entsprechende Beratungstätigkeit ausüben, stets auch zum Abschluss von Verträgen oder Zusatzvereinbarungen im Namen der Versicherung bevollmächtigt sind. Dies gilt umso mehr, als aus dem Sachverhalt auch hervorgeht, dass Stefan und Gabriele Luis eigentlich nur bei der Stellung eines Anbots an die Versicherung unterstützen. Der endgültige Vertrag kommt erst durch das Übersenden der Polizze durch die Versicherung zustande.

Der Sachverhalt enthält auch keinen Anhaltspunkt für eine nachträgliche **Genehmigung** einer etwaigen mündlichen Vereinbarung (§ 1016 ABGB).

---

1   Dabei handelt es sich um keine Erklärung eines rechtsgeschäftlichen Willens, sondern um eine Wissenserklärung, vgl *Koziol/Welser*, Grundriss I[14] 227 ff.

Luis kann sein Begehren also nicht auf einen zwischen ihm und der Saturn-AG geschlossenen mündlichen Vertrag stützen, weil Gabriele und Stefan lediglich als **Empfangsboten** der Saturn-AG zu sehen sind.

> Anmerkung:
>
> Da Gabriele und Stefan keine Abschlussvollmacht besitzen, ist auch § 10 Abs 3 KSchG nicht beachtlich. Nach dieser Bestimmung wären **mündliche Nebenabreden** („formlose Erklärungen") des Unternehmers oder seiner Vertreter stets beachtlich. Die Bestimmung ist auf Empfangsboten nicht anzuwenden.[2]

2) Luis gegen Saturn auf € 50.000,- aus culpa in contrahendo, §§ 1295 Abs 1, 1313a ABGB

Aus verschiedensten Normen des ABGB wird mittels Rechtsanalogie abgeleitet, dass bereits das vorvertragliche Stadium zwischen den Parteien Rechte und Pflichten entfaltet, die mit Aufnahme des rechtsgeschäftlichen Kontakts entstehen (§§ 874, 878 ABGB). Diese Rechte und Pflichten sind natürlich nie ident mit den (späteren) vertraglichen Pflichten, sondern erschöpfen sich in Schutz-, Sorgfalts- und Aufklärungspflichten. Ein rechtswidriger, schuldhafter Verstoß gegen diese Pflichten begründet eine vorvertragliche Haftung, die im Großen und Ganzen den Regeln der Vertragshaftung folgt (**culpa in contrahendo**).

Die vorvertraglichen Pflichten bestehen aber nicht etwa zwischen Gabriele und/oder Stefan und Luis, sondern zwischen letzterem und der Saturn-AG. Die beiden Angestellten fungieren lediglich als Gehilfen der Saturn (konkret als **Verhandlungsgehilfen**), die der Bekl über § 1313a ABGB zuzurechnen sind.[3] Die Bekl hat für das Verschulden ihrer Gehilfen so einzustehen wie für ihr eigenes, wenn sie sich ihrer zur Erleichterung der Vertragsverhandlungen bedient. Das Verhalten der Gehilfen ist also so zu bewerten, als hätte es die Bekl selbst gesetzt. Unter Verschulden des Gehilfen ist ein Verhalten zu verstehen, das schuldhaft wäre, wenn es der Geschäftsherr selbst gesetzt hätte.[4]

In der weiteren Folge wird die potentiell schadensauslösende Handlung der Gabriele geprüft, die es unterlassen hat, den ausdrücklichen Wunsch des Luis auf Abschluss einer Teilkaskoversicherung samt Diebstahlversicherung nach Ablauf des ersten Jahres in den Versicherungsantrag aufzunehmen. Denn Stefan E hat laut Sachverhalt die Beratung des Luis ordnungsgemäß und mit allen nötigen Informationen an Gabriele übergeben.

Ein **Schaden** ist im Vermögen des Luis eingetreten; ihm entgeht die Versicherungsleistung von € 50.000,-.

Kausalität: Hätte Gabriele die Passage über die Teilkaskoversicherung samt Diebstahlschutz in den Versicherungsantrag aufgenommen, wäre der Versicherungsvertrag mit diesem Inhalt zustande gekommen und hätte Luis

---

2   OGH 7 Ob 28/95, VersE 1665: Diese E liegt dem vorliegenden Sachverhalt zugrunde.

3   *Welser*, Vertretung ohne Vollmacht 79 ff; OGH 7 Ob 28/95, VersE 1665.

4   *Karner* in KBB[4] § 1313a Rz 9.

€ 50.000,- ersetzt bekommen. Dass so ein Vorgehen zum Entfall der Versicherungsleistung führt, liegt auf der Hand und nicht außerhalb der allgemeinen Lebenserfahrung, weswegen auch **Adäquanz** vorliegt.

Rechtswidrigkeit: Äußert der Versicherungsnehmer im Zuge der Vertragsverhandlungen Fehlvorstellungen über den Deckungsumfang, ist er seitens des Versicherers hierüber aufzuklären und darf in seiner irrigen Vorstellung nicht noch bestärkt werden.[5] Im Besonderen wird im vorliegenden Fall zudem durch das falsche Ausfüllen des Formulars und die Nichtaufnahme des gewünschten Versicherungsschutzes in das Antragsformular gegen die Rechtspflichten der Saturn-AG aus dem vorvertraglichen Schuldverhältnis verstoßen. Diese Rechtspflichten bestehen zwischen der Saturn-AG und Luis. Der Verstoß gegen die Pflichten erfolgt durch Gabriele. Sie hätte den Versicherungsantrag den Wünschen des Luis entsprechend und gemäß der erfolgten Vorbesprechung ausfüllen müssen. Gabrieles Verhalten ist der Saturn-AG über § 1313a ABGB direkt zuzurechnen ist, weil sie als Verhandlungsgehilfin der Saturn agiert. Auch der **Rechtswidrigkeitszusammenhang** ist gegeben: Die vorvertraglichen Pflichten bestehen im vorliegenden Fall gerade zu dem Zweck, den von Luis gewünschten Versicherungsschutz herbeizuführen und damit einen Deckungsausfall im Diebstahlsfall zu verhindern.

Verschulden: Das schuldhafte Verhalten des Gehilfen wird dem Geschäftsherrn dann zugerechnet, wenn es schuldhaft wäre, hätte es der Geschäftsherr selbst gesetzt. Dabei kommt es nicht auf die tatsächlich vorliegenden subjektiven Verhältnisse des Gehilfen an. Es ist vielmehr der Sorgfaltsmaßstab anzulegen, der den Geschäftsherrn bei Erfüllung seiner Pflichten trifft.[6] Das Verhalten der Gabriele entspricht jedenfalls nicht dem eines aufmerksamen Versicherers, der darauf bedacht sein sollte, einen entsprechenden Versicherungsschutz herzustellen, und ist somit jedenfalls als fahrlässig einzustufen. Im vorliegenden Fall kann man uE sogar von grober Fahrlässigkeit sprechen: Zunächst sollte es einem aufmerksamen Versicherer in keinem Fall passieren, dass er ausdrücklich Besprochenes nicht in den Versicherungsvertrag aufnimmt. Zudem erscheint es geradezu als wahrscheinlich, dass das falsche Ausfüllen des Versicherungsantrags im Ergebnis zu einem Fehlen des Versicherungsschutzes und somit zu einem Ausfall der Versicherungsleistung führt.

Ergebnis: Die Voraussetzungen eines Schadenersatzanspruchs liegen vor. Bei der culpa in contrahendo wird grundsätzlich nur der **Vertrauensschaden** ersetzt, das heißt, der Geschädigte ist so zu stellen wie er bei Nichterwecken des Vertrauens auf das Bestehen des Vertrags dastehen würde. Hätte Luis im vorliegenden Fall nicht auf das Bestehen einer Teilkaskoversicherung samt Diebstahlversicherung vertraut, hätte er im zweiten Jahr eine eigene Teilkaskoversicherung bei der Saturn-AG oder bei einer anderen Versicherung abgeschlossen und hätte die Summe von € 50.000,- jedenfalls ausbezahlt bekommen. Im Ergebnis ist der Versicherer im Rahmen der Haftung für den Vertrauensschaden damit deckungspflichtig.[7] Luis hat sich allerdings auf seinen Ersatz-

---

5   Vgl OGH 7 Ob 264/02b, VersE 1991.
6   *Koziol*, Haftpflichtrecht I[3] Rz 10/5.
7   Vgl OGH 7 Ob 264/02b, VersE 1991 mwN.

anspruch all das **anrechnen** zu lassen, was er sich aufgrund des Nichtbestehens der Teilkaskoversicherung erspart hat, so insbesondere die Zahlung einer entsprechend höheren Prämie.[8] Der im Rahmen der cic-Haftung ersatzfähige Schaden beläuft sich somit grundsätzlich auf € 50.000,- abzüglich der ersparten Mehrprämien.

Die Saturn-AG könnte im vorliegenden Fall erwägen, gegen Luis den Einwand des **Mitverschuldens** gemäß § 1304 ABGB zu erheben. Ein solcher wäre unseres Erachtens auch berechtigt. Man könnte hier insbesondere damit argumentieren, dass Luis der Fehler von Gabriele auffallen hätte müssen, hätte er den Versicherungsantrag und die Versicherungspolizze durchgelesen. Ebenso hätte er merken müssen, dass die ihm im zweiten Jahr vorgeschriebene Prämie im Verhältnis viel zu gering war und nur der Prämie für eine gewöhnliche Haftpflichtversicherung entsprach. Dies gilt umso mehr, als beim Mitverschulden vom Vorliegen einer **Obliegenheitsverletzung** ausgegangen wird, die weder eine Rechtswidrigkeit noch ein Verschulden im technischen Sinn zur Voraussetzung hat sondern „nur" eine Sorglosigkeit in eigener Sache.[9]

Der Schadenersatzanspruch des Luis mindert sich also aufgrund seines Mitverschuldens. Im vorliegenden Fall ist freilich das überwiegende Verschulden bei der Saturn-AG zu erblicken. Im vorvertraglichen Schuldverhältnis macht Luis „nur" den Fehler, den Antrag nicht noch einmal zu lesen, wobei es allerdings nachvollziehbar ist, dass er diesbezüglich auf seine Agentin Gabriele vertraut. Immerhin beteuert Gabriele, Luis Wünsche genau zu kennen, und bespricht diese auch nochmals mit ihm. So konnte Luis auch von ihr erwarten, dass der Antrag entsprechend ausgefüllt wird. Es stellt freilich eine – wenngleich vergleichsweise geringere – Unachtsamkeit dar, dass er den Antrag und die danach zugesendete Polizze nicht mehr liest. Etwas sorgloser seitens des Luis erscheint die Tatsache, dass er im zweiten Versicherungsjahr die zu niedrige Prämie kritiklos hinnimmt. Laut Sachverhalt hatte er bereits mehrere teure Autos und zumindest eines davon bei der Saturn-AG versichert. Somit sollte er auch ein Gespür für die Prämienhöhe entwickelt haben und hätte es ihm auffallen müssen, nur die einer Haftpflichtversicherung entsprechende Summe vorgeschrieben zu bekommen. In Anbetracht dieser Umstände erscheint eine **Schadensteilung** im Verhältnis zwei Drittel zu einem Drittel zu Lasten der Saturn-AG gerechtfertigt.[10]

---

8   Vgl OGH 7 Ob 28/95, VersE 1665.

9   *Koziol*, Haftpflichtrecht I[3] Rz 12/7.

10   Vgl demgegenüber in einer dem Sachverhalt vergleichbaren Situation OGH 7 Ob 23/84, JBl 1986, 177, der die Obliegenheitsverletzung strenger sieht und von einer Hälfteteilung des Schadens ausgeht.

3) Luis gegen Saturn auf Zahlung von € 50.000,- abzüglich der erhöhten Prämie aus dem Versicherungsvertrag, § 1 VersVG iVm § 872 ABGB

Der Inhalt des zwischen Luis und der Saturn-AG abgeschlossenen Versicherungsvertrags ist eindeutig. Allerdings weicht er von dem von Luis gewünschten Vertragsinhalt ab. Es liegt somit ein **Irrtum** des Luis vor. Zu prüfen ist, ob dieser Irrtum Luis zur Vertragsanpassung gemäß § 872 ABGB befugt. An einer Anfechtung und Rückabwicklung des Vertrags gemäß §§ 871, 877 ABGB ist Luis demgegenüber nicht interessiert.

Der Irrtum war für den Abschluss des Geschäfts **kausal**. Wäre Luis bewusst gewesen, dass die Diebstahlversicherung nur im ersten Versicherungsjahr bestand, hätte er den Vertrag nicht mit diesem Inhalt, sondern mit einem weitergehenden Versicherungsschutz abgeschlossen.

Es handelt sich bei dem vorliegenden Irrtum unzweifelhaft um einen **beachtlichen** Irrtum. Weil der Irrtum den Vertragsgegenstand, nämlich den Umfang des Versicherungsschutzes, und somit eine Hauptsache des Vertrags betrifft, liegt ein **Geschäftsirrtum** vor. Zudem hat Luis auch eine falsche Vorstellung von seiner Erklärung im Versicherungsantrag, weshalb man ebenso vom Vorliegen eines **Erklärungsirrtums** ausgehen kann. Die Entscheidung für eine der beiden Irrtumsarten kann freilich entfallen, da beide beachtliche Irrtümer iSd § 871 Abs 1 ABGB darstellen.

Auch die **mangelnde Schutzwürdigkeit** des Vertragspartners liegt vor: Der Irrtum des Luis kam dadurch zustande, dass Gabriele seinen wahren Willen nicht in den Versicherungsantrag aufnahm und in der Folge auch der Vertragsinhalt vom Gewollten abwich. Der Irrtum wurde also von Gabriele und somit von der Saturn-AG, der das Verhalten Gabrieles zuzurechnen ist, **veranlasst** (§ 871 Abs 1 ABGB).

Die Rechtsfolgen eines solchen kausalen und beachtlichen Irrtums hängen davon ab, ob der Irrtum wesentlich oder **unwesentlich** war. Nur in letzterem Fall ist Luis zur einseitigen Anpassung des Vertrags berechtigt (§ 872 ABGB). Ein unwesentlicher Irrtum liegt dann vor, wenn ohne den Irrtum der Vertrag in einer anderen Form geschlossen worden wäre. Dabei ist auf den **hypothetischen Willen beider Parteien** abzustellen. Unwesentlich ist der Irrtum also nur dann, wenn sowohl Luis als auch die Saturn-AG den Vertrag mangels Irrtums mitsamt einer Teilkaskoversicherung inklusive Diebstahlversicherung ab dem zweiten Versicherungsjahr abgeschlossen hätten. Dass ein solcher Vertrag dem Willen des Luis entsprochen hätte, ergibt sich klar aus dem Sachverhalt. Es gibt aber auch keinen Grund daran zu zweifeln, dass auch die Saturn-AG den Vertrag mit diesem Inhalt abgeschlossen hätte. Schließlich war es ursprünglich ja auch Stefan E und somit ein Angestellter der Saturn, der diesen Vertragsinhalt vorgeschlagen hat. Außerdem entspricht es der allgemeinen Lebenserfahrung, dass ein Versicherungsunternehmen keine Verträge ablehnt, die eine höhere Prämienleistung erwarten lassen.

Der vorliegende Irrtum berechtigt Luis somit zur **Vertragsanpassung** in der Form, dass im zweiten Jahr gegen eine entsprechend höhere Prämie eine Teilkasko- samt Diebstahlversicherung besteht. Dass Luis bei sorgfältigem

Vorgehen seinen Irrtum hätte erkennen können, ihn also am Irrtum ein Verschulden treffen mag, hindert nach hA die Anpassung des Vertrags nicht.[11]

Die Anpassung bewirkt eine Änderung des Vertragsinhalts und damit des Deckungsumfangs und der Versicherungsprämien ex tunc. Somit kann Luis infolge des nunmehr von der Versicherung erfassten Diebstahls Zahlung von € 50.000,- abzüglich der bisher nicht bezahlten Prämiendifferenz für den weitergehenden Versicherungsschutz verlangen.

Anmerkung:

1) Beachte, dass dem Luis bei Vertragsanpassung gemäß § 872 ABGB die vollen € 50.000,- abzüglich der höheren Prämie zustehen. Bei einer Haftung der Saturn nach cic würde demgegenüber das Mitverschulden des Luis berücksichtigt.

2) Gegen dieses Ergebnis spricht die in jüngerer Zeit vertretene Ansicht, dass der schuldhaft Irrende nach den Grundsätzen der cic vom anderen Teil für dessen Vertrauensschaden haftbar gemacht werden könne.[12] Fraglich ist im vorliegenden Fall aber, worin überhaupt der Vertrauensschaden der Saturn-AG bestünde. Sie wäre so zu stellen, als ob ihr Vertrauen auf die wegen Irrtums nicht mehr geltende Erklärung des A nie erweckt worden wäre. In diesem Fall hätte die Saturn-AG wohl eine Diebstahlversicherung mit Luis abgeschlossen und wäre im Schadensfall jedenfalls zur Zahlung verpflichtet gewesen.

Frage 2: Luis gegen Gabriele S und Stefan E

1) Luis gegen Gabriele S auf Zahlung von € 50.000,- aus cic oder Delikt, § 1295 Abs 1 ABGB

Bei der Gehilfenhaftung haftet der Gehilfe selbst im Allgemeinen nicht nach vertraglichen Grundsätzen. Immerhin ist nicht er „Schuldner" der vorvertraglichen Pflichten, sondern der dahinter stehende Geschäftsherr. Ausnahmen von diesem Grundsatz bestehen in sehr beschränkten Fällen, etwa dann, wenn der Geschäftsherr nicht haftbar gemacht werden kann (etwa bei Handeln als falsus procurator), wenn der Gehilfe selbst ein spezielles persönliches Vertrauen in Anspruch genommen hat oder wenn er ein ausgeprägtes eigenwirtschaftliches Interesse am Vertragsschluss hat. Der erste genannte Fall ist hier auszuschließen, weil Luis – wie oben bei Frage 1 erörtert – Ansprüche gegen den Geschäftsherrn Saturn-AG geltend machen kann. Gabriele hat auch nicht ein besonderes persönliches Vertrauen in Anspruch genommen. Sie agiert als gewöhnliche Beraterin im Zuge von Versicherungsgesprächen und nimmt gegen-

---

11   Vgl *Koziol/Welser*, Grundriss I[14] 165.

12   *Koziol/Welser*, Grundriss I[14] 165; *Vonkilch*, Kennt das ABGB eine Haftung für die sorgfaltswidrige Abgabe einer wegen Willensmangels anfechtbaren Willenserklärung? JBl 2004, 759.

über Luis keine Vertrauensstellung ein. Auch das ausgeprägte eigenwirtschaftliche Interesse Gabrieles liegt nicht vor. Für ein solches reicht es nämlich nicht aus, dass Gabriele im Innenverhältnis gegen die Saturn-AG einen Entgeltanspruch hat.[13] Über darüber hinausgehende Provisionsansprüche oder Gehaltsvorrückungen steht nichts im Sachverhalt.

Somit haftet Gabriele im vorliegenden Fall allenfalls **deliktisch**. Eine deliktische Haftung kann hier aber nicht konstruiert werden, weil Luis „lediglich" einen **Schaden am Vermögen** erlitten hat, der im deliktischen Bereich nur in engen Grenzen ersatzfähig ist. Ein allgemeiner Grundsatz, fremdes Vermögen zu schützen, existiert in der österreichischen Rechtordnung nämlich nicht. Die pure Verletzung des Vermögens ist per se also nicht rechtswidrig. Dazu müsste eine darüber hinausgehende Verletzung eines absolut geschützten Rechtsguts oder die Verletzung eines Schutzgesetzes treten.[14] Beides liegt im vorliegenden Fall nicht vor, weswegen Luis Gabriele nicht in Anspruch nehmen kann.

2) Luis gegen Stefan E auf Zahlung von € 50.000,- aus cic oder Delikt, § 1295 Abs 1 ABGB

Auch Stefan trifft als Verhandlungsgehilfen der Saturn-AG selbst keine Verpflichtung aus dem vorvertraglichen Schuldverhältnis. Was eine deliktische Haftung betrifft, ist aber bei Stefans Verhalten nichts ersichtlich, das dieses in die Nähe einer Pflichtwidrigkeit rückt. Er hat seine Kollegin Gabriele nach dem Sachverhalt umfassend instruiert. Eine deliktische Haftung des Stefan kommt somit schon aus diesem Grund nicht in Frage.

---

13   OGH 1 Ob 182/97i, ÖBA 1998, 230; zuletzt 8 Ob 66/12g, JBl 2013, 727.
14   *Koziol/Welser*, Grundriss II[13] 312.

Fall 8. Der versäumte Liefertermin

I. Sachverhalt

Handelsvertreter H bestellt beim Computerhändler C einen neuen PC Modell X mit „Komplettservice-Paket" zum Preis von € 1.000,-. Dieses beinhaltet die Lieferung und Installation des PC beim Kunden.

Zum vereinbarten Liefertermin fährt M, ein Mitarbeiter des C, zu der angegebenen Adresse, doch dort ist niemand anzutreffen. Ein Kundenbesuch nimmt mehr Zeit in Anspruch als von H eingeplant. Nach einigen Minuten des Wartens bringt M den PC, der im Originalkarton verpackt ist und auf dem C mit einem Filzstift Namen und Adresse des H vermerkt hat, wieder zum Lieferwagen. M besucht in der Folge andere Kunden.

Auf der Rückfahrt zum Lager des C bemerkt M aus Unachtsamkeit eine rot zeigende Ampel erst im letzten Augenblick und muss deshalb heftig bremsen. Dabei wird der Karton mit dem für H vorgesehenen PC gegen die Laderaumtrennwand geschleudert.

C und H vereinbaren einen neuerlichen Liefertermin. Als M den PC in den Räumlichkeiten des H in Betrieb nehmen will, funktioniert dieser nicht. Bei der Suche nach der Ursache stellt M fest, dass in dem Gerät die Hauptplatine gebrochen ist. Ursache ist der heftige Schlag, den das Gerät bei der plötzlichen Abbremsung erlitten hat.

H, der den PC noch nicht bezahlt hat, verlangt die Lieferung und Installation eines funktionierenden Gerätes. C meint, dass er dazu nicht verpflichtet sei und begehrt sowohl die Bezahlung der vereinbarten € 1.000,- als auch die Abgeltung des (tatsächlich entstandenen) Mehraufwandes von € 50,- für die neuerliche Lieferung.

> Wie ist die Rechtslage?

II. Lösung

1) C gegen H auf Zahlung von € 1.000,- gemäß § 1062 ABGB

Anmerkung:

Weil ganz allgemein nach der Rechtslage gefragt ist, steht es im Belieben des Bearbeiters, ob man mit dem Anspruch des C auf Bezahlung des Computers oder jenem des H auf Lieferung eines unbeschädigten PC beginnt. In beiden Varianten sind dieselben Probleme zu behandeln, ohne dass dies das Ergebnis verändert. Der einzige Unterschied besteht darin, aus welcher Perspektive man die Rechtsfragen erörtert.

a) Rechtliche Einordnung des Vertrages

H hat mit C einen Vertrag über den Erwerb eines PCs samt Lieferung und Installation zum Preis von € 1.000,- abgeschlossen. Nach dem übereinstimmenden Parteiwillen bilden Lieferung und Installation eine Nebenleistung zum Erwerb des PC, denn für C sind die Nebenleistungen eine verkaufsfördernde Maßnahme und für H wird damit sichergestellt, dass er den neu erworbenen Computer sofort verwenden kann. Somit handelt es sich hier um einen **Kauf-** und keinen Werkvertrag.

Gemäß § 1061 iVm § 1047 ABGB ist der Verkäufer verpflichtet, die Sache bis zur Übergabe sorgfältig zu verwahren und zum vereinbarten Zeitpunkt am festgelegten Ort zu übergeben. Der Käufer hat die Sache zum bedungenen Zeitpunkt zu übernehmen und den Kaufpreis zu bezahlen (§ 1062 ABGB). C hat den Computer vertragskonform zur Übernahme angeboten, jedoch ist die **Erfüllung gescheitert**, weil H zum vereinbarten Liefertermin nicht anwesend war. Als C neuerlich liefert, stellt sich heraus, dass der **Computer** zwischen dem ersten und dem zweiten Erfüllungsversuch **beschädigt** wurde. Somit ist zu klären, ob C einen Anspruch auf den Kaufpreis hat, obwohl das Gerät vor der Übergabe an H unbrauchbar wurde.

b) Gefahrtragung

Der Zahlungsanspruch des C hängt davon ab, wer das **Risiko der zufälligen Beschädigung oder Zerstörung** der verkauften Sache zwischen dem vereinbarten und dem tatsächlichen Erfüllungstermin zu tragen hat **(Gefahrtragung)**. Für die Gefahrtragungsregeln bedeutet „Zufall", dass die Beschädigung oder Zerstörung weder vom Schuldner noch vom Gläubiger zu vertreten ist. Welche Partei die Gefahr für Zufall zu tragen hat, hängt davon ab, ob es sich bei der geschuldeten Leistung um eine Spezies- oder Gattungsschuld handelt und an welchem Ort der Schuldner zu leisten hat. Auch ein allfälliger Annahmeverzug des Gläubigers ist zu berücksichtigen.

> Anmerkung:
>
> Dass die Beschädigung oder Zerstörung von keiner der Parteien zu vertreten ist, bedeutet im Regelfall, dass keine der beiden ein Verschulden trifft oder für fremdes Verschulden einzustehen hat (vgl insbesondere § 1313a ABGB). Im Sonderfall des Annahmeverzugs kommt es kraft gesetzlicher Anordnung in § 1419 ABGB zu einer Modifikation: Der Schuldner hat auch bloß leicht fahrlässige Beschädigung bzw Verlust nicht zu vertreten (siehe unten cc)).

aa) Ein neuer Computer stellt grundsätzlich eine Gattungsschuld dar. C hat also ein Stück „Modell X" zu leisten, nicht aber ein ganz bestimmtes Gerät. Wird ein PC aus seinem Vorrat zerstört, dann kann und muss C ein anderes Gerät dieser Type leisten. Hier hat allerdings bereits die **Konzentration** eines bestimmten Stückes aus der Gattung stattgefunden, weil C auf dem Karton Name und Anschrift des Käufers vermerkt hat. Damit wird die Sache im Hinblick auf die Gefahrtragung wie eine Speziesschuld behandelt.

bb) Die Parteien haben vereinbart, dass C den Computer an die Adresse des H zu liefern hat, die somit den **Erfüllungsort** bildet.[1] Um seine Vertragspflichten vollständig zu erfüllen, muss C den Computer an die Adresse des H liefern und dort in Betrieb nehmen. Zudem muss beim entgeltlichen Erwerb die geleistete Sache die ausdrücklich bedungenen oder gewöhnlich vorausgesetzten Eigenschaften aufweisen (vgl § 922 ABGB). Von einem neuen PC darf erwartet werden, dass dieser funktioniert.

> Anmerkung:
>
> Es wäre falsch, an dieser Stelle mögliche Rechte des H aus dem Titel der Gewährleistung zu prüfen, denn H hat den defekten PC nicht als Leistung angenommen. Vielmehr fordert er C auf, ein funktionsfähiges Gerät zu liefern und zu installieren. Daraus ist klar ersichtlich, dass er die Annahme der angebotenen Leistung (nämlich des defekten PC) verweigert. Gewährleistungsrechte kommen nach der hM nur dann zum Tragen, wenn der Gläubiger die angebotene Leistung bereits als Erfüllung akzeptiert hat.[2]

cc) Der für den Verkauf an H bestimmte PC wurde **erst nach dem ursprünglich vereinbarten Liefertermin beschädigt**. Dies ist darauf zurückzuführen, dass die Übergabe durch die Abwesenheit des Gläubigers H vereitelt wurde. C war leistungsbereit, weil sich M pünktlich mit dem damals noch unbeschädigten Computer am vereinbarten Ort einfindet. Dabei spielt es keine Rolle, ob H an der Nichteinhaltung des Liefertermins ein Verschulden trifft. Ausschlaggebend ist alleine, dass C aufgrund der Abwesenheit des H die

---

1   Hätten die Parteien keinen Erfüllungsort vereinbart, so wäre gemäß § 905 Abs 1 ABGB im Zweifel am Wohnsitz bzw Ort der Niederlassung des Schuldners zu leisten. Dies wäre in unserem Fall der Ort der Niederlassung des C.
2   Vgl die Lösung zu Fall 5 Punkt 1)b).

Erfüllung zum vereinbarten Zeitpunkt nicht möglich war.[3] H gerät somit ab diesem Zeitpunkt in **Annahmeverzug**, denn C bietet die geschuldete Leistung in vereinbarter Qualität und zum vereinbarten Fälligkeitszeitpunkt an. Gemäß § 1419 ABGB führt der Annahmeverzug dazu, dass die „widrigen Folgen" auf den Gläubiger H fallen. C hat zwar den Computer weiterhin zu verwahren und zur Erfüllung bereit zu halten,[4] doch nach hA[5] haftet er mit Eintritt des Annahmeverzugs nur noch für vorsätzliches oder grob fahrlässiges Verhalten.

Der PC wird nach Eintritt des Annahmeverzugs beschädigt, als M vor einer rot zeigenden Ampel stärker als üblich abbremst. **Haftungsbegründend** könnten entweder das verspätete Wahrnehmen der rot zeigenden Ampel oder die ungenügende Sicherung des PC im Laderaum sein. Das den Schaden verursachende Verhalten des M ist jedenfalls C zurechenbar, weil er diesen zur Erfüllung seiner Verpflichtungen aus dem Vertrag mit H heranzieht.[6]

> Anmerkung:
>
> Auch wenn für die Frage der Gefahrtragung beim Annahmeverzug auf allfällige Sorgfaltsverstöße des Schuldners abzustellen ist, handelt es sich um keinen Schadenersatzanspruch (s dazu unten 3)).

Den Umstand, dass M die **rot zeigende Ampel** aus Unachtsamkeit erst spät bemerkt und deshalb heftiger als gewöhnlich **abbremsen** muss, wird man nicht als grob fahrlässig bewerten dürfen, denn M kann trotzdem rechtzeitig anhalten. Es kann nämlich auch einem gewöhnlich sorgfältigen Lenker passieren, dass er ein Hindernis nicht sofort wahrnimmt und aus diesem Grund heftiger bremsen muss, als dies bei vorausschauender Fahrweise der Fall wäre. C ist die verspätete und damit „unsanfte" Bremsung des M daher nicht als grobe Fahrlässigkeit anzulasten.

Zu fragen ist ferner, welche Sorgfalt C bei der **Sicherung der Ladung** im Fahrzeug aufzuwenden hat. Grundsätzlich ist es im Straßenverkehr nicht auszuschließen, dass der Lenker eines KFZ plötzlich heftig bremsen muss, was bei der Beladung des Fahrzeugs zu berücksichtigen ist.[7] M hat daher den

---

3   *A. Heidinger* in Schwimann § 1419 Rz 2; *Koziol* in KBB[4] § 1419 Rz 2.

4   Aus diesem Grund kann in der Vereinbarung eines neuerlichen Liefertermins auch keine Novation oder sonstige Abänderung des Kaufvertrages erblickt werden.

5   OGH 7 Ob 639/80, SZ 54/90; *A. Heidinger* in Schwimann § 1419 Rz 15; *Koziol/Welser*, Grundriss II[13] 59. Nach einer im Vordringen befindlichen Ansicht sind die Sorgfaltspflichten des leistungsbereiten Gläubigers bei Annahmeverzug des Schuldners zwar vermindert, doch lasse sich eine generelle Beschränkung auf grobe Fahrlässigkeit und Vorsatz nicht aus dem Gesetz ableiten. Vielmehr sei der konkrete Umfang der Sorgfaltspflichten im Einzelfall durch Interessenabwägung zu ermitteln (*Koziol* in KBB[4], § 1419 Rz 5 mwN). In vielen Fällen wird man freilich zum selben Ergebnis gelangen.

6   Vgl die Wertung des § 1313a ABGB.

7   Vgl § 101 Abs 1 lit e KFG. Die Norm will jedoch andere Verkehrsteilnehmer vor den Gefahren durch eine mangelhaft gesicherte Ladung schützen (OGH 2 Ob 38/75, ZVR 1976/102). Hingegen zielt sie nicht darauf ab, die verladene Sache im Interesse des Käufers vor Beschädigungen zu bewahren.

Karton mit dem Computer so zu verstauen, dass dieser bei üblichen Bremsungen oder dem Durchfahren von Kurven nicht durch den Laderaum geschleudert wird. Besondere Verpflichtungen zur Sicherung, etwa durch Festzurren, bestehen in diesem Fall nicht, weil der PC weder besonders schwer noch besonders empfindlich ist. Das Gerät befindet sich nämlich in der Originalverpackung, die darauf ausgelegt ist, die üblichen Stöße und Erschütterungen beim Transport abzufangen. Daher ist es C lediglich als leichte Fahrlässigkeit anzulasten, wenn M den in der Transportverpackung befindlichen Computer offenbar nicht unmittelbar hinter der Laderaumtrennwand abgestellt hat, wodurch er bei der Bremsung ins Rutschen geraten und gegen die Trennwand geprallt ist. Von einer auffallenden und ungewöhnlichen Sorglosigkeit, die einem ordentlichen Menschen in der Situation des M keinesfalls unterlaufen würde,[8] ist in diesem Zusammenhang nicht zu sprechen, weil ein Schadenseintritt nicht als wahrscheinlich anzusehen ist.[9]

Ergebnis: Weil die Beschädigung des Computers nicht auf ein grob fahrlässiges oder vorsätzliches Verhalten des C oder seiner Mitarbeiter zurückzuführen ist, trägt H das Risiko einer Beschädigung während des Annahmeverzugs. Er muss also den vereinbarten Kaufpreis bezahlen.

2) H gegen C auf Lieferung eines unbeschädigten PC, § 1061 ABGB

C hat H einen defekten PC in Erfüllung des Kaufvertrages angeboten. Wie oben gezeigt, ist er damit trotzdem seinen **Vertragspflichten nachgekommen**. Aus diesem Grund hat H keinen Anspruch auf Lieferung eines anderen, funktionsfähigen Computers „Modell X".

3) C gegen H auf Ersatz der Mehraufwendungen in der Höhe von € 50,- gemäß § 1419 ABGB

C ist aufgrund des Annahmeverzugs des H ein Mehraufwand in der Höhe von € 50,- entstanden (Kosten für die neuerliche Lieferung). § 1419 ABGB ordnet an, dass die mit dem Annahmeverzug einhergehenden Nachteile für den Schuldner vom Gläubiger zu tragen sind („widrige Folgen"). Weil aber den Gläubiger keine Annahmepflicht trifft,[10] handelt er nicht rechtswidrig, wenn er die angebotene Leistung nicht annimmt. Aus diesem Grund kann es sich beim Ersatzanspruch nach § 1419 ABGB um keinen Schadenersatzanspruch handeln.[11] Dieser ist vielmehr ein **eigenständiger Anspruch**, der der Geschäftsführung

---

8   OGH 7 Ob 589/89, ZVR 1990/103; 2 Ob 62/91, SZ 65/26.

9   Zur Abgrenzung zwischen leichter und grober Fahrlässigkeit s *Harrer* in Schwimann[3] § 1324 Rz 1 ff mit Beispielen aus der Rsp.

10   Die Nichtannahme ist eine bloße Obliegenheitsverletzung, vgl OGH 4 Ob 254/01h, ÖBA 2002, 568/1042; *Heidinger* in Schwimann § 1419 Rz 1.

11   *F. Bydlinski* in Klang[2] IV/2, 321 f, 349 ff; *A. Heidinger* in Schwimann § 1419 Rz 1.

ohne Auftrag nachgebildet ist.[12]

Zu ersetzen sind daher jene **notwendigen Aufwendungen**, die der Schuldner aufgrund des Annahmeverzugs des Gläubigers tätigen muss. Die neuerliche Lieferung des Computers war zweifellos ein erforderlicher und von H veranlasster Aufwand, weil C durch den Annahmeverzug nicht von seiner Leistungspflicht befreit wird. Die Aufwendungen in der Höhe von € 50,- waren für einen pflichtgemäß handelnden Verkäufer in der Situation des C unvermeidlich.

Allerdings stellt sich der von C getätigte **Aufwand** letztlich als **erfolglos** heraus, weil der Computer in der Zwischenzeit schwer beschädigt wurde. Es ist daher zu fragen, ob H die Nutzlosigkeit der Bemühungen des C gegen dessen Zahlungsanspruch einwenden kann. Weil § 1419 ABGB diese Frage nicht regelt, ist sie unter sinngemäßer Anwendung der dem Anspruch am nächsten stehenden Regelung zu beantworten. Wie bereits oben erwähnt, ist der Aufwandersatzanspruch nach § 1419 ABGB mit der Figur der Geschäftsführung ohne Auftrag verwandt. Dort bestimmt § 1036 ABGB für die GoA im Notfall, dass der Geschäftsherr einen notwendigen Aufwand auch dann zu ersetzen hat, wenn die Bemühungen zu keinem Erfolg geführt haben. Wenn der Geschäftsführer im Notfall für erfolglose Aufwendungen Ersatz erhält, obwohl er nicht zum Einschreiten verpflichtet ist, muss dies umso mehr für den Schuldner bei Annahmeverzug des Gläubigers gelten, weil er aufgrund der fortbestehenden Erfüllungspflicht tätig werden muss. Weil C aufgrund des aufrechten Vertragsverhältnisses zu einer neuerlichen Lieferung des Computers verpflichtet ist, hat er einen Anspruch auf Ersatz der dadurch entstandenen Kosten in der Höhe von € 50,-. H kann nicht einwenden, dass die neuerliche Lieferung im Ergebnis nutzlos war.

Ergebnis: H hat den Mehraufwand in der Höhe von € 50,- zu ersetzen.

Anmerkungen:

1) Wer es als grob fahrlässig bewertet, dass M die rot zeigende Ampel erst im letzten Augenblick wahrnimmt bzw die besondere Sicherung des PC im Laderaum unterlassen hat, darf den Anspruch des C gegen H auf Ersatz der Mehraufwendungen nicht bejahen. Unter dieser Prämisse ist der Mehraufwand nämlich keine „nachteilige Folge", für die H zu haften hat.

2) Ferner ist dann zu prüfen, ob C ein Schadenersatzanspruch aus § 1295 Abs 1 ABGB gegen M zusteht. C erleidet einen Schaden, weil er trotz der bereits erfolgten Konzentration sowie des erfolglosen Erfüllungsversuches ein gleichartiges unbeschädigtes Gerät leisten

---

12   Im Unterschied zum Geschäftsführer ohne Auftrag, der im ausschließlichen Interesse des Geschäftsherrn tätig wird, nimmt der Schuldner bei Annahmeverzug des Gläubigers sowohl fremde als auch eigene Interessen wahr. Ein Eigeninteresse liegt stets vor, weil der Schuldner weiterhin zur Erfüllung verpflichtet ist. Eine Ersatzpflicht, obwohl der Schuldner auch eigene Interessen wahrnimmt, lässt sich damit rechtfertigen, dass diese Mehraufwendungen nicht in seinem Belieben stehen, sondern vom säumigen Gläubiger veranlasst sind (*F. Bydlinski* in Klang[2] IV/2, 351).

> muss. Dabei sind insbesondere die Regeln des DHG zu berücksichtigen, wonach der sicherlich zu bejahende Schadenersatzanspruch gegen M unter den im Gesetz genannten Voraussetzungen zu mäßigen ist.

4) C gegen H auf Übernahme des defekten PC, § 1062 ABGB

Wie bereits oben 3) ausgeführt, trifft den Gläubiger **keine Annahmepflicht**. Aus diesem Grund hat C gegenüber H auch keinen Anspruch auf Übernahme des defekten Computers. C ist verpflichtet, diesen weiterhin zu verwahren und zur Erfüllung bereit zu halten.[13] Weil aber H mit der Verweigerung der Übernahme seine Obliegenheiten aus dem Kaufvertrag verletzt, hat er gemäß § 1419 ABGB für allfällige Verwahrungskosten aufzukommen.

5) C gegen M auf Schadenersatz aus Vertrag, § 1295 Abs 1 ABGB

Ein Schadenersatzanspruch des C gegen M kommt nicht in Betracht: C erleidet **keinen Schaden**, weil er einen Kaufpreisanspruch gegen H hat. Auch für den Mehraufwand hat H aufzukommen.[14]

6) H gegen M auf Schadenersatz aus Delikt, § 1295 Abs 1 ABGB

H erleidet einen **Schaden** in seinem Vermögen, weil er für den Kaufpreis eines unbeschädigten lediglich einen defekten Computer erhält. Ferner hat er C den Mehraufwand für die neuerliche Lieferung abzugelten. Allerdings wird H „nur" in seinem Vermögen geschädigt, weil ihm ein Aufwand entsteht.[15] Das bloße Vermögen genießt außerhalb von Vertragsbeziehungen in der Regel keinen Schutz. Weil er aber den Kaufvertrag über den Computer mit C und nicht M abgeschlossen hat, fehlt es an einer solchen Sonderbeziehung zu M. M hat aber auch nicht in das Eigentum des H eingegriffen, weil dieser im Zeitpunkt der Beschädigung des Computers mangels Übergabe noch nicht Eigentümer war (§§ 426, 1063 ABGB).

---

13 Nur wenn H die Übernahme endgültig verweigert, wird C von seiner Verwahrerpflicht befreit. Dafür fehlen freilich jegliche Hinweise im Sachverhalt.
14 Siehe oben 1) und 3).
15 Bezahlung des defekten Computers und des Mehraufwands, vgl oben 1) und 3).

Fall 9. Der tüchtige Spielwarenhändler

I. Sachverhalt

Teil 1

A wird bei der B-GmbH, die eine große Spielwarenhandlung betreibt, durch deren Geschäftsführer C als Lagerarbeiter eingestellt. A, dessen Aufgabenbereich gemäß seinem Dienstvertrag auf die vom Geschäftslokal räumlich abgetrennten Lagerbereiche der Firma beschränkt ist, erweist sich schon bald als äußerst umsichtiger Mitarbeiter.

An einem Samstag vor Weihnachten, als im Lager wenig, dafür im Geschäft aber „die Hölle" los ist, denkt sich A, es wäre sicher sinnvoll, wenn er den Kollegen beim Verkauf etwas unter die Arme greift. Er beginnt also zunächst, Kunden den Weg zu den von ihnen gesuchten Artikeln zu weisen, und geht allmählich dazu über, Kunden fallweise zu beraten. C beobachtet den A dabei und findet, dass er diese Tätigkeiten sehr gut erledige. Ab Mittag schließlich hilft A auch an der Kassa aus, nachdem ihm eine Kollegin deren Funktionsweise kurz erklärt hat. Auch dies nimmt C wahr und denkt sich im Stillen, A sei durchaus für höhere Aufgaben zu gebrauchen.

Am späteren Nachmittag, als A wieder einmal an der Kasse tätig ist, wendet sich die völlig verzweifelte ältere Dame D an ihn: Sie suche als Geschenk für ihre Enkel dringend das Spiel „Zicke Zacke Hühnerkacke", habe es im ganzen Geschäft aber nicht finden können. Als A ihr gerade erklären will, dass das Spiel wegen der großen Nachfrage soeben „ausgegangen" sei, entdeckt er ein Exemplar unter dem Ladenpult. Er meint, es sei wohl von einem Kunden im letzten Moment zurückgestellt worden und vorläufig hier liegen geblieben. Er übergibt dieses Exemplar also der zutiefst erleichterten D und kassiert den Kaufpreis.

Das Spiel hatte allerdings C beiseite gelegt, um es seinen eigenen Kindern zu schenken. Er hätte es kurz vor Ladenschluss „in die Kassa getippt", bezahlt und nach Hause genommen. Als D mit dem Spiel das Geschäft verlässt, realisiert C, dass es sich dabei um „sein" Exemplar handelt und stürzt ihr nach.

Kann C namens der B-GmbH von D das Spiel mit der Begründung zurück verlangen, dass A „das gar nicht darf"? Gehen Sie davon aus, dass der B-GmbH jedenfalls ursprünglich das Eigentumsrecht an dem Spiel zukam.

Teil 2

Trotz dieses Missgeschicks ist C von den Fähigkeiten des A sehr angetan. Seine Aufgaben im Betrieb werden sukzessive erweitert. Schließlich wird A auch im Bereich des Wareneinkaufs eingesetzt und ihm hierfür eine schriftliche Vollmacht ausgestellt, wonach er berechtigt ist, im Namen der B-GmbH Warenbestellungen zu tätigen. C vereinbart mit A allerdings, dass dieser ohne vorherige Rücksprache mit C Geschäfte nur bis zu einem Maximalvolumen von je € 30.000,- abschließen wird. In der Vollmachtsurkunde scheint dies jedoch nicht auf.

Es scheint bald, dass A auch in diesem Bereich einen „guten Riecher" hat. Eines Tages gelingt es ihm, mit dem neu am Markt auftretenden Lieferanten L ein vermeintlich sehr vorteilhaftes Geschäft über den Kauf von 250 Exemplaren einer Spielkonsole zum Preis von je € 150,- (insgesamt € 37.500,-) auszuhandeln. Da das Angebot des L sofort angenommen werden muss und A den C telefonisch nicht erreichen kann, entschließt er sich, den Kaufvertrag trotz Überschreitung der 30.000-Euro-Grenze unter Vorlage der Vollmachtsurkunde im Namen der B-GmbH abzuschließen.

Das Produkt erweist sich allerdings im Verkauf als „Flop". Es können nur ganz wenige Exemplare abgesetzt werden.

Kann die B-GmbH unter Berufung darauf, dass dem A ein 30.000-Euro-Limit gesetzt war, den gesamten Vertrag mit L „rückgängig machen" oder zumindest Rückerstattung eines Teils des Kaufpreises, konkret € 7.500,- für 50 Geräte, verlangen?

Beantworten Sie diese Frage unter der Prämisse,

a) dass L vom Limit des A keine Ahnung hatte, und

b) dass L bei Vertragsabschluss davon wusste, dass A bei seinen Einkäufen ein Preislimit von € 30.000,- ohne Rücksprache mit dem Geschäftsführer nicht überschreiten darf.

Gehen Sie jeweils davon aus, dass L auch bereit gewesen wäre, eine geringere Menge zum gleichen Preis zu verkaufen.

II. Lösung

Teil 1

1) B-GmbH gegen D auf Herausgabe des Spiels, § 366 ABGB

Nach der Sachverhaltsschilderung ist davon auszugehen, dass die B-GmbH ursprünglich **Eigentümerin** des nun an D verkauften Spieles „Zicke Zacke Hühnerkacke" war. Steht ihr das Eigentumsrecht nach wie vor zu, kann sich die B-GmbH, vertreten durch ihren Geschäftsführer C, auf § 366 ABGB stützen und die Herausgabe des Spieles von der Inhaberin D verlangen.

> Anmerkungen:
>
> 1) Bei der Formulierung der Anspruchsgrundlage darf nicht etwa C als aktivlegitimierte Person angeführt werden. Der Anspruch stützt sich auf das Eigentumsrecht, dieses steht der B-GmbH zu. C fungiert als Geschäftsführer lediglich als deren Stellvertreter.
>
> 2) Um zu prüfen, ob das Eigentum am Spiel immer noch bei der B-GmbH liegt, bietet sich ein historischer Aufbau an.

a) Zunächst gilt es zu prüfen, ob das Eigentum am Spiel schon **auf C** übergegangen ist. Dieser hat es ja unter dem Ladenpult für sich beiseite gelegt. Zum Eigentumsübergang ist es jedoch nicht gekommen: C hätte den Kaufvertrag erst später, nämlich kurz vor Ladenschluss abgeschlossen. Es liegt also noch nicht einmal ein Titelgeschäft für einen Eigentumserwerb des C vor.

> Anmerkung:
>
> Hätte C den Kaufvertrag schon abgeschlossen, läge ein Insichgeschäft in Form des Selbstkontrahierens vor. C hätte den Vertrag einerseits in eigener Person als Käufer und andererseits als Geschäftsführer der B-GmbH als Verkäuferin geschlossen. Insichgeschäfte sind grundsätzlich unwirksam, doch wäre hier ausnahmsweise Gültigkeit anzunehmen, weil zu einem feststehenden Marktpreis kontrahiert worden wäre, weshalb für die Gesellschaft keine Schädigungsgefahr bestand.[1]

b) Somit ist zu klären, ob D Eigentümerin des Spiels geworden ist. Ist dies der Fall, kann sich die B-GmbH naturgemäß nicht mehr auf § 366 ABGB stützen. Es sind daher die Voraussetzungen für einen **derivativen Eigentumserwerb der D** zu prüfen:

aa) Voraussetzung für die Eigentumsübertragung ist erstens das **Eigentumsrecht oder die Verfügungsberechtigung des Veräußerers**. Dies berei-

---

1   Vgl zur Problematik etwa *Koziol/Welser,* Grundriss I[14] 237 f.

tet hier keine Schwierigkeiten, da die B-GmbH, wie schon erwähnt, beim Verkauf an D noch Eigentümerin des Spieles war. Zweitens ist ein gültiges **Titelgeschäft**, drittens ein wirksames **Verfügungsgeschäft** erforderlich. Hierauf ist im Anschluss noch näher einzugehen. Viertens muss eine **Übergabe** oder ein Übergabesurrogat im Sinne der §§ 426 ff ABGB vorliegen. Diese letzte Voraussetzung ist wieder eindeutig erfüllt: D ist das Spiel bereits übergeben worden.

bb) Entscheidende Bedeutung kommt somit der Frage nach der **Wirksamkeit des Titel- sowie des Verfügungsgeschäfts** zu. Was den Inhalt der Vereinbarungen angeht, bestehen keine Bedenken: A hat (namens der B-GmbH) mit D einen Kaufvertrag über das betreffende Spiel abgeschlossen. Der Kaufvertrag ist ein zur Übertragung des Eigentums tauglicher Titel (§ 1053 ABGB). Zudem hat A das Spiel an D übergeben und spätestens damit – zumindest konkludent – mit dieser ein Verfügungsgeschäft abgeschlossen.

Näher zu prüfen ist aber, ob A die B-GmbH wirksam **vertreten** kann. Von den allgemeinen **Stellvertretungsvoraussetzungen** sind einige unproblematisch verwirklicht: Es handelt sich sowohl beim Kaufvertrag als auch bei der Einigung, dass Eigentum übergehen soll, um vertretungsfähige Rechtsgeschäfte. Desgleichen bestehen keine Zweifel daran, dass A zumindest beschränkt geschäftsfähig ist:[2] Da gegenteilige Anhaltspunkte im Sachverhalt fehlen, ist von voller Geschäftsfähigkeit des A auszugehen. Auch die Offenlegung des Vertretungsverhältnisses ist nach den Umständen anzunehmen: Jedem Kunden einer großen Spielwarenhandlung ist klar, dass ein dort tätiger Verkäufer nicht im eigenen Namen kontrahiert.[3]

Näher einzugehen ist allerdings auf die Voraussetzung bestehender **Vertretungsmacht**. Grundsätzlich kommen mehrere Anknüpfungspunkte in Betracht: Zunächst wäre denkbar, dass dem A bereits anlässlich seiner Einstellung bei der B-GmbH Vertretungsmacht erteilt wurde. Dies ist freilich nicht anzunehmen, weil er als Lagerarbeiter angestellt wurde und eine solche Tätigkeit gerade keine Geschäftsabschlüsse vorsieht. Auch am betreffenden Samstag hat C als Geschäftsführer der B-GmbH niemandem gegenüber eine Willenserklärung abgegeben, wonach A fürderhin zur Vertretung der B-GmbH befugt sei.

---

2   In diesem Sinne ist § 1018 ABGB zu verstehen, nach dessen Wortlaut auch völlige Geschäftsunfähigkeit nicht zu schaden scheint. Völlig Geschäftsunfähige scheiden aber aus, weil diese überhaupt keinen rechtlich relevanten Willen bilden können. Vgl *Koziol/Welser*, Grundriss I[14] 221 f; *P. Bydlinski*, Allgemeiner Teil[6] Rz 9/22.

3   Im Übrigen wird weitgehend anerkannt, dass bei beidseitig sofort erfüllten Bargeschäften von der Offenlegung des Vertretungsverhältnisses abgesehen werden könne („Geschäft für den, den es angeht"), vgl *Koziol/Welser*, Grundriss I[14] 239 mwN; kritisch *P. Bydlinski*, Allgemeiner Teil[6] Rz 9/58. In Situationen wie der vorliegenden wäre – abgesehen davon, dass man ohnehin von einer konkludenten Offenlegung durch A ausgehen kann – eine Berufung auf diese Ausnahme allerdings nicht sachgerecht: Dem *Kunden* ist nämlich die Person des Vertragspartners kaum gleichgültig. Für ihn wird es zB durchaus darauf ankommen, dass er etwaige Gewährleistungsrechte gegen den Betreiber der Spielwarenhandlung und nicht etwa gegen einen Angestellten geltend machen kann.

Zu erwägen ist aber eine **Anscheinsvollmacht**:[4] Nach den Grundsätzen dieses Rechtsinstituts entsteht Vertretungsmacht nicht nur durch – interne oder externe, ausdrückliche oder stillschweigende – Willenserklärung des Vollmachtgebers, sondern auch durch Vollmachtkundgabe, also durch Wissenserklärung. Die Wissenserklärung liegt hierbei darin, dass der Vertretene ein Verhalten (einen äußeren Tatbestand) setzt, das beim gutgläubigen Dritten die begründete Annahme rechtfertigt, der Vertretene habe – bereits zu einem früheren Zeitpunkt – Vollmacht erteilt.

Im Einzelnen sind folgende Voraussetzungen zu prüfen:

- Es muss ein bestimmter **Sachverhalt** vorliegen, aus dem **objektiv geschlossen** werden kann, **dass Vertretungsmacht bereits besteht**, dass also bereits früher Vollmacht erteilt worden ist. Davon wird man hier ausgehen können: A steht an der Kassa und kassiert. Das lässt aus Sicht der Kunden darauf schließen, dass er Vollmacht hat, Kaufverträge und Verfügungsgeschäfte über verkaufte Waren abzuschließen.

- Der Anschein des Bestehens der Vollmacht muss durch ein Verhalten des Geschäftsherrn **zurechenbar veranlasst** sein. Auch dies ist zu bejahen: C, der Geschäftsführer der „vertretenen" B-GmbH, nimmt das Verhalten des A, der an der Kassa sitzt und Ware verkauft, wahr und duldet es[5] über mehrere Stunden.

- Schließlich muss der Dritte **gutgläubig** sein, darf also weder in Kenntnis noch in fahrlässiger Unkenntnis darüber sein, dass der als Stellvertreter Handelnde in Wahrheit gar nicht vertretungsbefugt ist. Dies ist ebenfalls anzunehmen: Für die Kundin D ergeben sich ja keinerlei Anzeichen dafür, dass A, der wie andere Mitarbeiter an der Kasse sitzt, nicht vertretungsbefugt sein könnte.

Die Voraussetzungen für eine Anscheinsvollmacht sind somit gegeben. Damit sind alle Voraussetzungen für das Vorliegen sowohl eines wirksamen Titel- als auch eines wirksamen Verfügungsgeschäfts erfüllt. **D hat Eigentum am Spiel erworben**, gleichzeitig hat die B-GmbH ihr Eigentumsrecht verloren. Daher kann die B-GmbH, vertreten durch C, die Herausgabe des Spiels nicht verlangen.

---

4   § 1029 ABGB, auf den die Lehre von der Anscheinsvollmacht aufbaut, ist nicht unmittelbar anzuwenden, weil A nicht mit einer „Verwaltung" betraut wurde. Auch § 1030 ABGB passt nicht, da dieser Betrauung mit dem Verkauf voraussetzt. Gleiches gilt für die „Ladenvollmacht" iSd § 56 UGB. Danach gilt derjenige, der in einem Laden oder in einem offenen Warenlager angestellt ist, als ermächtigt zu Verkäufen und Empfangnahmen, die in einem derartigen Laden oder Warenlager gewöhnlich geschehen. Auch nach dieser Bestimmung kommt es darauf an, dass der Angestellte mit Wissen und Willen des Geschäftsherrn in die Verkaufstätigkeit eingeschaltet ist (vgl *Schinko* in Straube, UGB I[4], § 56 Rz 2), was im vorliegenden Fall nicht zutrifft. § 10 Abs 1 KSchG ist ebenfalls nicht anwendbar, da auch diese Bestimmung an eine tatsächlich eingeräumten Vollmacht anknüpft.

5   Vgl *Koziol/Welser*, Grundriss I[14] 228 f zur „Duldungsvollmacht" als Fall der Anscheinsvollmacht.

Anmerkung:

Rekapitulieren Sie noch einmal den Aufbau der Falllösung: Dass hier die zentrale Rechtsfrage darin besteht, ob dem A Vertretungsmacht zukommt, insbesondere, ob die Voraussetzungen für eine Anscheinsvollmacht vorliegen, wird meist schon beim erstmaligen Durchlesen des Sachverhalts erkannt. Dennoch wäre es unrichtig, gleich mit der Erörterung dieser Thematik zu beginnen. Denn damit lässt sich die Frage, ob die B-GmbH von D die Herausgabe des Spiels verlangen kann, nicht beantworten. Es muss vielmehr schrittweise vorgegangen werden:

Um den Anspruch aus § 366 ABGB geltend machen zu können, muss die B-GmbH noch Eigentümerin des Spiels sein. Im Grunde wird nur geprüft, ob sie das Eigentum bereits verloren hat, man muss sich hierfür aber quasi Schicht für Schicht dem zentralen Problem annähern: Verlust des Eigentums könnte durch Übertragung an C und insbesondere an D eingetreten sein. Dafür sind jeweils vier Voraussetzungen zu prüfen (Eigentum bzw Verfügungsbefugnis des Vormanns; Titelgeschäft; Verfügungsgeschäft; Übergabe). Da das Problem des Falls, wie gesehen, im Stellvertretungsrecht liegt, sind für einen Erwerb der D jene beiden Übertragungsvoraussetzungen problematisch, die rechtsgeschäftlichen Charakter haben, das sind das Titel- und das Verfügungsgeschäft. Nachdem Kaufvertragsabschluss und Übereignung durch A vorgenommen wurden, können diese beiden Rechtsgeschäfte nur wirksam zustande kommen, wenn die Voraussetzungen direkter Stellvertretung vorliegen. Damit ist die nächsttiefere Schicht betreten. Von den vier Stellvertretungsvoraussetzungen (vertretungsfähiges Rechtsgeschäft; Offenlegung; Vorliegen von Vertretungsmacht; zumindest beschränkte Geschäftsfähigkeit des Vertreters)[6] ist wiederum nur eine problematisch, nämlich jene der Vertretungsmacht. Hier ist zunächst kurz zu erörtern, ob diese rechtsgeschäftlich begründet wurde; erst dann kommt man zur Frage der Anscheinsvollmacht.

Ist das Vorliegen einer Anscheinsvollmacht schließlich begründet, löst sich der Fall ganz rasch auf: Die Stellvertretungsvoraussetzungen sind erfüllt, daher sind Titel- und Verfügungsgeschäft wirksam, demzufolge ist das Eigentum auf D übergegangen und die B-GmbH nicht mehr Eigentümerin.

2) B-GmbH gegen D auf Herausgabe des Spiels, § 1431 ABGB

Alternativ zur Eigentumsklage könnte daran gedacht werden, die Herausgabe aus dem Titel der ungerechtfertigten Bereicherung zu verlangen. Die Problematik ist hier parallel gelagert: Letztlich kommt es darauf an, ob der Kaufvertrag zwischen der B-GmbH und D wirksam zustande gekommen ist. Dies ist, wie oben geprüft, zu bejahen. Damit ist aber die an D erbrachte Leistung **nicht**

---

6   Vgl *Koziol/Welser,* Grundriss I[14] 220 ff.

rechtsgrundlos erfolgt. Der B-GmbH steht also auch auf dieser Grundlage kein Herausgabeanspruch zu.

Teil 2

B-GmbH gegen L auf Rückzahlung von € 37.500,- (alternativ: € 7.500,-) gemäß § 1431 ABGB

Nachdem sich zeigt, dass die Spielkonsole bei den Kunden nicht ankommt, könnte die B-GmbH versucht sein, eine Rückabwicklung des Geschäfts mit ihrem Lieferanten anzustreben, um das Absatzrisiko für das unpopuläre Produkt nicht selbst tragen zu müssen. Natürlich müsste im Gegenzug Wertersatz für die – wenigen – bereits verkauften Exemplare geleistet werden.[7]

Eine mögliche Argumentation der B-GmbH könnte dahin gehen, dass der Vertreter A zu Geschäftsabschlüssen mit einem € 30.000,- übersteigenden Volumen nicht befugt war und die Leistung des Kaufpreises somit zur Gänze (oder zumindest teilweise) rechtsgrundlos erfolgt sei. Dann wäre die Zahlung des Kaufpreises nur aufgrund der irrtümlichen Annahme erfolgt, an den Vertrag gebunden zu sein, und der Kaufpreis könnte nach § 1431 ABGB kondiziert werden.

Variante a): L hat keine Kenntnis vom Limit

Hat der Dritte L vom 30.000-Euro-Limit des A keine Kenntnis, erweist sich die geschilderte Argumentation der B-GmbH als nicht stichhaltig: Die dem A erteilte (Außen-)**Vollmacht enthält keine betragsmäßige Beschränkung.**[8] A hat also beim Abschluss des Kaufvertrags mit L **im Rahmen seiner gültigen Vollmacht** gehandelt. Das 30.000-Euro-Limit stellt lediglich eine im Innenverhältnis zwischen Vertretenem (der B-GmbH) und Vertreter (A) bestehende Vereinbarung dar, mit der betragsmäßig unbegrenzt erteilten Vollmacht nur innerhalb bestimmter Grenzen zu verfahren. Konsequenz dieser Beschränkung im Innenverhältnis ist grundsätzlich nur, dass ihre Überschreitung A gegenüber der B-GmbH schadenersatzpflichtig machen könnte. Im Außenverhältnis, das heißt gegenüber dem Geschäftspartner L, ist hingegen nur die – hier schriftlich erteilte – Vollmacht maßgeblich, die A im konkreten Fall wie dargelegt auch nicht überschritten hat. Die Vollmacht wirkt „abstrakt", die B-GmbH ist somit an die Erklärungen des A gebunden.

---

7   Nähere Angaben zur verkauften Stückzahl sind dem Sachverhalt nicht zu entnehmen. Daher lässt sich auch der Betrag eines solchen Wertersatzanspruchs nicht beziffern.

8   Dem A wurde eine Vollmachtsurkunde ausgestellt und der Kaufvertrag unter Vorlage derselben an L abgeschlossen (Außenvollmacht). Läge hingegen bloße Innenvollmacht vor, wäre in der (gleichzeitigen oder späteren) Festsetzung eines Limits idR zugleich eine Beschränkung der Dritten gegenüber wirkenden Vertretungsmacht zu sehen; vgl *P. Bydlinski,* Allgemeiner Teil[6] Rz 9/62. Das in der Folge diskutierte Problem würde sich dann nicht stellen.

> **Anmerkung:**
>
> Man spricht in solchen Fallkonstellationen – terminologisch unglücklich – üblicherweise von „Missbrauch der Vertretungsmacht"; exakter wäre „Überschreiten der internen Ermächtigung".[9]

Neben dem bisher erörterten Aspekt der Vertretungsmacht sind auch die **weiteren Stellvertretungsvoraussetzungen** verwirklicht: A hat den Kaufvertrag unter Vorlage der Vollmachtsurkunde im Namen der B-GmbH abgeschlossen und somit das Vertretungsverhältnis offen gelegt. An der Geschäftsfähigkeit des A ergeben sich keine Zweifel und selbstverständlich handelt es sich bei einem Kaufvertrag um ein vertretungsfähiges Rechtsgeschäft. Daher ist der Vertrag zwischen der B-GmbH und L wirksam zustande gekommen und die auf seiner Grundlage getätigte Kaufpreiszahlung **nicht rechtsgrundlos** erfolgt. Der B-GmbH kann deshalb kein Kondiktionsanspruch auf den Kaufpreis zustehen.

Variante b): L hat Kenntnis vom Limit

Von der für Variante a) maßgeblichen grundsätzlichen Lösung, dass das Geschäft trotz Überschreitung der internen Beschränkung wirksam ist, werden nach hA bestimmte **Ausnahmen** gemacht:

Unstrittig ist das Geschäft bei Kollusion nach § 879 Abs 1 ABGB nichtig, wenn also der Dritte und der Vertreter absichtlich zusammenwirken, um den Geschäftsherrn (hier die B-GmbH) zu schädigen. Das ist hier aber nicht der Fall. L hat zwar Kenntnis vom 30.000-Euro-Limit, doch fehlt es an jeglicher Schädigungsabsicht bei ihm sowie bei A.

Weitgehend anerkannt ist in jüngerer Zeit aber auch, dass das Geschäft auch bei **Kenntnis oder grob fahrlässiger Unkenntnis des Dritten** (hier L) **von der Pflichtwidrigkeit des Vertreters** (hier A) unwirksam ist.[10] Ein solcher Fall liegt hier vor: L weiß, dass A Geschäfte mit einem € 30.000,- übersteigenden Volumen nicht ohne vorherige Zustimmung des Geschäftsführers C tätigen darf. Dennoch schließt A mit ihm ein Geschäft über € 37.500,- ab. Unter diesen Umständen ist es sicher grob fahrlässig, sich nicht zu vergewissern, ob A die Genehmigung von C eingeholt hat.

Fraglich ist freilich die genaue **Rechtsfolge**: Der Kaufvertrag könnte zur Gänze unwirksam sein oder nur hinsichtlich der Limitüberschreitung, also in Ansehung von 50 Exemplaren bzw € 7.500,-. Nach den zu § 879 ABGB entwickelten Regeln wird man wegen der Teilbarkeit der Leistungen – hiervon ist laut Sachverhalt auszugehen – bloße **Teilnichtigkeit** annehmen müssen.[11] Unwirksam ist der Kaufvertrag daher zunächst nur hinsichtlich der das Limit überschreitenden 50 Stück bzw € 7.500,-. Die Gültigkeit des Restvertrags

---

9   Zum Problemkreis etwa *P. Bydlinski,* Allgemeiner Teil[6] Rz 9/61 ff; *Koziol/Welser,* Grundriss I[14] 236 f, jeweils mwN.

10 Vgl *Apathy* in Schwimann/Kodek[4] § 1017 Rz 13 mwN; *P. Bydlinski* und *Koziol/Welser* jeweils aaO.

11 Zur Teilnichtigkeit aufgrund § 879 ABGB etwa *Koziol/Welser,* Grundriss I[14] 202 f.

hängt dann vom Zweck der Verbotsnorm ab. Die Regeln über den „Missbrauch der Vertretungsmacht" wollen unter bestimmten verschärften Voraussetzungen zum Schutz des Geschäftsherrn Geschäfte verhindern, bei denen der Vertreter eine bloß intern bestehende Beschränkung überschreitet. Sie wenden sich aber nicht gegen Geschäfte, die sich innerhalb dieser internen Grenzen bewegen. Daher besteht hier aufgrund des Normzwecks keinerlei Vorbehalt gegen einen Vertragsabschluss bis zum Limit von € 30.000,-. Der Restvertrag über € 30.000,- bzw 200 Stück bleibt somit aufrecht.

Das darüber hinausgehende Entgelt von € 7.500,- hat die B-GmbH hingegen **rechtsgrundlos** geleistet. Die Zahlung stellt eine „**Leistung**" im bereicherungsrechtlichen Sinn[12] dar, wird doch der Geldbetrag von der B-GmbH bewusst dem L zugewendet, um einen bestimmten Zweck zu erreichen, nämlich die vermeintlich iHv € 37.500,- bestehende Zahlungspflicht aus dem Kaufvertrag zu erfüllen. Zudem setzt ein Rückforderungsanspruch nach § 1431 ABGB voraus, dass die Zahlung **irrtümlich** erfolgt ist. Hiervon kann ausgegangen werden: Die B-GmbH hat das intern vereinbarte Limit des A nicht publik gemacht. Sie muss also damit rechnen, durch ein in Überschreitung des Limits durch A abgeschlossenes Geschäft aufgrund der unbeschränkten Außenvollmacht gebunden und damit zur Leistungserbringung verpflichtet zu sein. Dass eine Leistungspflicht im konkreten Fall nicht wirksam begründet wird, ergibt sich nur aus der tatsächlich vorliegenden Kenntnis des L vom Limit des A. Nachdem L neu am Markt auftritt und noch keine längere Geschäftsbeziehung etabliert ist, muss die B-GmbH auch nicht davon ausgehen, dass dem L die interne Beschränkung bekannt geworden wäre. Somit erfolgt die Zahlung der „überschießenden" € 7.500,- in der irrtümlichen Annahme, rechtlich zu dieser verpflichtet zu sein.

Die B-GmbH hat nach § 1431 ABGB somit (nur) Anspruch auf Rückzahlung von € 7.500,- Zug um Zug gegen Rückgabe von 50 Spielkonsolen.

---

12 Zu dieser allen Leistungskondiktionen gemeinsamen Tatbestandsvoraussetzung etwa *Koziol/Welser*, Grundriss II[13] 275; *Lurger* in Kletečka/Schauer, ABGB-ON[1.02] Vor §§ 1431-1437 Rz 2.

Fall 10. Die widerrufene Überweisung

I. Sachverhalt

Die im Holzhandel tätige A-GmbH bestellt beim Sägewerksbetreiber B Schnittholz im Wert von € 250.000,-. Die A-GmbH beabsichtigt, das Holz an den ausländischen Abnehmer C weiterzuveräußern. G, der Geschäftsführer der A-GmbH, vereinbart mit B, dass der Kaufpreis erst mit dem Einlangen der Zahlung des C fällig werden soll. Als Sicherheit für den Kaufpreisanspruch des B soll ein unwiderruflicher Überweisungsauftrag zu seinen Gunsten dienen.

G und B suchen deshalb gemeinsam die X-Bank auf, bei der die A-GmbH ein Geschäftskonto unterhält. Sie erörtern mit dem Filialleiter F die geplante Transaktion. G erteilt namens der A-GmbH der X-Bank den unwiderruflichen Auftrag, nach Eingang der Zahlung des C den Betrag von € 250.000,- auf das ebenfalls bei der X-Bank geführte Konto des B zu überweisen. F versieht den Überweisungsauftrag mit einem Eingangsstempel der X-Bank und übergibt eine Durchschrift an G. Auf die abschließende Frage des B, ob „die Zahlung nun in Ordnung gehe", antwortet F mit „ja".

Als die Zahlung des C bei der X-Bank eingeht, wird G davon verständigt. Dieser widerruft gegenüber F den Überweisungsauftrag. Die Überweisung an B unterbleibt.

B ist verärgert. Weil die Einbringlichkeit der Forderung bei der A-GmbH zweifelhaft erscheint, verlangt er von der X-Bank die Zahlung.

Die X-Bank verweigert dies jedoch mit einem Hinweis auf ihre AGB, wonach ein Überweisungsauftrag jederzeit widerrufen werden kann, solange sich die Bank nicht schriftlich zur Durchführung verpflichtet hat.

1. Muss die X-Bank zahlen? Gehen Sie davon aus, dass die AGB der X-Bank seinerzeit ordnungsgemäß in den Girovertrag mit der A-GmbH sowie mit B einbezogen wurden!

2. Bestehen allenfalls Ansprüche der X-Bank gegen die A-GmbH?

II. Lösung

1) B gegen X-Bank auf Bezahlung von € 250.000,- gemäß § 1400 S 2 ABGB

Nach dem Sachverhalt hat die A-GmbH mit B einen Kaufvertrag über Schnittholz abgeschlossen. Weil die vereinbarte Bedingung für das Fälligwerden des Kaufpreises bereits eingetreten ist, könnte B grundsätzlich von der A-GmbH die Zahlung verlangen. Die Einbringlichkeit der Forderung erscheint jedoch fraglich, weshalb B von der X-Bank selbst die Zahlung verlangt. Gemäß der getroffenen Vereinbarung soll die Kaufpreisforderung nämlich durch den unwiderruflichen Überweisungsauftrag gesichert werden. Es ist daher zu prüfen, ob B aufgrund dieser Abrede einen Anspruch gegen die X-Bank auf Zahlung des Kaufpreises in Höhe von € 250.000,- erworben hat.

Ein Überweisungsauftrag, den ein Kontoinhaber der kontoführenden Bank erteilt, beinhaltet eine **doppelte Ermächtigung** und ist daher nach den Regeln über die **Anweisung** (§§ 1400 ff ABGB) zu beurteilen.[1] Bei der Anweisung ermächtigt der Anweisende den Angewiesenen, im eigenen Namen und auf Rechnung des Anweisenden eine Leistung an den Anweisungsempfänger zu erbringen. Zugleich wird der Anweisungsempfänger ermächtigt, die Leistung beim Angewiesenen als solche des Anweisenden zu empfangen. Dies trifft hier auf den von der A-GmbH (als Anweisende) der X-Bank (als Angewiesene) erteilten Überweisungsauftrag zu, denn die X-Bank soll im eigenen Namen nach Eintritt der Bedingung am Konto des B den Betrag von € 250.000,- gutschreiben. Die Gutschrift erfolgt jedoch auf Rechnung der A-GmbH, weil dieser Betrag von ihrem Konto abgebucht wird. Zugleich wird B als Anweisungsempfänger ermächtigt, die Leistung der X-Bank als solche der A-GmbH entgegenzunehmen.

---

1   S nur *Koziol/Welser*, Grundriss II[13] 163 f mwN. Die Besonderheit der Banküberweisung gegenüber der bürgerlich-rechtlichen Anweisung besteht darin, dass die angewiesene Bank keine Zahlung an den Anweisungsempfänger vornehmen, sondern diesem durch die Gutschrift am Konto bloß eine Forderung verschaffen soll.

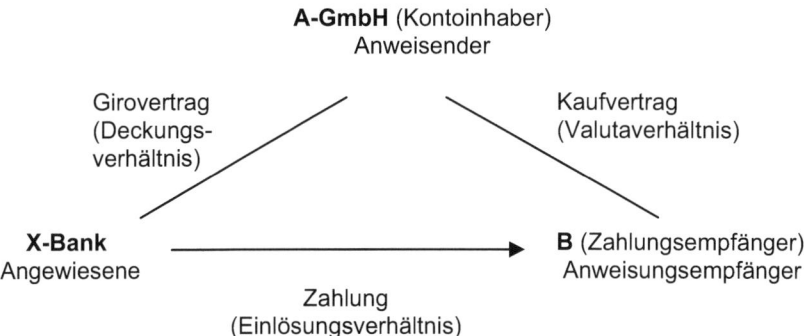

Gemäß § 1400 S 2 ABGB erlangt der Anweisungsempfänger jedoch nur dann einen **direkten Anspruch** gegen den Angewiesenen, wenn dieser die Anweisung **angenommen** hat und die Annahmeerklärung dem Anweisungsempfänger zugegangen ist. Der Überweisungsauftrag wurde von F namens der X-Bank mit einem Eingangsstempel versehen und die Annahme jedenfalls G als Vertreter der A-GmbH durch die Aushändigung des Überweisungsauftrags mitgeteilt. B war während dieses Vorgangs anwesend und auf seine Nachfrage hin bestätigt F die Durchführung der Überweisung nach Eintritt der vereinbarten Bedingung (Zahlungseingang aus dem Weiterverkauf an C). Das Verhalten des F hat den objektiven Erklärungswert einer Zusage der Durchführung unter der Bedingung des Geldeingangs, denn die Annahme einer Anweisung bedarf grundsätzlich keiner bestimmten Form. Das Anbringen des Eingangsstempels sowie die mündliche Zusage der Durchführung reichen daher hier als Annahmeerklärung (auch) gegenüber B aus. Sohin hat die X-Bank den Überweisungsauftrag angenommen und ist die Annahmeerklärung sowohl der A-GmbH als auch dem ebenfalls anwesenden B zugegangen. Durch die Annahme der Anweisung entstünde gemäß § 1400 S 2 ABGB grundsätzlich ein selbständiger Anspruch des B gegen die X-Bank, der in diesem Fall zwar durch den Zahlungseingang bedingt, ansonsten aber abstrakter Natur ist.

Nach § 1403 Abs 1 ABGB kann der Anweisende eine bereits angenommene Anweisung nicht mehr durch eine einseitige Erklärung **widerrufen**. Davon abweichend bestimmen jedoch die AGB der X-Bank, dass ein Widerruf solange möglich ist, als sich die X-Bank nicht schriftlich zur Durchführung verpflichtet hat. Nach den Angaben des Sachverhalts sind die AGB Bestandteil des Girovertrages mit der A-GmbH geworden, sodass sie grundsätzlich auch auf die zulasten des Kontos der A-GmbH vorzunehmende Überweisung an B anzuwenden sind, denn die Regelung des § 1403 Abs 1 ABGB ist dispositiv. Ferner steht fest, dass die X-Bank keine schriftliche Verpflichtungserklärung abgegeben hat, denn F sagt die Durchführung nach Bedingungseintritt lediglich mündlich zu. Der Eingangsstempel auf dem Überweisungsauftrag hat ebenfalls nicht die Qualität der von den AGB verlangten schriftlichen Durchführungsbestätigung, denn er dient lediglich dem Nachweis, wann die Bank den Überweisungsauftrag zur Bearbeitung übernommen hat.

Im vorliegenden Fall ist allerdings zu berücksichtigen, dass der Zweck der Überweisung zwischen F (für die X-Bank), G (für die A-GmbH) und B eingehend besprochen wurde. Dabei war allen Beteiligten klar, dass der Überweisungsauftrag unwiderruflich sein soll, um die Bezahlung des Kaufpreises nach Bedingungseintritt sicherzustellen. Genau diese Sicherungsfunktion wird durch die in den AGB vorgesehene Möglichkeit des jederzeitigen Widerrufs durch den Anweisenden jedoch unterlaufen. Die nach ausdrücklicher Nachfrage erteilte Auskunft des F, dass die Überweisung des Kaufpreises an B sichergestellt sei, bedeutet daher ein **schlüssiges Abgehen** von dieser Klausel der AGB.[2] Andernfalls hätte F im Rahmen seiner Beratungstätigkeit auf die dem Geschäftszweck entgegenstehende Klausel der ABG hinweisen müssen.[3]

Weil die X-Bank den Überweisungsauftrag angenommen hat und die Annahmeerklärung B zugegangen ist, darf die X-Bank den Widerruf durch G, der als organschaftlicher Vertreter der A-GmbH handelt, nicht beachten, denn die AGB-Klausel über die Widerrufsmöglichkeit im Fall des Fehlens einer schriftlichen Durchführungsbestätigung wurde konkludent abbedungen. Somit ist die X-Bank zur Durchführung der Überweisung aufgrund des Bedingungseintritts verpflichtet und B hat gegenüber der X-Bank einen Anspruch auf Zahlung von € 250.000,-.

2) X-Bank gegen A-GmbH auf Zahlung von € 250.000,- gemäß § 1014 ABGB

Wie soeben ausgeführt, hat B aus der angenommenen Anweisung einen Anspruch gegen die X-Bank auf Zahlung von € 250.000,-. Die Leistungspflicht der X-Bank folgt aus einem Rechtsgeschäft mit der A-GmbH, nämlich dem im Rahmen des Giroverhältnisses erteilten unwiderruflichen Überweisungsauftrag. Der zwischen der X-Bank und der A-GmbH bestehende Girovertrag ist ein Rahmenvertrag, der als **Auftragsvertrag** iSd §§ 1002 ff ABGB eingeordnet werden kann. Darin verpflichtet sich die Bank unter anderem, die zukünftigen Überweisungsaufträge des Kontoinhabers auszuführen, soweit das Konto die erforderliche Deckung aufweist oder ein entsprechender Überziehungsrahmen vereinbart ist.

Gemäß § 1014 ABGB hat der Auftraggeber dem Auftragnehmer alle zur Besorgung des Geschäftes notwendig oder nützlich gemachten **Aufwendungen** zu ersetzen. Sobald die X-Bank den Betrag von € 250.000,- am Konto des B gutschreibt, tätigt sie einen solchen „notwendigen" Aufwand, da sie zur Durchführung wie erwähnt vertraglich verpflichtet ist. Somit erwirbt sie einen Aufwandersatzanspruch gegen die A-GmbH in selber Höhe.

---

2   OGH 8 Ob 572/93, JBl 1994, 689. Dies betrifft sowohl den Girovertrag zwischen der X-Bank und der A-GmbH als auch jenen – wohl inhaltlich gleichartigen – zwischen der X-Bank und B.

3   Wird die AGB-Klausel entgegen der hier vertretenen Ansicht für wirksam erachtet, so ist ein Schadenersatzanspruch des B aus cic gegen die X-Bank wegen der fehlerhaften Beratung (Verletzung der vorvertraglichen Aufklärungspflichten) zu prüfen. Näher *A. Heidinger* in Schwimann § 1400 Rz 18 ff mwN.

Fall 11. Der Agent und die Diva

I. Sachverhalt

S ist eine bekannte Schauspielerin und wird in geschäftlichen Angelegenheiten von ihrem Agenten A vertreten. Diesem hat S eine schriftliche Urkunde ausgestellt, der zufolge A befugt ist, in ihrem Namen mit ihrer „Tätigkeit als Schauspielerin wie immer in Zusammenhang stehende entgeltliche Rechtsgeschäfte aller Art, insbesondere … Verfügungen über Rechte und Ansprüche…" zu tätigen und in diesem Rahmen „… Anerkenntnis- oder Verzichtserklärungen abzugeben sowie Vergleiche abzuschließen".

Während S für Dreharbeiten in der Karibik weilt, wird A vom Geschäftsführer des Luxushotels L kontaktiert, wo Frau S im vorigen Sommer für zwei Wochen geurlaubt hat. Dieser macht geltend, dass hierfür noch ein Betrag von € 4.500,- offen sei, der vereinbarungsgemäß erst jetzt eingehoben werde. S hatte sich damals nämlich in finanziellen Schwierigkeiten befunden und von Leistungen der Arbeitslosenversicherung gelebt. Da ihre Finanzkrise auch jetzt noch nicht völlig überwunden ist, versucht A, die Ansprüche von L „herunterzuschrauben". Er erinnert sich, dass L von S anlässlich ihres Aufenthalts werbewirksame Fotos machen ließ und dass davon die Rede war, es werde hierfür ein „angemessenes Honorar" von ihrer Hotelrechnung in Abzug gebracht. Der Geschäftsführer von L räumt dies zwar ein, meint aber, „angemessen" könnten höchstens € 1.000,- sein. A hingegen verweist auf den enormen Bekanntheitsgrad seiner Klientin und erklärt, € 4.000,- seien noch ein Freundschaftspreis. Schließlich einigt sich A im Namen der S mit L dahingehend, dass unter Anrechnung des Fotohonorars nur noch € 2.000,- offen sind.

Zudem kommt A mit L überein, dass die € 2.000,- nicht überwiesen werden müssen. Er vereinbart namens der S, dass stattdessen eine Forderung der S gegenüber dem Buchhändler B in Höhe von € 2.000,- für eine unlängst abgehaltene Lesung mit Autogrammstunde hiermit an L abgetreten werde. Damit sei die Angelegenheit endgültig erledigt. Vereinbart wird auch, dass A es (für S) übernimmt, den Buchhändler B hiervon unverzüglich zu verständigen.

A vergisst allerdings, B zu informieren. Dieser zahlt eine Woche später an S und teilt L nach Eingang einer Zahlungsanforderung mit, unter keinen Umständen an ihn zahlen zu wollen. L holt daraufhin Rat von einem Rechtsanwalt ein und wendet dafür (angemessene) € 60,- auf.

1. Kann L von B Zahlung der € 2.000,- fordern?

2. Welche Ansprüche hat L gegen S, wenn B nicht zahlt? Kann er insbesondere die vollen € 4.500,- verlangen?

II. Lösung

Frage 1

> **Anmerkung:**
>
> Die Hauptschwierigkeit bei der Lösung dieses Falles besteht darin, eine vernünftige Struktur zu entwickeln, in der alle rechtlich relevanten Aspekte in einer logischen Abfolge Platz finden.

L gegen B auf Zahlung von € 2.000,- gemäß § 1170 iVm §§ 1394, 1380 ABGB

Ursprünglich steht der Schauspielerin S eine Forderung über € 2.000,- gegen den Buchhändler B zu. Dieser Forderung liegt ein **Werkvertrag** iSd §§ 1151 f, 1165 ff ABGB zugrunde: S hat sich zur Abhaltung einer Lesung mit anschließender Autogrammstunde verpflichtet, also das Herbeiführen eines bestimmten Erfolges versprochen. Sie hat diese Leistung auch schon erbracht; somit ist nach § 1170 S 1 ABGB der Entgeltanspruch fällig geworden.

Diese Forderung der S wird durch A an den Hotelbetreiber L **abgetreten**. Sollte die Zession wirksam sein, wäre L grundsätzlich berechtigt, die € 2.000,- von B zu fordern. Die Voraussetzungen einer wirksamen Forderungsabtretung sind in der Folge zu prüfen:

1) Die Wirksamkeit der Zession setzt zunächst die **Verfügungsberechtigung** der S hinsichtlich der Forderung voraus. Diese ist gegeben, wenn entweder die Forderung der S selbst zustand oder S zumindest zur Verfügung über die Forderung ermächtigt war. Hier ist ersteres verwirklicht: S hat die Entgeltforderung aus dem Werkvertrag selbst erworben (siehe oben).

2) Sodann muss zwischen Alt- und Neugläubiger ein wirksames **Titelgeschäft** vorliegen, also eine Vereinbarung, die den Zedenten verpflichtet, die Abtretung an den Zessionar vorzunehmen. Der Titel besteht im vorliegenden Fall in der Vereinbarung einer **Leistung an Zahlungs statt** iSd § 1414 ABGB. Darunter versteht man die einvernehmliche Änderung der Hauptleistung und gleichzeitige Erfüllung:[1] Ursprünglich geschuldet ist die Zahlung von € 2.000,- aus dem zwischen S und L geschlossenen Vergleich. Ein solcher liegt vor, weil zwischen S (vertreten durch A) und L Streit über die Höhe einer Gegenforderung aus einem Fotoshooting bestanden hat und dieser im Wege beiderseitigen Nachgebens einvernehmlich bereinigt wurde. Mit der Vereinbarung, dass unter Anrechnung des Fotohonorars nur noch € 2.000,- offen seien, wurde zwischen den Parteien eine neue Verbindlichkeit geschaffen.[2] Diese auf Geldzahlung gerichtete Hauptleistungspflicht wird nun einvernehmlich dadurch erfüllt, dass S an L ihre Forderung gegenüber B abtritt. Eine Forderungsabtretung

---

1 Vgl etwa *Koziol/Welser*, Grundriss II[13] 99 f.
2 Vgl *A. Heidinger* in Schwimann[3] § 1380 Rz 2, 19.

zu Tilgungszwecken könnte zwar grundsätzlich auch bloße Leistung zahlungshalber sein, was dem Gläubiger eine Befriedigungsmöglichkeit aus der Forderung verschafft, jedoch für sich noch keine Erfüllung bewirkt.[3] Hier sprechen jedoch die besseren Gründe dafür, dass Leistung an Zahlungs statt gewollt ist, weil die Parteien darin übereinstimmen, dass „die Angelegenheit damit endgültig erledigt" sein soll. Schließlich liegt auch die für die Leistung an Zahlungs statt charakteristische gleichzeitige Erfüllung des neuen Schuldinhalts vor, da die Forderung mit sofortiger Wirkung abgetreten wird (dazu noch unter 3)).

Für die Gültigkeit der Leistung an Zahlungs statt als Titelgeschäft für die Zession ist ferner erforderlich, dass die ursprüngliche Schuld – hier die Geldzahlungspflicht aus dem Vergleich – wirksam begründet worden ist. Diesbezüglich sind jedenfalls hinsichtlich des zwischen A (als Vertreter der S) und L erzielten Konsenses sowie hinsichtlich des Inhalts der Vereinbarung keine Bedenken ersichtlich.

Besonderer Erörterung bedarf lediglich der Umstand, dass das Titelgeschäft – und zwar sowohl die Leistung an Zahlungs statt als auch der der erfüllten Forderung zugrunde liegende Vergleich – nicht durch S selbst, sondern durch A in deren Namen abgeschlossen wurde. Es sind daher für die Wirksamkeit des Titelgeschäfts noch die Voraussetzungen direkter **Stellvertretung** zu prüfen:

- Sowohl beim Vergleich als auch bei der Leistung an Zahlungs statt handelt es sich um ein **vertretungsfähiges Rechtsgeschäft**.
- Die **Offenlegung des Vertretungsverhältnisses** ist ebenfalls erfolgt: A hat gegenüber L jeweils klargestellt, „im Namen der S" zu handeln.
- Dem Vertreter A muss für das betreffende Geschäft **Vertretungsmacht** zukommen. Dies ist der Fall: S hat dem A eine Vollmachtsurkunde ausgestellt. Diese enthält einerseits eine Vollmacht hinsichtlich der Abtretung von Forderungen („Verfügungen über Rechte und Ansprüche") und deckt auch die Leistung an Zahlungs statt als mit der „Tätigkeit als Schauspielerin … in Zusammenhang stehendes entgeltliches Rechtsgeschäft". Zweitens nennt die Urkunde explizit den Abschluss von Vergleichen. Hierfür ist nach § 1008 ABGB eine Gattungsvollmacht erforderlich, was durch den genannten Urkundeninhalt erfüllt ist.
- Schließlich muss der Vertreter **zumindest beschränkt geschäftsfähig** sein, um überhaupt einen rechtsgeschäftlich relevanten Willen bilden zu können. Als Agent einer bekannten Schauspielerin ist A offensichtlich volljährig. Auch sonst ergeben sich hinsichtlich der Geschäftsfähigkeit des A keinerlei Zweifel aus dem Sachverhalt.

A konnte die S somit wirksam verpflichten, die Vereinbarung über die Leistung an Zahlungs statt ist wirksam zustande gekommen. Damit steht fest, dass das für die Zession erforderliche Titelgeschäft vorliegt.

3) Letzte Voraussetzung für den Übergang der Forderung von S auf L ist ein wirksames **Verfügungsgeschäft**, in dem sich Alt- und Neugläubiger über den Übergang der Forderung einigen (die eigentliche Zession). Die Parteien

---

3   Vgl *Koziol/Welser*, Grundriss II[13] 100 f.

vereinbaren, dass die Forderung gegenüber B „hiermit abgetreten werde". Auch dieses Rechtsgeschäft wird von A im Namen der S vorgenommen. Hinsichtlich der Stellvertretungsvoraussetzungen kann auf die obigen Ausführungen unter 2) verwiesen werden.

Als **Zwischenergebnis** lässt sich festhalten, dass L die Forderung gegen B wirksam erworben hat. Vorbehaltlich etwaiger Einwendungen kann L daher die Zahlung der € 2.000,- von B verlangen.

Allerdings kann B gemäß § 1395 S 2 ABGB **schuldbefreiende Leistung an S einwenden**: Er wurde weder von A, wie dies vorgesehen war, noch durch jemand anderen von der erfolgten Abtretung der gegen ihn bestehenden Forderung verständigt, so dass er davon ausgehen konnte, nach wie vor der S zur Zahlung verpflichtet zu sein. Demzufolge hat er die € 2.000,- eine Woche später an S gezahlt. Um den Schuldner vor einer doppelten Inanspruchnahme zu schützen, sehen § 1395 S 2, § 1396 S 1 ABGB vor, dass die vor Kenntnis der Abtretung erfolgte Zahlung an den Zedenten schuldbefreiend wirkt. Weil B in Unkenntnis von der Abtretung mit schuldbefreiender Wirkung an S geleistet hat, ist die abgetretene Forderung damit erloschen (vgl § 1412 ABGB).

Ergebnis: Obwohl L zunächst die Forderung gegen B erworben hat, kann L die Zahlung der € 2.000,- nicht fordern.

Frage 2

1) L gegen S auf Zahlung von € 4.500,- aus dem Beherbergungsvertrag

> Anmerkung:
>
> Der Beherbergungsvertrag ist gesetzlich nicht geregelt und weist Elemente verschiedener Vertragstypen auf. Deshalb kann ausnahmsweise die Nennung einer bestimmten Norm als Anspruchsgrundlage unterbleiben. In diesem Fall genügt der bloße Hinweis auf den Beherbergungsvertrag, aus dem ein möglicher Anspruch abgeleitet werden kann.

S hat mit L im Vorjahr einen Vertrag über einen zweiwöchigen Urlaubsaufenthalt in einem Luxushotel abgeschlossen. Ein solcher **Beherbergungsvertrag** ist ein gemischter Vertrag, der insbesondere Elemente des Mietvertrags (Hotelzimmer) und des Werkvertrags (Mahlzeiten) enthält; auch Dienst- und Kaufvertragselemente sind möglich.[4] Einzelheiten in Bezug auf den konkreten Vertrag lassen sich aus dem Sachverhalt nicht erschließen. Für die Falllösung wesentlich ist lediglich, dass das Entgelt in Höhe von € 4.500,- der damaligen Vereinbarung entspricht, dass die Leistungen ordnungsgemäß erbracht wurden und dass das Entgelt nunmehr fällig ist. Daran ergeben sich aus dem Sachverhalt keine grundsätzlichen Zweifel.

---

4   Näher etwa OGH 1 Ob 779/79, SZ 52/189.

Allerdings besteht über die Höhe des Entgeltanspruchs zwischenzeitlich insoweit Streit, als die Parteien unterschiedliche Vorstellungen über die Höhe einer zu verrechnenden Gegenforderung für die Erstellung werbewirksamer Fotos äußern. Zwischen S und L war vereinbart, dass hierfür ein „angemessenes" Honorar von der Hotelrechnung in Abzug zu bringen sei, wobei aber L unter „angemessen" einen Betrag von € 1.000,- versteht, A (in Vertretung der S) hingegen € 4.000,-. Dieser Streit wird nach beiderseitigem Nachgeben durch Abschluss eines **Vergleichs** im Sinne des § 1380 ABGB bereinigt. Dabei wird die Höhe der Verbindlichkeit der S endgültig mit € 2.000,- festgelegt, was einem Fotohonorar von € 2.500,- entspricht.

Für die vom Vergleich erfassten Punkte – hier die endgültige Höhe des noch offenen Entgelts – entfaltet der Vergleich die ihm eigene **Bereinigungswirkung**. Dies bedeutet, dass L die ursprünglich vereinbarten € 4.500,- aus dem Beherbergungsvertrag nicht mehr fordern kann. Dies wäre nur dann möglich, wenn er den Vergleich wieder beseitigen könnte. Hierfür bietet ihm jedoch der Umstand, dass B die Forderung nicht erfüllt, keine rechtliche Handhabe. Nach § 1380 S 2 ABGB zählt der Vergleich zwar zu den entgeltlichen Verträgen, woraus unter anderem folgt, dass er den allgemeinen Gewährleistungsregeln der §§ 922 ff ABGB unterliegt. Eine Wandlung des Vergleichsvertrags kommt aber schon deshalb nicht in Betracht, weil die zur Erfüllung gegebene Leistung der S, nämlich deren Forderung gegenüber B, im Abtretungszeitpunkt nicht mangelhaft war. Dass B nicht an L zahlen muss, ergibt sich erst aus dem späteren Unterlassen der Drittschuldnerverständigung. Eine Grundlage zur Beseitigung des Vergleichs ergibt sich daraus nicht. Auch ein Rücktritt vom Vergleich wegen Verzugs iSd § 918 ABGB kommt für L nicht in Betracht, weil S ihre Verbindlichkeit aus dem Vergleich durch Abtretung der Forderung ja erfüllt hat.[5]

Als **Ergebnis** ist festzuhalten, dass L an den Vergleich gebunden bleibt und daher weder die ursprünglich geschuldeten € 4.500,- noch den aus Sicht von L bislang ausstehenden Betrag von € 2.000,- aus diesem Rechtsgrund beanspruchen kann.

2) L gegen S auf Zahlung von € 2.000,- gemäß § 1041 ABGB

Das eben Ausgeführte bedeutet jedoch nicht, dass S die von B erhaltenen € 2.000,- endgültig behalten darf. Es sind nämlich alle Voraussetzungen für einen Verwendungsanspruch iSd § 1041 ABGB erfüllt, dem zufolge der Eigentümer einer Sache, die zum Nutzen eines anderen verwendet wurde, deren Herausgabe verlangen kann: „**Sache**" im Sinne dieser Bestimmung ist im weiten Sinn des § 285 ABGB zu verstehen, es fällt also auch die Forderung gegen B auf Zahlung von € 2.000,- unter diesen Begriff. „**Eigentümer**" iSd § 1041 ABGB ist jeder, dem ein Rechtsgut zugeordnet ist. Dies trifft hinsichtlich der Forderung auf L zu: Aufgrund der wirksamen Abtretung (vgl zu Frage 1) ist die

---

5   In der Praxis wird zur Vermeidung derartiger Risiken häufig ein bedingter Vergleich abgeschlossen bzw eine Abtretung zahlungshalber (und nicht an Zahlungs statt) vereinbart.

Forderung gegen B dem Zessionar L zugewiesen. Unter „**Verwendung**" schließlich wird jede dem Recht des „Eigentümers" widersprechende Nutzung verstanden. Dass diese durch ein positives Tun des Bereicherten erfolgt, wird nicht verlangt, die Verwendung kann sich auch durch die Handlung eines Dritten ergeben. Hier hat der Schuldner B die € 2.000,- an S gezahlt und damit ihr Vermögen entgegen der Zuweisung der Forderung an L vermehrt.

Ergebnis: S muss daher den Betrag von € 2.000,-, um den sie ungerechtfertigt bereichert ist, an den Forderungsinhaber L herausgeben.

3) L gegen S auf Zahlung von € 2.060,- gemäß §§ 1295 Abs 1, 1313a ABGB

Ein Anspruch könnte L gegen S ferner aus dem Titel des Schadenersatzes zustehen, weil A es unterlassen hat, den Drittschuldner B von der erfolgten Abtretung an L zu verständigen. Hierfür sind folgende Voraussetzungen zu prüfen:

- Einen **Schaden** hat L in zweierlei Hinsicht erlitten: Zum einen kann er seine Forderung in Höhe von € 2.000,- gegenüber B nicht mehr durchsetzen, zum zweiten hat er zur Klärung seiner Rechtsposition Rat bei einem Rechtsanwalt eingeholt und musste dafür € 60,- aufwenden.

> Anmerkung:
>
> Bei der weiteren Prüfung ist darauf zu achten, dass für jeden der beiden Schadensposten eine passende Begründung gegeben wird.

- Hätte der von S für die Regelung ihrer geschäftlichen Angelegenheiten eingesetzte A nicht die Verständigung des B unterlassen, hätte B die € 2.000,- an L gezahlt und L hätte keinen Rechtsanwalt konsultieren müssen. Der erforderliche **Kausalzusammenhang** ist somit gegeben.
- Gleiches gilt für die **Adäquanz**: Dass der Drittschuldner mangels Verständigung von der Abtretung an den ursprünglichen Gläubiger zahlt, liegt keinesfalls außerhalb jeglicher Lebenserfahrung; diese Folge tritt vielmehr mit hoher Wahrscheinlichkeit ein. Auch stellt es keine ganz außergewöhnliche Verkettung von Umständen dar, dass ein Zessionar, dessen Schuldner mangels Verständigung von der Abtretung die Zahlung verweigert, einen Rechtsanwalt konsultiert und dafür angemessene Kosten aufwendet.
- Die Unterlassung des A ist ferner als **rechtswidrig** zu qualifizieren: S hat – vertreten durch A (vgl zu Frage 1) – vertraglich die Verpflichtung übernommen, dass die Verständigung des Drittschuldners B unverzüglich von „ihrer Seite" erfolgen wird. Konkret sollte dies A erledigen. Diese Verpflichtung wurde nicht erfüllt. Somit liegt auf Seiten der S ein rechtswidriges Verhalten vor, wobei ihr die Unterlassung des A zuzurechnen ist.
- Der **Rechtswidrigkeitszusammenhang** ist unproblematisch: Vereinbart der Zessionar mit dem Zedenten, dass Letzterer den Zessus von der Abtretung verständigen soll, bezweckt diese Vereinbarung natürlich gerade, dass der Schuldner nur noch an den neuen Gläubiger zahlt und eine schuldbefreiende Leistung an den Altgläubiger nicht mehr möglich ist. Desgleichen liegt es

im Schutzzweck der – hier: vertraglichen – Norm, dass der Zessionar keine Anwaltskosten aufwenden muss, weil ihm der Drittschuldner infolge schuldbefreiender Leistung an den Zedenten die Zahlung verweigert.

• Schließlich ist ein **Verschulden** erforderlich. Zwar hat S nicht selbst schuldhaft gehandelt. S hat aber den A zur Regelung ihrer geschäftlichen Angelegenheiten im Allgemeinen und damit auch zur Erfüllung ihrer vertraglichen Verbindlichkeiten gegenüber L – hier zur Verständigung des B von der Abtretung – im Besonderen eingesetzt und sich damit des A als **Erfüllungsgehilfen** iSd § 1313a ABGB bedient. Daher haftet S für ein Verschulden des A wie für ihr eigenes. A setzt ein schuldhaftes, also ihm subjektiv vorwerfbares Verhalten, indem er die Verständigung des Drittschuldners B einfach vergisst. Dass er dazu verpflichtet gewesen wäre, musste für ihn evident sein, hatte er doch die Vereinbarung gerade selbst im Namen der S abgeschlossen. Es wäre ihm auch problemlos möglich gewesen, die Verständigung vorzunehmen.

> Anmerkung:
>
> Die obige Schadenersatzprüfung verdeutlicht die Funktionsweise der Gehilfenhaftung nach § 1313a ABGB: In allen „verhaltensbezogenen" Prüfschritten (dh ab jenem der Kausalität) wird auch beim Anspruch gegen die Schuldnerin S auf das **Verhalten des Gehilfen** abgestellt, nämlich dass A die Verständigung des Drittschuldners B unterlassen hat. Bei der Beurteilung von Rechtswidrigkeit, Rechtswidrigkeitszusammenhang und Verschulden wird dieses Verhalten allerdings an den **Pflichten des Schuldners** (S) gemessen. Kurz gesagt: Das Verhalten des Gehilfen ist so zu bewerten, als ob es der Schuldner selbst gesetzt hätte, also unter Heranziehung der den Schuldner treffenden Pflichten.[6]

Ergebnis: Damit sind alle Voraussetzungen für einen Schadenersatzanspruch erfüllt. S hat L den Betrag von € 2.060,- zu ersetzen.

> Anmerkung:
>
> Im Umfang von € 2.000,- konkurriert dieser Anspruch mit dem oben 2) geprüften Bereicherungsanspruch. Befriedigung kann S freilich nur einmal erlangen. Ist diese erfolgt, erlischt auch der Anspruch aus der alternativen Rechtsgrundlage.

---

6   Vgl *Harrer* in Schwimann[3] § 1313a Rz 26; *Reischauer* in Rummel[3] § 1313a Rz 12.

Fall 12. Ein Sparbuch und viel zu erben

I. Sachverhalt

Im März 2009 räumt die X-Bank dem EDV-Jungunternehmer A mehrere Kredite in der Höhe von insgesamt € 150.000,- ein, die teilweise hypothekarisch sichergestellt werden. Darüber hinausgehende Sicherheiten werden von der X-Bank „offiziell" nicht verlangt, weil A auch ein Sparkonto bei ihr unterhält und das dazugehörige Sparbuch mit der Bezeichnung „Sicherheit" sowie verschiedene Wertpapiere bei ihr deponiert hat.

Im Jänner 2014 beantragt A eine Erweiterung eines dieser Kredite um € 50.000,-, um eine bereits erfolgte Überziehung abzudecken. Dabei wird ihm seitens der X-Bank klargemacht, dass er nunmehr sowohl zur vollständigen Absicherung der bisherigen Kredite als auch zur Besicherung der beantragten Krediterweiterung entsprechende Sicherheiten beibringen müsse. A bietet daraufhin das Sparbuch und die Wertpapiere an, die die X-Bank bereits in Verwahrung hat. Tatsächlich schließen die X-Bank und A am 5.2.2014 einen Pfandvertrag ab (Verpfändung unter anderem der Spareinlage), laut welchem A zur Sicherstellung aller Forderungen des Kreditgebers neben anderem das in seinem Eigentum stehende und bei der X-Bank erlegte Sparguthaben von damals € 12.708,24 samt Zinsen und Nachträgen der X-Bank verpfändet.

Am 7.5.2014 kommt A in die X-Bank und ersucht den Schaltermitarbeiter S, ihm das Sparbuch zwecks Einsichtnahme vorzulegen, damit er die Eingänge überprüfen könne. S kommt diesem Ansuchen nach. A nimmt das Sparbuch an sich und erklärt dann, er müsse daheim nachschauen, ob die Einträge richtig verbucht worden seien. S macht ihn zwar darauf aufmerksam, dass dies wegen der Verpfändung des Sparbuchs an die X-Bank nicht möglich sei, doch A verlässt in einem günstigen Augenblick die Bank. Seitdem befindet sich das Sparbuch bei A zu Hause und nicht mehr in der Gewahrsame der X-Bank, obwohl A mehrfach telefonisch und schriftlich aufgefordert wird, das Sparbuch zurückzustellen.

Anfang Juli 2014 erscheint A in einer Zweigstelle der Y-Sparkasse, bei der er für seine Firma ebenfalls ein Kreditkonto unterhält. Er zeigt dem Filialleiter F das Sparbuch und fragt, ob ihm die Sparkasse gegen Besicherung durch dieses Sparbuch eine weitere Überziehung des Kontos gestatte. Die Frage des F, ob er über das Sparbuch frei verfügungsberechtigt sei, bejaht A. F gibt sich mit dieser Erklärung zufrieden, schließt mit A einen entsprechenden Pfandvertrag ab und nimmt das Sparbuch in die Gewahrsame der Sparkasse.

Nachdem A alle Zahlungen an die Y-Sparkasse schuldig bleibt, begibt sich F Anfang 2015 zur X-Bank, um das von A übergebene Sparbuch unter Nennung des von A seinerzeit bekannt gegebenen Losungswortes zu realisieren (eine entsprechende Klausel ist im Pfandvertrag enthalten). Die X-Bank lehnt die Auszahlung des verbuchten Guthabens jedoch unter Hinweis auf das bestehende eigene Pfandrecht vom 5.2.2014 ab.

Ebenfalls Anfang 2015 stirbt E, der Adoptivvater des A. E hatte im Jahre 1985 seine Gattin G geheiratet und, nachdem sich trotz intensiven Bemühens keine Kinder einstellen wollten, gemeinsam mit dieser den A an Kindes statt angenommen. Damals schloss E mit G einen Erbvertrag in Notariatsaktform, mit welchem er sie zur Hälfte zur Erbin einsetzte. In der Folge wurde den beiden im Jahr 2000 doch noch eine leibliche Tochter B geboren. Allerdings verließ E seine Gattin noch vor der Geburt der B und brach den Kontakt zur Familie (G, A und B) völlig ab. Die Ehe wurde nie geschieden. Sämtlichen finanziellen Verpflichtungen kam E verlässlich nach, wobei er stets auf Gleichbehandlung zwischen A und B bedacht war.

Jahre später errichtete E eine handschriftlich geschriebene und von ihm unterfertigte Urkunde mit folgendem Text:

„Im Vollbesitz meiner geistigen Kräfte setze ich, E, hiermit meine Lebensgefährtin L zur Alleinerbin ein. Alle früheren erbrechtlichen Verfügungen meinerseits sind hiermit aufgehoben. 27.11.2009, E."

Anfang Dezember 2014, als E merkt, dass es dem Ende zugeht, reut es ihn jedoch, seine Kinder nicht bedacht zu haben. Er ruft A, B und L zu sich und erklärt vor ihnen, es sei nunmehr sein letzter Wille, dass sie, A, B und L, zu gleichen Teilen erben sollen. Da seine Hände schon recht zittrig sind, bittet er L, diese Erklärung schriftlich festzuhalten. E selbst unterschreibt den Text mit den Worten „Das ist mein letzter Wille, E", ist aber mit dem kaum leserlichen Resultat nicht zufrieden und bittet daher die anwesenden A, B und L, „das Testament" zur Sicherheit unter seiner Signatur mit dem handschriftlichen Zusatz „als Zeugen" zu unterfertigen, was diese auch tun. Zusätzlich hält L die Vor- und Nachnamen sowie die Geburtsdaten aller drei Zeugen auf dem Dokument fest.

1. Kann die Y-Sparkasse von der X-Bank Zahlung verlangen? Überlegen Sie, ob eine oder beide Verpfändungen wirksam sind und welches der beiden Kreditinstitute aus dem Sparbuch zu befriedigen ist. Gehen Sie davon aus, dass das Sparbuch den Regeln über Inhaberpapiere unterliegt.

2. Wer erhält wie viel aus dem Nachlass des E, wenn man davon ausgeht, dass in diesem Aktiven in Höhe von € 1.000.000,- vorhanden sind, denen Verbindlichkeiten iHv € 100.000,- gegenüberstehen?

II. Lösung

Frage 1: Pfandrecht(e) am Sparbuch

Y gegen X auf Auszahlung des Sparguthabens gemäß §§ 461, 466e ABGB iVm §§ 456, 367, 368 ABGB

Zu prüfen ist, ob der Y-Sparkasse, vertreten durch Filialleiter F, gegen die X-Bank ein Anspruch auf Auszahlung des auf dem Sparbuch gutgebuchten Betrags von € 12.708,24 samt zwischenzeitlich lukrierten Zinsen zukommt. Die Y-Sparkasse wird sich hierzu auf ein ihr eingeräumtes Pfandrecht stützen. Als Anspruchsgrundlagen kommen § 461 und § 466e ABGB, der für verpfändete Inhaberpapiere[1] die außergerichtliche Pfandverwertung durch Einziehung der Forderung aus dem Wertpapier vorsieht, in Betracht; überdies besteht nach dem Sachverhalt eine entsprechende Verwertungsabrede. Der Erwerb des Pfandrechts im 1. Rang könnte sich dabei aus § 456 iVm §§ 367, 368 ABGB ergeben.[2] Die für die Auszahlung selbst erforderlichen Voraussetzungen, nämlich die Vorlage des Sparbuchs unter Angabe des Losungsworts,[3] erfüllt F nach dem Sachverhalt jedenfalls.

Die X-Bank beruft sich freilich ihrerseits auf ein eigenes Pfandrecht und verweigert die Realisierung. Es ist daher die Wirksamkeit der beiden Verpfändungen und allenfalls, wenn beide Pfandrechte sich als wirksam erweisen sollten, deren Rangordnung zu prüfen. Hierzu bietet sich ein so genannter „historischer Aufbau" an.

a) Pfandrecht der X-Bank

Mit X hat A laut Sachverhalt am 5.2.2014 einen wirksamen Pfandvertrag bezüglich des Sparbuchs geschlossen: Es wurde Willenseinigung hinsichtlich der

---

1 Laut Hinweis in der Fragestellung unterliegt das konkrete Sparbuch den Regeln über Inhaberpapiere. Die wertpapierrechtliche Einordnung von Sparbüchern ist seit jeher umstritten. Die privatautonome Ausgestaltung als Inhaberpapier bei Bezeichnungssparbüchern wird weiterhin für möglich erachtet; siehe *Artmann*, Zur Rechtsnatur des Sparbuchs, JBl 2008, 273. Instruktiv zur (verbreiteten) Ausgestaltung der – hier einschlägigen – „Kleinbetragssparbücher" (Guthaben unter € 15.000,-) als Inhaberpapiere *Apathy* in Apathy/Iro/Koziol, Bankvertragsrecht II² Rz 3/23 ff.

2 Für Pfandrechtsbestellungen ab dem 1.1.2007 gelten für bürgerlichrechtliche sowie unternehmensrechtliche Geschäfte gleichermaßen §§ 456, 367 f ABGB in der durch das HaRÄG (BGBl I 2005/120) modifizierten Fassung. Die vormals einschlägige Regelung des § 366 HGB wurde durch das HaRÄG aufgehoben.

3 Bei Spareinlagen, deren Guthabenstand weniger als € 15.000,- beträgt und die nicht auf den Namen des gemäß § 40 Abs 1 BWG identifizierten Kunden lauten, muss gemäß § 31 Abs 3 BWG der Vorbehalt gemacht werden, dass Verfügungen über die Spareinlage nur gegen Angabe eines vom Kunden bestimmten Losungswortes vorgenommen werden dürfen.

Pfandrechtsbegründung erzielt und auch die von § 1368 ABGB für den Pfandvertrag als Realvertrag verlangte Übergabe ist verwirklicht:[4] Das Sparbuch befand sich bereits zuvor in der Gewahrsame der X; es wurde vereinbart, dass X das Sparbuch nunmehr als Pfand innehaben solle. Hierin ist sowohl die dingliche Einigung, dass das Pfandrecht tatsächlich eingeräumt werden soll, als auch der für die Pfandbestellung erforderliche Modus zu erblicken (traditio brevi manu iSd § 428 ABGB); in Inhaberpapieren verbriefte Sparbuchguthaben werden durch Übergabe des sie verbriefenden Dokuments übertragen.[5] Schließlich wird mit dem Pfand eine (mangels gegenteiliger Anhaltspunkte im Sachverhalt) wirksame Kreditforderung besichert (Akzessorietätsgrundsatz). Damit wurde der X ein Pfandrecht an der Spareinlage wirksam eingeräumt.

Fraglich ist, wie sich der am 7.5.2014 eingetretene Gewahrsamsverlust der X am Sparbuch auf das Pfandrecht auswirkt. Grundsätzlich sind zwei Lösungsansätze denkbar:

aa) Es könnte vertreten werden, dass das Pfandrecht aufgrund des bei beweglichen Sachen geltenden Faustpfandprinzips (vgl insbes §§ 451 f, 467 ABGB) mit dem Gewahrsamsverlust als erloschen anzusehen ist. X müsste das Guthaben dann jedenfalls an Y, so deren Pfandrecht wirksam begründet wurde, auszahlen.

bb) Die hA lässt in Fällen wie diesem das Pfandrecht jedoch nicht untergehen. Zwar ist umstritten, ob bei einer so genannten „Rückstellung unter Vorbehalt" iSd § 467 ABGB das Pfandrecht aufrecht bleiben (so der Gesetzeswortlaut und darauf abstellend der OGH[6]) oder wegen des Faustpfandprinzips erlöschen soll (so die hL).[7] Doch wird unter „Rückstellung" iSd § 467 ABGB immer nur die freiwillige Rückgabe durch den Pfandgläubiger verstanden. Kommt das Pfand dem Pfandgläubiger dagegen ohne seinen Willen abhanden, wird es also etwa entwendet oder geht es verloren, erlischt das Pfandrecht nicht.[8] Im vorliegenden Fall wollte der Schaltermitarbeiter S dem A lediglich eine Einsichtnahme in das Sparbuch am Schalter ermöglichen, damit dieser Einträge überprüfen könne. Zu diesem Zweck hat er dem A das Sparbuch übergeben. Das Sparbuch längerfristig wieder an A zurückgeben wollte S keineswegs. Vielmehr hat A erst, als er das Sparbuch in Händen hielt, geäußert, dass er es – angeblich nur zwecks näherer Überprüfung – bei sich behal-

---

4   Beim „Pfandvertrag" iSd § 1368 ABGB fallen Titelgeschäft und Übergabe zusammen. Als Titelgeschäft ebenso ausreichend wäre ein durch bloßen Konsens zustande kommender „Pfandbestellungsvertrag".

5   Vgl *Iro*, Sachenrecht[5] Rz 10/9; *Koziol/Welser*, Grundriss I[14] 418 f; näher *Apathy* in Apathy/Iro/Koziol, Bankvertragsrecht II[2] Rz 3/79; *Eicher* in Apathy/Iro/Koziol, Bankvertragsrecht IX[2] Rz 1/31.

6   Vgl etwa OGH 5 Ob 87/60, EvBl 1960/220.

7   Vgl *Iro*, Sachenrecht[5] Rz 12/4; *Koziol/Welser*, Grundriss I[14] 416 f.

8   OGH 7 Ob 599/85, JBl 1986, 240 (diese E liegt dem 1. Teil dieses Falles zugrunde); *Koziol/Welser* aaO, jeweils mwN; näher zur Frage *P. Bydlinski*, Durchbrechung des Publizitätsprinzips im Mobiliarpfandrecht? ÖJZ 1986, 327 (333 f; zum hiesigen Fall siehe FN 66a). – Für Untergang des Pfandrechts bei betrügerischem Herauslocken dagegen *Iro* aaO (wobei allerdings *P. Bydlinski* zu Unrecht als Gewährsmann für diese Auffassung herangezogen wird); *Eicher*, Ausgewählte Probleme des Mobiliarpfandrechts (1999) 144 f mit FN 655.

ten möchte. S hat dies auch umgehend untersagt, wenngleich das den A nicht zu einer Rückgabe des Sparbuchs bewegt hat. Von einer „freiwilligen Rückstellung" des Sparbuchs wird hier also nicht zu sprechen sein. Mit der hA ist demnach das Pfandrecht der X weiterhin als aufrecht anzusehen.

b) Pfandrecht der Y-Sparkasse

> Anmerkung:
>
> Sollte oben – was vertretbar wäre – wegen des Faustpfandprinzips angenommen werden, dass das Pfandrecht erlischt, wäre die Beurteilung hier einfach: Es bräuchte nur Titel und Modus geprüft werden; beides ist unproblematisch.

Nach dem oben Gesagten war A zur neuerlichen Verpfändung des Sparbuchs (im 1. Rang) wegen des weiterhin bestehenden Pfandrechts der X nicht berechtigt. Dennoch hat er das Sparbuch im Juli 2014 der Y-Sparkasse als Pfand hingegeben.

Eine derivative Verschaffung eines Pfandrechts im 1. Rang kommt somit nicht in Betracht, weil niemand mehr Rechte übertragen kann als ihm selbst zustehen. Zu prüfen ist aber, ob Y ein Pfandrecht originär – nämlich kraft guten Glaubens – erworben hat. Dabei ist zu beachten, dass A der Y ein nachrangiges Pfandrecht durchaus derivativ verschaffen hätte können; er ist ja laut Sachverhalt Kontoinhaber und somit „Eigentümer" des Sparguthabens. Es geht hier also genau genommen nicht um den gutgläubigen (originären) Erwerb eines Pfandrechts an sich, sondern um den gutgläubigen Erwerb eines besseren Ranges als jenen der X-Bank.

Als Rechtsgrundlage steht für ab dem 1.1.2007 vereinbarte Pfandbestellungen § 456 Abs 2 ABGB in der Fassung des HaRÄG zur Verfügung, der wiederum auf die Voraussetzung der Redlichkeit gemäß § 368 ABGB verweist. Diese Bestimmungen gelten für den Pfandrechtserwerb an beweglichen körperlichen Sachen. Im vorliegenden Fall handelt es sich eigentlich um die Verpfändung einer Forderung (Sparguthaben). Grundsätzlich ist ein gutgläubiger Erwerb eines Pfandrechts an einer Forderung ebenso wenig möglich wie der gutgläubige Erwerb der Forderung selbst, da es an einer Rechtsscheingrundlage fehlt.[9] Eine solche ist aber bei Inhaberpapieren wie dem gegenständlichen Sparbuch gegeben, weshalb gegen die Anwendung von Gutglaubenserwerbsregeln keine Bedenken bestehen.

Inhaltlich setzt § 456 Abs 2 ABGB nach zutreffendem Verständnis[10] neben dem Vorliegen der allgemeinen Erwerbsvoraussetzungen Titel und Modus (Pfandvertrag und wirkliche Übergabe an Y liegen laut Sachverhalt vor) insbesondere voraus, dass eine der drei in § 367 ABGB genannten Alternativen

---

9   Vgl *Iro*, Sachenrecht[5] Rz 10/22.

10   Vgl *Iro*, Sachenrecht[5] Rz 10/17 ff (insbes Rz 10/21); *ders*, HaRÄG: Irrwege beim lastenfreien Erwerb kraft guten Glaubens, RdW 2006, 675; *Schauer* in Krejci, Reformkommentar § 456 ABGB Rz 3 f (mit Einschränkung bzgl des Erwerbs vom Unternehmer, vgl unten bei FN 14).

verwirklicht ist[11] (auf Entgeltlichkeit kommt es beim gutgläubigen Pfandrechtserwerb hingegen nicht an[12]). In Betracht kommt hier der Tatbestand des „Anvertrauens". Darunter wird eine freiwillige Gewahrsamsübertragung verstanden, wobei nach neuerer L und Rsp sogar betrügerisch herausgelockte Sachen als „anvertraut" iSd § 367 ABGB gelten.[13] In diesem Sinne ist auch die Übergabe des Sparbuchs durch den Schaltermitarbeiter S an A als „Anvertrauen" iSd § 367 ABGB zu werten: Ob der Vorsatz, das Sparbuch nicht mehr zu retournieren, schon bestanden hat, als A den S bat, ihm das Sparbuch zur (bloßen) Einsichtnahme vorzulegen (dann liegt jedenfalls „betrügerisches Herauslocken" vor), oder erst, als er das Sparbuch bereits in Händen hielt, kann insoweit keinen Unterschied machen. In jedem Fall hat S (stellvertretend für den Pfandgläubiger X-Bank) sein Vertrauen in jemanden gelegt, der sich als dessen unwürdig erwiesen hat. Dieses Risiko soll eher dem Pfandgläubiger als dem gutgläubigen Dritten zur Last fallen.[14]

Alternativ könnte der Erwerb auch auf den Tatbestand des Erwerbs vom Unternehmer im ordentlichen Betrieb seines Unternehmens gestützt werden. Das Pfandrecht wurde der Y ja von A, der selbst ein Unternehmen betreibt, zur Sicherung unternehmensbezogener Verbindlichkeiten eingeräumt. Dass eine Pfandrechtsbegründung unter solchen Umständen zum ordentlichen Betrieb eines Unternehmens gehört, liegt nahe, ist in der Literatur allerdings umstritten.[15]

Letzte entscheidende Voraussetzung für die Anwendung von § 456 Abs 2 iVm §§ 367, 368 ABGB ist somit die Gutgläubigkeit der Y im Zeitpunkt der Pfandrechtsbegründung. Hierbei ist auf die Gutgläubigkeit des Vertreters der juristischen Person Y-Sparkasse, nämlich deren Filialleiter F, abzustellen. Ihm darf keine Fahrlässigkeit zur Last fallen.[16] F hat den A laut Sachverhalt gefragt, ob er über das Sparbuch frei verfügungsbefugt sei, was dieser wahrheitswidrig bejahte. Weitere Nachforschungen hat F nicht angestellt. Nach der Rsp kann der Y in diesem Fall keine Schlechtgläubigkeit vorgeworfen werden, da keinerlei Veranlassung bestand, an der Richtigkeit der Erklärung des A zu zweifeln. Schließlich seien gerade die Rechte an einem Sparbuch stets mit der Innehabung desselben verbunden. Auch aus der Sparbuchbezeichnung „Sicherheit" seien keine Rückschlüsse auf eine bereits bestehende Verpfändung zu ziehen.[17]

---

11   § 371 2. Fall ABGB, wonach es für den Gutglaubenserwerb an „auf den Überbringer lautende Schuldbriefe" auf die in § 367 ABGB normierten Erwerbstatbestände nicht ankommt, findet nach hA auf Sparbücher keine Anwendung; vgl *Spielbüchler* in Rummel[3] § 371 Rz 3, 4.

12   *Hinteregger* in Schwimann/Kodek[4] § 456 Rz 5.

13   Siehe erstmals OGH 6 Ob 549/85, JBl 1986, 239; grundlegend *Reischauer*, Willensmängel, Geschäftsfähigkeit und unwirksame Veräußerungen als Probleme des Anvertrauens (§ 367 ABGB), JBl 1973, 589; wN bei *Koziol/Welser*, Grundriss I[14] 367.

14   Zu dieser ratio des Anvertrauenstatbestandes etwa *Koziol/Welser*, Grundriss I[14] 366 f.

15   Wie hier *Iro*, RdW 2006, 676 f; *Hinteregger* in Schwimann/Kodek[4] § 456 Rz 7. AA *Schauer* in Krejci, Reformkommentar § 456 ABGB Rz 4; *Koziol/Welser*, Grundriss I[14] 422.

16   *Iro*, Sachenrecht[5] Rz 2/21 ff mwN.

17   OGH 7 Ob 599/85, JBl 1986, 240.

Die Y-Sparkasse hat somit gutgläubig ein Pfandrecht im 1. Rang erworben; das Pfandrecht der X-Bank besteht im 2. Rang fort. Nach der Sachverhaltsschilderung ist von der Fälligkeit der Y zustehenden Forderungen auszugehen („A bleibt alle Zahlungen schuldig"). Y kann daher gemäß §§ 461, 466e ABGB bzw entsprechend der vereinbarten Verwertungsklausel das Pfand selbst realisieren und von X die Auszahlung des Guthabens verlangen.

Frage 2: Wer erhält wie viel aus dem Nachlass des E?

Anmerkungen:

A. Zum Aufbau: Um die konkrete Höhe des A, B, L und G nach dem Tod des E erbrechtlich zustehenden Vermögens ermitteln zu können, muss erst deren erbrechtliche Stellung geklärt werden. Hierzu sind die verschiedenen erbrechtlichen Berufungsgründe zu beachten; sie verdrängen in dieser Reihenfolge jeweils den nachfolgenden:

1. Erbvertrag: Ein solcher liegt zwischen E und G vor.

2. Testament: Es liegen sogar zwei zu prüfende Verfügungen vor (1. Testament 2009: L ist Alleinerbin; 2. Testament 2014; A, B, F erben je 1/3).

3. Gesetzliche Erbfolge.

Weiters zu prüfen sind allfällige Pflichtteilsberechtigungen. Als Pflichtteilsberechtigte in Betracht kommen G, A und B.

B. Zum ErbRÄG 2015: Wären auf den Sachverhalt die erbrechtlichen Bestimmungen des ABGB in der Fassung des ErbRÄG 2015 anzuwenden (Errichtung der letztwilligen Verfügungen und Todeszeitpunkt des E nach dem 31.12.2016),[18] würde sich an den Ergebnissen nichts ändern. Auf allfällige inhaltliche Abweichungen in der Begründung und Änderungen in der Paragraphennummerierung wird im Folgenden in Anmerkungen am Ende der jeweiligen Abschnitte hingewiesen.

1) Erbrechtliche Stellung der G, §§ 602, 1249, 533 ABGB, § 1 NotAktsG

Laut Sachverhalt hat E mit seiner Gattin G einen Erbvertrag abgeschlossen, mit welchem er sie zur Hälfte zur Erbin einsetzt.[19] Dieser bildet einen tauglichen

---

18 Vgl § 1503 Abs 7 ABGB idF des ErbRÄG 2015 (BGBl I 2015/87), insbes Z 2 und 5.

19 Unzutreffend wäre es, an dieser Stelle – wegen der Einsetzung bloß zur Hälfte – bereits den Schluss zu ziehen, dass die in § 1253 ABGB getroffene Anordnung über das „freie Viertel" keine Schwierigkeiten aufwerfen werde. Denn dieses kann erst nach Ermittlung der Pflichtteilsbeträge und unter Berücksichtigung der Nachlassschulden berechnet werden. Siehe die Anmerkung am Ende dieser Falllösung.

Titel zum Erbrecht (§ 533 ABGB). Ein Erbvertrag ist nur zwischen Ehegatten wirksam (§§ 602, 1249 ABGB) und bedarf zu seiner Wirksamkeit der Form eines Notariatsaktes (§ 1 Abs 1 lit a NotAktsG: Ehepakt). Beides ist laut Sachverhalt gegeben; der Erbvertrag ist daher gültig zustande gekommen. Zu prüfen ist aber, ob der Erbvertrag noch immer wirksam ist.

Ein erster Anhaltspunkt könnte sein, dass E die G verlassen hat. Das ändert aber an der Wirksamkeit des Erbvertrags nichts. Dieser würde lediglich durch Auflösung der Ehe (Nichtigerklärung, Scheidung, Aufhebung) erlöschen (§§ 1265 f ABGB), was aber laut Sachverhalt nicht erfolgt ist.

Zweitens bringt E im Testament vom 27.11.2009 zum Ausdruck, dass er alle früheren erbrechtlichen Verfügungen seinerseits – also offensichtlich gerade den Erbvertrag – aufheben möchte. Der Vertragsnatur des Erbvertrags entsprechend wäre dies allerdings nur mit Einverständnis der G möglich (§ 1254 ABGB). Da ein solches fehlt, ist der Erbvertrag weiterhin wirksam.

Da der Erbvertrag den stärksten Berufungsgrund darstellt, wird er auch durch die 2009 erfolgte Einsetzung der L als „Alleinerbin" nicht in seiner Wirksamkeit beeinträchtigt; ebenso wenig durch die im Jahre 2014 getroffene Verfügung.

G ist demnach Erbin zur Hälfte.[20]

Anmerkung:

§ 602 ABGB idF des ErbRÄG 2015 erweitert – für den vorliegenden Fall letztlich nicht relevant – den Kreis der Personen, die einen Erbvertrag abschließen können. Die anderen herangezogenen Bestimmungen bleiben (soweit hier von Bedeutung) inhaltlich unverändert.

---

2) Erbrechtliche Stellung der L, §§ 578 f, 533 ABGB

L wird laut Sachverhalt in zwei hintereinander verfügten Testamenten des E (in unterschiedlichem Ausmaß) bedacht: 2009 als Alleinerbin, im Dezember 2014 zu einem Drittel.

a) Da grundsätzlich das jüngere dem älteren Testament – bei Gleichwertigkeit der unterschiedlichen Testamentsformen[21] – vorgeht (§ 713 ABGB), ist zunächst die Gültigkeit der 2014 verfassten Verfügung zu prüfen. Diese Erklärung des E könnte ein außergerichtliches fremdhändiges Testament iSd § 579 ABGB darstellen: Der Text wird von L nach Vorgaben des E niedergeschrieben und von E eigenhändig unterfertigt; dass die Unterschrift „kaum lesbar" ist, schadet nicht.[22] Damit, dass E die Urkunde nochmals ausdrücklich als „Testament" bezeichnet, ist jedenfalls auch das Erfordernis einer ausdrücklichen Erklärung des Erblassers, dass das Dokument seinen letzten Willen enthalte, erfüllt. Schließlich wird die Testamentsurkunde von den drei gleichzeitig anwesenden Zeugen A, B und L mit einem auf die Zeugenfunktion hinweisenden Zusatz unterschrieben.

---

20   Auf Pflichtteilsansprüche der G ist demnach nicht mehr einzugehen.
21   *Welser* in Rummel/Lukas[4] § 713 Rz 1.
22   Vgl *Eccher* in Schwimann/Kodek[4] § 579 Rz 7.

Allerdings müssen die Bestimmungen der §§ 591 ff ABGB über die „Zeugnisfähigkeit" der als Zeugen fungierenden Personen beachtet werden: Gemäß § 594 ABGB sind Personen, die in der Verfügung selbst bedacht werden, (in Rücksicht des ihnen zugedachten Teils) nicht zeugnisfähig; ebenso wenig stellen die Geschwister bedachter Personen fähige Zeugen dar (so genannte relative Unfähigkeit). Im vorliegenden Fall sollen gerade die Zeugen A, B und L erben. Zusätzlich sind A und B als Geschwister anzusehen (vgl § 197 Abs 1 ABGB). Das Testament von 2014 ist somit mangels Mitwirkung fähiger Zeugen insgesamt ungültig.[23]

b) Die Verfügung vom 27.11.2009 erfüllt hingegen alle Erfordernisse eines eigenhändigen Testaments iSd § 578 ABGB: E hat es laut Sachverhalt eigenhändig geschrieben und unterschrieben. Die Unterschrift „E" steht am Ende des Textes. L ist unmissverständlich als Alleinerbin eingesetzt. Das wirksam errichtete Testament begründet gemäß § 533 ABGB die Erbberechtigung der L.

Zum Umfang der Erbberechtigung: Das jüngste Testament von 2014 ist, wie unter a) geprüft, zur Gänze unwirksam. A und B erlangen also keine Erbenstellung. Zwar ist L im gültigen Testament von 2009 als Alleinerbin bestimmt, doch steht einer alleinigen Erbberechtigung der L der Erbvertrag entgegen, der einen stärkeren Berufungsgrund als das testamentarische Erbrecht der L darstellt und G zur Hälfte zur Erbin einsetzt.

L ist daher ebenfalls nur zur Hälfte Erbin; hinsichtlich der anderen Hälfte geht der Erbvertrag vor.

> **Anmerkung:**
>
> Durch das ErbRÄG 2015 werden die Anforderungen an ein fremdhändiges Testament in § 579 ABGB insofern verschärft, als a) alle drei Zeugen bei der Unterfertigung durch den Erblasser gleichzeitig anwesend sein müssen, b) auch der auf die Zeugeneigenschaft hinweisende Zusatz eigenhändig geschrieben sein muss und c) die Identität der Zeugen zwingend aus der Urkunde hervorgehen muss. All diese Voraussetzungen sind hier erfüllt. Die unter c) angesprochenen Daten zur Identifizierung der Zeugen müssen nicht vom jeweiligen Zeugen handschriftlich angefügt werden; es genügt daher, dass L diese festhält. Die vermerkten Vor- und Nachnamen sowie Geburtsdaten reichen zur Identifizierung der Zeugen selbstredend aus. Geändert werden ferner d) die Bestimmungen über die „nuncupatio": Die Erklärung, dass die Urkunde seinen letzten Willen enthalte, muss der Erblasser nunmehr in einem eigenhändig geschriebenen Zusatz in der Urkunde selbst abgeben. Auch diese Voraussetzung ist erfüllt („Das ist mein letzter Wille, E").
>
> Die bislang in den §§ 591 ff ABGB enthaltenen Bestimmungen über die Zeugnisfähigkeit werden nach dem ErbRÄG 2015 in die §§ 587 ff ABGB

---

23 Eine begünstigte Anordnung des letzten Willens iSd § 597 ABGB (nach dem ErbRÄG 2015 künftig: § 584 ABGB), bei der die Beiziehung zweier fähiger Zeugen genügen würde, liegt mangels unmittelbarer Gefahr des Ablebens oder des Verlusts der Testierfähigkeit nicht vor.

> transferiert. Die derzeit in § 594 ABGB geregelten Inhalte finden sich künftig in § 588 Abs 1 ABGB.

3) Erbrechtliche Stellung des A, §§ 762, 765 iVm 732, 757 ABGB

Zunächst ist an sich zu prüfen, ob A (Testaments-)Erbe ist; aus dem Sachverhalt geht ja hervor, dass er von E kurz vor dessen Tod zu einem Drittel zum Erben eingesetzt wurde. Hierzu kann auf die Ausführungen unter 2)a) verwiesen werden. Mangels Wirksamkeit des Testament (und mangels Eintritts gesetzlicher Erbfolge: G und L erben je zur Hälfte) ist A überhaupt nicht erbberechtigt.

Zu prüfen ist demnach eine Pflichtteilsberechtigung des A (Anspruch gegen die Erben auf Zahlung eines bestimmten Geldbetrags): Gemäß § 762 ABGB sind Kinder des Erblassers pflichtteilsberechtigt. A wurde von E adoptiert. Nach der Vorschrift des § 197 Abs 1 ABGB entstehen dadurch zwischen dem Annehmenden E und dem Angenommenen A die gleichen Rechte wie durch leibliche Abstammung. Demnach ist A als „Kind" pflichtteilsberechtigt.

Die Höhe des Pflichtteilsanspruchs ergibt sich aus § 765 (iVm §§ 732 und 757) ABGB: Bei Eintritt gesetzlicher Erbfolge wäre A neben seiner Schwester B und der Mutter G zu 1/3 Erbe gewesen; gemäß § 765 ABGB gebührt ihm die Hälfte dessen als Pflichtteil. A hat also einen Anspruch auf Zahlung eines Betrags iHv 1/6 des (reinen) Nachlasses.

> Anmerkung:
>
> Durch das ErbRÄG 2015 werden folgende Paragraphennummerierungen geändert, inhaltliche Änderungen sind hier nicht relevant: An die Stelle des derzeitigen § 762 ABGB treten die §§ 757 f ABGB (abstrakte und konkrete Pflichtteilsberechtigung); aus § 765 wird § 759 ABGB, § 757 wird zu § 744 ABGB.
>
> Zur Frage einer möglichen Pflichtteilsminderung betreffend A und B nach neuem Recht siehe unten die Anmerkung zu Abschnitt 4). Nach der vor dem ErbRÄG 2015 geltenden Rechtslage liegt eine Pflichtteilsminderung in Bezug auf A hingegen schon deshalb fern, weil zwischen ihm und E über mehrere Jahre ein familiäres Naheverhältnis bestanden hat. Man muss auf diese Frage in der Lösung daher nicht unbedingt eingehen.

4) Erbrechtliche Stellung der B, §§ 762, 765 iVm 732, 757 ABGB

Aus den oben erörterten Gründen ist auch B nicht (Testaments-)Erbin. Als leibliche Tochter des E ist B aber ebenfalls pflichtteilsberechtigt (§ 762 ABGB). Die Höhe ihres Anspruchs entspricht grundsätzlich jener des A (siehe oben), also 1/6 des reinen Nachlasses.

Angesprochen werden könnte allerdings noch die Möglichkeit einer Pflichtteilsminderung nach § 773a ABGB:[24] E hat die Familie laut Sachverhalt schon vor Geburt der B verlassen und den Kontakt „völlig abgebrochen". Es ist daher davon auszugehen, dass zwischen B und E zu keiner Zeit ein Naheverhältnis,[25] wie in § 773a Abs 1 ABGB umschrieben, bestanden hat. Dennoch liegt eine Pflichtteilsminderung hier nicht vor: Zunächst ist § 773a Abs 3 ABGB zu beachten, wonach dem völliges Desinteresse bekundenden besuchsunwilligen Elternteil das Recht auf Pflichtteilsminderung nicht zusteht. Allerdings geht aus dem Sachverhalt nicht ausdrücklich hervor, ob die Nichtausübung des Rechts auf persönlichen Verkehr „grundlos" war – der Sachverhalt lässt freilich umgekehrt auch keinen Grund für die Nichtausübung dieses Rechts ersichtlich werden. Jedenfalls aber scheitert eine Herabsetzung des Pflichtteils der B daran, dass E bei Errichtung der letztwilligen Verfügung vom 27.11.2009 mit Minderungsabsicht hätte handeln müssen und dies von den Erben nun bewiesen werden müsste. Entgegen § 773a Abs 1 ABGB in der Fassung vor dem FamErbRÄG 2004 sieht der geltende Wortlaut eine „Anordnung" durch den Erblasser nicht mehr explizit vor und anerkennt damit grundsätzlich auch eine stillschweigende Pflichtteilsminderung durch Übergehung, wenn die Auslegung des Testaments einen entsprechenden Erblasserwillen zulässt.[26] Für eine solche Auslegung finden sich allerdings keine Anhaltspunkte im Sachverhalt. Vielmehr dürfte eher in die Gegenrichtung sprechen, dass E seinen finanziellen Verpflichtungen gegenüber G und den Kindern immer verlässlich nachgekommen ist und dabei stets auf Gleichbehandlung zwischen A und B bedacht war. Es würde also nicht seinen sonstigen Gepflogenheiten entsprechen, der B mehr als dem A zu entziehen. Auch wäre es durchaus plausibel, dass E mit dem 2009 errichteten Testament in erster Linie seine Lebensgefährtin L vermögensmäßig absichern und allenfalls – vgl die explizite „Aufhebung" seiner früheren erbrechtlichen Verfügungen – den Erbvertrag mit G beseitigen wollte. Beides hat mit B nichts zu tun. Die verbleibenden Unsicherheiten hinsichtlich des Erblasserwillens gehen zu Lasten der Testamentserben.[27]

B hat somit einen Pflichtteilsanspruch iHv 1/6 des reinen Nachlasses.

---

24 § 773a Abs 1 ABGB ist auf die am 27.11.2009 errichtete letztwillige Verfügung in der durch das FamErbRÄG modifizierten Fassung anzuwenden (vgl Art IV § 3 Abs 1 Z 1 FamErbRÄG 2004, BGBl I 2004/58, der auf Errichtung der letztwilligen Verfügung nach dem 31.12.2004 abstellt).

25 Dass E kurz vor seinem Tod seine Einstellung ändert („ihn reut es") und er in dem (formunwirksam) errichteten Testament B sogar mit 1/3 des Nachlasses bedenken wollte, begründet wegen des fehlenden Moments einer gewissen Dauer noch kein „Naheverhältnis" iSd § 773a ABGB. Zum Dauermoment vgl etwa *Welser* in Rummel/Lukas[4] § 773a Rz 3 mwN.

26 Vgl dazu *Likar-Peer* in Ferarri/Likar-Peer (Hrsg), Erbrecht 376 f; *Welser* in Rummel/Lukas[4] § 773a Rz 4, 6.

27 Vgl *Likar-Peer* aaO.

> Anmerkung:
>
> Durch das ErbRÄG 2015 wird § 762 durch §§ 757 f ABGB ersetzt, § 773a zur Pflichtteilsminderung wird zu § 776 ABGB.[28] Die obigen Ausführungen zur fehlenden Minderungsabsicht behalten auch angesichts des neuen § 776 Abs 3 ABGB ihre Gültigkeit, der ausdrücklich festhält, dass die Pflichtteilsminderung „auch stillschweigend durch Übergehung in der letztwilligen Verfügung angeordnet" werden kann.
>
> Für den vorliegenden Fall grundsätzlich relevante inhaltliche Änderungen ergeben sich aus § 776 Abs 1 ABGB idF des ErbRÄG 2015: Die Pflichtteilsminderung ist nicht nur dann möglich, wenn das erforderliche Naheverhältnis „zu keiner Zeit" bestand, sondern auch, wenn es „zumindest über einen längeren Zeitraum vor dem Tod des Verfügenden" nicht vorgelegen hat. Die Materialien sehen einen solchen längeren Zeitraum bei zumindest zwei Jahrzehnten ohne ausreichenden Kontakt als gegeben an.[29] Für die Beurteilung der Rechtsstellung der im Jahr 2000 bereits nach Trennung der Eltern geborenen B spielt dies keine Rolle; zu ihr bestand ja tatsächlich „zu keiner Zeit" ein ausreichendes Naheverhältnis. Grundsätzlich möglich wird die Pflichtteilsminderung nach der neuen Rechtslage allerdings gegenüber solchen Familienmitgliedern, zu denen ein familientypisches Naheverhältnis zunächst für längere Zeit bestanden hat. Die Frage könnte sich also in Bezug auf A stellen.[30] Allerdings sind im Beurteilungszeitpunkt (2015) erst ca 15 Jahre seit dem Abbruch des Kontakts durch E (vor Geburt der B im Jahr 2000) vergangen. Eine allfällige Pflichtteilsminderung gegenüber A scheitert damit schon am Erfordernis eines ausreichend langen Zeitraums des fehlenden Kontakts.

5) Ermittlung der konkreten Beträge

Die Berechnung der zuvor quotenmäßig ermittelten Erb- und Pflichtteile hat vom „reinen Nachlass" auszugehen: Von den Aktiven iHv € 1.000.000,- sind die Verbindlichkeiten iHv € 100.000,- abzuziehen; der reine Nachlass beträgt daher € 900.000,-.

A erhält 1/6 x 900.000 = € 150.000,-.

B ebenso 1/6 x 900.000 = € 150.000,-.

Die verbleibenden € 600.000,- teilen sich G und L zur Hälfte; sie erhalten daher je € 300.000,-.

---

28   Dabei wird der im Text der Falllösung eigens angesprochene § 773 Abs 3 ABGB zu § 776 Abs 2 ABGB.

29   Vgl ErläutRV 688 BlgNR 25. GP 32.

30   Theoretisch auch hinsichtlich der Ehegattin G (vgl ErläutRV aaO). Konkret ist G allerdings ohnehin aufgrund des Erbvertrags ausreichend bedacht.

Anmerkung:

Keine Schwierigkeiten bereitet hier § 1253 ABGB, wonach bei Bestehen eines Erbvertrags ein „reines Viertel" des Nachlasses für testamentarische Verfügung verbleiben muss. Dies wird von der hA so verstanden, dass von den Nachlassaktiven (hier € 1.000.000,-) neben den Schulden (hier € 100.000,-) auch noch etwa bestehende Pflichtteilsansprüche abgezogen werden müssen (in casu € 300.000,-), und erst von dieser Summe das „reine Viertel" zu berechnen ist. Dies deshalb, weil § 1253 ABGB Pflichtteilsansprüche und „andere Schulden" gleich behandelt. Hier wäre das reine Viertel, welches der Testamentserbin L verbleiben muss, demgemäß von € 600.000,- zu berechnen (1.000.000 abzüglich 100.000, abzüglich 300.000) und beträgt somit € 150.000,-. L erhält aber aufgrund des Testaments ohnehin € 300.000,-.

Fall 13. Camping ohne Freuden

I. Sachverhalt

Der Schweizer A ist Eigentümer einer Liegenschaft im Emmental im Schweizer Kanton Bern. Diese hat er seit 1.5.2009 an B, ebenfalls Schweizer Staatsbürger, vermietet, der auf der Liegenschaft seit Bewilligung einen Campingplatz betreibt. Das Areal war ursprünglich mit Kiefern bewaldet. Zur besseren Nutzbarkeit nahm B im Frühsommer 2010 umfangreiche Schlägerungen vor, sodass nur noch vereinzelt Bäume stehen blieben, um das Areal zu beschatten. A war ihm bei den Schlägerungsarbeiten behilflich.

Im Zuge des Betriebsanlagengenehmigungsverfahrens vor Aufnahme des Campingplatzbetriebs und vor den Schlägerungen hatte sich B beim zuständigen Regierungsstatthalteramt[1] erkundigt, ob er nach Aufnahme des Betriebs auch Schlägerungen zur besseren Benutzbarkeit des Areals durchführen könne. Er war an den zuständigen Beamten C verwiesen worden, den A und B aufgrund ihrer Mitgliedschaft beim örtlichen Skiclub gut kannten. C meinte, dass solche Schlägerungen immer problematisch seien, da die einzeln stehenden Bäume dem Wind eine weitaus größere Angriffsfläche böten als ein dichter Wald, weshalb die Gefahr bestehe, dass ein Sturm die Bäume entwurzle oder abknicke. Eigentlich müsse er deswegen ein Schlägerungsverbot in den Bewilligungsbescheid aufnehmen, könne dies aber „vergessen"; immerhin sei er mit B gut befreundet. Darüber hinaus habe im Amt ohnehin niemand Zeit, die Gegend nach eigenmächtig gefällten Bäumen abzusuchen. Eine Bestrafung habe B nicht zu befürchten. A wusste vom Gespräch zwischen B und C nichts. Der Bescheid über die gewerberechtliche Bewilligung des Campingplatzes beinhaltete keine Auflagen betreffend allfällige Veränderungen des Areals.

Am 25.6.2015 stellt der leidenschaftliche Fotograf und Bergsteiger Roland aus Innsbruck seinen Wohnwagen mit Vorzelt auf dem von B zugewiesenen Stellplatz auf, um Urlaub zu machen. Er hat vom Campingplatz des B über die internationale Homepage des Tourismusverbands Emmental erfahren. Roland unterfertigt in der Rezeption des Campingplatzes einen „Mietvertrag", auf dessen Rückseite eine so genannte „Campingplatzordnung" aufgedruckt ist. Diese enthält ua folgende Klausel: „Die Benutzung des Campingplatzes erfolgt auf eigene Gefahr. Eine Haftung des Campingplatzbetreibers ist ausgeschlossen."

Am späten Nachmittag des 3.7.2015 geht über dem Campingplatz ein heftiger Gewittersturm nieder; die Wind-Spitzengeschwindigkeiten betragen ca 105 km/h. Dies entspricht dem Stärkegrad 11 der international gebräuchlichen 12-teiligen Beaufort-Skala. Nach meteorologischer Definition sind solche heftigen Winde als (im Binnenland selten auftretender) „orkanartiger Sturm" zu bezeichnen.

---

1   Dieses ist vergleichbar mit unseren Bezirksverwaltungsbehörden.

Ein solcher Sturm ist das letzte Mal vor 19 Jahren aufgetreten. Davor waren solche Wetterlagen häufiger.

Der Sturm entwurzelt eine rund 25 Meter hohe, gesunde Kiefer, die auf Rolands Wohnwagen stürzt. Zu diesem Zeitpunkt trinken Roland und Giovanni, ein Bergsteigerfreund aus Neapel, der in einer nahe gelegenen Pension untergebracht ist, im Wohnwagen Kaffee. Beide werden durch den umstürzenden Baum verletzt.

Roland erleidet eine Schädelfraktur, die einen mehrwöchigen Krankenhausaufenthalt zur Folge hat. Seine Rückreise nach Innsbruck verzögert sich, wodurch er nicht nur einen lukrativen Fotoauftrag absagen, sondern auch die Hochzeit mit seiner Liebsten, Anna, verschieben muss. Glücklicherweise verrechnen ihm das für das Hochzeitsmahl gebuchte Restaurant sowie das vorreservierte Hotel nichts, als er das Fest absagt. Einigen seiner Freunde, die eigens für die Hochzeit anreisen wollten, geht es weniger gut: Sie müssen ihre Flüge kostenpflichtig stornieren.

Giovanni erleidet durch die herabstürzende Kiefer einen Oberschenkelhalsbruch und mehrere Abschürfungen.

> 1) Welches Recht/welche Rechte sind auf den Sachverhalt anzuwenden? Beurteilen Sie diese Frage unter der Annahme, dass ein österreichischer Richter über den Fall zu entscheiden hat.
>
> 2) Ausgehend von der Anwendung österreichischen Sachrechts: Roland und Giovanni wollen Schmerzengeld. Gegen wen sind Ansprüche möglich?
> Bei Prüfung eines allfälligen Amtshaftungsanspruchs gehen Sie bitte davon aus, dass der Beamte C dem Bund, also der Republik Österreich, zuzuordnen ist. Gehen Sie außerdem davon aus, dass die Kiefer nicht umgestürzt wäre, wenn sie Bestandteil einer Baumgruppe gewesen wäre.
>
> 3) Wiederum ausgehend von der Anwendbarkeit österreichischen Sachrechts: Roland möchte wissen, ob seine Freunde die durch die verschobene Hochzeit entstandenen Spesen ersetzt bekommen können. Außerdem fragt er sich, wie es um die Verluste aus seinem versäumten Fototermin steht. Was sagen Sie ihm?

II. Lösung

Frage 1

1) Ermittlung des auf das Rechtsverhältnis zwischen Roland und A anwendbaren Rechts, Art 4 Abs 1 Rom II-VO

Roland ist Österreicher, A, der Eigentümer der Liegenschaft, auf der Roland zu Schaden kommt, ist Schweizer. Sowohl der Schaden am Wohnwagen als auch die Verletzungen Rolands treten in der Schweiz ein. Es liegt somit ein Sachverhalt mit Auslandsberührung vor.

Zwischen Roland und A besteht kein vertragliches Schuldverhältnis, weshalb er allenfalls **deliktische Schadenersatzansprüche** geltend machen kann. Der Schaden tritt nach dem 11.1.2009 ein, weswegen auf den vorliegenden Sachverhalt zeitlich die Rom II-VO anzuwenden ist. Mangels Vorliegens von materiellem Einheitsrecht, relevanten Eingriffsnormen, Rechtswahl und relevanter Sonderanknüpfungstatbestände (Art 5 ff Rom II-VO) bestimmt sich das auf allfällige außervertragliche Schadenersatzansprüche anwendbare Recht gemäß Art 4 Abs 1 Rom II-VO nach dem Ort des Schadenseintritts (**lex loci damni**).

Somit unterliegen jedenfalls Ersatzansprüche betreffend Wohnwagen und Körperverletzung Schweizer Recht. Nichts anderes gilt hinsichtlich allfälliger Ansprüche in Bezug auf den Verdienstentgang aus dem versäumten Fototermin. Dieser gilt als „indirekte Schadensfolge" der Körperverletzung iSd Art 4 Abs 1 Rom I-VO, auf die unabhängig von deren Eintreten in Österreich ebenso Schweizer Recht zur Anwendung kommt.[2]

2) Ermittlung des auf das Rechtsverhältnis zwischen Roland und B anwendbaren Rechts, Art 4 Abs 1 lit c Rom I-VO

Der Österreicher Roland hat mit dem Schweizer Staatsbürger B, der in der Schweiz einen Campingplatz betreibt, einen Vertrag abgeschlossen. Ein Sachverhalt mit Auslandsberührung liegt wiederum vor. Einschlägiges materielles Einheitsrecht, das auf das vorliegende Rechtsverhältnis anzuwenden wäre, ist nicht ersichtlich.

Zwischen Roland und B besteht ein **vertragliches Schuldverhältnis,** das nach dem 17.12.2009 abgeschlossen wurde und somit zeitlich in den Anwendungsbereich der Rom I-VO fällt. Eine Rechtswahl, die nach Art 3 Rom I-VO beachtlich wäre, liegt zwischen den Parteien nicht vor. Auch kommt keine Sondernorm der Rom I-VO zur Anwendung. In Frage käme allenfalls Art 6 Rom I-VO, weil sich bei dem Geschäft ein Verbraucher (Roland, der in der Schweiz Urlaub macht) und ein Unternehmer (B als Betreiber eines Campingplatzes) gegenüberstehen und grundsätzlich alle Vertragstypen in den Anwendungsbereich der Sonderbestimmung fallen. Hinsichtlich Miete und Pacht un-

---

2   *Lurger/Melcher*, Internationales Privatrecht Rz 5/31.

beweglicher Sachen ist freilich die Ausnahmebestimmung des Art 6 Abs 4 lit c Rom I-VO einschlägig. Bei einem Campingvertrag wie dem vorliegenden wird gegen Entgelt ein Platz zum Aufstellen eines Zeltes oder Wohnwagens zur Verfügung gestellt sowie die Benützung der sanitären Anlagen ermöglicht. Da somit die Benützung einer Grundfläche und die Benützung baulicher Einrichtungen im Vordergrund stehen, ist der Campingvertrag als Bestandsvertrag anzusehen. Selbst wenn man zB in der Reinigung der sanitären Anlagen allfällige werkvertragliche Elemente oder solche des freien Dienstvertrages sehen will, so treten diese doch weitgehend in den Hintergrund. Weil es für die kollisionsrechtliche Einordnung eines Vertrags auf den überwiegenden Vertragszweck ankommt,[3] ist somit vom Vorliegen eines Bestandvertrags betreffend eine unbewegliche Sache auszugehen und sind auf den Campingvertrag die allgemeinen Anknüpfungsnormen des Art 4 Rom I-VO anzuwenden.

> Anmerkung:
>
> Demgegenüber würde eine Subsumtion unter Art 6 Rom I-VO nicht am Fehlen der situativen Voraussetzungen scheitern (Art 6 Abs 1 lit b Rom I-VO), da der EuGH diese Voraussetzungen im Zusammenhang mit dem in diesem Bereich gleichlautenden Art 15 EuGVVO (jetzt Art 17 EuGVVO neu) zunehmend extensiv interpretiert hat. Für ein „Ausrichten" der beruflichen oder gewerblichen Tätigkeit in das Aufenthaltsland des Verbrauchers würde es nach dieser Rsp genügen, wenn im Internet etwa eine Telefonnummer mit internationaler Vorwahl und eine Anfahrtsbeschreibung aus dem Ausland angegeben sind.[4]

Einschlägig ist Art 4 Abs 1 lit c Rom I-VO, weil es sich – wie oben ausgeführt – beim Campingvertrag um einen Vertrag über die Miete unbeweglicher Sachen handelt. Auf den Vertrag ist daher die **lex rei sitae** und somit Schweizer Recht anzuwenden. Art 4 Abs 1 lit d Rom I-VO gelangt, obwohl das vorliegende Mietverhältnis auf weniger als sechs Monate abgeschlossen wird, hingegen nicht zur Anwendung, weil die Vertragsparteien ihren gewöhnlichen Aufenthalt in verschiedenen Staaten haben.[5]

Gemäß Art 10, 12 Rom I-VO richten sich alle aus dem Vertrag resultierenden Ansprüche, also auch die im vorliegenden Sachverhalt zu prüfenden Schadenersatzansprüche, nach dem **Vertragsstatut** und somit nach Schweizer Recht. Im vorliegenden Fall ist allerdings auch die Gültigkeit einer **Vertragsklausel** zu prüfen, nämlich jene Bestimmung der „Campingplatzordnung", wonach die Benutzung des Campingplatzes auf eigene Gefahr erfolgt und eine Haftung des Campingplatzbetreibers ausgeschlossen wird. Diese Klausel könnte **außerhalb des** durch Art 4 Abs 1 lit c Rom I-VO **berufenen Vertragsstatuts** zu beurteilen sein. § 13a Abs 2 KSchG erklärt nämlich die österreichischen Bestimmungen betreffend die Geltungs- und Inhaltskontrolle von vorformulierten Vertragsklauseln (§§ 864a, 879 Abs 3 ABGB und § 6 KSchG) zu **Normen mit**

---

3 *Martiny* in Münchener Kommentar zum BGB X[6] Art 4 Rom I-VO Rz 11.
4 Vgl *Martiny* in Münchener Kommentar zum BGB X[6] Art 6 Rom I-VO Rz 36.
5 Vgl *Lurger/Melcher*, Internationales Privatrecht Rz 4/34.

eigenem Anwendungswillen, die unabhängig von dem sonst nach den Regeln des IPR ermittelten Recht vorrangig anzuwenden sind.[6] § 13a Abs 2 KSchG beruft die genannten Normen dann unmittelbar zur Anwendung, **wenn** der Vertrag im **Zusammenhang mit einer in Österreich entfalteten**, auf die Schließung solcher Verträge gerichteten **Tätigkeit des Unternehmers** oder der von ihm hierfür verwendeten Personen zustande gekommen ist. Es stellt sich die Frage, ob die auf der Webpage des Emmentaler Tourismusverbandes enthaltene Information, die naturgemäß auch in Österreich abrufbar ist, eine solche Tätigkeit darstellt. Das Gesetz selbst beschreibt die Art der erforderlichen Tätigkeit nicht näher, weswegen argumentiert wird, es solle auf die situativen Anknüpfungskriterien der einschlägigen generellen Kollisionsnorm für Verbraucherverträge zurückgegriffen werden.[7] Abzustellen ist danach auf die in Art 6 Abs 1 lit a bzw b genannten situativen Kriterien. Angesichts der weiten Interpretation des „Ausrichtens" iSd lit b durch den EuGH[8] würde der Internetauftritt des B für eine Bejahung der situativen Anwendungsvoraussetzungen wohl ausreichen. Dass B im vorliegenden Fall nicht auf einer eigenen Webpage wirbt, sondern auf der internationalen Seite des Emmentaler Tourismusverbands, macht keinen Unterschied, weil der Tourismusverband eine Person darstellt, derer sich B bedient.[9] Die Klauselkontrolle unterliegt somit österreichischem Recht, alle sonstigen vertragsrechtlichen Fragen jenem der Schweiz.

Allfällige **deliktische Schadenersatzansprüche** des Roland gegen B sind gemäß Art 4 Abs 1 Rom II-VO nach dem Recht des Staates zu beurteilen, in dem der Schaden eintritt (**lex loci damni**). Dies ist nach dem bereits zu 1) Ausgeführten das Recht der Schweiz.

3) Ermittlung des auf das Rechtsverhältnis zwischen Roland und dem Kanton Bern anwendbaren Rechts, nationales Amtshaftungsrecht

Auch in Bezug auf einen allfälligen **Amtshaftungsanspruch** liegt eine relevante Auslandsbeziehung vor. Der Schaden tritt beim Österreicher Roland ein; potentiell zur Verantwortung zu ziehen ist der Kanton Bern aufgrund des Verhaltens des Schweizer Beamten C, der dem Kanton als Organ zuzuordnen ist.

Die Rom II-VO nimmt Amtshaftungsansprüche (**acta iure imperii**, vgl Art 1 Abs 1 Rom II-VO) explizit von ihrem Anwendungsbereich aus. Die hM geht davon aus, dass das Amtshaftungsrecht, das stets nur die Haftung des eigenen Staates regelt, **Eingriffsnormencharakter** hat.[10] Ein allfälliger Amtshaftungsanspruch richtet sich also nach dem Sachrecht des Rechtsträgers, dem der Organwalter, hier der Beamte C, zuzuordnen ist. Dies gilt unabhängig davon, wo der Organwalter tätig geworden ist, und weicht somit von der Regelanknüp-

---

6   Vgl allgemein *Lurger/Melcher*, Internationales Privatrecht Rz 4/91 ff zu Eingriffsnormen iSd Rom I-VO sowie Rz 4/55 ff zu § 13a KSchG.

7   *Krejci* in Rummel[3] § 13a KSchG Rz 5 ff.

8   Vgl oben bei FN 4.

9   Vgl den Wortlaut des § 13a Abs 2 KSchG.

10   *Verschraegen* in Rummel[3] § 48 IPRG Rz 43.

fung des – außerhalb der Rom II-VO für außervertragliche Schadenersatzansprüche weiterhin anwendbaren – § 48 Abs 1 IPRG ab.[11]

> **Anmerkung:**
>
> Der OGH unterscheidet hingegen: Fragen wie das Tätigwerden im Rahmen der Hoheitsverwaltung sowie die Organstellung ordnet er entsprechend der eben vertretenen Lösung dem Bereich der Eingriffsnormen zu; Fragen betreffend den Haftungsumfang unterstellt er dem Deliktsstatut des § 48 Abs 1 IPRG.[12]

4) Ermittlung des auf das Rechtsverhältnis zwischen Giovanni und A anwendbaren Rechts, Art 4 Abs 1 Rom II-VO

Hier kann aufgrund der Ähnlichkeit der Konstellation auf die Ausführungen oben 1) verwiesen werden.

5) Ermittlung des auf das Rechtsverhältnis zwischen Giovanni und B anwendbaren Rechts, Art 4 Abs 1 lit c Rom I-VO

Die Frage, ob Giovanni einen Anspruch aus dem Vertrag zwischen Roland und B ableiten kann, weil er in den Schutzbereich dieses Vertrags einzubeziehen ist, richtet sich nach überwiegender Auffassung nach dem Vertragsstatut für den Vertrag zwischen Roland und B. Denn auch die Frage, auf wen sich die vertraglichen Nebenpflichten beziehen, ist letzthin eine Frage der Erfüllung der durch den Vertrag begründeten Verpflichtungen (Art 12 Abs 1 lit b Rom I-VO).[13] Es kann daher auf oben 2) verwiesen werden.

6) Ermittlung des auf das Rechtsverhältnis zwischen Giovanni und dem Kanton Bern anwendbaren Rechts, nationales Amtshaftungsrecht

Hier ist auf das oben 3) Gesagte zu verweisen.

---

11 *Schwimann*, Internationales Privatrecht[3] 79; *Lurger/Melcher*, Internationales Privatrecht Rz 5/104 und 5/115.

12 OGH 1 Ob 49/81, SZ 55/17; ebenso *Schurig*, Eine neue Entwicklung im österreichischen internationalen Amtshaftungsrecht, JBl 1983, 234.

13 Vgl *Spellenberg* in Münchener Kommentar zum BGB X[6] Art 12 Rom I-VO Rz 57 f mwN (dort auch zur Gegenposition, die Ansprüche aus Vertrag mit Schutzwirkungen zugunsten Dritter deliktisch qualifizieren will und daher der Rom II-VO unterstellt).

Frage 2

> Anmerkung:
>
> 1) Frage 2 bezieht sich nur auf die Möglichkeit, Schmerzengeld zu verlangen. Etwaige Heilungskosten sind im vorliegenden Fall gar nicht, ein Verdienstentgang nur in Frage 3 anzusprechen.
>
> 2) Die Ansprüche des Roland und des Giovanni werden in der Folge getrennt geprüft. Die Prüfung erfolgt in der Reihenfolge: aussichtsreichere Ansprüche vor weniger aussichtsreichen.

1) Ansprüche des Roland auf Schmerzengeld

a) Roland gegen B auf Schadenersatz aus Vertrag, §§ 1295 Abs 1, 1325 ABGB

Zwischen Roland und B wurde ein Campingvertrag abgeschlossen. Dass ein solcher einem **Bestandvertrag** nahe kommt, wurde bereits oben bei Frage 1 Abschnitt 2) erörtert und gilt auch für das materielle Recht. Es stellt sich die Frage, ob B gegen seine aus diesem Vertrag resultierenden Pflichten verstoßen hat. Dabei geht es im vorliegenden Fall nicht um eine Verletzung der vertraglichen Hauptleistungspflichten; immerhin hat B Roland einen offenbar zufrieden stellenden Platz zum Campen angeboten. Vielmehr ist zu fragen, ob B gegen seine ebenfalls aus dem Vertrag resultierenden **Schutz- und Sorgfaltspflichten** verstoßen hat. Diese bestehen darin, die absolut geschützten Rechtsgüter des Vertragspartners vor Schäden vor und im Zuge der Vertragserfüllung zu bewahren.[14] Ihre schuldhafte Verletzung führt zu einer Haftung aus Vertrag, wodurch dem Verletzten die Vorteile der strengeren Gehilfenhaftung gemäß § 1313a ABGB sowie der Beweislastumkehr gemäß § 1298 ABGB zugute kommen. Der Vertragspartner, in unserem Fall B, hat also darauf Bedacht zu nehmen, dass Roland im Zuge der Erfüllung des Vertrags keine Schäden erleidet. Da B in seiner Eigenschaft als Betreiber eines Campingplatzes als Fachmann anzusehen ist, hat er auch den erhöhten Sorgfaltsmaßstab des § 1299 ABGB zu verantworten.[15] Die zu prüfende schadensauslösende Handlung besteht darin, dass B die Kiefer isoliert stehen ließ, ohne dafür zu sorgen, dass sie die Benützer des Campingplatzes nicht gefährdet.

Schaden: Roland ist am Körper verletzt (§ 1325 ABGB).

Kausalität: Hätte B die Schlägerungen nicht vorgenommen bzw geeignete Schutzmaßnahmen ergriffen und die Kiefer nicht isoliert stehen gelassen, wäre sie in der Folge nicht durch den Wind umgestürzt und Roland nicht verletzt worden. Es liegt nicht außerhalb der allgemeinen Lebenserfahrung, dass umstürzende Bäume Personen am Körper verletzen können, weswegen auch **Adäquanz** vorliegt.

---

14 *Dullinger*, Schuldrecht AT[5] Rz 1/13.
15 OGH 1 Ob 93/00h, ZVR 2002/21.

Rechtswidrigkeit: B verstößt durch die Vornahme der Schlägerungen gegen seine bereits oben näher beschriebenen Schutz- und Sorgfaltspflichten aus dem Campingvertrag (§ 1295 Abs 1 ABGB). Er hätte dafür sorgen müssen, dass die Benützung des Campingplatzes gefahrlos möglich ist. Zweck der verletzten Schutz- und Sorgfaltspflichten – konkret der Verpflichtung, gefährliche Schlägerungen zu unterlassen oder zumindest geeignete Schutzmaßnahmen zu ergreifen – ist evidentermaßen vor allem der Schutz absoluter Rechtsgüter wie insbesondere der körperlichen Integrität der Campinggäste. Somit ist auch der **Rechtswidrigkeitszusammenhang** gegeben.

Verschulden: Sein Verhalten ist B auch subjektiv vorwerfbar. Spätestens seit seinem Gespräch mit C weiß er, dass isoliert stehende Bäume bei Wind eine Gefährdung darstellen. Er war sich also bewusst, dass er die Benützer seines Campingplatzes dieser Gefahr aussetzt. Dass sich B auch mit dem Eintritt der Folgen dieser Gefährdung abgefunden hat, dass also bedingter Vorsatz vorliegt, kann ihm freilich nicht ohne weiteres unterstellt werden. Vom Vorliegen grober Fahrlässigkeit kann aber ausgegangen werden, da ihm nach den Schilderungen des C ein Schadenseintritt nahezu wahrscheinlich erscheinen musste.

Zwischenergebnis: Roland kann von B Schmerzengeld wegen Verstoßes gegen seine vertraglichen Schutz- und Sorgfaltspflichten verlangen. Diese Rechtsfolge in Form eines ideellen Schadenersatzes für die erlittene Ungemach ist von § 1325 ABGB, der den Ersatzumfang bei Verletzungen am Körper regelt, explizit vorgesehen.

B könnte hiergegen **einwenden**, dass er seine Haftung vertraglich abbedungen habe. Die auf der Rückseite des Mietvertrags abgedruckte **Freizeichnungsklausel** wurde auch gültig in den Vertrag miteinbezogen, da Roland die Möglichkeit hatte, von ihr Kenntnis zu nehmen. Allerdings kann sich B nicht auf die Klausel berufen: Im vorliegenden Fall ist das KSchG einschlägig, da der Abschluss eines Mietvertrags über einen Stellplatz im Rahmen der unternehmerischen Tätigkeit des B als Campingplatzbetreiber erfolgt, während Roland zu Urlaubs- und somit zu privaten Zwecken kontrahiert (vgl § 1 Abs 1 KSchG). Gemäß § 6 Abs 1 Z 9 KSchG kann ein Unternehmer seine Haftung für Personenschäden wie den konkret zu beurteilenden Schmerzengeldanspruch gar nicht und für Sachschäden allenfalls für leichte Fahrlässigkeit ausschließen. Ein so umfassender Haftungsausschluss, wie ihn B in seinen „Campingplatzordnung" vorsieht, ist nicht gültig. Roland kann von B also trotz dieser Klausel Schmerzengeld fordern.

Denkbar ist weiters eine **Einwendung** des B, dass der Sturm ein unabwendbares Naturereignis gewesen sei und somit **höhere Gewalt** vorliege, für die generell nicht gehaftet wird.

> Anmerkung:
>
> Diese Einwendung könnte von allen potentiell Haftenden erwogen werden. Aus Wiederholungsgründen wird sie allerdings nur hier geprüft.

Der Haftungsausschluss aufgrund höherer Gewalt unterliegt einem **sehr strengen Maßstab**. Von höherer Gewalt kann nur dann gesprochen werden, wenn ein außergewöhnliches Ereignis, das von außen einwirkt und nicht vorhersehbar ist, den Schaden verursacht.[16] Ein Orkan wie der im Sachverhalt, der in 19 Jahren zwei Mal und vorher bereits öfter vorkam, stellt im Gegensatz zu dieser strengen Definition bereits ein „regelmäßiges" Ereignis dar, mit dessen Eintreten man auch zu rechnen hat. Zudem kann aus der von C gegenüber B geäußerten Ansicht, dass vereinzelt dastehende Bäume dem Wind eine größere Angriffsfläche böten, geschlossen werden, dass auch ein weniger starker Sturm eine Gefahr dargestellt hätte. Aus diesem Grund kann sich B nicht unter Hinweis auf höhere Gewalt von seiner Haftung befreien.

b) Roland gegen B, §§ 1319 analog, 1325 ABGB

Nach der schadenersatzrechtlichen Sondernorm des § 1319 ABGB[17] haftet der Besitzer eines auf einem Grundstück aufgeführten Werks für den Schaden, den jemand durch Einsturz oder Ablösen von Teilen dieses Werks erleidet, die die Folge der Mangelhaftigkeit des Werks sind. Der Besitzer eines Werks kann sich nur dadurch von der Haftung befreien, dass er beweist, jede zur Abwendung der Gefahr erforderliche Sorgfalt angewendet zu haben. Dabei kommt es auf die **objektive Sorgfalt** an, sodass der Entlastungsbeweis nur dann erbracht ist, wenn der Besitzer alle Vorkehrungen getroffen hat, die nach der Verkehrsauffassung vernünftigerweise erwartet werden können.[18]

Tatbestandsvoraussetzungen für die Haftung nach § 1319 ABGB sind ein Schaden, dessen Verursachung durch den Einsturz des Werks oder die Ablösung eines Teiles davon, der Besitz des potentiell Haftpflichtigen und die mangelhafte Beschaffenheit des „Werks" als Schadensursache. Diese Voraussetzungen hat der Geschädigte zu beweisen. Gelingt dies, kann sich der Besitzer durch den bereits erwähnten Entlastungsbeweis, alles objektiv Erforderliche zur Gefahrenabwehr unternommen zu haben, befreien.[19]

Dass Roland einen **Schaden** in Form einer Körperverletzung erlitten hat, wurde bereits dargetan; dieser ist auch unmittelbar **durch** das **Umstürzen des Baumes** verursacht worden (Kausalzusammenhang). Auf Bäume ist § 1319 ABGB zwar nicht direkt anwendbar, weil ein Baum, der nicht von Menschenhand geschaffen ist, kein Werk darstellt. Die Rechtsprechung wendet die Bestimmung allerdings auf Bäume analog an, da auch von ihnen ein bestimmtes Gefahrenpotential ausgeht. Der Besitzer eines Baumes haftet somit, wenn der Baum umstürzt oder Äste des Baumes herabfallen.[20]

16 *Koziol*, Haftpflichtrecht II² 421, 546.
17 Zur Frage, ob § 1319 ABGB eine Gefährdungs- oder eine Verschuldenshaftung mit Beweislastumkehr normiert (oder, quasi als Mittelposition, eine verschuldensunabhängige Haftung für objektive Sorgfaltswidrigkeit), zuletzt OGH 7 Ob 26/11s, immolex 2011, 306; *Reischauer* in Rummel³ § 1319 Rz 15; *Koziol/Apathy/Koch*, Österreichisches Haftpflichtrecht III³ 221 f. Für den gegenständlichen Anspruch ist diese Streitfrage im Ergebnis ohne Relevanz.
18 *Reischauer* in Rummel³ § 1319 Rz 17.
19 Vgl hierzu etwa OGH 1 Ob 93/00h, ZVR 2002/21; diese E liegt Teilen des Falles zugrunde.
20 OGH 1 Ob 93/00h, ZVR 2002/21; vgl auch 2 Ob 203/11h, NZ 2012, 186.

> Anmerkung:
>
> Beachte auch, wie extensiv Lehre und Rechtsprechung den Begriff „Werk" im direkten Anwendungsbereich des § 1319 ABGB auslegen.[21]

Wer **Besitzer** eines Werkes ist, bestimmt sich nicht nach § 309 ABGB, sondern nach den tatsächlichen und wirtschaftlichen Verhältnissen. Als Besitzer iSv § 1319 ABGB gilt, wer in der Lage und auch verpflichtet ist, vom Werk ausgehende Gefahren abzuwenden. Es kommt auf die tatsächliche Verfügungsgewalt an.[22] Dies alles trifft auf B als Mieter der Liegenschaft, auf der der Baum steht, zu. Schließlich muss der Schaden nach § 1319 ABGB auf eine **mangelhafte Beschaffenheit** des Baumes zurückzuführen sein. Dies ist hier insofern zu bejahen, als (erst) durch die Schlägerungen und das Bestehenlassen einzelner Bäume eine Gefahrenlage geschaffen wurde, die mit der Verwendung des Geländes als Campingplatz nicht vereinbar war. B könnte sich also nur durch den Beweis, alles objektiv Erforderliche getan zu haben, damit der Baum nicht entwurzelt wird und umstürzt, entlasten. Konkrete Sicherungsmaßnahmen gesetzt hat B nicht. Entlasten könnte er sich somit nur durch den Beweis mangelnder Erkennbarkeit der von den stehen gebliebenen Bäumen ausgehenden Gefahr.[23]

Da er allerdings durch sein Gespräch mit C positiv wusste, welche Gefahr ein allein stehender Baum darstellt, kann von Anwendung der erforderlichen Sorgfalt nicht die Rede sein.

Ergebnis: B haftet somit auch nach § 1319 ABGB. Der Umfang des Ersatzanspruchs ergibt sich wiederum aus § 1325 ABGB: Roland kann Schmerzengeld fordern. Die zwischen Roland und B vereinbarte Freizeichnungsklausel entfaltet auch in Bezug auf die Haftung nach § 1319 ABGB keine Wirksamkeit (vgl oben 1)a) zu Frage 2).

> Anmerkung:
>
> Die Ansprüche a) und b) stehen miteinander in **Anspruchsgrundlagenkonkurrenz**. Roland kann sich auf beide Rechtsgründe stützen, den Betrag allerdings nur einmal fordern.

c) Roland gegen die Republik Österreich, § 1 AHG, § 1325 ABGB

> Anmerkung:
>
> Wenngleich im vorliegenden Fall die Bewilligung von einer Schweizer Behörde kommt, ist nach der Fragestellung auch eine allfällige Amtshaftung genauso wie die restlichen Ansprüche nach österreichischem Recht unter Fiktion der Zuständigkeit einer österreichischen Behörde zu prüfen.
>
> Für gewerberechtliche Bewilligungen sind in Österreich in erster Instanz

---

21   Vgl *Harrer* in Schwimann[3] § 1319 Rz 4 ff und 16 ff; *Karner* in KBB[4] § 1319 Rz 1.

22   *Karner* in KBB[4] § 1319 Rz 3.

23   Vgl zu diesen Gesichtspunkten wiederum OGH 1 Ob 93/00h, ZVR 2002/21.

> die Bezirksverwaltungsbehörden als Bundesbehörden zuständig, wes-
> wegen eine Amtshaftung die Republik Österreich träfe.

§ 1 Abs 1 und 2 AHG normieren eine Haftung des Rechtsträgers für Schäden, die ein Organ in Vollziehung der Gesetze jemandem durch rechtswidriges
Verhalten schuldhaft zugefügt hat. Als schadensauslösendes Verhalten kommt
eine Unterlassung in Frage, nämlich das Nichterteilen einer Auflage durch C im
Zuge des Betriebsanlagengenehmigungsverfahrens.

Schaden: Roland ist am Körper verletzt (§ 1325 ABGB).

Kausalität: Hätte C im Genehmigungsbescheid eine entsprechende Auflage
erteilt, wäre es nicht zu den Schlägerungen gekommen. Dann wäre die Kiefer
dem Wind nicht ungeschützt ausgesetzt gewesen und nicht entwurzelt worden
und hätte Roland nicht verletzt. Dass die Nichterteilung einer Auflage zu einem
Fehlverhalten und in der weiteren Folge zu Schäden führt, liegt nicht außerhalb
der allgemeinen Lebenserfahrung, weswegen auch **Adäquanz** vorliegt.

Rechtswidrigkeit: Ein Eingriff in ein absolut geschütztes Rechtsgut wie
hier die körperliche Unversehrtheit **indiziert** zwar bereits die Rechtswidrigkeit,
jedoch muss darüber hinaus ein konkretes Verhalten vorliegen, das gegen
Gebote oder Verbote der Rechtsordnung verstößt. C ist Beamter der Gewerbe-
behörde. Als solcher hat er die Genehmigungsverfahren so zu führen und
abzuschließen, dass bewilligte Betriebsanlagen keine Gefahr für die Benützer
darstellen. Gegen diese Verpflichtungen verstößt C: Er genehmigt eine Be-
triebsanlage ohne entsprechende Auflagen, obwohl er weiß, dass sie in Zukunft eine Gefahr darstellen könnte. Dass durch ein ordnungsgemäßes Vorgehen der Behörde und ihrer Bediensteten Schäden der Allgemeinheit (konkret
insbesondere der Campinggäste) hintan gehalten werden sollen, liegt auf der
Hand. Nicht zuletzt bedürfen Betriebsanlagen der behördlichen Bewilligung
und Kontrolle, weil viele Menschen von ihnen Gebrauch machen und mit ihnen
in Berührung kommen und dabei nicht geschädigt werden sollen. Auch der
Rechtswidrigkeitszusammenhang ist somit gegeben.

Verschulden: Die Nichtaufnahme entsprechender Auflagen in den Bescheid ist dem C jedenfalls auch subjektiv vorwerfbar. Er wusste zum Zeitpunkt
der Betriebsanlagengenehmigung, dass Schlägerungen geplant waren. Aus
seinen Aussagen kann sogar der Ratschlag herausgelesen werden, die Schlägerungen durchzuführen, obwohl er sich der Gefahr, die von einzeln stehenden
Bäumen ausgeht, bewusst war. Wenngleich nicht per se angenommen werden
kann, dass C die schwerwiegenden Folgen seiner Unterlassung für wahrscheinlich gehalten und sich mit ihnen abgefunden hat, so ist ein Nichterteilen
von Auflagen im vorliegenden Fall zumindest als grob fahrlässig einzustufen,
weil eine derartige Unzulänglichkeit einem aufmerksamen Beamten in der
Position des C niemals passiert wäre, und ihm der Eintritt eines Schadens
auch wahrscheinlich erscheinen musste.

Ergebnis: Roland kann die Republik Österreich aufgrund von § 1 AHG zur
Verantwortung ziehen. C haftet Roland jedoch nicht persönlich (vgl § 1 Abs 1
aE AHG).

d) Roland gegen A, §§ 1295 Abs 1, 1325 ABGB

Zwischen Roland und dem Eigentümer des Campingplatzes besteht kein Vertragsverhältnis, da dieser den Campingplatz nicht betreibt. Allerdings war A im Jahre 2010 an der Schlägerung der Bäume beteiligt. Fraglich ist, ob daraus eine Haftung des Eigentümers A begründet werden kann.

Schaden: Roland erleidet eine Verletzung am Körper (§ 1325 ABGB).

Kausalität: Fraglich ist, ob der Schaden auch dann eingetreten wäre, wenn A dem B beim Schlägern nicht behilflich gewesen wäre. Schließlich ist davon auszugehen, dass B die Bäume wohl auch ohne die Hilfe des A gefällt hätte. In Anlehnung an die Lösung der hM zu Fällen der kumulativen Kausalität kann hier allerdings auf eine strenge Anwendung der Bedingungstheorie iSd conditio sine qua non-Formel verzichtet werden.

> Anmerkung:
>
> Die hM setzt sich in Fällen der kumulativen Kausalität über die Bedingungstheorie hinweg und lässt beide Täter solidarisch haften.[24] Ein „klassischer" Fall kumulativer Kausalität liegt hier zwar nicht vor, da zwar B auch ohne Mitwirkung des A die Schlägerungen durchgeführt hätte, umgekehrt aber A, wenn B nicht selbst aktiv geworden wäre, seinerseits keine Bäume gefällt hätte. Der Gedanke, dass sich A nicht unter Hinweis auf die auch ohne sein Zutun durch B bewirkte Schlägerungen aus der Haftung befreien können soll, trägt aber auch hier. Wer dies anders beurteilt, muss die Prüfung einer Haftung des A hier abbrechen.

Rechtswidrigkeit: Das Vorliegen der Verletzung eines absolut geschützten Rechtsguts, hier der körperlichen Unversehrtheit, **indiziert** auch das Vorliegen eines rechtswidrigen Verhaltens. Dazu lassen sich aus der Gesamtheit der Rechtsordnung auch **Verkehrssicherungspflichten** ableiten, die die Schaffung von Gefahrenquellen verhindern sollen. Im vorliegenden Fall ist A an der Schaffung einer Gefahrenquelle beteiligt und verstößt somit gegen die allgemeinen Verkehrssicherungspflichten. Denn mit Bäumen bepflanzte Grundstücke, die der Benutzung durch Menschen offen stehen (hier durch einen dort befindlichen Campingplatz), dürfen nicht so verändert werden, dass sie eine Gefahrenquelle darstellen.

Verschulden: Fraglich ist im vorliegenden Fall allerdings, ob A sein Pflichtverstoß auch subjektiv vorwerfbar ist. Laut Sachverhalt hat er vom Gespräch zwischen B und C nichts gewusst. Es kann uE nicht verlangt werden, dass sich jeder Grundeigentümer automatisch mit der Frage der Windanfälligkeit einzelner Bäume auskennt, weswegen A im vorliegenden Fall kein Verschulden trifft.[25]

Ergebnis: Eine Haftung des A liegt mangels Verschuldens nicht vor.[25]

---

24   *Koziol/Welser*, Grundriss II[13] 335.
25   AA OGH 2 Ob 128/71, ZVR 1972/98.

Anmerkung:

Im Gegensatz zu B ist A nicht „Besitzer" des Baums, weil er keine Verfügungsgewalt über ihn hat. Eine Berufung auf § 1319 analog ABGB
kommt somit nicht in Frage.[26]

2) Ansprüche des Giovanni auf Schmerzengeld

a) Giovanni gegen B, §§ 1295 Abs 1, 1325 ABGB

Die Frage, ob auch Giovanni einen vertraglichen Schadenersatzanspruch gegen
B geltend machen kann, hängt davon ab, ob man Giovanni in den Schutzbereich
des zwischen B und Roland abgeschlossenen Vertrags einbeziehen kann. Zu
prüfen ist also, ob ein **Vertrag mit Schutzwirkung zugunsten Dritter** vorliegt
und ob Giovanni zu dem von diesem Vertrag **geschützten Personenkreis**
zählt.

Bei einem Vertrag mit Schutzwirkung zugunsten Dritter werden die Hauptleistungspflichten zwar nur dem Vertragspartner, also Roland, geschuldet, die
Schutz- und Sorgfaltspflichten erstrecken sich hingegen auch auf andere Personen. Bei der Annahme einer solchen erweiterten Haftungsgrundlage ist aber
Vorsicht geboten; die Ersatzpflicht darf nicht unsachgemäß ausufern. Für die
Einbeziehung weiterer Personen in den Schutzbereich eines Vertrags sind aus
diesem Grund **folgende Kriterien** zu beachten: Es muss sich um Personen
handeln, an deren Schutz der Vertragspartner ein eigenes Interesse hat oder
denen er selbst rechtlich zur Fürsorge verpflichtet ist. Weiters müssen die
Rechtsgüter dieser Personen durch die Erfüllung in erhöhtem Maß gefährdet
sein und für den anderen (haftenden) Vertragspartner muss dies bei Vertragsabschluss vorhersehbar gewesen sein.[27] Ob diese Kriterien auf einen zu Besuch kommenden Freund zutreffen, ist fraglich. Lehre und Rechtsprechung
stellen bei einem Mietverhältnis für die Erstreckung der Schutz- und Sorgfaltspflichten des Vermieters auf andere Personen als den Mieter darauf ab, ob es
sich um Familienangehörige und Hausangestellte oder bloß um kurzfristige
Besucher handelt.[28] Letztere sind nach der obigen Definition nicht von den
Schutzwirkungen des Mietvertrags erfasst. Dieselben Grundsätze müssen für
Giovanni gelten: Er ist in einer Pension untergebracht und lediglich auf einen
Kaffee vorbeigekommen, weswegen er als Besucher nicht in den Schutzbe-
reich des Campingvertrags zwischen Roland und B einzubeziehen ist.

Ergebnis: Giovanni kann B nicht aus dem Campingvertrag belangen.

---

26   OGH 1 Ob 93/00h, ZVR 2002/21.
27   *Dullinger*, Schuldrecht AT[5] Rz 6/18.
28   OGH 2 Ob 335/97x, JBl 1998, 655; 2 Ob 216/03h, immolex 2004, 83; 2 Ob 70/12a,
      ZVR 2013, 365.

b) Giovanni gegen B, §§ 1319 analog, 1325 ABGB

Es ist nicht Voraussetzung für die Haftung nach § 1319 ABGB, dass zwischen dem Besitzer des Werks und der Person, die zu Schaden kommt, ein Sonderrechtsverhältnis besteht. Somit kann auf das oben 1) b) Ausgeführte verwiesen werden.

Ergebnis: Giovanni kann von B Schmerzengeld aufgrund von §§ 1319, 1325 ABGB verlangen.

c) Giovanni gegen den Bund, § 1 AHG, § 1325 ABGB

Auch das AHG stellt nicht darauf ab, wer in der Folge eines schuldhaften und rechtswidrigen Verhaltens eines Organs in Vollziehung der Gesetze geschädigt wird. Es kann auf die Prüfung oben 1) c) verwiesen werden.

d) Giovanni gegen A, §§ 1295 Abs 1, 1325 ABGB

Es kann auf das oben 1) d) Gesagte verwiesen werden. Eine Haftung des A entfällt aufgrund seines fehlenden Verschuldens.

Frage 3

1) Ansprüche der Hochzeitsgäste auf Ersatz der Stornogebühren, § 1295 Abs 1 ABGB

Die Hochzeitsgäste sind nicht unmittelbar von den schädigenden Ereignissen berührt. Allerdings haben auch sie in der weiteren Folge eine Vermögenseinbuße, weil sie die Kosten ihrer stornierten Reisen nach Innsbruck tragen müssen. Sie sind so genannte **mittelbar Geschädigte**, weil die **(Dritt)Schäden**, die sie erleiden, nicht vom eigentlichen Schutzbereich der übertretenen Norm oder des übertretenen Vertrags umfasst sind. Nur in Ausnahmefällen sind mittelbar entstandene Schäden dritter Personen ersatzfähig, man denke etwa an § 1327 ABGB, aus dem die Hinterbliebenen eines durch einen Schadensfall Getöteten einen direkten Ersatzanspruch ableiten können; oder an die Fälle, in denen der Schaden durch Vertrag oder Gesetz auf Dritte abgewälzt wird.[29]

Hier liegt keiner dieser Fälle vor, weswegen die Hochzeitsgäste ihren Schaden selbst zu tragen haben. Eine andere Lösung würde zu einer Ausuferung der Ersatzansprüche führen und den Schädiger unverhältnismäßig belasten.

---

29 Etwa die Entgeltfortzahlung durch den Arbeitgeber bei unfallbedingter Dienstverhinderung des Arbeitnehmers; vgl zu Drittschäden allgemein *Koziol/Welser* Grundriss II[13] 332 ff.

2) Roland gegen B und den Bund auf Ersatz des Verdienst-entgangs, §§ 1295 Abs 1, 1325 ABGB

Anmerkung:

Dass gegen die im Titel genannten Anspruchsgegner erfolgreich vorge-gangen werden kann, wurde bereits in Frage 2 ausgiebig erörtert. Da hier nur mehr eine spezielle Frage zum Umfang der Ersatzpflicht offen ist, kann eine Prüfung der allgemeinen Voraussetzungen des Schaden-ersatzanspruches ausnahmsweise entfallen.

Gemäß der einschlägigen Vorschrift § 1325 ABGB, die den Ersatzumfang bei Körperverletzungen regelt, ist ein Verdienstentgang unabhängig vom Grad des Verschuldens zu ersetzen. Roland kann somit seinen Ausfall aufgrund des entfallenen Fototermins gegen B und den Bund geltend machen.

Fall 14. Der fehlerhafte Kostenvoranschlag

I. Sachverhalt

A produziert Tiefkühlgemüse. Für die Erweiterung seines Tiefkühllagers holt er bei B und bei C jeweils einen Kostenvoranschlag für die Errichtung eines weiteren Kühlraumes ein. Der Kostenvoranschlag des B lautet auf € 30.000,-, jener des C auf € 40.000,-, wobei die beiden Angebote auf der Verwendung unterschiedlicher Bauelemente beruhen und auch in der Gliederung erheblich voneinander abweichen. A vergibt den Auftrag aufgrund des günstigeren Gesamtpreises an B, wobei sie übereinkommen, dass die Abrechnung nach dem tatsächlichen Aufmaß erfolgen soll.

Die erforderlichen Baumaterialien bestellt B bei der D-GmbH. Auf der Rückseite des Bestellformulars der D-GmbH sind Allgemeine Geschäftsbedingungen aufgedruckt. Darin ist folgende Klausel enthalten: „Die Ware bleibt bis zur vollständigen Bezahlung unser Eigentum. Für den Fall einer vorherigen Weiterveräußerung durch den Kunden tritt dieser schon jetzt den Entgeltanspruch gegen seinen Abnehmer sicherungshalber an uns ab." Auf die AGB wird vor dem Feld, das für die Unterschrift des Bestellers vorgesehen ist, in Fettdruck folgendermaßen hingewiesen: „Der Besteller hat die umseitigen Allgemeinen Geschäftsbedingungen gelesen und akzeptiert diese mit seiner Unterschrift." B unterschreibt das Formular ohne die Rückseite zu lesen. Die D-GmbH sendet B eine Auftragsbestätigung und liefert kurz darauf die bestellten Baumaterialen.

Nach Fertigstellung der Arbeiten verrechnet B einen Preis von € 40.000,-. Er hat nämlich bei der Erstellung des Kostenvoranschlages irrtümlich die Länge und die Breite des Raumes nur jeweils einmal statt zweimal berücksichtigt.

B hat die inzwischen fällig gewordene Rechnung der D-GmbH in der Höhe von € 20.000,- noch nicht bezahlt.

1) Muss A den Mehraufwand bezahlen?

2) Kann die D-GmbH von A die Bezahlung der € 20.000,- oder die Ausfolgung der Baumaterialien verlangen?

II. Lösung

Frage 1: Höhe der Werklohnforderung

1) B gegen A auf Bezahlung des Werklohns iHv € 40.000,- gemäß § 1170 ABGB

A und B haben einen Vertrag über die Errichtung eines Kühlraumes abgeschlossen. Gemäß § 1166 ABGB handelt es sich im Zweifel um einen Kaufvertrag, wenn derjenige, der eine Sache anfertigen soll, auch die dazu erforderlichen Materialien liefert. Dies ist hier offenkundig der Fall, weil B und C in ihren Kostenvoranschlägen jeweils die Verwendung unterschiedlicher Materialien vorsehen. Allerdings steht für die Vertragsparteien nicht der Verkauf der benötigten Baumaterialien sondern die Errichtung des Kühlraums nach den individuellen Bedürfnissen des A im Vordergrund. Weil nach dem Parteiwillen eindeutig die Elemente des Werkvertrages überwiegen, bleibt für die Anwendung der Zweifelsregel des § 1166 ABGB kein Raum.[1] Auf die Vereinbarung zwischen A und B ist daher das Recht des **Werkvertrags** anzuwenden.

Beim Werkvertrag verpflichtet sich der Werkunternehmer zur Herstellung des Werkes (§ 1165 ABGB) und der Werkbesteller hat gemäß § 1170 ABGB nach dessen Vollendung den **Werklohn** zu entrichten. Dass B das Werk bereits vollendet hat, ist unstrittig. Zu klären ist jedoch, ob B den nach dem tatsächlichen Aufmaß ermittelten Preis von € 40.000,- in Rechnung stellen kann oder an den im Kostenvoranschlag mit € 30.000,- bezifferten Gesamtpreis gebunden ist.

Vor Abschluss des Vertrages hat B einen **Kostenvoranschlag** erstellt.[2] § 1170a ABGB unterscheidet zwischen Kostenvoranschlägen mit bzw ohne Gewährleistung für die Richtigkeit. Hat der Werkunternehmer einen Kostenvoranschlag unter Gewährleistung der Richtigkeit abgegeben, so hat er auch dann keinen Anspruch auf eine Erhöhung des Entgelts, wenn sich die Erstellung des Werkes als aufwendiger erweist als angenommen (§ 1170a Abs 1 ABGB). Bei einem Kostenvoranschlag ohne Gewähr muss der Werkunternehmer gemäß § 1170a Abs 2 ABGB den Werkbesteller unverzüglich von einer unvermeidlichen Überschreitung informieren. Andernfalls verliert er den Anspruch auf Abgeltung der Mehrleistungen. Zudem hat der Werkbesteller nach

---

1   Vgl *Rebhahn/Kietaibl* in Schwimann/Kodek[4] § 1166 Rz 2 ff; *Krejci* in Rummel[3] §§ 1165, 1166 Rz 126 f; OGH 8 Ob 4/71, JBl 1971, 630; 7 Ob 559/87, JBl 1987, 662; 1 Ob 142/01s.

2   Ein Kostenvoranschlag ist eine detaillierte Aufstellung der zu erbringenden Leistungen und der zu verwendenden Materialien, bei der für jede Position der Preis pro Einheit angeführt ist. Eine bloße Kostenschätzung, die lediglich einen Gesamtpreis ohne Untergliederungen nennt, ist kein Kostenvoranschlag iSv § 1170a ABGB; vgl *Rebhahn/Kietaibl* in Schwimann/Kodek[4] § 1170a Rz 1 ff; *Krejci* in Rummel[3] § 1170a Rz 3; *M. Bydlinski* in KBB[4] § 1170a Rz 1 f.

Verständigung von einer beträchtlichen Überschreitung ein Rücktrittsrecht, wobei die bereits erbrachten Leistungen abzugelten sind.

A und B haben vereinbart, dass die Abrechnung nach dem tatsächlichen Aufmaß erfolgen soll. Daraus folgt, dass der Kostenvoranschlag ein solcher **ohne Gewähr** ist. Grundsätzlich ist B also berechtigt, einen sich als notwendig erweisenden Mehraufwand in Rechnung zu stellen. Gemäß § 1170a Abs 2 ABGB wäre er aber verpflichtet gewesen, A von einer beträchtlichen Überschreitung des Kostenvoranschlages zu informieren, sobald sich diese als unvermeidlich herausstellt.

Die **Überschreitung** der veranschlagten Kosten ist hier als beträchtlich iSv § 1170a Abs 2 ABGB zu beurteilen, weil der ermittelte Gesamtpreis von € 40.000,- um ein Drittel über dem kalkulierten Preis liegt.[3] Mit einer Überschreitung in dieser Höhe muss der Auftraggeber nicht rechnen. B wäre daher verpflichtet gewesen, A unverzüglich über die anfallenden Mehrkosten zu informieren, sobald ihm der Fehler auffällt. Hier erfährt A jedoch erst nach Abschluss der Arbeiten durch die Vorlage der Endabrechnung von den beträchtlichen Mehrkosten. B hätte die Kostenüberschreitung jedoch bereits während der Bauarbeiten auffallen müssen, weil er mehr Material beschaffen muss als kalkuliert. B hat A somit nicht rechtzeitig von der beträchtlichen Überschreitung des Kostenvoranschlages informiert. Aus diesem Grund verliert er gemäß § 1170a Abs 2 ABGB den Anspruch auf Abgeltung der erbrachten Mehrleistungen.

Zu fragen ist ferner, ob die Überschreitung der veranschlagten Kosten **unvermeidlich** iSv § 1170a Abs 2 ABGB ist. Der Werkbesteller soll sich auch bei einem unverbindlichen Kostenvoranschlag darauf verlassen können, dass dieser sorgfältig erstellt wurde. B kann sich daher für eine Kostenerhöhung nur auf Umstände berufen, mit denen ein gewöhnlich sorgfältiger Fachmann nicht rechnen musste. Der Werkunternehmer ist nicht berechtigt, das Risiko eines Kalkulationsfehlers, wie er B unterlaufen ist, auf den Werkbesteller abzuwälzen.[4] Weil B vergessen hat, zwei Wände im Kostenvoranschlag zu berücksichtigen, ist die Überschreitung nicht als unvermeidlich zu bewerten. Auch aus diesem Grund kann B von A die Abgeltung des Mehraufwandes nicht fordern.

Zwischenergebnis: B hat einen Anspruch auf Bezahlung des Werklohnes, jedoch lediglich in der veranschlagten Höhe von € 30.000,-.

2) Einrede des B, dass er sich bei Vertragsschluss geirrt hat, § 871 ABGB

Grundsätzlich sind Verträge einzuhalten. Es ist jedoch zu prüfen, ob sich B gegenüber A darauf berufen kann, dass er sich bei der Erstellung des Angebotes, dessen Bestandteil der Kostenvoranschlag ist, geirrt hat. Die **Voraussetzungen**, unter denen sich eine Vertragspartei auf einen Irrtum berufen kann, regelt § 871 ABGB.

---

3   OGH 8 Ob 521/93, JBl 1994, 179 (der Sachverhaltsteil ist an diese Entscheidung angelehnt).

4   *Hutter*, Der Kostenvoranschlag (1996) 144 f; *M. Bydlinski* in KBB[4] § 1170a Rz 5.

Erste Voraussetzung ist, dass B bei Abschluss des Vertrages ein **Irrtum** unterlaufen ist. Ein Irrtum ist eine falsche Vorstellung von der Wirklichkeit. B hat sich geirrt, weil er von der Vollständigkeit des Kostenvoranschlages, den er seinem Angebot zugrunde gelegt hat, ausgegangen ist. Tatsächlich hat er jedoch im Kostenvoranschlag zwei Seitenwände des Raumes nicht berücksichtigt.

Zweitens muss der Irrtum entweder das Zustandekommen oder den Inhalt des Vertrages beeinflusst haben **(Kausalität)**. Diese Voraussetzung ist erfüllt, weil B ein anderes Angebot abgegeben hätte, wäre ihm bewusst gewesen, dass sein Kostenvoranschlag fehlerhaft ist.

> Anmerkung:
>
> Ob sich B auf den Irrtum berufen kann, hängt davon ab, ob er bei Kenntnis der tatsächlichen Umstände den Vertrag entweder gar nicht oder mit einem anderen Inhalt abgeschlossen hätte. Wie sich diesfalls der Vertragspartner des Anfechtenden (hier also A) verhalten hätte, spielt für die Prüfung der Kausalität des Irrtums keine Rolle. Auf den hypothetischen Willen beider Parteien kommt es erst bei der Frage nach den Rechtsfolgen an, denn davon hängt ab, ob der Vertrag angefochten oder angepasst werden kann.[5]

Dritte Voraussetzung ist die **Beachtlichkeit** des Irrtums. Ein Irrtum ist beachtlich, wenn er Umstände innerhalb des Geschäftes betrifft, also ein Erklärungs- oder Geschäftsirrtum vorliegt. Hier wurde mit der Erstellung des Kostenvoranschlages die Kalkulation Bestandteil des Vertrages, weil er erkennbar den Willenserklärungen beider Parteien zugrunde gelegen ist. Es handelt sich also um einen Geschäftsirrtum.

Viertens muss der sich auf den Irrtum berufende B **schutzwürdiger** sein als A. Dies ist gemäß § 871 Abs 1 ABGB der Fall, wenn der Irrtum vom anderen (hier: A) veranlasst wurde oder dem anderen hätte auffallen müssen oder rechtzeitig aufgeklärt wurde. Im vorliegenden Fall wurde der Irrtum nicht von A veranlasst, denn B hat den Kostenvoranschlag selbst erstellt. Es fehlen auch jegliche Hinweise, dass A auf die Gestaltung des Kostenvoranschlages Einfluss genommen hätte. Fraglich ist, ob A der Irrtum des B hätte auffallen müssen, denn A kannte den Kostenvoranschlag des C zum Gesamtpreis von € 40.000,-. Allerdings unterschieden sich die beiden Angebote deutlich hinsichtlich der Gliederung und der angebotenen Bauelemente. Somit konnte A davon ausgehen, dass sich der Preisunterschied aus den unterschiedlichen Materialien bzw Arbeitsaufwand ergibt. Als nicht fachkundiger Besteller ist A nicht zu Nachprüfungen verpflichtet, ob die im Kostenvoranschlag angeführten Maße zutreffend sind, weshalb ihm der Irrtum des B nicht auffallen musste. Ferner wurde der Irrtum auch nicht rechtzeitig aufgeklärt, denn A hat bereits im Vertrauen auf die Gültigkeit des Rechtsgeschäftes Dispositionen getroffen, indem er B mit der Errichtung des Kühlraums beauftragt hat.[6] Somit ist B nicht schutzwürdig und kann sich daher gegenüber A nicht auf den bei der Erstel-

---

5   S dazu *Bollenberger* in KBB[4] § 872 Rz 2.

6   Vgl zu dieser Problematik schon Fall 2, Fn 9.

lung des Kostenvoranschlags unterlaufenen Irrtum berufen.[7]

Ergebnis: B kann den Werkvertrag nicht wegen Irrtums anfechten bzw anpassen.[8] Mangels rechtzeitiger Information über die beträchtliche Überschreitung des Kostenvoranschlages, die zudem nicht unvermeidlich war, hat er lediglich einen Werklohnanspruch in der ursprünglich veranschlagten Höhe von € 30.000,-. Es wird sogleich noch zu prüfen sein, wer zur Geltendmachung der Forderung aktivlegitimiert ist. Die D-GmbH behauptet, einen Teil der Werklohnforderung, nämlich € 20.000,-, durch Abtretung erworben zu haben.

Frage 2: Verlängerter Eigentumsvorbehalt

Anmerkung:

Innerhalb der Frage 2 wird der Zahlungsanspruch der D-GmbH gegen A zuerst geprüft, weil er eine aufrechte Kaufpreisforderung voraussetzt. Die Herausgabe der Materialien aufgrund des vorbehaltenen Eigentums kann die D-GmbH hingegen nur verlangen, wenn sie zuvor vom Kaufvertrag zurücktritt. Dies entspricht auch der gängigen Geschäftspraxis, denn im Regelfall wird der Lieferant Geldzahlung vorziehen.

1) D-GmbH gegen A auf Bezahlung von € 20.000,- gemäß § 1170 iVm § 1394 ABGB

a) *Vereinbarung des verlängerten Eigentumsvorbehalts im Rahmen der AGB*

B schließt mit der D-GmbH einen Kaufvertrag über die zur Errichtung des Kühlraums erforderlichen Baumaterialien ab. Mit dem Ausfüllen und Unterschreiben des Bestellformulars gibt B ein Angebot ab, das die D-GmbH mit der Auftragsbestätigung annimmt. Zu prüfen ist, ob auch die auf der Rückseite des Formu-

---

7   Mitunter werden die drei in § 871 ABGB genannten Abwägungen der Schutzwürdigkeit um den Fall des gemeinsamen Irrtums erweitert. Ein solcher gemeinsamer Irrtum liegt hier vor, weil sowohl A als auch B von der Vollständigkeit des Kostenvoranschlages ausgehen. Mit der überwiegenden Lehre ist eine Berücksichtigung des gemeinsamen Irrtums jedoch abzulehnen, da sich die Schutzwürdigkeit des B als Anfechtendem nicht aus dem gleich gelagerten Irrtum des A ergeben kann (s dazu *Koziol/Welser*, Grundriss I[14] 176 mwN). Vielmehr sind derartige Fälle über die Figur des Wegfalls der Geschäftsgrundlage zu lösen. Dies ist hier jedoch nicht weiter zu verfolgen, weil der Anfechtungsgrund offenkundig aus der eigenen Sphäre des B stammt und zudem vorhersehbar war (vgl *Bollenberger* in KBB[4] § 901 Rz 7 ff).

8   Welche der beiden Rechtsfolgen eintritt, hängt davon ab, ob der Irrtum wesentlich oder unwesentlich ist (vgl §§ 871, 872 ABGB). Dieser Frage ist hier nicht mehr nachzugehen, weil feststeht, dass sich B zwar geirrt hat, er sich aber nicht auf diesen Irrtum berufen kann.

lars aufgedruckten **Allgemeinen Geschäftsbedingungen** (AGB) Bestandteil des Vertrages geworden sind.

Zur **Einbeziehung von AGB** bedarf es übereinstimmender Willenserklärungen der Parteien, dass diese Teil des Vertrages sein sollen. Das von der D-GmbH verwendete Formular enthält vor dem Feld für die Unterschrift einen deutlichen Hinweis auf die umseitig abgedruckten AGB der D-GmbH. Durch den Abdruck der AGB auf der Rückseite des Bestellformulars hat B auch die Möglichkeit, vom Inhalt der Geschäftsbedingungen Kenntnis zu erlangen. Mit seiner vorbehaltlosen Unterschrift unter diese vorformulierte Erklärung bekundet B, dass er mit der Geltung der AGB einverstanden ist.[9] Sie werden also Teil seines Angebotes. Dass B die Bedingungen nicht gelesen hat, geht zu seinen Lasten, weil eine ausreichende Möglichkeit zur Einsichtnahme in die Bedingungen, denen er sich **unterworfen** hat, bestanden hat.[10] Die D-GmbH nimmt dieses Angebot an, weshalb die AGB Bestandteil des Kaufvertrages zwischen B und der D-GmbH sind.

Die AGB enthalten eine **Klausel**, wonach sich die D-GmbH bis zur vollständigen Bezahlung das Eigentum an den veräußerten Sachen vorbehält. Nach der dispositiven Regelung des § 1063 ABGB würde nämlich der Käufer mit der Übergabe der veräußerten, aber noch nicht bezahlten Sache sofort das Eigentum erwerben. Mit der Vereinbarung eines Eigentumsvorbehalts wird diese Rechtsfolge abbedungen und der Eigentumserwerb von der vollständigen Bezahlung des Kaufpreises abhängig gemacht. Das Verfügungsgeschäft ist also aufschiebend bedingt.[11] Gleichzeitig räumt die D-GmbH in ihren AGB dem Käufer das Recht ein, die unter Eigentumsvorbehalt erworbenen Waren im Rahmen des ordentlichen Geschäftsbetriebs weiterzuveräußern (sogenannter **verlängerter Eigentumsvorbehalt**).[12] Aufgrund einer solchen dem Vorbehaltsverkäufer eingeräumten Verfügungsbefugnis kann der zweite Käufer bzw Werkbesteller Eigentum an den weiterverkauften Sachen erwerben. Als Surrogat für das vorbehaltene Eigentum hat der erste Käufer dem Vorbehaltverkäufer die Kaufpreisforderung aus der Weiterveräußerung an den zweiten Käufer abzutreten.[13]

Zu klären ist jedoch, ob die Vereinbarung eines verlängerten Eigentumsvorbehalts in den AGB an § 864a ABGB scheitern könnte. Dieser Bestimmung zufolge wird eine in Allgemeinen Geschäftsbedingungen oder Vertragsformblättern enthaltene Klausel **ungewöhnlichen Inhalts** von Gesetzes wegen nicht Vertragsbestandteil, wenn sie den Vertragspartner des Klauselverwenders **benachteiligt** und er **nicht** mit dieser Bestimmung **rechnen musste**. Anderes gilt nur, wenn der Verwender eigens auf diese Klausel hingewiesen hat **(Geltungskontrolle)**.

---

9   OGH 7 Ob 2407/96p, RdW 1997, 391; *Rummel* in Rummel/Lukas[4] § 864a Rz 9 aE; *Graf* in Kletečka/Schauer, ABGB-ON[1.01] § 864a Rz 7.

10 OGH 3 Ob 237/97t, ÖBA 1998, 54/677; *Koziol/Welser*, Grundriss I[14] 122.

11 *Koziol/Welser*, Grundriss I[14] 455.

12 Diese Klausel berechtigt den Werkunternehmer, die erworbenen Materialen zu verbauen, weil der Werkvertrag auch darauf abzielt, dem Werkbesteller gegen ein Entgelt das Eigentum an den beigestellten Materialien zu verschaffen.

13 *Koziol/Welser*, Grundriss I[14] 463.

Nach dem Sachverhalt ist die Vertragsklausel betreffend den verlängerten Eigentumsvorbehalt in den vorformulierten **AGB** der D-GmbH enthalten.

Unter **Benachteiligung** ist grundsätzlich jede **Abweichung vom dispositiven Recht** zu verstehen, die für den Kunden eine Verschlechterung seiner rechtlichen Position mit sich bringt. Diese Voraussetzung ist hier wohl erfüllt, denn gemäß § 1063 ABGB findet der Eigentumsübergang auch dann zugleich mit der Übergabe statt, wenn der Käufer den Kaufpreis nicht sofort begleicht. Eine Hinauszögerung des Eigentumsübergangs durch die AGB ist bei objektiver Betrachtung als Verschlechterung gegenüber dem dispositiven Recht zu werten.[14]

Als **ungewöhnlich** gilt eine Klausel, wenn mit ihrem **Inhalt** nach der Verkehrsübung beim konkreten Geschäft **üblicherweise nicht gerechnet werden muss**. Hier hat B Baumaterialen auf Kredit erworben, um sie im Rahmen seiner Geschäftstätigkeit zur Errichtung von Bauwerken zu verwenden. In einem solchen Fall ist die Vereinbarung eines verlängerten Eigentumsvorbehalts weit verbreitet und daher nicht ungewöhnlich iSv § 864a ABGB. Sie dient vielmehr dem Ausgleich der berechtigten Interessen der beteiligten Parteien, indem sie B einen Erwerb auf Kredit sowie die Weiterveräußerung im ordentlichen Geschäftsbetrieb ermöglicht, aber zugleich auch den Kaufpreisanspruch der D-GmbH sichert.

Als **überraschend** ist eine Klausel anzusehen, wenn sie sich im **Aufbau des Vertragswerkes** an einer Stelle befindet, wo sie die andere Partei nicht vermuten muss. Das Überraschungsmoment entfällt jedoch, wenn der Klauselverwender auf die ansonsten als überraschend anzusehende Bestimmung eigens hinweist. Im vorliegenden Fall gibt es keine Hinweise, dass die Klausel innerhalb der AGB an unüblicher Stelle „versteckt" gewesen wäre, weshalb es am verpönten Überraschungsmoment fehlt. Ein gesonderter Hinweis auf den verlängerten Eigentumsvorbehalt ist daher nicht erforderlich.

Als Zwischenergebnis bleibt daher festzuhalten, dass die konkrete Klausel im vorliegenden Fall gemäß § 864a ABGB **nicht zu beanstanden** und somit Vertragsbestandteil geworden ist, weil sie für B weder ungewöhnlich noch überraschend ist.[15]

b) Abtretung der Werklohnforderung des B gegen A an die D-GmbH

Der verlängerte Eigentumsvorbehalt gestattet B, aus den erworbenen Baumaterialen einen Kühlraum für A zu errichten. Die AGB verpflichten ihn jedoch, der D-GmbH zur Wahrung ihrer Sicherungsinteressen all jene Forderungen **abzutreten**, die er künftig aus der Weiterveräußerung der Waren erwirbt. Dies betrifft auch die **Werklohnforderung** gegen A. Weil aber die Höhe der Werklohnforderung jene der gesicherten Forderung übersteigt, ist auch der Werklohn nur bis zur Höhe des Kaufpreises, also € 20.000.- von der Abtretung erfasst. Die Werklohnforderung wird durch die Teilabtretung geteilt. Der Umstand, dass im Zeitpunkt des Vertragsabschlusses zwischen der D-GmbH und

---

14   S *P. Bydlinski*, Allgemeiner Teil[5] Rz 6/26.

15   Bei einer Klausur würde in diesem Fall eine Erläuterung genügen, warum die Klausel nicht benachteiligend ist und deshalb nicht an § 864a ABGB scheitert. In der Musterlösung haben wir hingegen aus didaktischen Gründen alle Tatbestandsmerkmale der Norm geprüft.

B die Werklohnforderung gegen A noch nicht entstanden war, steht der Zession nicht entgegen: Auch **künftige Forderungen** sind abtretbar, sofern sie ausreichend **individualisierbar** sind.[16] Dies ist hier der Fall, weil Gläubiger, Schuldner und Rechtsgrund der künftigen Forderung bestimmbar sind, handelt es sich doch um die Forderungen des B aus der Weiterveräußerung im Rahmen des Werkvertrages und kann A als „Abnehmer" im Sinne der Abtretungsvereinbarung identifiziert werden.

Die Abtretung des Werklohnanspruchs erfolgt zur Sicherung der Kaufpreisforderung, die der D-GmbH gegen B zusteht **(Sicherungszession)**.[17] Dabei tritt der abgetretene Anspruch neben den gesicherten, der weiterhin bestehen bleibt. Der Sicherungszessionar erwirbt im Außenverhältnis zwar das Vollrecht an der zedierten Forderung, doch aus dem Innenverhältnis zum Zedenten darf er von dem Recht nur im Rahmen der Sicherungsabrede Gebrauch machen. Diesbezüglich ergibt sich aus dem Sachverhalt kein Problem, denn die Kaufpreisforderung der D-GmbH ist bereits fällig. Die D-GmbH wäre daher grundsätzlich berechtigt, zur Befriedigung ihres Anspruchs auf die Sicherheit zu greifen.

Zu prüfen ist jedoch, ob die D-GmbH die Werklohnforderung des B gegen A auch wirklich erworben hat: Die Sicherungszession dient demselben wirtschaftlichen Zweck wie die Verpfändung. Aus diesem Grund ist das pfandrechtliche **Publizitätsprinzip** des § 452 ABGB zu beachten. Dies bedeutet, dass der Rechtserwerb einen nach außen hin wahrnehmbaren Modus voraussetzt, damit für die Gläubiger des Sicherungsgebers das Ausscheiden der Forderung aus dem Haftungsfonds leicht erkennbar ist. Dafür kommen nach hA[18] die Verständigung des Drittschuldners oder ein Zessionsvermerk in den Geschäftsbüchern des Zedenten in Betracht.

> Anmerkung:
>
> In jüngerer Zeit wurde in Rsp und Literatur in Frage gestellt, ob bei Zedenten, die Geschäftsbücher führen,[19] die Drittschuldnerverständigung ausreichend Publizität verschafft, weil die Gläubiger des Zedenten auf die freiwillige Mitwirkung der Drittschuldner sowie die lückenlose Durchsicht der gesamten Geschäftskorrespondenz angewiesen sind. Bei einer zentralen Erfassung der Zessionen in den Geschäftsbüchern wäre für die Gläubiger bei Einsichtnahme rasch erkennbar, welche Forderungen von einer Sicherungszession betroffen sind und daher den anderen Gläubigern nicht mehr als Sicherungsmittel bzw Haftungsfonds zur Verfügung stehen. Dadurch könnten die häufig erfolgenden Doppelzessionen vermieden werden.[20] Der OGH hat zuletzt erkennen lassen, dass er nicht von seiner bisherigen Rsp abgehen wird.[21]

---

16   *A. Heidinger* in Schwimann[3] § 1393 Rz 39 mwN.
17   *Koziol/Welser*, Grundriss I[14] 463.
18   S nur *Neumayr* in KBB[4] § 1392 Rz 7.
19   §§ 189 ff UGB.
20   Vgl die Nw zur Diskussion bei *A. Heidinger* in Schwimann[3] § 1392 Rz 25 ff.
21   OGH 6 Ob 116/05k, SZ 2006/180; 10 Ob 29/07y, ÖBA 2008, 56/1453.

A wurde nicht von der Sicherungszession verständigt. Mangels gegenteiliger Hinweise im Sachverhalt findet sich auch in den Geschäftsbüchern des B kein Vermerk, dass die Werklohnforderung gegen A sicherungshalber an die D-GmbH abgetreten wurde. Der für den Rechtsübergang erforderliche **Publizitätsakt fehlt** somit,[22] weswegen die Werklohnforderung des B gegen A auf die D-GmbH übergegangen ist. Die D-GmbH kann daher von A nicht die Bezahlung fordern.

2) D-GmbH gegen A auf Herausgabe der Baumaterialien, § 366 ABGB

Abschließend ist zu klären, ob die D-GmbH aufgrund des vereinbarten Eigentumsvorbehalts die gelieferten Baumaterialen von A herausverlangen kann. Dies setzt gemäß § 366 ABGB voraus, dass sie noch deren **Eigentümerin** ist. Wie bereits oben ausgeführt, schließt der verlängerte Eigentumsvorbehalt die Befugnis des Käufers ein, die Sache im Rahmen seiner Geschäftstätigkeit an Dritte zu veräußern und diesen das Eigentum zu übertragen.[23] Folglich ist A aufgrund des Werkvertrags derivativ Eigentümer der im neuen Kühlraum eingebauten Materialien geworden.[24] Die D-GmbH hat ihr Eigentum verloren und daher keinen Anspruch auf Herausgabe der Baumaterialien.

---

22 Der für den Rechtserwerb erforderliche Publizitätsakt ist von der Bestimmung des § 1395 ABGB strikt zu unterscheiden: Diese regelt lediglich, bis zu welchem Zeitpunkt ein Schuldner, der nicht Partei des Abtretungsvertrages ist und daher von dem Vorgang womöglich keine Kenntnis erlangt hat, mit schuldbefreiender Wirkung an den Zedenten zahlen kann. Dies setzt aber voraus, dass der Zessionar die Forderung erworben hat.
23 *Koziol/Welser*, Grundriss I[14] 461 f.
24 Wenn man einen derivativen Eigentumserwerb Kraft Verfügungsbefugnis ablehnt, erwirbt A originär durch Verbindung der Materialien mit seiner Liegenschaft (vgl § 419 ABGB). Es ist nämlich davon auszugehen, dass die Materialien mit dem Einbau zu unselbständigen Bestanteilen der Liegenschaft werden, weil sie ohne Beschädigung nicht mehr entfernt werden können bzw danach praktisch wertlos sind.

Fall 15. Arnolds Ehedramen

I. Sachverhalt[*]

Der 54jährige Arnold ist hochrangiger Beamter der Stadt Salzburg. Er hat zwar kein besonders hohes, dafür aber ein sicheres Einkommen. Im Jahr 1981 hat er Gertraud, eine dynamische Werbefachfrau, geheiratet. Gertraud führt seit 1994 eine florierende Werbeagentur. Die Ehe ist kinderlos geblieben. Arnold ist jedoch Vater des 1991 geborenen außerehelichen Sohnes Justinian, den er bei einem einmaligen Seitensprung gezeugt hat. Arnold hat die Vaterschaft anerkannt und leistet regelmäßig Unterhalt. Justinian studiert seit 2011 in zielstrebigem Tempo Alte Geschichte und Archäologie. Auf die Ehe hat der Fehltritt des Arnold keine Auswirkungen. Anfang der 2000er Jahre leben sich Gertraud und Arnold aber immer mehr auseinander. Schließlich kommt der Punkt, an dem die aktive Gertraud ihren ruhigen, behäbigen Gatten nicht mehr aushält, und auch ihn macht ihre Umtriebigkeit zunehmend nervös. So lassen sich die Eheleute im Jahre 2012 gemäß § 55a EheG einvernehmlich scheiden. In Punkt 2 des gerichtlichen Vergleichs verzichten Gertraud und Arnold wechselseitig auf alle Unterhaltsansprüche, und zwar auch für den Fall der Not.

Kurz nach der Scheidung lernt Arnold die beträchtlich jüngere Sabine kennen und lieben. Sabine wird bald schwanger; Arnold heiratet Sabine im Jänner 2013. Im April 2013 wird der kleine Florian geboren. Das junge Familienglück wird jedoch bald durch Sabines immer schwerer werdende Depressionen getrübt. Sie kommt mit der Situation zu Hause immer weniger zu Rande, fühlt sich durch die Erziehung ihres Kindes mehr und mehr überfordert und mittlerweile gehen ihr des Öfteren „die Nerven durch", was sich in unkontrollierten Heulkrämpfen und Wutausbrüchen äußert, in denen sie ihren Mann und ihr Kind körperlich attackiert. Zugleich kann sie sich immer schwerer dazu aufraffen, Florian gebührend zu versorgen. Sie vernachlässigt Florians Pflege und Erziehung erheblich; sein Schicksal ist ihr gleichgültig. Dies alles ändert aber nichts an Arnolds Zuneigung zu Sabine. Zwar leidet er sehr unter den Umständen, doch er ist immer wieder zur Versöhnung bereit und bemüht sich, Sabine zu unterstützen. Er glaubt, es sei eben normal, dass Hausfrauen zwischendurch einmal „die Decke auf den Kopf fällt".

Im September 2015, als Sabine wieder einen „depressiven Schub" hat und Florian stundenlang lauthals brüllt, packt sie ihr Kind an den Schultern und schüttelt es wie von Sinnen mit voller Kraft. Florian erleidet schwerste Verlet-

---

*   Konzeption und Sachverhalt dieses Falles verdanken wir unserer ehemaligen Kollegin an der Universität Salzburg, Dr. Gundula Maria Likar-Peer. Die Musterlösung haben die AutorInnen dieses Bandes verfasst.

zungen und stirbt ein paar Wochen später im Krankenhaus. Sabine beteuert, sich an nichts erinnern zu können.

Ein psychiatrisches Gutachten über Sabines Zustand ergibt, dass sie seit 2007 an einer schweren Psychose leidet. Sie war auch zwischen 2008 und 2011 in psychiatrischer Behandlung, allerdings galt ihre Psychose schon zum damaligen Zeitpunkt als sehr schwer heilbar. Dies hat sie Arnold allerdings stets wohlweislich verschwiegen, schließlich erhoffte sie sich durch die Heirat mit Arnold eine angenehme Versorgung. Aus dem Gutachten ergibt sich weiters, dass Sabine während ihrer Heul- und Wutkrämpfe, und so auch zum Zeitpunkt, als sie Florian schüttelte, keine Einsichtsfähigkeit in ihre Handlungsweisen besitzt. Ansonsten ist volle Zurechnungsfähigkeit gegeben.

1. Nach dem Tod Florians möchte Arnold die Ehe mit Sabine so schnell wie möglich beenden; dies einerseits deshalb, weil er sich nicht vorstellen kann, Sabine jemals wieder lieben zu können, zum anderen, weil er sich wegen der verheimlichten Psychose betrogen fühlt. Welche rechtlichen Möglichkeiten stehen ihm offen?

2. Kann Sabine nachehelichen Unterhalt von Arnold verlangen?

3. Zu allem Überdruss meldet sich auch noch Gertraud und fordert Unterhalt von Arnold. Über ihre Werbeagentur wurde 2009 der Konkurs eröffnet, sie selbst musste Anfang 2015 Privatkonkurs anmelden. Der Zusammenbruch ihrer Firma hat auch Gertraud psychisch derart labil werden lassen, dass sie seither nicht im Stande ist, sich Arbeit zu suchen. Zudem ist sie wegen ihres reiferen Alters nur noch „schwer vermittelbar" und hat keine lebenden Verwandten mehr, die sie unterstützen könnten. Arnold dagegen beruft sich auf den beiderseitigen Unterhaltsverzicht im seinerzeitigen Scheidungsvergleich.

4. Als Arnold erfährt, dass sein Sohn Justinian den Sommer über drei Monate lang als Ferialpraktikant auf dem Hallstätter Gräberfeld arbeitet und monatlich € 400,- verdient, stellt er die Unterhaltszahlungen an Justinian ein. Zu Recht?

5. Arnolds Mutter Maria hat einen handschriftlichen Text verfasst, in dem sie Florian zu ihrem Alleinerben eingesetzt hat. Unter diesen Text hat sie ihre Initialen in der für sie charakteristischen verschnörkelten Schrift gesetzt. Wie erst jetzt bekannt wird, ist die alte Dame drei Tage vor Florians Tod auf einer ihrer Weltreisen gestorben. Sie hinterlässt neben Arnold noch zwei weitere volljährige Kinder, Christa und Doris. Wie beurteilen Sie die erbrechtliche Situation?

II. Lösung

Frage 1

1) Arnold gegen Sabine auf Aufhebung der Ehe, §§ 37, 38 EheG

> **Anmerkung:**
>
> Grundsätzlich sollte innerhalb eines Gliederungsabschnittes nur eine Rechtsgrundlage geprüft werden, die zur Erreichung des gewünschten Ergebnisses führt. Hier erscheint es aus Gründen der Bearbeitungsökonomie ausnahmsweise gerechtfertigt, die Aufhebung der Ehe wegen Irrtums (§ 37 EheG) und arglistiger Täuschung (§ 38 EheG) in einem Abschnitt zu erörtern, weil die Voraussetzungen der Aufhebung und die Bestimmungen über die Frist zur Geltendmachung weitgehend identisch sind. Dabei sollte aber darauf geachtet werden, dass die Prüfung der beiden Tatbestände nicht ineinander verschwimmt; es liegt daher eine Untergliederung nahe. Ebenso korrekt ist es natürlich, die beiden Aufhebungstatbestände gänzlich separat zu prüfen und beim zweiten zur Vermeidung von Wiederholungen auf die zuvor gemachten Ausführungen zu verweisen.

a) Gemäß § 37 Abs 1 EheG kann ein Ehegatte wegen **Irrtums** die Aufhebung der Ehe begehren. Der Irrtum muss sich auf Umstände bezogen haben, die die Person des anderen Ehegatten betreffen und die den Irrenden bei richtiger Würdigung des Wesens der Ehe und bei Kenntnis der Sachlage davon abgehalten hätten, diese Ehe einzugehen. Arnold wusste im Zeitpunkt der Eheschließung nicht, dass Sabine seit 2007 an einer schweren psychischen Störung leidet, deren Heilungschancen als gering einzustufen sind. Damit liegt ein **Umstände der Person** betreffender Irrtum im Sinne des § 37 Abs 1 EheG vor.

Der Irrtum muss einerseits subjektiv **kausal** für den Heiratswillen des irrenden Ehegatten gewesen sein, dh ohne Irrtum hätte der Irrende nicht geheiratet.[1] Dies ist zu bejahen: Als Arnold von diesen Umständen erfährt, möchte er die Ehe „auf schnellstem Weg" beenden. Daraus kann geschlossen werden, dass ihn die Kenntnis dieser Sachlage davon abgehalten hätte, die Ehe einzugehen. Andererseits muss sich der Irrtum auf in der Person des Ehegatten liegende Umstände bezogen haben, die **nach dem gesetzlichen Ehebild objektiv mit dem Wesen der Ehe unvereinbar** sind und daher den Verlust des Ehewillens rechtfertigen.[2] Darunter fallen auch schwere geistige oder psychische Erkrankungen, sofern sie dauerhaft und unheilbar (oder mit hoher Wahrscheinlichkeit unheilbar) sind, wobei die Umstände zum Zeitpunkt der

---

1   OGH 9 Ob 303/01a, EvBl 2002/133.
2   OGH 9 Ob 303/01a, EvBl 2002/133.

Eheschließung maßgeblich sind.[3] Sabines geistige Störung lag bereits zum Zeitpunkt der Eheschließung vor und galt schon damals als schwer heilbar.

b) § 38 Abs 1 EheG gewährt dem irrenden Ehegatten ein Aufhebungsrecht, wenn der Irrtum durch **arglistige Täuschung** verursacht wurde. Zum Vorliegen eines Irrtums, dessen Kausalität für die Eheschließung und die objektive Unvereinbarkeit der vom Irrtum betroffenen Umstände mit dem Wesen der Ehe kann auf die Ausführungen unter a) verwiesen werden. § 38 Abs 1 EheG stellt insoweit die gleichen Tatbestandserfordernisse auf wie § 37 Abs 1 EheG. Arglistige Täuschung liegt vor, denn Sabine hat Arnold bei der Eheschließung über ihren Geisteszustand bewusst in Unkenntnis gelassen. Auch das bewusste Verschweigen von Tatsachen fällt unter den Begriff der Täuschung iSd § 38 Abs 1 EheG.[4] Diese Voraussetzung ist laut Sachverhalt erfüllt, weil Sabine in der Hoffnung auf eine angenehme Versorgung Arnold ihre Erkrankung verschwiegen hat.

c) Arnold kann also sowohl die Aufhebung wegen Irrtums nach § 37 EheG als auch wegen Täuschung iSd § 38 EheG verlangen. Gemäß § 40 Abs 1 EheG muss Arnold die Aufhebungsklage **binnen eines Jahres** erheben. Die Frist beginnt nach § 40 Abs 2 EheG in jenem Zeitpunkt zu laufen, in dem der Ehegatte den Irrtum bzw die Täuschung entdeckt. Dies ist bezüglich des Irrtums iSd § 37 EheG erst jener Zeitpunkt, in dem Arnold vom Inhalt des psychiatrischen Fachgutachtens erfährt,[5] bezüglich der Täuschung iSd § 38 EheG jener Moment, in dem er davon Kenntnis erlangt, dass Sabine ihm ihre Erkrankung arglistig verschwiegen hat.[6] Mit Rechtskraft des stattgebenden Urteils ist die Ehe aufgelöst (§ 34 EheG).

2) Arnold gegen Sabine auf Scheidung wegen schwerer Eheverfehlung, § 49 EheG

Das Gesetz ermöglicht auch die Ehescheidung wegen **schwerer Eheverfehlung** (Verschuldensscheidung, § 49 EheG). Voraussetzung dafür ist, dass durch die schwere Eheverfehlung die Ehe **schuldhaft** so tief zerrüttet wurde, dass die Wiederherstellung einer dem Wesen der Ehe entsprechenden Lebensgemeinschaft nicht mehr erwartet werden kann (§ 49 Satz 1 EheG). Als Beispiele für schwere Eheverfehlungen nennt § 49 Satz 2 EheG unter anderem die Zufügung von körperlicher Gewalt oder schwerem seelischem Leid. Sabine hat nun einerseits Arnold in ihren Wutanfällen körperlich attackiert, andererseits hat sie ihm durch ihr Verhalten, vor allem durch die Tötung des gemeinsamen Kindes, schweres seelisches Leid zugefügt. Sowohl hinsichtlich ihres Verhaltens während ihrer Anfälle als auch bezüglich der Tötung des kleinen Florian scheitert die Scheidung gemäß § 49 EheG allerdings bereits am **fehlenden Verschulden** der Sabine, denn sie war während dieser Handlungen nicht einsichtsfähig.[7]

---

3   Vgl etwa *Koziol/Welser*, Grundriss I[14] 506 f mwN.

4   *Weitzenböck* in Schwimann/Kodek[4] § 38 EheG Rz 2 f.

5   Vgl dazu auch OGH 9 Ob 303/01a, EvBl 2002/133.

6   *Weitzenböck* in Schwimann/Kodek[4] § 40 EheG Rz 2.

7   Vgl dazu *Hinteregger*, Familienrecht[6] 90.

Außerhalb ihrer Heul- und Wutanfälle ist Sabine allerdings sehr wohl schuldfähig. Die erhebliche Vernachlässigung der Pflege und Erziehung des Florian stellt ebenfalls eine **schwere Eheverfehlung** iSd § 49 EheG dar.[8] Dies ist Sabine auch als **Verschulden** im Sinne subjektiver Vorwerfbarkeit anzulasten: Zwar fiel es ihr aufgrund der Psychose „immer schwerer", sich in angemessener Weise um das gemeinsame Kind zu kümmern. Unmöglich war ihr die Versorgung aber keineswegs. Aufgrund ihres insoweit klaren Geisteszustandes konnte sie zudem die Unrechtmäßigkeit ihres Verhaltens erkennen.

Für die Scheidung nach § 49 EheG ist allerdings weiters erforderlich, dass die Eheverfehlung bereits zu einer nachhaltigen **Zerrüttung** der Ehe geführt hat (**Zerrüttungskausalität**), wobei es genügt, wenn die Zerrüttung einem der Ehegatten – hier Arnold – bewusst war.[9] Dies ist zu verneinen, denn Arnold wollte bis zu Florians Tötung an der Ehe festhalten. Er hat das Verhalten von Sabine bis zu diesem Vorfall nicht als ehezerstörend empfunden und ihr immer wieder verziehen.[10] Daher kann sich Arnold nicht auf § 49 EheG stützen.

3) Arnold gegen Sabine auf Scheidung wegen auf geistiger Störung beruhenden Verhaltens, § 50 EheG

Sabines körperliche Angriffe und die Tötung des gemeinsamen Kindes stellen jeweils ein **objektiv ehewidriges Verhalten** dar und beruhen auf einer **geistigen Störung** (vgl oben 2)).[11] § 50 EheG ermöglicht dem anderen Ehegatten die Scheidung, wenn die Ehe infolge solcher Taten so tief **zerrüttet** ist, dass die Wiederherstellung einer dem Wesen einer Ehe entsprechenden Lebensgemeinschaft nicht mehr erwartet werden kann (unheilbare Zerrüttung). Dies ist bezüglich der Ehe zwischen Arnold und Sabine anzunehmen, da Arnold sich nicht vorstellen kann, Sabine jemals wieder zu lieben und sofort nach Florians Tod die Scheidung begehrt. Dass die Zerrüttung nur von einem Ehepartner als solche empfunden wird, genügt auch hier.

Arnold kann also die Zerrüttungsscheidung gemäß § 50 EheG verlangen.

4) Arnold gegen Sabine auf Scheidung wegen Geisteskrankheit, § 51 EheG

Anmerkung:

Diese Möglichkeit muss im Rahmen einer Klausur nicht unbedingt bedacht werden.

---

8   Siehe dazu *Weitzenböck* in Schwimann/Kodek[4] § 49 EheG Rz 20 mwN zur Rsp; *Koziol/Welser*, Grundriss I[14] 534.

9   Zu diesen weiteren Voraussetzungen etwa *Kerschner*, Familienrecht[5] Rz 2/76.

10   § 56 EheG schließt im Falle der Verzeihung das Scheidungsrecht aus. Selbiges gilt, wenn das Verhalten als nicht ehezerstörend empfunden wurde. Dies ist jedoch schon bei § 49 EheG zu prüfen (*Weitzenböck* in Schwimann/Kodek[4] § 49 EheG Rz 28). Die Beweislast trägt der Kläger (OGH 1 Ob 688/89, EFSlg 60.203).

11   Zu den Voraussetzungen des § 50 EheG etwa *Koziol/Welser*, Grundriss I[14] 537 f.

§ 51 EheG eröffnet dem anderen Ehegatten die Möglichkeit, die Scheidung aufgrund einer **Geisteskrankheit** zu begehren. Diese muss einen solchen Grad erreicht haben, dass dadurch (**Kausalität**) die geistige Gemeinschaft der Ehegatten aufgehoben und ihre Wiederherstellung nicht zu erwarten ist.

Fraglich ist schon, ob Sabines geistige Störung derart schwer ist, dass von einer Geisteskrankheit gesprochen werden kann. Darunter versteht man eine geistig-psychische Anomalie, die die Fähigkeit, mit dem Ehepartner geistig und psychisch zu kommunizieren, ausschließt.[12] Anhaltspunkte hierfür sind im Sachverhalt nicht enthalten. Arnold kann daher die Scheidung nach § 51 EheG nicht begehren.

> Anmerkung:
>
> Bei Prüfung der Kausalität wäre zu beachten, dass es im Rahmen des § 51 EheG nicht auf die Zerrüttung wegen objektiver schwerer Eheverfehlungen ankommt, sondern auf die Aufhebung der geistigen Gemeinschaft wegen der Geisteskrankheit als solcher.

Frage 2

1) Sabine gegen Arnold auf Unterhalt, § 68a Abs 2 EheG

Hinsichtlich der unterhaltsrechtlichen Folgen einer **Aufhebung** der Ehe gilt dasselbe wie für den nachehelichen Unterhalt bei **Verschuldensscheidung** (§ 42 EheG). Macht Arnold die Aufhebung der Ehe gemäß §§ 37, 38 EheG geltend, ist Sabine demnach so zu behandeln wie ein schuldig geschiedener Ehegatte. Ihr steht daher grundsätzlich kein Unterhaltsanspruch zu (§§ 66–68 EheG e contrario).

> Anmerkung:
>
> Würde man entgegen der Lösung in Abschnitt 2) zu Frage 1 die Scheidung nach § 49 EheG bejahen, bestünde nach denselben Regeln grundsätzlich ebenfalls kein nachehelicher Unterhaltsanspruch.

Eine **Ausnahme** bildet § 68a EheG, nach dem auch der schuldig geschiedene (bzw den Aufhebungsgrund verursachende) Ehegatte uU einen zeitlich befristeten Unterhaltsanspruch hat.[13] Diese Bestimmung kommt auch zur Anwendung, wenn die Ehe wegen § 50 EheG geschieden wurde (§ 69b EheG).

Weil das gemeinsame Kind Florian bereits tot ist, kommt hier nicht § 68a Abs 1 EheG, sondern allenfalls dessen Abs 2 in Betracht: Arnold und Sabine haben während ihrer Ehe ihre Lebensgemeinschaft **einvernehmlich** derart ge-

---

12 *Weitzenböck* in Schwimann/Kodek[4] § 51 EheG Rz 2 f mit Nachweisen zur Rsp.

13 Die Höhe dieses Unterhaltsanspruches richtet sich nach dem „Lebensbedarf"; dieser ist niedriger als der angemessene Unterhalt gemäß § 66 EheG (*Hinteregger*, Familienrecht[6] 112 f).

staltet, dass Sabine die **Haushaltsführung** und die **Pflege und Erziehung** von Florian übernimmt. Resultiert daraus, also aus ihrem Hausfrauen-Dasein, ein **Mangel an Erwerbsmöglichkeiten** und ist es Sabine deshalb **nicht zumutbar**, sich ganz oder zum Teil selbst zu erhalten, so steht ihr ein zeitlich begrenzter Anspruch auf den Lebensbedarfsunterhalt zu. Für die Zumutbarkeitsprüfung listet § 68a Abs 2 EheG eine Reihe von Kriterien demonstrativ auf, unter anderem die Dauer der ehelichen Lebensgemeinschaft sowie Alter und Gesundheit des betreffenden Ehegatten.

Hier wird es schon an der Voraussetzung eines Mangels an Erwerbsmöglichkeiten fehlen, der aus der Haushaltsführung und Kinderbetreuung resultiert: Dass überhaupt eine Einschränkung von Sabines Erwerbsmöglichkeiten vorliege, erwähnt der Sachverhalt nicht unmittelbar. Denkbar ist dies jedoch wegen ihrer schweren psychischen Störung, die sich in Depressionen auswirkt und zu unkontrollierten Heul- und Wutausbrüchen sowie zu körperlicher Gewaltanwendung gegenüber anderen Personen führt. Auch der Umstand, dass Sabine ihr Kind getötet hat, kann sich auf ihre Stellung am Arbeitsmarkt negativ auswirken. All dies ist aber nicht durch die Haushaltsführung und Kinderbetreuung bedingt.

Sabine steht daher ein Unterhaltsanspruch nach § 68a EheG nicht zu.

> **Anmerkung:**
>
> Auf die **Zumutbarkeitsprüfung** im Rahmen des § 68a Abs 2 EheG und die dort normierten Kriterien ist daher **nicht mehr einzugehen**. Wäre eine solche durchzuführen, würde Sabines geistige Störung im Rahmen der Berücksichtigung des Gesundheitszustandes für die Unzumutbarkeit der Selbsterhaltung sprechen, ihr junges Alter und die nicht einmal dreijährige Dauer der ehelichen Lebensgemeinschaft dagegen. Zusätzlich wäre dann nach § 68a Abs 3 EheG zu prüfen, ob die Gewährung des Unterhalts unbillig wäre. Im Rahmen dieser Bestimmung wäre zu berücksichtigen, dass Sabine durch die Tötung des gemeinsamen Kindes eine besonders schwere Eheverfehlung begangen hat und dass die Ehe – sofortige Klage auf Aufhebung bzw Scheidung der Ehe kann nach der Formulierung von Frage 1 unterstellt werden – nicht lange gedauert hat. Die Gesamtabwägung würde wieder gegen einen Unterhaltsanspruch der Sabine sprechen.

2) Sabine gegen Arnold auf Unterhalt, § 69 Abs 3 EheG

Wird die Ehe gemäß § 50 EheG geschieden und enthält das Scheidungsurteil keinen Schuldausspruch, ist § 69 Abs 3 EheG anzuwenden. Einen Schuldausspruch kann ein auf Grundlage des § 50 EheG ergehendes Scheidungsurteil im vorliegenden Fall nicht enthalten, da kein Fall des § 61 Abs 2 EheG vorliegt.[14]

---

14 Nach § 61 Abs 2 EheG kann bei einer Scheidung nach §§ 50-52 EheG nur der Beklagte (das wäre hier Sabine) einen Verschuldensantrag stellen; vgl *Gruber* in Schwimann/Kodek[4] § 61 EheG Rz 2 (dort Rz 8 f auch zur – ebenfalls nicht einschlägigen – Frage eines „Mitverschuldensantrags" des Klägers). Dass Sabine bei ihren körperlichen Attacken auf Arnold und Florian, insbesondere als sie letzterem die töd-

Nach § 69 Abs 3 EheG muss Arnold seiner Ex-Frau Unterhalt gewähren, wenn und soweit dies mit Rücksicht auf die Bedürfnisse und die **Vermögens- und Einkommensverhältnisse** beider Ehegatten sowie unter Berücksichtigung allfälliger unterhaltspflichtiger Verwandter von Sabine der Billigkeit entspricht.

Der Sachverhalt legt nahe, dass Sabine **kein nennenswertes Vermögen** besitzt, hat sie doch Arnold geheiratet, um sich eine „angenehme Versorgung zu sichern". Ferner ist unwahrscheinlich, dass Sabine ein Einkommen lukrieren wird (vgl oben 1)). Dies spricht für eine Unterhaltspflicht des Arnold.[15] Allerdings besteht der Anspruch nach § 69 Abs 3 EheG nur subsidiär zur Unterhaltspflicht von Sabines Verwandten.[16] Ob solche vorhanden sind, lässt der Sachverhalt offen.

Frage 3

Gertraud gegen Arnold auf Unterhalt, § 69a Abs 2 EheG

Die Ehe zwischen Gertraud und Arnold wurde im Jahre 2012 nach § 55a EheG **einvernehmlich geschieden**. Haben die Ehegatten in einem solchen Fall **keine rechtswirksame Vereinbarung über ihre unterhaltsrechtlichen Beziehungen** getroffen, hat ein Ehegatte dem anderen gemäß § 69a Abs 2 EheG Unterhalt zu gewähren, soweit dies nach den dort näher geregelten Grundsätzen der **Billigkeit** entspricht.

Eine Vereinbarung über die unterhaltsrechtlichen Folgen der Scheidung liegt hier grundsätzlich vor: Gertraud und Arnold haben in Punkt 2 des gerichtlichen **Scheidungsvergleichs** einen **wechselseitigen Unterhaltsverzicht** vereinbart, und zwar auch für den Fall der **Not**. Erweist sich diese Vereinbarung über den Unterhalt jedoch als rechtsunwirksam, so kommt § 69a Abs 2 EheG zur Anwendung und Arnold hat Gertraud Unterhalt nach den Grundsätzen der Billigkeit zu gewähren. Grundsätzlich ist der Verzicht auf den Unterhalt zulässig. Das Erstrecken auf den Fall, dass der Verzichtende in existentielle Not gerät, ist jedoch als **sittenwidrig** im Sinne des § 879 Abs 1 ABGB anzu-

---

lichen Verletzungen zufügte, nicht schuldfähig war (siehe oben zu Frage 1 Abschnitt 2)), spielt hier hingegen keine Rolle, da sich ein Verschuldensantrag nach § 61 Abs 2 EheG von vornherein nur auf ein Verschulden des Klägers (dh des Arnold) beziehen könnte.

15 Die Billigkeitsabwägungen sind vor allem anhand der Vermögens- und Erwerbsverhältnisse vorzunehmen. Dass andererseits die Tätlichkeiten Sabines zu ihren Lasten mit berücksichtigt werden, erscheint nicht ausgeschlossen, da im Rahmen der Billigkeitsabwägung auch auf das Verhalten der Ehegatten vor der Scheidung Bedacht genommen wird (vgl *Zankl/Mondel* in Schwimann/Kodek[4] § 69 EheG Rz 18).

16 Vgl *Koziol/Welser*, Grundriss I[14] 549. Nach *Stabentheiner* (in Rummel[3] § 69 EheG Rz 8) ist die Subsidiarität des Anspruchs nach § 69 Abs 3 EheG gegenüber der Unterhaltspflicht der Verwandten auf ein Redaktionsversehen zurückzuführen, weshalb die Norm korrigierend auszulegen sei (ablehnend *Zankl/Mondel* in Schwimann/Weitzenböck[4] § 69 EheG Rz 18).

sehen. Punkt 2 des Scheidungsvergleichs ist daher teilweise nichtig, nämlich insoweit er sich auf den Notfall erstreckt.[17]

Ein solcher **Notfall** liegt hier vor: Gertrauds Werbeagentur ist insolvent, sie selbst musste Privatkonkurs anmelden. Sie ist aufgrund dessen psychisch labil und arbeitsunfähig. Derzeit kann sie somit kein eigenes Einkommen erzielen. Ferner hat sie keine Verwandten, die sie unterstützen könnten. Arnold, der ein geregeltes Einkommen bezieht, hat Gertraud Unterhalt nach Billigkeit zu leisten.

Frage 4

Justinian gegen Arnold auf angemessenen Unterhalt, § 231 ABGB

Gemäß § 231 Abs 1 ABGB ist Arnold seinem Sohn gegenüber unterhaltspflichtig, wenn dieser **nicht selbsterhaltungsfähig** ist (§ 231 Abs 3 ABGB). Da Justinian einem ordentlichen Studium nachgeht und er einen guten Studienerfolg in angemessener Studienzeit aufweist, ist er grundsätzlich nicht selbsterhaltungsfähig und hat daher Anspruch auf Unterhalt gegen seinen Vater.

Der Unterhaltsanspruch mindert sich jedoch, wenn bzw soweit das unterhaltsberechtigte Kind eigene Einkünfte hat bzw selbsterhaltungsfähig ist (vgl § 231 Abs 3 ABGB).[18] Während der drei Monate, in denen Justinian der Ferialarbeit in Hallstatt nachgeht, verdient er nun € 400,- pro Monat. Nach dem Wortlaut des § 231 Abs 3 ABGB könnte man nun meinen, dass sich die Unterhaltspflicht des Arnold entsprechend vermindert.

Ferialeinkünfte gelten jedoch nur insoweit als unterhaltsmindernde Einkünfte, als diese nicht bloß Taschengeld-Charakter haben.[19] Dazu ist der Lohn der Ferialarbeit über das ganze Jahr **„durchzurechnen"**.[20] Die Einkünfte von € 1.200,- ergeben einen monatlichen Betrag von € 100,-. Daher haben die Ferialeinkünfte Taschengeld-Charakter. Sie können den Unterhaltsanspruch des Justinian weder beseitigen noch vermindern.[21]

---

17 Vgl OGH 3 Ob 229/98t, JBl 2000, 513 (*F. Bydlinski*); der OGH geht allerdings davon aus, dass nicht die Vereinbarung, sondern das weitere Beharren auf den Unterhaltsverzicht im Notfall sittenwidrig iSd § 879 ABGB sei. Aus dogmatischer Sicht überzeugt dies nicht ganz: Das sittenwidrige Beharren auf einer – wirksam erworbenen! – Rechtsposition wäre unter § 1295 Abs 2 ABGB (Rechtsmissbrauch) zu subsumieren. Das praktische Ergebnis ist freilich dasselbe.

18 Vgl *Neuhauser* in Schwimann/Kodek[4] § 140 Rz 369.

19 OGH 1 Ob 177/02i, JBl 2003, 444.

20 S dazu auch *Neuhauser* in Schwimann/Kodek[4] § 140 Rz 374 mwN.

21 OGH 1 Ob 177/02i, JBl 2003, 444. Der OGH argumentiert wie folgt: Es sei darauf abzustellen, wie ein „bonus pater familias" in einer intakten Familie handeln würde und geht davon aus, dass ein solcher dem unterhaltsberechtigten Kind ein Ferialeinkommen in derart geringer Höhe als Taschengeld belassen würde. Dasselbe muss auch ein zum Geldunterhalt verpflichteter Elternteil in einer geschiedenen Familie gegen sich gelten lassen.

Der Anspruch auf angemessenen Unterhalt gemäß § 231 ABGB besteht also auch während des Ferialjobs des Justinian zu Recht.

Frage 5

1) Gesamtrechtsnachfolge nach der Mutter

Anmerkungen:

Zur Lösung dieser Frage muss die erbrechtliche Lage von insgesamt drei Personen geprüft werden, nämlich von Florian und dessen beiden Eltern, Arnold und Sabine. Dabei ist auf eine große Anzahl von Rechtsgrundlagen einzugehen. Es ist daher vertretbar, diese Fragen zusammen in einem Gliederungspunkt zu behandeln und auf das Anführen der Rechtsgrundlagen in der Überschrift zu verzichten.

Durch das ErbRÄG 2015[22] ergeben sich inhaltlich keine Änderungen. Soweit die Paragraphenzählung verändert wurde, wird dies in Fußnoten angemerkt.

a) Arnolds Mutter hat eine **gültige letztwillige Verfügung** hinterlassen, die Formvorschriften des § 578 ABGB (eigenhändiges Testament) sind erfüllt: Der Text ist eigenhändig geschrieben und unterschrieben worden. Die Unterzeichnung mit den Initialen reicht aus, wenn die Identifizierung des Erblassers möglich ist und der Testierwille einwandfrei feststeht.[23] Dies kann aufgrund Marias charakteristischer Handschrift angenommen werden. In diesem Testament ist **Florian** zum Alleinerben berufen. Da die letztwillige Verfügung eine Erbseinsetzung beinhaltet, handelt es sich um ein Testament (vgl § 553 ABGB[24]).

b) **Florians Erbrecht entstand** mit Marias Tod; den Zeitpunkt des Erbanfalles hat Florian erlebt (§ 536 ABGB). Sein subjektives Erbrecht nach Arnolds Mutter ist vererblich (**Transmission**, § 537 ABGB). Es ist daher zu prüfen, wer das Erbrecht des Florian erbt:

Nach dem Tod Florians kommt es zur **gesetzlichen Erbfolge** (§§ 727 ff ABGB). Erbberechtigt ist hier die zweite Parentel, dh die Eltern (vgl §§ 731, 735 ABGB). Da Florian während aufrechter Ehe geboren wurde, gilt er als eheliches Kind des Arnold (§ 144 Abs 1 Z 1 ABGB). Grundsätzlich erben seine **Eltern** je zur Hälfte (§ 735 ABGB).

c) Es stellt sich aber die Frage, ob **Sabine erbunwürdig** iSd § 540 ABGB[25] ist: Einerseits hat sie Florian getötet. Zu prüfen ist zunächst **§ 540 Fall 1 ABGB**,[26] wonach nicht erbberechtigt ist, wer gegen den Erblasser eine ge-

---

22 BGBl I 2015/87.
23 OGH 4 Ob 237/04p, EvBl 2005/93.
24 Nach dem ErbRÄG 2015 künftig: § 552 Abs 2 ABGB.
25 Nach dem ErbRÄG 2015 künftig: §§ 539, 541 ABGB.
26 Nach dem ErbRÄG 2015 künftig: § 539 ABGB.

richtlich strafbare Handlung begeht, die vorsätzlich begangen wurde[27] und mit mehr als einjähriger Freiheitsstrafe bedroht ist. Da es ihr zum Tatzeitpunkt jedoch an der Zurechnungsfähigkeit mangelt, ist sie schuldunfähig, die Tötung erfüllt daher weder den strafrechtlichen Tatbestand des Mordes noch des Totschlages (§§ 75 f StGB). Auch bei ihren tätlichen Angriffen auf Florian (Körperverletzung, §§ 83 ff StGB) ist sie laut Sachverständigengutachten schuldunfähig. Sabine ist daher nicht erbunwürdig iSd § 540 Fall 1 ABGB.[28]

Sabine hat in letzter Zeit allerdings auch zunehmend die Pflege und Erziehung von Florian erheblich vernachlässigt (Verletzung der Obsorgepflicht iSd § 158 Abs 1 ABGB), weiters hat sie gegen das Gewaltverbot iSd § 137 Abs 2 ABGB verstoßen. Beides erfüllt objektiv den Tatbestand des **§ 540 2. Fall ABGB**,[29] der die gröbliche Verletzung der Pflichten aus dem **Eltern-Kind-Verhältnis** voraussetzt. Auch § 540 2. Fall ABGB[30] setzt zwar Vorsatz voraus,[31] dolus eventualis genügt jedoch. Hinsichtlich ihrer Verstöße gegen das Gewaltverbot war Sabine wiederum schuldunfähig, bezüglich der Verletzung der Obsorgepflichten war sie jedoch sehr wohl zurechnungsfähig. Sie hat auch mit bedingtem Vorsatz gehandelt: Das Schicksal Florians ist ihr egal. Sabine ist daher erbunwürdig gemäß § 540 2. Fall ABGB.[32]

d) Somit erbt **Arnold** den gesamten Nachlass des Florian (§ 737 ABGB), das heißt auch das Erbrecht nach seiner Mutter.

2) Christa und Doris gegen den ruhenden Nachlass auf Zahlung des Pflichtteiles, § 775 iVm §§ 762 f, 765 ABGB[33]

> Anmerkung:
>
> Die Pflichtteilsansprüche von Christa und Doris können aus Gründen der Arbeitsökonomie ausnahmsweise in einem Gliederungsabschnitt erörtert werden, weil die rechtliche Beurteilung völlig identisch ist.

Die Kinder der Erblasserin zählen gemäß § 762 ABGB[34] zum Kreis der pflichtteilsberechtigten Personen (so genannte abstrakte Pflichtteilsberechti-

---

27 Die Tat muss vorsätzlich begangen worden sein; es schadet natürlich nicht, wenn auch eine fahrlässige Begehungsform strafbar ist. Zur insoweit missverständlichen Formulierung des Gesetzestextes, die auch durch das ErbRÄG 2015 nicht geändert wurde, vgl *Ehrenzweig/Kralik*, System des österreichischen allgemeinen Privatrechts IV: Das Erbrecht[3] (1983) 35 f FN 3.

28 Nach dem ErbRÄG 2015 künftig: § 539 ABGB.

29 Nach dem ErbRÄG 2015 künftig: § 541 Z 3 ABGB. Florian ist aufgrund seines Alters nicht testierfähig (§ 569 ABGB) und war daher iSd neuen Fassung des § 541 ABGB nicht in der Lage, seine Mutter zu enterben.

30 Nach dem ErbRÄG 2015 künftig: § 541 Z 3 ABGB.

31 *Eccher,* Erbrecht[5] Rz 2/13.

32 Nach dem ErbRÄG 2015 künftig: § 541 Z 3 ABGB.

33 Nach dem ErbRÄG 2015 künftig: § 763 iVm §§ 757 f, 759 ABGB.

34 Nach dem ErbRÄG 2015 künftig: § 757 ABGB.

gung). Käme es im konkreten Fall zur gesetzlichen Erbfolge, wären die Töchter gesetzliche Erben geworden (vgl § 730 ff ABGB), daher sind sie auch konkret pflichtteilsberechtigt[35] (§ 763 ABGB).[36]

Den Nachkommen steht gemäß § 765 ABGB[37] die Hälfte dessen als Pflichtteilsquote zu, was sie beim Eintritt gesetzlicher Erbfolge als Erbteil erhalten hätten. Der gesetzliche Erbteil der Kinder beträgt je 1/3 (§ 732 ABGB), der Pflichtteil beläuft sich also auf je 1/6.

Wurde den Noterben dieser Wert nicht hinterlassen (vgl § 774 ABGB),[38] so haben sie einen Pflichtteilsanspruch (vgl § 775 ABGB),[39] dh einen schuldrechtlichen Anspruch auf Zahlung des entsprechenden Wertes in Geld. Arnolds Pflichtteil ist durch seine Stellung als Alleinerbe bereits mehr als abgedeckt (vgl auch § 774 ABGB).[40] Seine Schwestern dagegen haben gem § 775 ABGB[41] Anspruch auf Zahlung von je 1/6 (§ 765[42] iVm § 732 ABGB) des Wertes des reinen Nachlasses[43] (vgl § 784 ABGB).[44] Vor der Einantwortung richtet sich der Pflichtteilsanspruch gegen den ruhenden Nachlass.[45]

---

35 Zu diesen Begriffen *Eccher*, Erbrecht[5] Rz 11/2 f.
36 Nach dem ErbRÄG 2015 künftig: § 758 Abs 1 ABGB.
37 Nach dem ErbRÄG 2015 künftig: § 759 ABGB.
38 Nach dem ErbRÄG 2015 künftig: § 761 Abs 1 ABGB.
39 Nach dem ErbRÄG 2015 künftig: § 763 ABGB.
40 Nach dem ErbRÄG 2015 künftig: § 761 Abs 1 ABGB.
41 Nach dem ErbRÄG 2015 künftig: § 763 ABGB.
42 Nach dem ErbRÄG 2015 künftig: § 759 ABGB.
43 Dies sind die Aktiva abzüglich der Passiva.
44 Nach dem ErbRÄG 2015 künftig: §§ 778 f ABGB.
45 S dazu zB *Koziol/Welser*, Grundriss II[13] 562.

Diplomprüfungsfälle

Fall 16. Ein Kredit mit Folgen

I. Sachverhalt

Im Frühjahr 2011 nimmt A für die Sanierung seines Wohnhauses einen Kredit in der Höhe von € 150.000,- auf. Die X-Bank macht dessen Gewährung von ausreichenden Sicherheiten abhängig. Auf mehrmaliges Ersuchen des A hin willigt schließlich seine Ehegattin E ein, eine andere, in ihrem Alleineigentum stehende Liegenschaft im Wert von € 100.000,- zu verpfänden. Die Hypothek in der Höhe von € 100.000,- wird unverzüglich im ersten Rang ins Grundbuch einverleibt. Das Grundstück stellt das gesamte Vermögen der E dar. Sie führt den gemeinsamen Haushalt und gibt gelegentlich Nachhilfestunden, womit sie etwa € 500,- im Monat erzielt.

Außerdem bittet A seinen Bruder B für den Kredit zu bürgen. B sagt dies zu und unterzeichnet eine von der X-Bank vorbereitete Vereinbarung, wonach er die Haftung als Bürge und Zahler bis zum Betrag von € 50.000,- übernimmt.

Weil diese Sicherheiten nach Meinung der X-Bank nicht ausreichen, wendet sich A an seine Tochter T um Mithilfe. Erst als ihr Y, ein Mitarbeiter der X-Bank versichert, dass es sich bei der Bürgschaft für den Kredit ihres Vaters um eine bloße Formalität handle und ihr praktisch nichts passieren könne, unterzeichnet T ebenfalls eine Haftungsvereinbarung als Bürge und Zahler bis zum Betrag von € 50.000,-. Die 20jährige T studiert Philosophie und erzielt keine Arbeitseinkünfte. Das Studium finanziert A in Erfüllung seiner Unterhaltspflicht. Sie besitzt kein Vermögen. Diese Umstände waren Y bekannt.

Die X-Bank überweist das Geld auf das Konto des A, der in den folgenden Jahren seinen Rückzahlungspflichten stets pünktlich nachkommt. Aus diesem Grund kann B im Sommer 2012 die X-Bank dazu bewegen, ihn aus der Bürgschaft zu entlassen. Von diesem Vorgang werden E und T nicht verständigt. Sie hätten der Entlassung des B aus der Bürgschaft auch nicht zugestimmt.

Im Frühjahr 2015 wird A arbeitslos. Er findet zwar bald eine neue Arbeitsstelle, die jedoch deutlich schlechter bezahlt ist. Aus diesen Gründen kann er letztmalig Anfang April 2015 die monatliche Kreditrate bezahlen. Ende Juni mahnt die X-Bank A und droht den vertraglich vereinbarten Terminsverlust an, falls er eine Nachfrist von 14 Tagen ungenützt verstreichen lassen sollte. Weil A nicht bezahlt, stellt sie Ende Juli 2015 die gesamte noch aushaftende Schuld in der Höhe von € 120.000,- fällig. Zugleich fordert sie E und T zur Zahlung auf.

> Wie ist die Rechtslage?

II. Lösung

A) Ansprüche der X-Bank

1) X-Bank gegen A auf Rückzahlung von € 120.000,- gemäß § 989 Abs 2 ABGB iVm § 14 Abs 3 VKrG

A und die X-Bank (im Folgenden kurz X genannt) sind im Kreditvertrag[1] über-eingekommen, dass der Kredit über die gesamte Vertragslaufzeit verteilt in monatlichen Raten rückzahlbar ist. Von dieser Vereinbarung kann X nicht nach Belieben abgehen. Der Vertrag regelt aber auch, was geschehen soll, wenn A mit den Rückzahlungen in Verzug geraten sollte. Für diesen Fall haben die Vertragsparteien nämlich den **Terminsverlust** vereinbart. Dies ist das Recht des Kreditgebers, die sofortige Rückzahlung der gesamten noch aushaftenden Schuld zu fordern. Eine solche Vereinbarung ist bei Ratengeschäften und somit auch bei Kreditverträgen grundsätzlich zulässig. Sie ist im Allgemeinen weder überraschend iSv § 864a ABGB noch gröblich benachteiligend iSv § 879 Abs 3 ABGB.[2]

Für **Verbraucherkredite** macht § 14 Abs 3 VKrG die Geltendmachung des Terminsverlustes jedoch von der Beachtung bestimmter Voraussetzungen ab-hängig. Dadurch soll der Kreditnehmer vor einer überraschenden und willkür-lichen Fälligstellung durch den Kreditgeber geschützt werden.[3] Der Kreditvertrag zwischen X und A ist ein Verbraucherkredit iSv § 2 Abs 3 VKrG, weil A Ver-braucher (§ 1 Abs 1 Z 2 KSchG) und X Unternehmer (§ 1 Abs 1 Z 1 KSchG) ist: A nimmt den Kredit zur Sanierung des Wohnhauses und somit zu privaten Zwecken auf; für die X-Bank ist die Kreditvergabe hingegen eine typische Tätigkeit im Rahmen ihres Unternehmens.[4]

Gemäß § 14 Abs 3 VKrG kann der Kreditgeber die aushaftende Restschuld erst dann fällig stellen, wenn er die eigene Leistung bereits vollständig erbracht hat und wenigstens eine Teilleistung des Kreditnehmers seit mindestens sechs Wochen fällig ist. Ferner muss der Kreditgeber den Kreditnehmer unter **An-drohung des Terminsverlustes** und unter **Setzung einer Nachfrist** von zu-mindest zwei Wochen erfolglos gemahnt haben. Die Bank hat mit der Auszah-lung der Kreditvaluta ihre Hauptleistung erbracht. A bezahlt Anfang April 2015 letztmalig seine monatliche Rate, weshalb die von A nicht beglichene Mai-Rate im Zeitpunkt der Fälligstellung der Restschuld Ende Juli 2015 bereits seit mehr als sechs Wochen unberichtigt aushaftet. Ferner hat X Ende Juni 2015 A unter Androhung des Terminsverlustes gemahnt und eine Nachfrist von 14 Tagen gewährt. Die Länge der Nachfrist entspricht den Vorgaben des § 14 Abs 3 VKrG, der eine Frist von zumindest zwei Wochen verlangt. Folglich liegen mit

---

1 Ein Kreditvertrag ist gemäß der Legaldefinition des § 988 ABGB ein entgeltlicher Darlehensvertrag über Geld.
2 OGH 6 Ob 528/84, RdW 1986, 268.
3 ErläutRV 744 BlgNR 14. GP 33.
4 Vgl § 1 Abs 1 Z 3 BWG.

Ablauf der Nachfrist die Voraussetzungen für die Rückforderung der aushaftenden Restschuld von € 120.000,- vor. X hat somit einen Anspruch gegen A auf Rückzahlung der gesamten Restschuld in der Höhe von € 120.000,-.

2) X gegen T auf Zahlung von € 50.000,- gemäß § 1357 ABGB

a) Voraussetzungen der Bürgenhaftung, §§ 1357 iVm § 1351

T hat sich gegenüber X schriftlich als Bürge und Zahler für die Erfüllung der Kreditverbindlichkeit ihres Vaters A verpflichtet. Gemäß § 1346 Abs 2 ABGB ist ein Bürgschaftsvertrag nur dann wirksam, wenn der Bürge seine Verpflichtungserklärung schriftlich abgibt. Diesem **Formgebot** sind die Parteien nachgekommen, denn T unterzeichnet eine entsprechende Urkunde.

Gemäß § 1355 ABGB kann ein Bürge in der Regel erst belangt werden, wenn der Hauptschuldner seine Verbindlichkeit trotz gerichtlicher oder außergerichtlicher Mahnung nicht erfüllt hat. Weil sich T als **Bürge und Zahler** verpflichtet hat, haftet sie gemäß § 1357 ABGB nicht bloß subsidiär. X kann daher auch ohne vorherige gerichtliche oder außergerichtliche Einmahnung der Schuld bei A sofort auf T greifen.

Die Bürgenhaftung ist stets **akzessorisch** (§ 1351 ABGB).[5] Die Haftung des Bürgen reicht nur so weit, als sich der Hauptschuldner verpflichtet hat. Die Fälligkeitsregeln zwischen Gläubiger und Schuldner gelten daher auch gegenüber dem Bürgen. Dieser kann nur in Anspruch genommen werden, wenn die Hauptforderung bereits fällig ist. Weil aber mit der Geltendmachung des Terminsverlustes durch X die gesamte Restschuld fällig geworden ist, kann X grundsätzlich auch auf T greifen.

b) Sittenwidrigkeit der Angehörigenbürgschaft, § 879 Abs 1 ABGB

Die Übernahme einer Bürgschaft durch nahe Angehörige kann jedoch unter bestimmten Voraussetzungen sittenwidrig und damit gemäß § 879 Abs 1 ABGB nichtig sein.[6] Aufgrund der emotionalen Bindungen kann insbesondere ein **Familienmitglied** in seiner Entscheidungsfreiheit eingeschränkt sein, wenn ein Angehöriger auf Übernahme einer Bürgschaft drängt. Es besteht deshalb die Gefahr, dass Personen ohne ausreichendes Einkommen oder Vermögen Verpflichtungen eingehen, die sie sonst niemals übernommen hätten. Dies betrifft unter anderem das Verhältnis zwischen Eltern und ihren volljährigen Kindern, die aufgrund eines Studiums finanziell abhängig sind.[7]

---

5   Zum Akzessorietätsprinzip vgl auch § 1363 Satz 1 ABGB in Bezug auf den Fortbestand bzw die Beendigung der Bürgenhaftung. Einschlägig ist hier allerdings § 1351 ABGB, der das Entstehen der Haftung an den Bestand der besicherten Forderung knüpft; dies gilt entsprechend für die Fälligkeit.

6   *Mader/W. Faber* in Schwimann[3] § 1346 Rz 14 ff mit zahlreichen Nachweisen; grundlegend OGH 1 Ob 544/95, SZ 68/64.

7   *Harrer*, Sicherungsrechte 35 f.

Die Sittenwidrigkeit ergibt sich aus dem **Zusammentreffen dreier Faktoren**: Erstens muss die Bürgschaft aufgrund eines krassen Missverhältnisses zwischen der übernommenen Verpflichtung sowie den Einkommens- und Vermögensverhältnissen des Bürgen inhaltlich zu missbilligen sein. Zweitens muss das Zustandekommen des Bürgschaftsvertrages infolge verdünnter Willensfreiheit des Interzedenten zu beanstanden sein. Und drittens müssen sowohl das Missverhältnis als auch die beeinträchtigte Entscheidungsfreiheit dem Gläubiger bei Vertragsabschluss bekannt gewesen oder ihm die Unkenntnis vorwerfbar sein.

Für die Beurteilung, ob ein **krasses Missverhältnis** zwischen Verpflichtung und Leistungsfähigkeit besteht, ist die Vermögenssituation bei Vertragsschluss einschließlich der in absehbarer Zukunft zu erwartenden Entwicklungen der übernommenen Haftung gegenüberzustellen. Führt diese zum Ergebnis, dass der Bürge im Falle der Inanspruchnahme langfristig ruiniert ist, so ist das Sicherungsgeschäft inhaltlich zu missbilligen. Dies betrifft insbesondere Fälle, in denen sich ein wirtschaftlich vernünftig denkender Gläubiger aufgrund des krassen Missverhältnisses zwischen Haftung und Leistungsfähigkeit des Interzedenten mit der konkreten Sicherung bei objektiver Betrachtung kein substanzielles Interesse haben kann. T bezieht im Zeitpunkt der Haftungsübernahme als Studentin kein eigenes Erwerbseinkommen. Weil sie auch über keine sonstigen Vermögenswerte verfügt, ist sie im Falle der Inanspruchnahme durch X nicht in der Lage, die Haftsumme zu begleichen. Selbst wenn T in absehbarer Zeit ihr Studium beendet, ist nach der gewöhnlichen Lebenserfahrung nicht davon auszugehen, dass sie sogleich Erwerbseinkünfte in einer Höhe erzielt, die ihr in überschaubarer Zukunft die Bezahlung jener € 50.000,- ermöglichen, für die sie haftet. Auch wenn es einem Gläubiger frei steht, sich mit mehreren Teilsicherungen begnügen, hätte jedem wirtschaftlich vernünftig denkendem Kreditgeber die Bürgschaft der T als wertlos erscheinen müssen. Auch wenn sie nur für einen Teil der Hauptschuld haftet, ist ihre **finanzielle Überforderung** offenkundig.

Das Element der **verdünnten Willensfreiheit** ist ebenfalls zu bejahen. T ist die Tochter des Hauptschuldners A und als Studentin von den Unterhaltsleistungen ihres Vaters abhängig. Zudem musste sie von A und Y erst zur Übernahme der Bürgschaft überredet werden. Dabei erklärte Y als Verhandlungsgehilfe der X, die Übernahme der Bürgschaft sei eine bloße Formsache und T könne praktisch nichts passieren. Insbesondere aufgrund dieser **Verharmlosung des Risikos** sind auch die Umstände, unter denen der Bürgschaftsvertrag zustande gekommen ist, zu missbilligen.[8]

Die Haftungsübernahme durch T ist jedoch nur dann sittenwidrig, wenn X sowohl die finanzielle Überforderung als auch die Beeinträchtigung der Willensfreiheit der T bei Abschluss des Bürgschaftsvertrages **bekannt** war. Der positiven Kenntnis ist die vorwerfbare Unkenntnis gleichzuhalten. Y, dessen Wissen X zuzurechnen ist, war über die Einkommens- und Vermögensverhältnisse der T informiert. Die finanzielle Überforderung der T hätte ihm ebenso auffallen müssen wie ihre verdünnte Willensfreiheit. Schließlich hat er selbst sie

---

8   Vgl OGH 8 Ob 320/99p, ÖBA 2000, 922/909.

durch Zureden bzw Verharmlosung des Risikos zur Vertragsunterzeichnung zu bewegen versucht.

Der Bürgschaftsvertrag ist somit wegen Sittenwidrigkeit nichtig (§ 879 Abs 1 ABGB), weshalb T nicht von X in Anspruch genommen werden kann.

Ergebnis: T muss nicht wie von X gefordert € 50.000,- bezahlen.

Anmerkung:

Einschlägig wäre grundsätzlich auch § 25d KSchG. Dieser eröffnet ein richterliches Mäßigungsrecht, das bis zum gänzlichen Entfall der Haftung führen kann (vgl unten Abschnitt 3)d)). Von einer Prüfung dieser Bestimmung wird hier abgesehen, da die Haftung im konkreten Fall wegen Sittenwidrigkeit ohnehin bereits dem Grunde nach entfällt. Ob neben § 879 ABGB auch ein Eingehen auf § 25d KSchG vorausgesetzt wird, liegt allerdings weitgehend im Ermessen des Prüfers; immerhin sollten grundsätzlich alle in Betracht kommenden Einwendungen geprüft werden. Aus Studierendensicht kann es deshalb sinnvoll sein, zumindest „zur Sicherheit" beide Einwendungen zu erörtern. Die Voraussetzungen sind ihrer Struktur nach ähnlich, weshalb zum Teil mit Verweisungen gearbeitet werden kann und der Aufwand sich damit in Grenzen hält.

---

3) X gegen E auf Zahlung von € 100.000,- gemäß § 461 ABGB

a) *Voraussetzungen der Pfandhaftung*

E verpfändet zur Besicherung des Kredites ihre Liegenschaft. Zunächst ist zu prüfen, ob X die **Hypothek** wirksam erworben hat. Eine Hypothek ist ein Pfandrecht an einer unbeweglichen Sache, dessen Erwerb neben einem gültigen Titel auch einen Modus erfordert (§ 449 ABGB). Über das Titelgeschäft enthält der Sachverhalt keine näheren Angaben. Es kann davon ausgegangen werden, dass zwischen X und E ein wirksamer Pfandbestellungsvertrag abgeschlossen worden ist.[9] Die Einverleibung ins Grundbuch bildet den von § 451 Abs 1 ABGB für den Rechtserwerb geforderten Modus **(Eintragungsprinzip)**. Die Haftung ist mit dem **Höchstbetrag** von € 100.000,- ziffernmäßig bestimmt, sodass auch die Bestimmtheitserfordernisse des § 14 GBG erfüllt sind. Somit hat X das Pfandrecht an der Liegenschaft der E erworben.

---

9   Das ABGB regelt den „Pfandbestellungsvertrag" nicht ausdrücklich, wohl aber den sog „Pfandvertrag". Dieser ist gemäß § 1368 ABGB als Realvertrag ausgestaltet. Das bedeutet, dass zum schuldrechtlichen Konsens die dingliche Einigung (Verfügungsgeschäft) und die Verbücherung hinzutreten muss, damit der Pfandvertrag zustande kommt. Dieses Konzept ist allerdings antiquiert und gerade bei der Hypothekenbestellung unpraktisch, weshalb als Titelgeschäft im Regelfall ein Pfandbestellungsvertrag geschlossen wird, dessen Zustandekommen lediglich den – auf Bestellung eines Pfandrechts gerichteten – Konsens der Parteien erfordert (Konsensualvertrag). Hiervon geht auch die Falllösung aus.

> Anmerkung:
>
> Anders als bei der Bürgschaft enthält das ABGB für die Verpfändung keine Formgebote.[10] Die Verbücherung erfolgt jedoch nur gegen Vorlage einer Urkunde über das Rechtsgeschäft samt notarieller Beglaubigung der Unterschriften (§§ 26, 31 Abs 1 GBG), weshalb die Verpfändung einer Liegenschaft im Ergebnis die Schriftform erfordert.

Wie die Bürgschaft ist auch das Pfandrecht eine **akzessorische Sicherheit** (§ 469 ABGB) und die Sachhaftung mit der Hauptschuld verknüpft. Deren Fälligstellung durch X schlägt somit auch auf die Pfandhaftung durch.[11] Weil das Pfandrecht nicht subsidiär ist, muss X die Schuld nicht zuvor bei A gerichtlich oder außergerichtlich einmahnen.

E **haftet** als Pfandbestellerin nicht persönlich, sondern **lediglich mit ihrer Sache**, weshalb X von ihr nicht die Rückzahlung der Kreditverbindlichkeit verlangen kann. Vielmehr muss sich X gemäß § 461 ABGB durch gerichtliche Versteigerung der verpfändeten Sache befriedigen **(Hypothekarklage)**.[12] E kann jedoch die Versteigerung ihrer Liegenschaft abwenden, indem sie an X jene € 100.000,- bezahlt, für die die Sache haftet.

> Anmerkung:
>
> Zu beachten ist ferner die Haftungshöchstgrenze: Sollte der Versteigerungserlös den Haftungshöchstbetrag von € 100.000,- übersteigen, so ist der Mehrerlös an E auszufolgen. Umgekehrt erlischt die Pfandhaftung auch dann zur Gänze, wenn bei der Versteigerung weniger als € 100.000,- erlöst werden sollten (reine Sachhaftung).

b) Sittenwidrigkeit der Pfandbestellung, § 879 Abs 1 ABGB

E ist als Ehegattin des A eine nahe Angehörige, deren Entscheidungsfreiheit bei der Übernahme der Pfandhaftung womöglich eingeschränkt war. Folglich könnte die Verpfändung ihrer Liegenschaft aus den oben 2)b) dargelegten Gründen sittenwidrig iSv § 879 Abs 1 ABGB sein. Dies ist jedoch zu verneinen, weil das Merkmal der massiven Überforderung bei der Verpfändung von vornherein fehlt.[13]

---

10   *Mader/W. Faber* in Schwimann[3] §§ 1368 f Rz 2. Dies wird allerdings in neuerer Zeit beim Drittpfand teilweise bestritten, vgl insbesondere *Vollmaier*, Die Form des dreipersonalen Rechtsverhältnisses, JBl 2005, 545.

11   Das Höchstbetragspfandrecht ist freilich nur zum Kreditverhältnis als solchem akzessorisch, nicht aber zu den einzelnen Teilforderungen (Rückzahlungsraten), vgl *Iro*, Sachenrecht[5] Rz 13/4 ff. Hier ist dies freilich unproblematisch, weil X die gesamte Restschuld fällig stellt.

12   Bei der Hypothekarklage hat das Klagebegehren daher zu lauten: „Die beklagte Partei ist bei sonstiger Exekution in die Pfandsache schuldig, die Klagsforderung zu bezahlen".

13   OGH 9 Ob 85/02v, SZ 2002/80 = ÖBA 2002, 930/1072 mit Anm *P. Bydlinski*; 9 Ob 16/06b, ÖBA 2007, 651/1429 mit Anm *P. Bydlinski*; aA *Eigner*, Zur Anwendung der Inhaltskontrolle von Haftungsverträgen und des Mäßigungsrechts nach

E als Sicherungsgeberin besitzt im Zeitpunkt der Übernahme der Verpflichtung bereits den zur Bedeckung erforderlichen Vermögenswert. Es besteht daher nicht die Gefahr, dass sie eine Verbindlichkeit eingeht, die sie bei Fälligwerden nicht erfüllen kann. Der Umstand, dass die Liegenschaft ihr gesamtes Vermögen ausmacht, vermag daran nichts zu verändern.

c) Verletzung der Informationsobliegenheiten durch X, § 25c KSchG

Darüber hinaus ist zu untersuchen, ob X nach § 25c KSchG E über die **wirtschaftliche Situation des A** hätte **aufklären** müssen. Sollte X die Informationsobliegenheit verletzt haben und nicht nachweisen können, dass E ihre Liegenschaft auch bei ordnungsgemäßer Warnung verpfändet hätte, käme E eine Haftungsbefreiung zugute. Voraussetzung ist, dass die Verpfändung ein **Verbrauchergeschäft** iSv § 1 Abs 1 KSchG ist. Für X fällt die Pfandrechtsbegründung an der Liegenschaft zur Besicherung des an A gewährten Kredites zweifellos in den Tätigkeitsbereich ihres Unternehmens.[14] E verpfändet hingegen als Privatperson ihr persönliches Vermögen, weshalb sie Verbraucher im Sinne der zitierten Bestimmung ist.

> Anmerkung:
>
> Ob auch das gesicherte Geschäft ein Verbrauchergeschäft ist, spielt für die Frage der Informationsobliegenheiten keine Rolle.

Fraglich erscheint, ob § 25c KSchG auch für die Verpfändung von Liegenschaften gilt. Die Bestimmung spricht von „**Interzession**" als Sammelbegriff für Mitschuldnerschaft, Bürgschaft und Garantie; die Verpfändung ist nicht eigens erwähnt. Nach allgemeiner Ansicht sind unter Interzession **alle Formen der Haftung für eine materiell fremde Schuld** und daher auch das von einem Dritten eingeräumte Pfandrecht zu verstehen.[15] Die Rsp[16] geht jedoch davon aus, dass es sich beim Klammerausdruck in § 25c KSchG um eine taxative Aufzählung handelt. Eine analoge Anwendung komme deshalb nicht in Betracht.[17] Für die Anwendbarkeit des § 25c KSchG spricht uE jedoch der **Normzweck**, wonach der Sicherungsgebers vor dem Risiko einer drohenden Inanspruchnahme gewarnt werden soll.[18] Dieses hängt nicht davon ab, ob der Interzedent persönlich oder mit einer Sache haftet, weshalb der Kreditgeber

---

§ 25d KSchG bei Drittpfandbestellung, ÖBA 2003, 909 (912 ff).

14   Vgl § 1 Abs 1 Z 3 BWG.

15   *Mader/W. Faber* in Schwimann[3] § 1347 Rz 7; *Apathy* in Schwimann/Kodek[4] § 25c KSchG Rz 1.

16   OGH 9 Ob 85/02v, SZ 2002/80 = ÖBA 2002, 930/1072 mit diesbezüglich ablehnender Anm *P. Bydlinski*; 9 Ob 16/06b, ÖBA 2007, 651/1429 mit Anm *P. Bydlinski*.

17   Der OGH begründet dies damit, dass der Gesetzgeber die Rsp zur Angehörigenbürgschaft (OGH 1 Ob 544/95, SZ 68/64) festschreiben wollte. Diese betrifft jedoch nur Fragen Überforderung des Sicherungsgebers. Aufklärungsobliegenheiten sind in der Entscheidung nicht angesprochen.

18   ErläutRV 311 BlgNR 20. GP 25.

jeden Interzedenten aufzuklären hat, wenn für ihn die ordnungsgemäße Rückzahlung durch den Hauptschuldner von vornherein erkennbar gefährdet erscheint.[19]

Gemäß § 25c KSchG hat ein Gläubiger einen Verbraucher, der als Interzedent einer Verbindlichkeit beitritt, auf die **wirtschaftliche Lage des Hauptschuldners** einschließlich der absehbaren Entwicklung hinzuweisen. Dies gilt jedoch nur soweit, als der Gläubiger **erkennt oder erkennen muss**, dass der Schuldner seine Verbindlichkeit voraussichtlich nicht oder nicht vollständig erfüllen wird. Unterlässt der Unternehmer die Information, haftet der Interzedent nur, wenn er auch bei ordnungsgemäßer Information die Verpflichtung eingegangen wäre.

Grundsätzlich hat der Interzedent seine finanziellen Interessen selbst wahrzunehmen. Auch die Möglichkeit der Inanspruchnahme ergibt sich bereits aus der Funktion der Pfandhaftung. Eine Informationsobliegenheit besteht nur, wenn der Gläubiger die **bedrohliche wirtschaftliche Lage** des Hauptschuldners **kennt oder hätte kennen müssen**. Diese erfüllt eine generelle Warnfunktion, weshalb es keine Rolle spielt, ob der Interzedent einen Einblick in die finanziellen Verhältnisse des Hauptschuldners hat.[20] Insbesondere sollen dem Interzedenten die Gründe aufgezeigt werden, weshalb der Gläubiger neben der Haftung des Hauptschuldners zusätzliche Sicherheiten verlangt.[21] Im Zeitpunkt der Verpfändung der Liegenschaft gibt es jedoch keine Anhaltspunkte, die auf Zahlungsschwierigkeiten des A hindeuten. Vielmehr überweist dieser über vier Jahre hinweg die monatlichen Raten pünktlich. Dass die im Frühjahr 2015 eingetretene Verschlechterung seiner wirtschaftlichen Lage bereits vier Jahre zuvor für die X erkennbar gewesen wäre, kann nach der allgemeinen Lebenserfahrung nicht angenommen werden. Aus diesem Grund hat X keine Obliegenheiten verletzt. Eine Haftungsbefreiung aufgrund des § 25c KSchG tritt somit nicht ein.

d) Richterliches Mäßigungsrecht, § 25d KSchG

Schließlich ist zu prüfen, ob E das richterliche Mäßigungsrecht des § 25d KSchG wegen eines **unbilligen Missverhältnisses** zwischen Verbindlichkeit und Leistungsfähigkeit beanspruchen kann.[22] Diese Bestimmung knüpft an die Rsp zur Sittenwidrigkeit von Angehörigenbürgschaften an und schafft ein richterliches Mäßigungsrecht für jene Fälle, in denen die Haftung des Interzedenten aufgrund des Missverhältnisses zwischen Haftung und wirtschaftlicher Leistungsfähigkeit zwar unbillig erscheint, die Schwelle der Sittenwidrigkeit aber nicht erreicht ist.[23] Dazu müssen die Tatsache, dass die Übernahme der Verpflichtung für den Interzedenten ein Verbrauchergeschäft ist, sowie die Um-

---

19 *Apathy* in Schwimann/Kodek[4] § 25c KSchG Rz 1.
20 ErläutRV 311 BlgNR 20. GP 25.
21 OGH 8 Ob 100/03v, EvBl 2004/99.
22 Anders als beim Anspruch X gegen T (oben 2)) ist nun jedenfalls auf das richterliche Mäßigungsrecht nach § 25d KSchG einzugehen, denn die bisherige Prüfung hat ergeben, dass X gegen E vorgehen kann. Beim Anspruch gegen T hat sich hingegen gezeigt, dass die Bürgschaftsverpflichtung ohnedies unwirksam ist.
23 OGH 6 Ob 184/00b, JBl 2001, 715; *Krejci* in Rummel[3] § 25d KSchG Rz 4.

stände, die das Missverhältnis bewirken, bereits bei Vertragsabschluss für den Gläubiger erkennbar gewesen sein. § 25d Abs 2 KSchG enthält eine demonstrative Aufzählung der bei der **Abwägung** zu berücksichtigenden Faktoren. Sind diese Voraussetzungen erfüllt, kann der Richter die Verbindlichkeit des Bürgen mäßigen oder auch zur Gänze erlassen.

Die grundsätzliche Anwendbarkeit des KSchG auf den Pfand(bestellungs)vertrag zwischen X und E wurde bereits oben begründet. Fraglich erscheint aber, ob überhaupt von einem Missverhältnis zwischen Leistungsfähigkeit und Haftungsumfang der E auszugehen ist. Sie ist Eigentümerin der verpfändeten Liegenschaft im Wert von € 100.000,-, weshalb ihrer Sachhaftung ein **konkreter Vermögenswert** zugrunde liegt. Zudem trägt aufgrund der reinen Sachhaftung der Pfandgläubiger das Risiko eines Mindererlöses. Aus diesen Gründen besteht kein Missverhältnis zwischen Verbindlichkeit und Leistungsfähigkeit. Auch der Umstand, dass die Liegenschaft ihren einzigen Vermögenswert darstellt, vermag daran nichts zu ändern.

Zudem verweist § 25d KSchG hinsichtlich des Anwendungsbereichs der Bestimmung auf den Interzessionsbegriff des § 25c KSchG, der die Drittpfandbestellung nicht ausdrücklich nennt. Aufgrund des **Normzwecks** ist § 25d KSchG – anders als § 25c KSchG – auf die Verpfändung nicht anwendbar, denn er bezweckt den Schutz des Sicherungsgebers vor finanzieller Überforderung. Wie bereits ausgeführt, liegt eine solche bei der Verpfändung vorhandener Vermögenswerte nicht vor. Die Einschränkung des Anwendungsbereichs des § 25d KSchG auf obligatorische Sicherungsgeschäfte ist daher gerechtfertigt.[24] E kann somit keine Überforderung iSv § 25d KSchG geltend machen. Eine Mäßigung ihrer Haftung durch Richterspruch kommt nicht in Betracht.

Als **Ergebnis** ist festzuhalten, dass E mit ihrer Liegenschaft für einen Betrag von € 100.000,- haftet.

4) X gegen B auf Zahlung von € 50.000,- gemäß § 1357 ABGB

Auch B hat eine Haftung als Bürge und Zahler übernommen. X hat ihn jedoch im Sommer 2012 aus der Haftung entlassen. Mit diesem **Verzicht** auf die Haftung ist der Anspruch gegen B erloschen (§ 1444 ABGB). B muss daher nicht an X zahlen.

---

24 AA offenbar *Apathy* in Schwimann/Kodek[4] § 25d KSchG Rz 1 mwN, der jedoch selbst zugesteht, dass „es bei Pfandbestellungen regelmäßig an den Voraussetzungen für eine Mäßigung fehlen" wird.

B) Ansprüche E gegen T

Ausgleichsanspruch E gegen T, § 1359 ABGB

Anmerkungen:

1) Meist werden Ausgleichsansprüche zwischen mehreren Sicherungsgebern erst nach den Regressansprüchen geprüft, die jedem zahlenden Interzedenten gegen den Hauptschuldner zustehen (§§ 1358, 1014 ABGB, siehe unten Abschnitte D) und E). Hier sollte diese Frage wegen der Entlassung des B aus der Bürgenhaftung schon vorab geprüft werden, weil ein Fortbestehen der Haftung des B den anderen Interzedenten gegenüber Voraussetzung dafür ist, dass Ansprüche des B gegen A bestehen (dazu unten Abschnitt E).

2) Zu beginnen ist mit einem etwaigen Ausgleichsanspruch gegen T, weil vom Bestehen bzw Nichtbestehen dieses Anspruchs die Höhe aller weiteren Ansprüche abhängt.

Weil auch T eine Haftung als Bürge und Zahler übernommen hat, X sie aber wegen Sittenwidrigkeit der Bürgschaftsvereinbarung nicht in Anspruch nehmen kann, ist zu fragen, wie sich dieser Umstand auf das **Innenverhältnis** zwischen den Sicherungsgebern auswirkt. Die Sittenwidrigkeit der Verpflichtung der T zieht deren Nichtigkeit nach sich. Die Bürgschaftsverpflichtung ist also auch im Innenverhältnis der Sicherungsgeber so zu behandeln, als wäre sie nicht geschlossen worden. Anderes wäre mit dem Schutzzweck der Nichtigkeitssanktion nicht vereinbar. Aus diesem Grund hat E keinen Ausgleichsanspruch gegen T.

C) Ansprüche E gegen B

Ausgleichsanspruch E gegen B iHv € 33.333,33 gemäß §§ 1359, 1363 S 3 ABGB

Nach § 1359 ABGB haften mehrere Bürgen solidarisch. Hat ein Mitbürge den Gläubiger befriedigt und dabei mehr gezahlt, als er nach dem Innenverhältnis zu leisten verpflichtet ist, so steht ihm gegen die anderen Haftenden ein Anspruch auf **Rückersatz** zu. Mit der Bürgschaft des B und der Hypothek der E treffen jedoch zwei unterschiedliche Formen der Sicherung aufeinander. Das ABGB enthält zwar keine ausdrückliche Regelung über den Ausgleich zwischen Pfandbesteller und Bürgen, jedoch ist § 1359 ABGB keine reine Bürgschaftsnorm und gilt daher generell für den Ausgleich unter mehreren Sicherungsgebern.[25]

Das Rückgriffsrecht eines Sicherungsgebers besteht aber auch gegenüber

---

25 *Hoyer*, Der Rückgriff zwischen Bürgen und Pfandbestellern, JBl 1987, 764 (768); OGH 1 Ob 78/02f, SZ 2002/58.

einem Bürgen, den der Gläubiger aus der Bürgschaft entlassen hat, denn nach § 1363 Satz 3 ABGB entfaltet ein solcher **Verzicht gegenüber Mitbürgen keine Wirkungen.** Entgegen dem Wortlaut regelt diese Bestimmung nicht nur für das Verhältnis zwischen mehreren Bürgen, sondern auch die Ansprüche zwischen Bürgen und Drittpfandbestellern.[26] Anders würde nur gelten, wenn E der Entlassung des B aus der Bürgschaft zugestimmt hätte, doch dies war hier nicht der Fall.

> Anmerkung:
>
> Weil die Obliegenheit des § 25b Abs 2 KSchG nur den Kreditgeber betrifft, spielt es im vorliegenden Fall für den Ausgleichsanspruch zwischen den Sicherungsgebern auch keine Rolle, dass B nicht vom Zahlungsverzug des A verständigt wurde.

Somit bleibt zu klären, wie sich die Haftung im Innenverhältnis zwischen den beiden Sicherungsgebern B und E verteilt. § 1359 ABGB verweist diesbezüglich auf § 896 ABGB, wonach die Schuld im Zweifel zu gleichen Teilen zu tragen ist, soweit keine **„besonderen Verhältnisse"** bestehen. Die Haftung von E und B ist jeweils betragsmäßig begrenzt, jedoch in unterschiedlicher Höhe, weshalb der unterschiedlicher Haftungsumfang gemäß § 896 ABGB auch für die Aufteilung der Haftung im Innenverhältnis zu berücksichtigen ist. Dieser Ausgleich hat **proportional zu den Haftungsgrenzen** zu erfolgen, die der Interzedent nach außen, also gegenüber dem Gläubiger, übernommen hat.[27] Dadurch ist sichergestellt, dass das endgültige Ausmaß der von den jeweiligen Sicherungsgebern zu tragenden Haftung nicht vom Zufall oder der Willkür der Reihenfolge der Inanspruchnahme durch den Gläubiger abhängt. Ferner wird der Wille der Sicherungsgeber berücksichtigt, nur für einen Teil der Schuld zu haften, weil noch weitere Sicherheiten bestehen. B hat die persönliche Haftung für € 50.000,- und E eine Hypothek in der Höhe € 100.000,- übernommen, weshalb die Haftung im Innenverhältnis im Ausmaß 1:2 zu tragen ist. Wenn E von X in Anspruch genommen wird, kann sie daher 1/3 der von ihr an den Gläubiger geleisteten Zahlung vom mithaftenden B im Wege des Ausgleichsanspruchs nach § 1359 ABGB verlangen.

> Anmerkung:
>
> Noch einmal im Detail zu dieser Berechnung: Zunächst stellt man die gegenüber dem Gläubiger übernommenen Haftungssummen einander gegenüber. Das sind für B € 50.000,- und für E € 100.000,-. Dann wird ermittelt, in welchem Verhältnis diese Beträge zu einander stehen. Das ergibt 50.000 zu 100.000 bzw gekürzt 1:2. Anhand dieses Verhältnisses

---

26 *Mader/W. Faber* in Schwimann[3] § 1363 Rz 4.
27 *Mader,* Zum Rückgriffsanspruch nach § 1359 ABGB, JBl 1988, 287; grundsätzlich auch OGH 1 Ob 681/87, SZ 60/266; OGH 1 Ob 514/93, NZ 1994, 130. Vgl ferner *Mader/W. Faber* in Schwimann[3] § 1359 Rz 10 f mit Nachweisen zu den in der Lehre vertretenen Gegenpositionen.

> lassen sich nun die Beitragsquoten der einzelnen Interzedenten ausdrü-
> cken: In den Zähler bei B kommt die Zahl 1, bei E die Zahl 2. Die Zahl im
> Nenner ist die Summe aus 1 und 2, also 3. Somit hat B letztendlich 1/3
> der von den Interzedenten geleisteten Summe zu tragen und E 2/3.

Ein Ausgleichsanspruch nach § 1359 ABGB setzt ferner voraus, dass der Zahler **mehr geleistet** hat, als nach dem Innenverhältnis zum anderen Haftenden maximal auf ihn entfallen würde. Nach der Sachverhaltsschilderung hat E bisher keine Zahlungen an die X-Bank geleistet. Sobald sie die aus der Pfand-haftung geschuldeten € 100.000.- an X leistet, übernimmt sie mehr, als sie im Innenverhältnis zu B beizutragen hat. Zusätzlich ist zu verlangen, dass der andere Haftende durch die Zahlung oder aus sonstigem Grund **befreit** wur-de,[28] da sonst der Fall eintreten könnte, dass der ausgleichspflichtige Interze-dent im Ergebnis eine höhere Summe beitragen muss, als er ursprünglich gegenüber dem Gläubiger übernommen hat.[29] Auch diese Voraussetzung ist erfüllt: B kann von X nicht mehr in Anspruch genommen werden, weil diese ihn bereits aus der Bürgschaft entlassen hat.

Als **Ergebnis** ist daher festzuhalten: Sobald E die € 100.000,- an X leistet, erwirbt sie gegenüber B einen (Ausgleichs-) Anspruch auf Ersatz von 1/3 die-ser Summe, somit € 33.333,33.

D) Ansprüche E gegen A

1) Rückgriffsanspruch E gegen A iHv € 100.000,- gemäß § 1358 ABGB

Auch wenn E aufgrund der übernommenen Pfandhaftung gegenüber X zur Zahlung von € 100.000,- bzw Aufopferung ihrer Liegenschaft verpflichtet ist, erfüllt sie materiell eine **fremde Schuld**, nämlich jene des A aus dem Kredit-vertrag. Gemäß § 1358 ABGB erwirbt derjenige, der eine fremde Schuld be-gleicht, für die er persönlich oder mit bestimmten Vermögensstücken haftet, ex lege einen Rückgriffsanspruch gegen den Hauptschuldner. Mit der Bestellung der Hypothek zur Besicherung des Rückzahlungsanspruches aus dem Kredit-vertrag haftet E „mit bestimmten Vermögensstücken", nämlich ihrer Liegen-schaft. Weil § 1358 ABGB schon vom Wortlaut her auch für Drittpfandbesteller gilt,[30] erwirbt E mit der Zahlung an X im Wege der **Legalzession** die Kreditfor-derung der X in Höhe der gezahlten € 100.000,-. Aus dieser Forderung kann sie gegen A Rückgriff nehmen.

---

28 Zu diesen Voraussetzungen vgl *Harrer,* Sicherungsrechte 33 (Beispiele 10 und 11); *Mader/W. Faber* in Schwimann[3] § 1359 Rz 3, 12.

29 Nämlich dann, wenn er nach der Ausgleichszahlung an den anderen Interzeden-ten noch vom Gläubiger in Anspruch genommen wird und der nunmehr ihm zu-stehende Ausgleichsanspruch nach § 1359 ABGB gegen den anderen Interzeden-ten nicht durchgesetzt werden kann, weil dieser inzwischen insolvent ist. Vgl dazu *Mader,* Zum Rückgriffsanspruch nach § 1359 ABGB, JBl 1988, 287 (290).

30 OGH 1 Ob 681/87, SZ 60/266.

Dabei ist freilich zu berücksichtigen, dass E aus § 1359 ABGB einen Ausgleichsanspruch gegen B hat. Leistet B die aus diesem Titel geschuldeten € 33.333,33 an E, ist dies auf den Rückgriffsanspruch **anzurechnen**, der sich dann um diesen Betrag vermindert.

2) Aufwandersatzanspruch E gegen A iHv € 100.000,- gemäß § 1014 ABGB

A hat E ersucht, zur Besicherung des Darlehens ihre Liegenschaft zu verpfänden. Mit der Zusage der E, die Hypothek zu übernehmen, ist zwischen den Parteien eine obligatorische Bindung entstanden, die als **Auftragsverhältnis** zu werten ist.[31] E verpflichtet sich nämlich zur Vornahme rechtsgeschäftlicher Handlungen, und zwar zum Abschluss des Pfand(bestellungs)vertrages mit X. Aus dem Auftrag ist A gemäß § 1014 ABGB E zum Ersatz aller aus diesem Vertragsverhältnis erwachsenen notwendigen oder nützlichen Aufwendungen verpflichtet,[32] wozu auch die gänzliche oder teilweise Tilgung der Hauptschuld zählt. Dieser Anspruch tritt neben den Rückgriffsanspruch nach § 1358 ABGB und umfasst neben der getilgten Schuld auch sonstige damit im Zusammenhang stehende Aufwendungen. Weil E die € 100.000,- an X zahlen muss, hat sie einen Aufwandersatzanspruch in dieser Höhe gegen A. Allfällige Leistungen des B an E aus dem Titel des Rückgriffsanspruchs sind, wie bereits oben ausgeführt, auf den Aufwandersatzanspruch anzurechnen.

E) Ansprüche B gegen A

1) Rückgriffsanspruch B gegen A iHv € 33.333,33 gemäß § 1358 ABGB

Sobald B den Ausgleichsanspruch der E in Höhe von € 33.333,33 befriedigt,[33] geht gemäß § 1358 ABGB der anteilige Rückgriffsanspruch der E gegen A auf B über. B erlangt somit einen Anspruch gegen A auf Zahlung von € 33.333,33.

2) Aufwandersatzanspruch B gegen A iHv € 33.333,33 gemäß § 1014 ABGB

Zwischen A und B ist mit der Übernahme der Bürgschaft ein Auftragsverhältnis gemäß §§ 1002 ff entstanden, weil B die Haftung auf ausdrückliches Ersuchen des A übernommen hat. Nach § 1014 ABGB sind dem Beauftragten alle aus diesem Vertragsverhältnis erwachsenen notwendigen oder nützlichen Aufwendungen zu ersetzen. Dazu zählt auch die teilweise Tilgung der Schuld des A. Sobald B den Rückersatzanspruch der E befriedigt, erlangt er gegen A einen Aufwandersatzanspruch in der Höhe von € 33.333,33.

---

31 *Koziol/Welser*, Grundriss II[13] 149.
32 *Mader/W. Faber* in Schwimann[3] 1358 Rz 23 f.
33 Siehe oben C).

Fall 17. Erben ist nicht immer einfach

I. Sachverhalt

Der vor kurzem verstorbene Hans hatte vor drei Jahren formgerecht folgende Vorkehrungen für die Zeit nach seinem Tode getroffen:

„Meine beiden Söhne aus erster Ehe, Viktor und Benjamin, bekommen alles, was ich habe. Meine Frau Maria soll aber nach meinem Tod bis zu ihrem eigenen Ableben in meinem Haus in der Landstraße 12 bleiben dürfen. Sie soll auch das dortige Inventar behalten, soweit dies gesetzlich vorgeschrieben ist."

Maria wusste von diesem Arrangement; sie hatte auch ein paar Tage vorher mit Notariatsakt auf das ihr „nach Hans zustehende Erb- und Pflichtteilsrecht" verzichtet.

Wenige Tage nach dem Tod von Hans und noch vor Eröffnung des Verlassenschaftsverfahrens begann Maria, das Haus aufzuräumen. In einem Schrank fand sie drei Sparbücher mit je € 20.000 Guthaben; diese brachte sie noch am selben Tag in ihr Schließfach bei der Agrarbank. Das im Eigentum des Hans stehende Klavier, dessen Geklimper sie schon immer gestört hatte und das ihr, wie sie im Familienkreis wiederholt geäußert hatte, eigentlich nur im Weg stand, verkaufte sie kurz darauf an Fritz, der in der Zeitung nach einem solchen Instrument gesucht hatte und es auch gleich nach dem Kauf abtransportieren ließ.

Als ihre beiden Stiefsöhne davon erfahren, sind sie wütend. Am liebsten wäre es ihnen, wenn sie Maria ganz aus dem Haus vertreiben könnten; jedenfalls wollen sie die Sparbücher und das Klavier zurück, auf dem sie beide als Kinder gespielt hatten.

Benjamin ist so erbost, dass er ab sofort auch nichts mehr unternimmt, wenn die Schafe des Bauern Tobias, die mit Benjamins Zustimmung regelmäßig auf dessen direkt neben seinem Elternhaus gelegenen Wiesengrundstück grasen, gelegentlich auch unter der Adresse Landstraße 12 anzutreffen sind und dort an Marias heiß geliebten Gemüsebeeten herumknabbern.

Ferner stören Maria die Bäume auf dem Grundstück des Nachbarn Norbert. Entlang der südlichen Grenze des seinerzeit von Hans erworbenen Grundstückes verläuft eine Gemeindestraße mit dem Namen „Landstraße", die aus dem Ortskern des Dorfes führt. Auf der gegenüberliegenden Straßenseite befindet sich das Grundstück von Norbert, das entlang der Straße mit einer Reihe alter Fichten bewachsen ist. Aufgrund der rund 20 Meter hohen Bäume liegen das Haus sowie große Teile des Gartens der von Maria bewohnten Liegenschaft jeweils von Mitte November bis Mitte Februar vom Vormittag bis zum Nachmittag vollständig im Schatten. Maria muss deshalb während dieser

Jahreszeit auch tagsüber die Wohnräume elektrisch beleuchten. Hans hat deshalb Norbert in der Vergangenheit gebeten, die Bäume zu entfernen. Dies hat Norbert jedoch abgelehnt. Hans hat die Angelegenheit damit auf sich beruhen lassen, weil er keinen Konflikt mit Norbert wollte.

Neben dem Streit mit ihren Stiefsöhnen und dem Nachbarn Norbert hat Maria aber auch noch andere Probleme: Die tschechische Pflegerin Jana, die Hans bis zu seinem Tod gepflegt und im Haushalt geholfen hat, behauptet, dass Hans ihr vor seinem Tod eines der Sparbücher „aus Dankbarkeit für ihre langen und treuen Dienste geschenkt" habe. Hans habe ihr auch gesagt, wo das betreffende Sparbuch liege und das Losungswort dafür genannt.

1) Beurteilen Sie die erbrechtliche Lage. Gehen Sie dabei davon aus, dass der Erb- und Pflichtteilsverzicht gültig ist.

2) Können Viktor und Benjamin von Fritz die Rückgabe des Klaviers verlangen? Gehen Sie davon aus, dass die Einantwortung bereits stattgefunden hat.

3) Was kann Maria gegen die eindringenden Schafe unternehmen?

4) Hat Maria gegenüber Norbert einen Anspruch auf Entfernung der Bäume?

5) Kann Jana – ausgehend davon, dass ihre Angaben stimmen – die Herausgabe des Sparbuchs verlangen? Wiederum ausgehend von der bereits erfolgten Einantwortung: Prüfen Sie etwaige Ansprüche gegen Viktor und Benjamin sowie gegen Maria, die das Sparbuch derzeit innehat.

II. Lösung

Frage 1

> **Anmerkung:**
>
> Die Lösung zu Frage 1 wird sich auch mit Inkrafttreten des ErbRÄG 2015[1] nicht substantiell ändern, wenngleich einige Paragraphen bei Inhaltsgleichheit und gleicher Nummerierung sprachliche Veränderungen erfahren (§§ 547, 551, 555, 647, 684, 797 ABGB). Andere Bestimmungen sind ab Inkrafttreten der Neuregelung in sprachlich modifizierter Form und zT inhaltlich verändert[2] an anderer Stelle zu finden; so wird § 762 ABGB zu § 757 ABGB und § 758 ABGB zu § 745 Abs 1 ABGB. Auch der im Folgenden relevante Erbunwürdigkeitsgrund in § 542 ABGB aF bleibt in § 540 nF ABGB erhalten (die ansonsten vorgenommenen Änderungen im Recht der Erbunwürdigkeit betreffen diese Regelung somit nicht).

1) Gesamtrechtsnachfolge nach Hans und Pflichtteilsrecht

Hans hat laut Sachverhalt ein formgültiges Testament errichtet, in dem er Viktor und Benjamin, seine beiden Söhne aus erster Ehe, als seine **Erben einsetzt**. Mit der Annahme der Erbschaft treten sie im Wege der Gesamtrechtsnachfolge in die Rechte und Pflichten des Erblassers ein (§ 547 ABGB). Viktor und Benjamin erhalten jeweils die Hälfte des Nachlasses (§ 555 ABGB).

Maria hingegen, mit der Hans im Zeitpunkt seines Todes in aufrechter Ehe gelebt hat, steht kein Erbrecht nach Hans zu, da kein Erbvertrag zu ihren Gunsten besteht und der Erblasser sie testamentarisch nicht bedacht, sondern sein gesamtes Vermögen den beiden Söhnen vermacht hat, sodass für Maria auch eine gesetzliche Erbfolge nicht in Betracht kommt. Gemäß § 762 ABGB stünde ihr als Ehegattin jedoch grundsätzlich ein **Pflichtteilsanspruch** gegen die Erben zu, und zwar konkret dann, wenn sie ohne das Testament gesetzliche Erbin wäre.[3] Der Pflichtteilsanspruch ist ein schuldrechtlicher Anspruch gegen die Erben auf eine Geldleistung.[4]

Allerdings kann gemäß § 551 ABGB analog mittels **Vertrag** zwischen dem Erblasser und dem potentiellen Erben auf das Pflichtteilsrecht gleich wie auf ein künftiges Erbrecht **verzichtet** werden.[5] Ein solcher Vertrag bedarf nach § 551 ABGB zu seiner Gültigkeit eines Notariatsaktes oder einer gerichtlichen Beurkundung. Der Verzicht Marias auf das die ihr nach dem Gesetz zustehen-

---

1 BGBl I 2015/87, anzuwenden ab 1.1.2017.
2 Die inhaltlichen Änderungen dieser Bestimmungen wirken sich auf die Lösung des vorliegenden Falles nicht aus.
3 *Likar-Peer* in Ferrari/Likar-Peer (Hrsg), Erbrecht 338.
4 *Koziol/Welser*, Grundriss II[13] 545 f.
5 *Koziol/Welser*, Grundriss II[13] 463; *Likar-Peer* in Ferrari/Likar-Peer (Hrsg), Erbrecht 299.

den Erb- und Pflichtteilsrecht erfolgt dem Sachverhalt zufolge in der erforderlichen Form. Somit hat sie **keinen Pflichtteilsanspruch**.

2) Vermächtnis

Das Testament des Hans enthält neben der Erbseinsetzung auch ein **Vermächtnis** zu Marias Gunsten. Das Vermächtnis entspricht inhaltlich dem in § 758 ABGB geregelten gesetzlichen Vorausvermächtnis (Wohnrecht und Haushaltsinventar „soweit dies gesetzlich vorgeschrieben ist"). Grundsätzlich umfasst ein Erb- und Pflichtteilsverzicht auch das gesetzliche Vorausvermächtnis nach § 758 ABGB,[6] jedoch kann der Erblasser den Verzichtenden im Nachhinein noch wirksam bedenken.[7] Somit ist im vorliegenden Fall das zeitlich nachfolgende Vermächtnis zugunsten Marias trotz des zuvor abgegebenen Erb- und Pflichtteilsverzichts **gültig**. Grundsätzlich erwirbt sie somit ein lebenslanges Wohnrecht im Haus Landstraße 12 und einen schuldrechtlichen Anspruch gegen die Erben auf die Übereignung der ihr vermachten Gegenstände (§ 684 ABGB).[8]

In der Folge ist einerseits zu prüfen, ob die im Sachverhalt ausdrücklich angeführten Gegenstände vom Vermächtnis an Maria umfasst sind. Dabei empfiehlt es sich, die Sparbücher und das Klavier gesondert zu behandeln. Andererseits stellt sich die Frage, ob Maria ihre Ansprüche aus dem Vermächtnis durch das Verbringen der Sparbücher und den Verkauf des Klaviers verwirkt haben könnte.

a) Sparbücher

Hinsichtlich der Sparbücher ist zu fragen, ob diese Bestandteile des im Testament angesprochenen „Inventars" sind. Mit dem Zusatz „soweit dies gesetzlich vorgeschrieben ist" hat Hans auf das gesetzliche Vorausvermächtnis des Ehegatten nach § 758 ABGB Bezug genommen und somit zum Ausdruck gebracht, dass im Rahmen der Auslegung seiner letztwilligen Anordnung der Inhalt des Vermächtnisses nach dem Verständnis der Regeln über den gesetzlichen Voraus zu beurteilen ist. Mit „Inventar" sind somit die **zum ehelichen Haushalt gehörigen beweglichen Sachen** gemeint, die den beiden Ehegatten zu Lebzeiten zur Bestreitung des gemeinsamen Lebens gedient haben. Dabei entscheiden nicht die tatsächlichen Eigentumsverhältnisse, sondern es ist alleine die Zweckwidmung maßgeblich. So können etwa auch der gemeinsam genutzte PKW oder sogar Kunstgegenstände zu den zum ehelichen Haushalt gehörenden beweglichen Sachen gehören, sofern sie tatsächlich der gemeinsamen Lebensführung gedient haben.[9] Bargeld zählt jedenfalls dann nicht zum Hausrat, wenn es nicht für die Wirtschaftsführung abgesondert ist.[10] Dies muss

---

6   OGH 7 Ob 2303/96v, NZ 1997, 291 mit Anm von *Zankl*.

7   OGH 6 Ob 273/02v, NZ 2004/3; zuletzt 10 Ob 35/14s, EvBl 2015/15.

8   Da die hM auch beim gesetzlichen Vorausvermächtnis vom Vorliegen eines Damnationslegats ausgeht, *Likar-Peer* in Ferrari/Likar-Peer (Hrsg), Erbrecht 76 f. Das Erb-RÄG 2015 hat keine Klärung dieser Streitfrate herbeigeführt.

9   *Likar-Peer* in Ferrari/Likar-Peer (Hrsg), Erbrecht 81 f.

10   *Apathy* in KBB[4] § 758 Rz 3 mwN.

ebenso für Sparbücher gelten. Maria wusste offenbar nichts von der Existenz der Sparbücher, denn sie findet diese erst beim Aufräumen. Daher sind die drei Sparbücher keine zum ehelichen Haushalt gehörenden Sachen und somit auch nicht vom Vermächtnis mit umfasst. Maria muss die Sparbücher an die beiden testamentarischen Erben Viktor und Benjamin herausgeben.

b) Klavier

Laut Sachverhalt war das Klavier Maria immer ein Dorn im Auge. Einerseits hat sie sich durch das „Geklimper" gestört gefühlt, woraus sich ableiten lässt, dass weder sie selbst auf dem Instrument gespielt hat, noch dass Hans ihr durch sein Klavierspiel Freude bereitet hat. Zudem stand ihr das Instrument selbst im Weg; sie hatte also keine Verwendung dafür. Es ist somit **nicht** davon auszugehen, dass das Klavier Bestandteil der **gemeinsamen ehelichen Lebensführung** gewesen ist und zur Fortführung der bisherigen Lebensumstände erforderlich wäre. Folglich zählt auch das Klavier nicht zu dem im Testament genannten „Inventar" und fällt daher ebenfalls an die beiden Erben. Maria ist deshalb auch nicht befugt, das Instrument zu verkaufen oder auf andere Weise darüber zu verfügen. Allerdings kann sie es nicht mehr an Viktor und Benjamin herausgeben, weil sie es (unzulässiger Weise) bereits an Fritz verkauft und übergeben hat.

c) Erbunwürdigkeit

Der Hinweis im Sachverhalt, dass die beiden Söhne Maria am liebsten „aus dem Haus haben" wollen, gibt Anlass zu einer weiteren Überlegung: Maria könnte aufgrund ihres Verhaltens einen Erbunwürdigkeitsgrund gesetzt haben und den Anspruch auf ihr Vermächtnis, und somit auch auf das **Wohnrecht**, zur Gänze **verwirkt** haben. Erbunwürdigkeit verhindert nämlich jeden Erwerb von Todes wegen und somit auch das Recht auf ein Vermächtnis (§ 647 ABGB) sowie auf das – hier inhaltlich mit dem letztwilligen Vermächtnis übereinstimmende – gesetzliche Vorausvermächtnis.[11]

Zu denken ist an den Erbunwürdigkeitsgrund gemäß § 542 ABGB, konkret an den dort genannten Tatbestand, dass ein vom Erblasser bereits errichteter **letzter Wille unterdrückt** wird. Nach ständiger Rechtsprechung soll durch § 542 ABGB jede Handlung oder Unterlassung sanktioniert werden, die in der Absicht geschieht, den Willen des Erblassers zu vereiteln; dies gilt auch im Bezug auf ausgesetzte Legate.[12] Der Regelung des § 542 ABGB liegt der Gedanke zugrunde, dass derjenige, der sich schwerer Verfehlungen gegen den Willen des Erblassers schuldig gemacht hat, nichts aus dem Nachlass erhalten soll. Ob das Verhalten der Person, die eine letztwillige Verfügung unterdrückt, auch zu dem von ihr gewünschten Erfolg geführt hat, ist hingegen unerheblich.[13]

Aus dem Sachverhalt lässt sich ein solcher Wille Marias freilich schwer ableiten. Der Verkauf des Klaviers erfolgte wohl kaum in der Absicht, den Willen

---

11   Vgl *Likar-Peer* in Ferrari/Likar-Peer (Hrsg), Erbrecht 79, 293.
12   OGH 1 Ob 175/99p, EvBl 2000/12; 8 Ob 112/08s.
13   OGH 1 Ob 175/99p, EvBl 2000/12.

des Verstorbenen zu missachten. Vielmehr wollte sie lediglich das Instrument, das sie selbst nicht benützt und das ihr bislang nur auf die Nerven gegangen ist, aus dem Haushalt entfernen. Ein bewusstes Hinweggehen über das Testament ist darin nicht zu erkennen. Auch hinsichtlich der Sparbücher gibt es keinen Hinweis, dass Maria diese durch das Deponieren bei der Bank vor den Erben verstecken und damit den Willen des Erblassers missachten wollte. Darin kann ebenso gut eine weithin gebräuchliche Art der sicheren Verwahrung von Wertgegenständen erblickt werden. Aus den genannten Gründen ist im vorliegenden Fall davon auszugehen, dass Maria keinen Erbunwürdigkeitsgrund gemäß § 542 ABGB verwirklicht hat.[14] Ihr Anspruch gegen die Erben auf Erfüllung des Vermächtnisses – und somit auch auf Achtung des Wohnrechts – bleibt daher aufrecht.

Frage 2

Viktor und Benjamin gegen Fritz auf Herausgabe des Klaviers, § 366 ABGB

Gemäß § 366 ABGB kann der Eigentümer einer Sache diese von jedem Dritten zurückfordern, der sie ihm unrechtmäßig vorenthält. Das Klavier stand ursprünglich im Alleineigentum von Hans. Mit der Einantwortung sind die beiden Erben Viktor und Benjamin in die Rechte des Erblassers Hans eingetreten (§§ 547, 797 ABGB).[15] Das Eigentum ist auch nicht auf Maria übergegangen, weil das Klavier – wie bereits oben ausgeführt – nicht zu den vom Vermächtnis erfassten Gegenständen zählt. Viktor und Benjamin sind als die Erben nunmehr gemeinsam Eigentümer des Instrumentes und somit für die **rei vindicatio** aktivlegitimiert.

Fritz als Besitzer des Klaviers wird gegen den **Herausgabeanspruch** einwenden, dass er das Instrument von Maria gekauft hat und somit dessen Eigentümer geworden ist. Weil aber Maria im Zeitpunkt des Verkaufs nicht Eigentümerin der Sache war, konnte sie Fritz nach dem Grundsatz, dass niemand mehr Rechte übertragen kann, als er selbst hat (§ 442 ABGB), jedenfalls nicht **derivativ Eigentum** verschaffen.

Fritz könnte jedoch **originär Eigentum** von Nichtberechtigten erworben haben. Gemäß § 367 ABGB könnte das der Fall sein, wenn Fritz das Klavier als eine bewegliche Sache im guten Glauben gegen Entgelt in einer öffentlichen Versteigerung oder von einem Unternehmer im gewöhnlichen Betrieb seines Unternehmens oder von jemandem erworben hat, dem die Sache vom vorigen Eigentümer anvertraut wurde. Im vorliegenden Fall könnte der Tatbestand des **Anvertrauens** vorliegen, denn Fritz kauft von der Witwe des bisherigen Eigentümers und das Instrument hat sich in deren gemeinsamen Haushalt befunden.

Ein Anvertrauen iSv § 367 ABGB bedeutet nach hA, dass der Eigentümer

---

14   OGH 7 Ob 43/07k, EvBl 2007/117.
15   Vgl *Koziol/Welser*, Grundriss II[13] 573 f. Beide Bestimmungen werden durch das ErbRÄG 2015 sprachlich angepasst, erfahren aber keine für diesen Fall relevanten inhaltlichen Änderungen.

die Sache wissentlich und willentlich in die **ausschließliche Gewahrsame** des nunmehrigen Veräußerers übertragen hat.[16] Diese Voraussetzung ist hier jedoch offenkundig nicht erfüllt, denn das Instrument befindet sich im gemeinsamen Haushalt. Auch mit dem Tod des Hans hat Maria nicht die ausschließliche Gewahrsame übertragen bekommen, weil es an einem entsprechenden **Willen des (bisherigen) Eigentümers fehlt.** Insbesondere kann das Vermächtnis schon deshalb keine taugliche Grundlage einer Gewahrsamseinräumung darstellen, weil es wie erörtert das Klavier gerade nicht umfasst. Ferner verkauft Maria das Klavier noch vor der Einantwortung, weshalb auch ein Anvertrauen durch die beiden neuen Eigentümer Viktor und Benjamin ausscheidet.

Weil keine der von § 367 ABGB geforderten Erwerbsarten vorliegt, hat Fritz auch **nicht originär Eigentum erwerben** können. Eine Prüfung der Frage, ob er redlich war, erübrigt sich daher und er muss das Klavier an Viktor und Benjamin herausgeben.

Frage 3

1) Maria gegen Tobias auf Wiederherstellung des vorigen Zustandes und Untersagung des weiteren Zutritts von Schafen, § 339 ABGB iVm §§ 454 ff ZPO

Maria ist als Wohnungsberechtigte Rechtsbesitzerin und als solche berechtigt, innerhalb der Präklusionsfrist von 30 Tagen gegen eigenmächtige Eingriffe mit der **Besitzstörungsklage** vorzugehen. Tobias handelt jedenfalls eigenmächtig, weil er keine Sorge dafür trifft, dass seine Schafe nur dort weiden, wo es ihm ausdrücklich erlaubt wurde, nämlich auf Benjamins Wiesengrundstück, sondern dass die Tiere auch in den von Maria kraft ihres Wohnrechts benützten Gemüsegarten eindringen. Dies stellt zweifelsfrei einen **räumlichen Übergriff in den Besitzstand** Marias dar. Von einer **Wiederholungsgefahr** ist auszugehen, schließlich haben die Eingriffe bereits öfter stattgefunden. Ob die Frist von 30 Tagen noch offen steht, ist allerdings fraglich. Aus dem Sachverhalt ergibt sich, dass die Schafe immer wieder bei Benjamin grasen und dabei gelegentlich auch in Marias Gemüsegarten gelangen. Dies lässt auf eine bereits länger stattfindende Störung schließen. Die materiell-rechtliche Ausschlussfrist von 30 Tagen beginnt ab Kenntnis von Störung und Störer zu laufen; bei einer Folge von Störungen läuft die Frist grundsätzlich ab der ersten Störungshandlung, jedoch nur dann, wenn den Störungen ein einheitlicher Störungswille erkennbar zugrunde liegt.[17] Aus dem Sachverhalt lässt sich zwar nicht genau ableiten, ab wann dies der Fall ist, doch spricht die dort ausgedrückte Störungsdauer eher dafür, dass die Besitzstörungsklage bereits verfristet ist.[18]

---

16 *Spielbüchler* in Rummel[3] § 367 Rz 9; *Holzner* in Kletečka/Schauer, ABGB-ON[1.02] § 367 Rz 9.

17 Vgl *Grüblinger* in Schwimann/Kodek[4] § 339 Rz 56; *Spielbüchler* in Rummel[3] § 339 Rz 10.

18 *Kodek* in Klang[3] § 339 Rz 240 ff, 288 ff vertritt hingegen, dass auch nach Ablauf

2) Maria gegen Tobias auf Beseitigung und Unterlassung des weiteren Zutritts von Schafen, § 372 analog iVm § 364 Abs 2 ABGB

Hans hat Maria durch das Vermächtnis das Wohnrecht an dem bislang gemeinsam bewohnten Haus eingeräumt. Sie ist damit **Rechtsbesitzerin** und genießt als solche quasidinglichen Schutz gegenüber Dritten. Sie kann mit der **actio Publiciana** gemäß § 372 ABGB gegenüber jedem schwächer Titulierten Rechte wie eine Eigentümerin geltend machen. Dies steht unter dem Vorbehalt, dass sie die Wohnung auch innehat,[19] was im vorliegenden Sachverhalt freilich verwirklicht ist. Bezüglich des Eindringens der Schafe könnte Maria versuchen, sich publizianisch auf § 364 Abs 2 ABGB zu berufen. Nach dieser Bestimmung, einem Anwendungsfall der Eigentumsfreiheitsklage, sind zwei Fälle zu unterscheiden, nämlich das Eindringen von so genannten Immissionen und von grobkörperlichen Stoffen. Das Eindringen von **Immissionen** kann nur unter den in § 364 Abs 2 ABGB normierten Voraussetzungen (Überschreiten des nach den ortsüblichen Verhältnissen gewöhnlichen Maßes, wesentliche Beeinträchtigung der ortsüblichen Benutzung) untersagt werden. Nach der Rsp stellt allerdings nur das Eindringen kleinerer Tiere, wie Insekten oder Mäuse[20], nicht aber das Eindringen größere Tiere, wie der gegenständlichen Schafe, eine Immission iSd § 364 Abs 2 ABGB dar,[21] weswegen die einschränkenden Voraussetzungen des Unterlassungs- und Beseitigungsanspruchs auf den vorliegenden Sachverhalt nicht anwendbar sind.

Unmittelbare Zuleitung sowie das Eindringen **grobkörperlicher Stoffe** kann nach § 364 Abs 2 Satz 2 ABGB hingegen ohne weitere Voraussetzungen untersagt werden. Diese Regel ist auch auf das Eindringen der Schafe vom Nachbargrund des Tobias anzuwenden. Wiederholungsgefahr ist wie oben erörtert anzunehmen. Der Unterlassungsanspruch besteht folglich zu Recht. Zudem steht ein Anspruch auf Beseitigung der Schafe oder von diesen hinterlassener Spuren zu.[22]

3) Maria gegen Tobias auf Beseitigung und Unterlassung des weiteren Zutritts von Schafen, § 372 analog iVm § 523 ABGB

Zur Aktivlegitimation der Maria zur Geltendmachung der actio Publiciana siehe oben 2). Dem Eingriff durch Schafe kann im vorliegenden Fall mit der actio **negatoria** gemäß § 523 iVm § 372 ABGB entgegen getreten werden, die auf Beseitigung und Abwehr unbefugter Störungen gerichtet ist. Ein solcher Eingriff durch Tobias liegt hier vor, da für die Benützung des Grundstücks Land-

---

der für ihn rein prozessualen Klagefrist von 30 Tagen eine Geltendmachung des Anspruchs nach § 339 ABGB im „normalen" Verfahren möglich sein soll und nur das spezielle Besitzstörungsverfahren nicht mehr zur Verfügung steht.

19   Vgl etwa *Koziol/Welser*, Grundriss I[14] 305.
20   Vgl hingegen die Katzen-Rsp des OGH 5 Ob 138/11x, SZ 2011/132.
21   OGH 4 Ob 250/06b, EvBl 2007/89.
22   Vgl etwa *Koziol/Welser*, Grundriss I[14] 312.

straße 12 keinerlei Rechtsgrund besteht. Ebenso besteht Wiederholungsgefahr, weshalb alle Voraussetzungen für die Durchsetzung des Unterlassungs- und Beseitigungsanspruchs vorliegen.[23]

4) Maria gegen Benjamin auf Wiederherstellung des vorigen Zustandes und Untersagung des weiteren Zutritts von Schafen, § 339 ABGB iVm §§ 454 ff ZPO

Grundsätzlich ist die Besitzstörungsklage auch gegen den mittelbaren Störer denkbar, weil Benjamin als Eigentümer des Nachbargrundstücks die Störung duldet, obwohl er sie zu hindern berechtigt und imstande wäre. Hier scheitert die Besitzstörungsklage aber ebenfalls am Ablauf der Präklusivfrist (siehe oben 1)).

5) Maria gegen Benjamin auf Beseitigung und Unterlassung des weiteren Zutritts von Schafen, §§ 372 analog iVm § 364 Abs 2 ABGB

Die Klage aus § 364 Abs 2 ABGB kann ebenfalls gegen den bloß mittelbaren Störer geltend gemacht werden (siehe oben 2)).

6) Maria gegen Benjamin auf Beseitigung und Unterlassung des weiteren Zutritts von Schafen, § 372 analog iVm § 523 ABGB

Passiv klagslegitimiert ist auch bei der **Eigentumsfreiheitsklage** nicht nur der unmittelbare Störer, sondern jeder, der die tatsächliche und rechtliche Möglichkeit hat, die Störung zu verhindern.[24] Geklagt werden kann auch derjenige, der durch Einräumung von Rechten an Dritte deren rechtsverletzendes Verhalten herbeiführt oder fördert. Er soll auf diese Weise gezwungen werden, seiner Pflicht zur Verhinderung von Störungen nachzukommen. Insofern ist zu betonen, dass auch der **mittelbare Störer** – demnach jeder, der die tatsächliche und rechtliche Möglichkeit hat, einer unmittelbaren Störung durch Dritte vorzubeugen und solche Störungen zu verhindern – auf Unterlassung und nicht bloß auf Einwirkung auf den unmittelbaren Störer in Anspruch genommen werden kann. Ansprüche nach § 523 ABGB bestehen somit auch gegen Benjamin zu Recht, der in der Vergangenheit ja augenscheinlich etwas gegen das Eindringen der Schafe auf das elterliche Grundstück unternommen hat.

Anmerkungen:

1) Die oben unter 2) und 3) bzw 5) und 6) geprüften Ansprüche aus § 364 Abs 2 ABGB betreffend grobkörperlicher Stoffe (oder unmittelbare Zuleitung) und jene aus § 523 ABGB (actio negatoria) sind materiell iden-

23 OGH 4 Ob 250/06b, EvBl 2007/89.
24 Vgl OGH 1 Ob 625/94, SZ 68/145; 1 Ob 296/98f, SZ 72/49.

> tisch. Sie knüpfen an dieselben Voraussetzungen und lösen dieselben Rechtsfolgen aus. Man wird sich normalerweise mit der Prüfung der allgemeinen Regel des § 523 ABGB begnügen können. Hier wird § 364 Abs 2 ABGB vor allem deshalb separat angesprochen, weil sich die Frage stellt, ob die Schafe allenfalls unter die Spezialregelung für „Immissionen" fallen, für welche zusätzliche Voraussetzungen erfüllt sein müssten.
>
> 2) Allenfalls könnte überlegt werden, ob Maria auch unter analoger Heranziehung von § 1096 ABGB gegen Viktor und Benjamin vorgehen kann. Dem Wohnungsberechtigten ist wie bei der Miete die Sache auf Zeit zum Gebrauch überlassen. Fraglich erscheint jedoch, ob überhaupt eine planwidrige Lücke vorliegt, weil nach gefestigter Ansicht Wohnungsberechtigte als Rechtsbesitzer quasidinglichen Schutz genießen und ihnen die actio Publiciana zur Verteidigung ihrer Rechtsposition offen steht.

Frage 4

Maria gegen Norbert auf Entfernung der Bäume, § 372 iVm § 364 Abs 3 ABGB

Gemäß § 364 Abs 3 ABGB kann ein Grundstückseigentümer einem Nachbarn den von Bäumen und anderen Pflanzen auf dessen Liegenschaft ausgehenden **Entzug von Licht und Luft** untersagen, wenn dieser das **ortsübliche Maß** übersteigt und die damit einhergehende **Beeinträchtigung unzumutbar** ist. Dieser Anspruch folgt aus dem nachbarrechtlichen Rücksichtnahmegebot und ist ein besonderer Fall der Eigentumsfreiheitsklage.[25] Er ist auf die **Unterlassung negativer Emissionen**[26] bzw die Beseitigung bereits erfolgter Eingriffe gerichtet. Es ist daher im Folgenden zu prüfen, ob Maria gegenüber Norbert einen Anspruch auf Entfernung der den Schatten verursachenden Fichten hat, um den von diesen Bäumen ausgehenden Entzug von Sonnenlicht abzustellen.[27]

Zur Geltendmachung dieses verschuldensunabhängigen Unterlassungsanspruchs ist gemäß § 364 Abs 3 ABGB der Eigentümer der durch den Entzug von Licht und Luft beeinträchtigten Liegenschaft **aktivlegitimiert**. Maria ist nicht die Eigentümerin der Liegenschaft, sondern besitzt lediglich das Wohnrecht. Nach hA ist neben dem bücherlichen Eigentümer auch ein dinglich oder – im

---

25 § 364 Abs 3 ABGB geht der Eigentumsfreiheitsklage nach § 523 ABGB als lex specialis vor, weshalb Ansprüche aus der letztgenannten Bestimmung nicht zu prüfen sind.

26 Als negative Immission wird die Beeinträchtigung des Nachbargrundstücks durch *Entzug* etwa von Licht bezeichnet.

27 Die Bestimmung ist zwar erst am 1.7.2004 in Kraft getreten, doch ist sie mangels einer entsprechenden Einschränkung auch auf vor diesem Zeitpunkt vorgenommene Bepflanzungen anzuwenden; vgl OGH 8 Ob 99/06a, JBl 2007, 712; 10 Ob 60/06f, JBl 2008, 312.

Wege der Analogie zu § 372 ABGB – ein obligatorisch Berechtigter befugt,[28] weshalb Maria gegen Norbert vorgehen kann. Der Anspruch richtet sich gegen den **Nachbarn**, von dessen Grundstück die negativen Immissionen ausgehen. Nachbar im Sinne dieser Bestimmung ist allerdings nicht nur der Eigentümer eines unmittelbar an die beeinträchtigte Liegenschaft angrenzenden Grundstücks, sondern auch der Eigentümer eines anderen Grundstücks, von dem Einwirkungen ausgehen, unabhängig von der Entfernung sowie davon, ob andere Liegenschaften dazwischen liegen.[29] Trotz der zwischen den Grundstücken von Maria und Norbert verlaufenden Gemeindestraße sind die beiden Liegenschaften als Nachbargrundstücke im Sinne von § 364 Abs 3 ABGB anzusehen, weil vom Grund des Norbert der das Haus und den Garten von Maria beeinträchtigende Schattenwurf ausgeht. Norbert hat als Eigentümer seiner Liegenschaft die rechtliche und tatsächliche Möglichkeit, die Störung abzustellen.[30]

Aus dem Verweis auf § 364 Abs 2 ABGB folgt, dass ein Unterlassungsanspruch jedoch nur unter der **Voraussetzung** besteht, dass die Beeinträchtigung durch Entzug von Licht und Luft das **ortsübliche Ausmaß übersteigt**. Zu berücksichtigen ist, ob die konkrete Anordnung, Größe und Form der Pflanzen sowie die davon ausgehenden negativen Immissionen dem üblichen Landschaftsbild in der unmittelbaren Umgebung entsprechen. Für dörfliche Gemeinden sind Gärten mit alten Einzelbäumen oder Baumgruppen von größerer Wuchshöhe, die entsprechende Schatten verursachen, grundsätzlich als typisch und somit als ortsüblich anzusehen. Im konkreten Fall sind einzelne Fichten dieser Größe wohl ortsüblich, doch geht die Beeinträchtigung nicht von Einzelbäumen oder Baumgruppen aus. Ursache ist vielmehr eine lange Baumreihe entlang der gesamten Liegenschaftsgrenze des Norbert zur Gemeindestraße hin, die das Durchdringen des Sonnenlichts zu bestimmten Tages- und Jahreszeiten vollflächig verhindern. Eine derartige Bepflanzung und der damit verbundene Entzug des Sonnenlichts gehen in aller Regel auch in ländlicher Umgebung über das ortsübliche Maß hinaus.[31]

Weiteres Tatbestandsmerkmal des § 364 Abs 3 ABGB ist, dass die Grundstücksnutzung durch den Entzug von Licht und Luft **unzumutbar beeinträchtigt** ist.[32] Ob dies der Fall ist, muss durch eine Interessenabwägung im Einzelfall nach einem objektiven Maßstab ermittelt werden. Dabei ist die konkrete Lage der von den negativen Immissionen betroffenen Liegenschaftsteile ebenso zu berücksichtigen wie die Frage, welche Nutzungsmöglichkeiten eingeschränkt oder unmöglich sind. Je größer die betroffene Fläche im Verhältnis zur Gesamtliegenschaft ist, desto eher wird das Kriterium der Unzumutbarkeit auch dann erfüllt sein, wenn zeitlich kein dauernder Lichtentzug vorliegt. Ebenso wird Unzumutbarkeit eher vorliegen, wenn sowohl in zeitlicher als auch in räumlicher Hinsicht überwiegend kein Licht in Wohnräume und/oder Garten

---

28 *Koziol/Welser*, Grundriss I[14] 312 f; *Eccher/Riss* in KBB[4] § 364 Rz 15.
29 OGH 8 Ob 99/06a, JBl 2007, 712; 10 Ob 60/00f, JBl 2008, 312.
30 OGH 4 Ob 196/07p, JBl 2008, 315.
31 Vgl OGH 8 Ob 99/06a, JBl 2007, 712; 4 Ob 196/07p, JBl 2008, 315.
32 Dies ist ein strengerer Beurteilungsmaßstab als die wesentliche Beeinträchtigung iSv § 364 Abs 2 ABGB, vgl OGH 8 Ob 99/06a, JBl 2007, 712 mwN.

einfallen kann.[33] Zudem muss die Beeinträchtigung umso gravierender sein, je näher die Bepflanzung und die damit verbundene Schattenbildung an der Grenze zur Ortsüblichkeit liegt.[34]

Für die Unzumutbarkeit des Lichtenzugs durch die Fichtenreihe auf dem Grundstück des Norbert spricht der Umstand, dass das Haus sowie große Teile des Gartens davon betroffen sind. Insbesondere benötigt Maria zeitweise sogar zur Tagesmitte künstliches Licht zur Beleuchtung der Wohnräume. Insoweit ist die Liegenschaft der Maria räumlich überwiegend von den negativen Immissionen betroffen. Bei der **Interessenabwägung** ist aber auch zu berücksichtigen, dass die Beeinträchtigungen nicht das ganze Jahr über, sondern nur während des Winterhalbjahres für die Dauer von etwa drei Monaten besteht. Ferner liegt zumindest der Garten auch während der Wintermonate nicht während des ganzen Tages im Schatten der Fichten, weshalb kein gänzlicher Entzug von Licht und Luft vorliegt. Zudem liegt die Art der Bepflanzung anhand der ländlichen Umgebung nahe an der Grenze zur Ortsüblichkeit. Zu berücksichtigen ist auch, dass die Fichten zu einer Zeit gepflanzt wurden, zu der die Bestimmung des § 364 Abs 3 ABGB noch nicht in Kraft war und das Inkrafttreten einer solchen Regelung auch nicht absehbar war.[35] Insgesamt erreichen die Beeinträchtigungen für Maria daher nach hier vertretener Ansicht nicht die Schwelle der Unzumutbarkeit.[36]

Ergebnis: Weil die von den Bäumen auf der Liegenschaft des Norbert ausgehenden Schatten für Maria nicht unzumutbar sind, hat sie keinen Anspruch[37] auf Entfernung der den Schatten verursachenden Fichten.[38]

Anmerkung:

Ob ein Beseitigungsanspruch nach § 364 Abs 3 ABGB besteht, ist letztlich eine Wertungsfrage. Für die Lösung der Klausur spielt es keine Rolle, ob

---

33   OGH 8 Ob 99/06a, JBl 2007, 712; 10 Ob 60/06f, JBl 2008, 312; 4 Ob 196/07p, JBl 2008, 315; 1 Ob 62/07k, JBl 2008, 319.

34   OGH 8 Ob 99/06a, JBl 2007, 712.

35   OGH 8 Ob 99/06a, JBl 2007, 712.

36   Vgl OGH 8 Ob 99/06a, JBl 2007, 712; 1 Ob 62/07k, JBl 2008, 319.

37   Gemäß Art III ZivRÄG 2004, BGBl I 2003/91, hat der betroffene Grundeigentümer vor der Einbringung einer Klage jedenfalls eine gütliche Einigung zu versuchen. Dies kann entweder durch Befassung einer Schlichtungsstelle, durch einen gerichtlichen Vergleichsversuch gemäß § 433 ZPO oder durch Einschaltung eines Mediators geschehen. Erst wenn innerhalb von drei Monaten auf diesem Weg keine Einigung erzielt werden kann, ist die Beschreitung des streitigen Rechtswegs zulässig. S auch OGH 4 Ob 196/07p, JBl 2008, 315.

38   Weil der Verpflichtete – im Fall des Bestehens eines Beseitigungsanspruchs – die Störungsquelle auf eigene Kosten zu beseitigen hat, bleibt es ihm überlassen, wie er dabei vorgeht. Der Kläger hat daher keinen Anspruch auf die Vornahme bestimmter Maßnahmen, wie etwa die gänzliche Entfernung der Baumreihe. Umgekehrt muss das Klagebegehren kein durch Messeinheiten präzisiertes Maß an Licht und Luft bezeichnen, das herzustellen ist. Vielmehr hat das Gericht im Urteilsspruch zu umschreiben, welcher Grad des Entzugs von Licht und Luft nicht mehr hinzunehmen ist (OGH 1 Ob 130/06h, JBl 2007, 99).

> man diesen Anspruch bejaht oder verneint. Entscheidend ist vielmehr
> eine sorgfältige Abwägung. Eine detaillierte Kenntnis der zu dieser Frage
> ergangenen Rsp ist für die Prüfung nicht erforderlich.[39]

Frage 5

1) Jana gegen Viktor und Benjamin auf Herausgabe des Sparbuchs, § 940 ABGB

> **Anmerkung:**
>
> Obwohl sich das Sparbuch bei Maria befindet, wird hier der Anspruch
> gegen die Erben vorweg erörtert, da sich dessen Erörterung auf eine
> umfassende Prüfung der Wirksamkeit des Schenkungsvertrags be-
> schränken kann. Daran kann bei der nachfolgenden Beurteilung eines
> direkten sachenrechtlichen Anspruchs gegen Maria angeknüpft werden.

a) Kollisionsrechtliche Anknüpfung

Zu beurteilen ist die Wirksamkeit eines Schenkungsvertrags zwischen einem
Österreicher, Hans, und seiner tschechischen Pflegerin Jana. Einschlägig ist
die Rom I-VO (Art 1 Abs 1, Art 10 Abs 1 Rom I-VO). Da eine Rechtswahl iSd
Art 3 Rom I-VO nicht getroffen wurde und keine der besonderen Anknüpfungsregeln der Art 5 ff Rom I-VO anzuwenden ist, ist **Art 4 Rom I-VO** heranzuziehen. Für Schenkungsverträge ist dessen Abs 2 maßgeblich, dem zufolge der
Vertrag dem Recht des Staates unterliegt, in dem die Partei, welche die für
den Vertrag charakteristische Leistung zu erbringen hat, ihren gewöhnlichen Aufenthalt hat. Vertragscharakteristische Leistung ist beim Schenkungsvertrag jene
des Geschenkgebers. Hans hat bei Vertragsschluss seinen gewöhnlichen Aufenthalt in Österreich; daher unterliegt der Schenkungsvertrag österreichischem
Sachrecht (Art 20 Rom I-VO).

b) Materiellrechtliche Beurteilung

Gemäß den Angaben im Sachverhalt hat Hans vor seinem Ableben Jana ein
genauer bezeichnetes Sparbuch „geschenkt". Dies geschah ohne die Übergabe
des Buches, aber mit der Mitteilung, wo das Sparbuch liegt, und unter Angabe
des Losungswortes. Es ist zu prüfen, ob in diesem Verhalten des Hans ein gültiges
Schenkungsversprechen (§§ 938 ff ABGB) zu sehen ist.

Gemäß § 943 ABGB iVm § 1 Abs 1 lit d NotaktG ist ein **Schenkungsvertrag ohne wirkliche Übergabe** nur dann gültig, wenn er in Form eines Notari-
atsakts abgeschlossen wird. Ein Notariatsakt wurde laut Sachverhalt nicht
errichtet. Auch eine tatsächliche Übergabe des Sparbuchs hat nicht stattgefunden. Ein Sparbuch wird durch Übergabe des Papiers (§ 426 ABGB) samt

---

39 Ganz anders verhält sich dies freilich für den praktisch tätigen Juristen!

Bekanntgabe des Losungswortes übergeben.[40] Im vorliegenden Fall hat zwar die Bekanntgabe des Losungswortes stattgefunden; darüber hinaus wurde aber nur der Lageort mitgeteilt. Diese Form der Übergabe ist für die Annahme einer gültigen Handschenkung nicht ausreichend. Auch eine allenfalls aus dem Sachverhalt abzuleitende Übergabe durch Besitzkonstitut[41] würde für die bei der Handschenkung geforderte wirkliche Übergabe nicht ausreichen; der Schenker wird nur dann für ausreichend vor übereilter Freigiebigkeit geschützt erachtet, wenn er die Sache tatsächlich aus der Hand gibt.[42]

Die Rsp macht allerdings eine gewichtige Ausnahme von den genannten Grundsätzen, indem sie bei Schenkungen aus **sittlicher Pflicht** (§ 940 ABGB) von der Notwendigkeit eines Formerfordernisses abgeht. So wurde die Zusage eines Sparbuchs an die Lebensgefährtin als Abgeltung für jahrelange Pflege nach einem Schlaganfall als eine nicht formpflichtige Schenkung aus sittlicher Pflicht angesehen, der die Schenkungsabsicht im strengen Sinn fehlt und die daher ohne wirkliche Übergabe wirksam ist.[43] Dieser Sachverhalt ist mit dem vorliegenden vergleichbar, weswegen Jana das Sparbuch von den Erben (§ 547 ABGB) fordern kann.

Anmerkung:

Die Prüfung einer Schenkung auf den Todesfall gemäß § 956 ABGB kann unterbleiben. Für die echte Schenkung auf den Todesfall (§ 956 S 2 ABGB) wäre über den Notariatsakt hinaus noch ein ausdrücklicher Widerrufsverzicht nötig gewesen. Dazu enthält der Sachverhalt keine Hinweise. Für ein Vermächtnis (§ 956 S 1 ABGB) fehlt es ebenfalls an der Einhaltung der formalen Kriterien einer Verfügung von Todes wegen.

Beachte, dass die Schenkung auf den Todesfall nach dem ErbRÄG 2015 in § 603 ABGB geregelt ist und einige Neuerungen erfahren hat.

---

2) Jana gegen Maria auf Herausgabe des Sparbuchs, § 366 ABGB

a) Kollisionsrechtliche Anknüpfung

Zu beurteilen ist vor allem der etwaige Eigentumserwerb an einem in Österreich befindlichen Sparbuch durch eine tschechische Staatsbürgerin; es liegt somit ein Fall mit Auslandsberührung iSd § 1 IPRG vor. Gemäß § 31 Abs 1 IPRG sind **Erwerb und Verlust dinglicher Rechte** an körperlichen Sachen nach dem Recht des Staates zu beurteilen, in dem sich die Sachen bei Vollendung des dem Erwerb oder Verlust zugrunde liegenden Sachverhalts befinden.

---

40   OGH 2 Ob 47/03f, ÖBA 2004, 60.
41   Hierzu näher unten 2).
42   *Apathy/Riedler*, SchR BT[5] Rz 2/5.
43   OGH 8 Ob 630/92, ecolex 1993, 86; vgl *Parapatits* in Schwimann/Kodek[4] § 938 ABGB Rz 29 ff.

Da das Sparbuch durchgehend in Österreich belegen ist, ist die Frage des Eigentumserwerbs nach österreichischem Recht zu beurteilen.

Für den Fall, dass Jana das Eigentumsrecht am Sparbuch erworben hat, ist ferner ein sachenrechtlicher Herausgabeanspruch gegen die Inhaberin Maria zu prüfen. Auch dieser beurteilt sich gemäß § 31 Abs 2 IPRG („Inhalt der im Abs 1 genannten Rechte") nach österreichischem Recht, da sich das Sparbuch in Österreich befindet.

b) Materiellrechtliche Beurteilung

Neben dem nach dem Sachverhalt nicht zweifelhaften Eigentum des Geschenkgebers Hans am Sparbuch bedarf es für einen Eigentumserwerb der Jana am Sparbuch eines wirksamen Titels sowie eines tauglichen Modus. Für das Titelerfordernis kann auf die Ausführungen zu Anspruch 1) verwiesen werden; demnach ist von einem wirksamen Schenkungsvertrag auszugehen. Als **Modus** müsste eine der in §§ 426 ff ABGB normierten Voraussetzungen verwirklicht sein. Wie ebenfalls bereits unter 1) erörtert, hat eine körperliche Übergabe (§ 426 ABGB) des Sparbuchs an Jana nicht stattgefunden. Da eine solche bei einem Sparbuch möglich und tunlich ist, scheidet Übereignung durch Zeichen iSd § 427 ABGB aus, sodass der Frage, ob in der Nennung des Losungsworts und in der Bekanntgabe des Aufbewahrungsorts ein Zeichen im Sinne dieser Bestimmung gesehen werden könnte, nicht weiter nachgegangen werden muss. Schließlich ist die Möglichkeit eines Besitzkonstituts iSd § 428 zu prüfen. Hierfür müssten die Bekanntgabe von Losungswort und Aufbewahrungsort bzw sonstige Umstände des Schenkungsvorgangs als Einigung der Parteien darüber qualifiziert werden, dass der Besitz des Sparbuchs hiermit an Jana übergehen und Hans das Sparbuch künftig lediglich für diese innehaben solle. Ein derartiger Erklärungsinhalt lässt sich mit der erforderlichen Sicherheit (§ 863 ABGB) indes nicht ermitteln; insbesondere ist kein Hinweis auf einen Besitzaufgabewillen des Hans ersichtlich.

Somit hat Jana mangels Modus noch **kein Eigentum** am Sparbuch erworben. Es fehlt ihr daher auch an der Aktivlegitimation zur Eigentumsklage gegen Maria.

Fall 18. Ein gänzlich verpatzter Urlaub

I. Sachverhalt

Der in Niederösterreich lebende und arbeitende Münchner A bucht bei einem von B in Wien betriebenen Reisebüro für sich und seine Familie eine zweiwöchige Reise in die Türkei. Das Angebot inkludiert den Hin- und Rückflug, eine Autobusrundreise in der ersten Woche sowie daran anschließend einen einwöchigen Badeaufenthalt in einem 4-Sterne-Hotel in Belek. Reiseveranstalter ist die deutsche C-GmbH, die Betreuung vor Ort erfolgt durch die türkische Agentur D.

Am letzten Tag der Autobusrundreise wird die Reisegruppe zu einer im Reiseprogramm nicht gesondert angekündigten Besichtigung der Teppichfabrik des Türken E gebracht. Zunächst werden dort die verschiedenen Arbeitsgänge der Teppicherzeugung vorgeführt, sodann wird den Reiseteilnehmern Tee serviert und ihnen schließlich die Möglichkeit geboten, zum Verkauf angebotene Teppiche zu besichtigen. Als A sichtliches Interesse an einem der ausgestellten Teppiche zeigt, ist sofort F, ein Verkäufer des E, zur Stelle und beginnt mit A ein Verkaufsgespräch in deutscher Sprache, in dem er als Kaufpreis € 5.000,- nennt. Als A meint, dass er sich einen so teuren Teppich nicht leisten könne, reduziert F den Preis auf € 4.500,-. Daraufhin unterfertigt A ein in deutscher Sprache verfasstes Vertragsformular, in dem ua der Preis von € 4.500,-, die Zahlungsbedingungen (Anzahlung von € 1.000,- binnen 14 Tagen, der Rest zahlbar bei Lieferung) und die Lieferung an die Adresse von A festgehalten werden. Weiters enthält der Kaufvertrag alle nach einschlägigen Rechtsvorschriften erforderlichen Informationen sowie folgende Klausel: „Das Recht im Land des Kunden ist anwendbar."

Von der anstrengenden Rundreise ermüdet ist A froh, in der zweiten Woche im Hotel in Belek anzukommen. Besonders freut er sich auf das von ihm gewünschte und von B auch zugesagte Zimmer mit Meerblick, den im Prospekt mehrfach abgebildeten Swimmingpool sowie das im Prospekt als vorzüglich angekündigte Frühstücks- und Abendbuffet. Seine Vorfreude wird aber jäh enttäuscht: Das ihm zugewiesene Zimmer geht statt auf das Meer hinaus in den Hinterhof, von dem aufgrund der dort abgestellten Mülltonnen auch noch übler Geruch aufsteigt. Der Swimmingpool wird gerade renoviert und ist unbenutzbar. Ab dem ersten Abendessen macht A darüber hinaus sein Darm zu schaffen; wie sein Arzt in Österreich später feststellt, aufgrund einer Salmonelleninfektion. Als er am dritten Tag des Badeurlaubs auch noch dadurch geweckt wird, dass ihm eine riesige Kakerlake übers Gesicht läuft, wird es A zu bunt. Er will nicht einmal mehr Kontakt mit der Agentur D aufnehmen, dass ihm diese etwa eine neue Unterkunft organisiert, weil sich sein Gesundheitszustand zunehmend verschlimmert, sondern tritt umgehend die Rückreise an. Wenigstens wird ihm am örtlichen Flughafen der Rückflug kostenlos umgebucht.

A bereut aber auch den Teppichkauf. Zwei Tage nach seiner Rückkehr nach Österreich erklärt er deswegen gegenüber E schriftlich den Rücktritt vom Vertrag: Er habe feststellen müssen, dass der Teppich für sein Wohnzimmer zu groß sei. Zudem könne er sich aufgrund seines geringen Einkommens eine so große Ausgabe nicht leisten. E antwortet, dass er mit dem Rücktritt nicht einverstanden sei, weil kein Rücktrittsgrund vorliege. Daraufhin gibt A bekannt, dass er die Annahme des Teppichs verweigern werde.

---

1) Welches Recht/welche Rechte sind auf den vorliegenden Sachverhalt anzuwenden?

2) Ändert sich an Ihrer Lösung etwas, wenn der Vertrag zwischen A und E keine Rechtswahlklausel enthält?

3) Ausgehend von der Anwendbarkeit österreichischen Rechts: Was kann A gegen den Reiseveranstalter unternehmen? Gehen Sie dabei davon aus, dass der schriftliche Reiseveranstaltungsvertrag folgende Klausel enthält: „Bei Auftreten eines Mangels während der Reise hat der Reisende umgehend die Agentur D unter der Tel: Belek 436785 zu benachrichtigen. Eine Unterlassung der Rüge vermindert nicht die dem Verbraucher zustehende Gewährleistung, wohl aber einen allfälligen Schadenersatzanspruch.“
Bestehen auch Ansprüche gegen B und D?

4) Ausgehend von der Anwendbarkeit österreichischen Rechts: Muss A den Teppich bezahlen?

II. Lösung

Frage 1: Ermittlung des anwendbaren Rechts

> Anmerkung:
>
> 1) Der vorliegende Sachverhalt enthält mehrere Elemente mit relevanter Auslandsberührung. Nach Frage 1 ist nur zu klären, nach welchem Recht die einzelnen Ansprüche zu prüfen sind. Es ist hingegen nicht materiellrechtlich auf die einzelnen Ansprüche einzugehen.
>
> 2) Achtung: Das anwendbare Recht ist für die einzelnen Rechtsbeziehungen jeweils gesondert zu ermitteln.

1) Ermittlung des auf den Pauschalreisevertrag anwendbaren Rechts, Art 6, 10, 12 Rom I-VO

A ist Deutscher mit Wohnsitz in Österreich, C eine deutsche Reiseveranstalterin. Die beiden schließen einen Vertrag über eine Pauschalreise ab, der zu großen Teilen in der Türkei zu erfüllen ist. Zwischen A und C besteht somit ein vertragliches Schuldverhältnis, das eine Verbindung zu verschiedenen Staaten aufweist (vgl Art 1 Abs 1 Rom I-VO). Mangels gegenteiliger Angaben im Sachverhalt ist davon auszugehen, dass sich dieser nach dem 17.12.2009 abgespielt hat, weswegen der vorliegende Vertrag sowohl sachlich als auch zeitlich unter die Rom I-VO fällt (Art 1 Abs 1 sowie Art 28 Rom I-VO).

Vorweg ist allerdings zu prüfen, ob es (durch Europarecht oder Staatsverträge) **vereinheitlichtes Sachrecht** gibt, das auf das vorliegende Rechtsverhältnis anzuwenden ist, und das eine Einordnung nach den Regeln des Internationalen Privatrechts überflüssig machen würde. Zu denken ist hier etwa an das UN-Kaufrecht (Übereinkommen der Vereinten Nationen über Verträge über den internationalen Warenkauf, United Nations Convention on Contracts for the International Sale of Goods, kurz **CISG**). Da es sich bei der vorliegenden Pauschalreise aber nicht um einen Kaufvertrag über Waren (Art 1 Abs 1 CISG) handelt und der Vertrag darüber hinaus zu privaten Zwecken abgeschlossen wird (vgl Art 2 CISG), ist eine Anwendung des UN-Kaufrechts auszuschließen.

> Anmerkung:
>
> Das europäische Richtlinienrecht, das auch für den Reiseveranstaltungsvertrag Bedeutung hat, nimmt zwar innerhalb der Rechtsordnungen der Mitgliedstaaten eine Harmonisierung vor, führt aber nicht zum Vorliegen von Einheitsrecht im gerade genannten Sinn, weil die Richtlinien infolge Umsetzung im nationalen Recht aufgehen. Aus diesem Grund stellt sich im Bereich der Rechtsharmonisierung immer noch die Frage nach dem anwendbaren Recht.

Auch das Vorhandensein einschlägiger österreichischer Eingriffsnormen, das sind Normen mit internationalem Anwendungswillen, die auf den Sachverhalt unabhängig von dem durch das IPR berufene Recht vorrangig anzuwenden wären (vgl Art 9 Abs 1 und 2 Rom I-VO), ist nicht ersichtlich.

Im Anwendungsbereich der Rom I-VO ist vorweg zu prüfen, ob zwischen den Parteien eine gültige **Rechtswahl** erfolgt ist (Art 3 Rom I-VO). Der Sachverhalt enthält hierzu freilich keine Anhaltspunkte, weswegen die **objektiven Verweisungsregeln** der Art 4 ff Rom I-VO heranzuziehen sind.

Zunächst ist zu prüfen, ob der vorliegenden Vertrag in den Anwendungsbereich einer der Sondertatbestände der Rom I-VO fällt, der den allgemeinen Bestimmungen des Art 4 Rom I-VO vorgehen würde. Beim vorliegenden Vertrag zwischen A und C stehen sich ein Verbraucher und ein Unternehmer gegenüber; zu prüfen ist somit das Vorliegen eines **Verbrauchervertrags** gemäß Art 6 Rom I-VO. In **persönlicher** Hinsicht sind die Kriterien des Art 6 Rom I-VO erfüllt, da sich A als natürliche Person, für die der Vertrag nicht ihrer beruflichen oder gewerblichen Tätigkeit zugerechnet kann, und eine Person, auf die dies schon zutrifft, nämlich der Reiseveranstalter C-GmbH, gegenüber stehen (Art 6 Abs 1 Rom I-VO).

Sachlich in Frage kommt auch Art 5 Rom I-VO, die Sondernorm für **Beförderungsverträge**, weil im Rahmen eines Pauschalreisevertrags immer auch eine Beförderung geschuldet wird. Aus dem Ausnahmekatalog des Art 6 Abs 4 Rom I-VO ergibt sich aber, dass eine Pauschalreise nicht als Beförderungsvertrag iSd Art 5 Rom I-VO, sondern in sachlicher Hinsicht als Verbrauchervertrag iSd Art 6 Rom I-VO anzusehen ist, sobald es sich um eine solche iSd Pauschalreise-RL handelt (Art 6 Abs 4 lit b Rom I-VO).[1] Die im Sacherhalt wiedergegebenen Vertragsinhalte (Hin- und Rückflug, Autobusrundreise und Hotelaufenthalt) stellen ein kombiniertes Angebot von Beförderung und/oder Unterbringung und/oder anderer touristischer Dienstleistung iSd Art 2 RL 90/314/EG bzw § 31b KSchG dar (danach muss es sich um eine Kombination von mindestens zwei dieser Dienstleistungen handeln). Es greift keine der Ausnahmen des Art 6 Abs 4 Rom I-VO, auch nicht dessen lit a, weil die von C geschuldeten Dienstleistungen nicht ausschließlich in der Türkei sondern – man denke an die Beförderung dorthin – auch an anderen Orten zu erfüllen sind.

> Anmerkung:
>
> Beachte, dass der sachliche Anwendungsbereich des Art 6 Rom I-VO gegenüber der Vorgängerbestimmung des Art 5 EVÜ[2] weiter ist, sodass jetzt nicht nur Verträge über die Lieferung von Sachen und die Erbringung von Dienstleistungen sondern grundsätzlich alle Vertragstypen als Verbraucherverträge gelten.

Art 6 Rom I-VO verlangt als weitere Kriterien, dass eine gewisse **Absatztätigkeit** des Vertragspartners des Verbrauchers im Verbraucherstaat vorliegt

---

1 Vgl hingegen den von § 31b KSchG verwendeten Begriff der „Reiseveranstaltung".

2 Der in Dänemark noch weiter anwendbar ist; vgl *Lurger/Melcher*, Internationales Privatrecht Rz 4/2.

(vgl Art 6 Abs 1 lit a und b Rom I-VO) sowie dass der Vertrag **in den Bereich** dieser Absatztätigkeit **fällt** (Art 6 Abs 1 aE Rom I-VO). Art 6 Abs 1 Rom I-VO nennt zwei Möglichkeiten der Absatztätigkeit: Sie kann darin bestehen, dass der Vertragspartner seine Tätigkeit (auch) im Verbraucherstaat ausübt (lit a) oder dass er eine solche (auch) auf den Verbraucherstaat hin ausrichtet (lit b). Laut Sachverhalt wird der Vertrag über das in Wien befindliche Reisebüro B abgeschlossen. Offensichtlich bedient sich die deutsche C also dieser „Hilfsperson" um auch Kunden in Österreich zu erreichen, weswegen jedenfalls ein Ausüben bzw Ausrichten im Sinne des Art 6 Abs 1 lit b Rom I-VO vorliegt.

Im Ergebnis richtet sich der Vertrag zwischen A und C gemäß Art 6 Abs 1 Rom I-VO nach dem Recht des Staates, in dem der Verbraucher seinen gewöhnlichen Aufenthaltsort hat, also nach österreichischem Recht.

> Anmerkungen:
>
> Beachte, dass die Staatsbürgerschaft des A im Anwendungsbereich der Rom I-VO – im Gegensatz zu diversen Bestimmungen des IPRG – keine Rolle spielt.
>
> Beachte ferner, dass nach der Rom I-VO auch eine Verweisung auf das Recht eines Nichtmitgliedstaates der Europäischen Union beachtlich wäre (universelle Anwendung, Art 2 Rom I-VO).

Das ermittelte Vertragsstatut ist nicht nur für Fragen des Zustandekommens des Vertrags ausschlaggebend, sondern für das gesamte Schicksal des Vertrags (Art 10 und 12 Rom I-VO). So richten sich auch die im hiesigen Fall in Betracht kommenden Gewährleistungsansprüche und allenfalls aus dem Vertragsverhältnis resultierende Schadenersatzansprüche nach österreichischem Recht (Art 12 Abs 1 lit c Rom I-VO).[3]

Da die Rom I-VO nur **Sachnormverweisungen** kennt, ist das Recht, auf das verwiesen wird, nicht nach Weiter- oder Rückverweisungen zu untersuchen (Art 20 Rom I-VO), sondern kommt als solches zur Anwendung.

> Anmerkung:
>
> Aufgrund der unterschiedlichen persönlichen, sachlichen und situativen Anwendungsbereiche ist es denkbar, dass ein vertragliches Schuldverhältnis ein Verbrauchergeschäft nach KSchG, nicht aber nach Art 6 Rom I-VO ist. Beachte auch die unterschiedlichen Anwendungsbereiche des I. Hauptstücks des KSchG gegenüber den Bestimmungen über den Reiseveranstaltungsvertrag, die nicht vom Verbraucher, sondern schlechthin vom „Reisenden" sprechen.

---

3   *Spellenberg* in Münchener Kommentar zum BGB X[6] Art 12 Rom I-VO Rz 72 ff.

2) Ermittlung des auf allfällige Schadenersatzansprüche des A gegen B anzuwendenden Rechts, Art 4 Abs 2 Rom II-VO

Da der Reisebürobetreiber B im vorliegenden Fall nur als verlängerter Arm der Reiseveranstalterin C fungiert, liegt zwischen A und B hinsichtlich der Reiseleistungen selbst kein vertragliches Schuldverhältnis vor.

Allfällige in Frage kommende **deliktische Schadenersatzansprüche** von A gegen B sind mangels einschlägigen Einheitsrechts und mangels Vorliegens anderer relevanter Staatsverträge nach der Rom II-VO zu beurteilen. Diese ist auch zeitlich anwendbar, da mangels gegenteiliger Hinweise im Sachverhalt davon auszugehen ist, dass die schadensbegründenden Ereignisse sich nach dem 11.1.2009 ereignet haben (vgl Art 31 und 32 Rom II-VO).

Eingriffsnormen, die den Sachverhalt unabhängig von dem nach dem IPR berufenen Recht vorrangig regeln würden (vgl Art 16 Rom II-VO), sind nicht ersichtlich. Der Sachverhalt enthält auch keine Hinweise auf eine – im Rahmen der Rom II-VO ohnehin nur begrenzt zulässige (vgl Art 14 Rom II-VO) – Rechtswahl. Mangels Anwendbarkeit der in der Rom II-VO enthaltenen typenspezifischen Sonderanknüpfungen beurteilt sich das anwendbare Recht nach der allgemeinen Verweisungsnorm des Art 4 Rom II-VO. Nach dieser Bestimmung sind außervertragliche (deliktische) Schadenersatzansprüche nach dem Recht des Staates zu beurteilen, in dem der Schaden eintritt (**lex loci damni**). Dies gilt allerdings nur dann, wenn nicht Art 4 Abs 2 oder 3 Rom II-VO anzuwenden sind, die dem Abs 1 vorgehen. Im vorliegenden Fall ist der Tatbestand des **Abs 2** verwirklicht, weil sowohl A als auch B zur Zeit des Schadenseintritts ihren gewöhnlichen Aufenthalt im selben Staat, nämlich Österreich, haben (**lex domicilii communis**). Somit ist auf allfällige Schadenersatzansprüche des A gegen B österreichisches Recht anzuwenden. Nach dem berufenen Recht richten sich alle Fragen der deliktischen Haftung, also ob, wer, wem wie viel zu ersetzen hat (vgl Art 15 Rom II-VO).[4] Allfällige Rück- und Weiterverweisungen sind nicht beachtlich (Art 24 Rom II-VO).

3) Ermittlung des auf allfällige Schadenersatzansprüche des A gegen D anzuwendenden Rechts, Art 4 Abs 1 Rom II-VO

Auch D ist nicht Vertragspartner des A, sondern fungiert als verlängerter Arm der Reiseveranstalterin C. Allfällige in Frage kommende **deliktische Schadenersatzansprüche** richten sich mangels Vorliegens relevanten Einheitsrechts, relevanter Eingriffsnormen, Rechtswahl oder Vorliegens von Sondertatbeständen nach Art 4 Abs 1 Rom II-VO, somit nach dem Recht des Staates, in dem der Schaden eingetreten ist. Dies ist türkisches Recht; wiederum unter Ausschluss von Rück- und Weiterverweisungen, vgl Art 24 Rom II-VO.

---

4   *Junker* in Münchener Kommentar zum BGB X[6] Art 15 Rom II-VO Rz 7 ff.

4) Ermittlung des auf den Kaufvertrag zwischen A und E anzuwendenden Rechts, Art 3, 10, 12 Rom I-VO

A ist Deutscher mit gewöhnlichem Aufenthalt in Österreich, E ist türkischer Inhaber einer Teppichfabrik. Ein Sachverhalt mit Auslandsbeziehung liegt vor. Zwischen A und E besteht ein Kaufvertrag, der nach dem 17.12.2009 abgeschlossen wurde, somit ein vertragliches Schuldverhältnis, das in den zeitlichen Anwendungsbereich der **Rom I-VO** fällt (Art 28 Rom I-VO). Bei der Anwendbarkeit der Rom I-VO kommt es nicht darauf an, ob alle Staaten, zu denen eine relevante Auslandsbeziehung vorliegt, Mitgliedsstaaten der Europäischen Union sind. Gemäß Art 2 Rom I-VO ist das Recht des Staates, das die Regeln der VO zur Anwendung berufen, auch dann anzuwenden, wenn es das Recht eines Nichtmitgliedsstaats ist.

Da es sich bei dem vorliegenden Vertrag zwischen A und E um einen Warenkauf handelt, ist auf eine eventuelle Anwendbarkeit des **UN-Kaufrechts** zu achten, das – falls einschlägig – als Einheitsrecht den Regeln des IPR vorginge. Dies ist nicht der Fall, da A den Teppich für seine Wohnung und somit für seinen persönlichen Gebrauch erwirbt. Solche Privatgeschäfte sind aus dem Anwendungsbereich des Übereinkommens ausgenommen (Art 2 lit a CISG). Ferner sind für die hier zu beurteilenden Rechtsfragen keine Eingriffsnormen einschlägig.

> Anmerkung:
>
> Grundsätzlich ist bei einem Verbrauchervertrag im Rahmen der Eingriffsnormen stets an eine etwaige Anwendbarkeit von § 13a Abs 2 KSchG zu denken. § 6 KSchG sowie §§ 864a und 879 Abs 3 ABGB wären danach zum Schutz des Verbrauchers ohne Rücksicht darauf anzuwenden, welchem Recht der Vertrag unterliegt, wenn dieser im Zusammenhang mit einer in Österreich entfalteten, auf die Schließung solcher Verträge gerichteten Tätigkeit des Unternehmers oder der von ihm hiefür verwendeten Personen zustande gekommen ist. Im vorliegenden Fall sind freilich keine Probleme hinsichtlich einer Klauselkontrolle ersichtlich. Auch würde hier die von § 13a Abs 2 KSchG verlangte örtliche Verbindung nicht vorliegen, da der Vertrag ausschließlich in der Türkei angebahnt wurde.

Laut Sachverhalt enthält der Kaufvertrag zwischen A und E eine **Rechtswahlklausel** zugunsten der Anwendbarkeit des „Rechts im Land des Kunden", dh des Käufers. Es ist zu klären, ob es sich bei der Klausel um eine nach der Rom I-VO gültige Rechtswahl handelt. Weiters stellt sich die Frage, was mit dem „Recht im Land des Kunden" gemeint ist. Da A Deutscher mit gewöhnlichem Aufenthalt in Österreich ist, kommen für die Lösung der zweiten Frage nämlich zwei Rechtsordnungen (die deutsche und die österreichische) in Betracht.

Art 3 Abs 1 Rom I-VO schreibt die generelle Zulässigkeit der Rechtswahl für vertragliche Schuldverhältnisse fest: Danach unterliegt ein Vertrag primär dem von den Parteien gewählten Recht. Die Rechtswahl kann ausdrücklich oder konkludent erfolgen. Im vorliegenden Fall handelt es sich um eine Klausel in einem schriftlichen (Kauf)Vertrag und somit um eine ausdrückliche Rechtswahl. In einem nächsten Schritt muss geprüft werden, ob **Rechtswahlbeschränkungen** vorliegen. Einen möglichen Fall einer Rechtswahlbeschränkung enthält **Art 3 Abs 3 Rom I-VO**: Sind alle anderen Teile des Sachverhalts (gemeint sind: alle anderen Sachverhaltselemente bis auf das gewählte Recht) in ein und demselben Staat belegen, dann kann eine Rechtswahl nicht zur Nichtanwendung der zwingenden Bestimmungen dieses Staates führen. Art 3 Abs 3 Rom I-VO greift im vorliegenden Fall allerdings schon wegen der verschiedenen Staatsangehörigkeiten der am Vertrag beteiligten Personen und der Tatsache, dass Ort des Vertragsschlusses und Ort der Erfüllung in verschiedenen Staaten liegen, nicht. Ebenso wenig ist die Rechtswahlbeschränkung des Art 3 Abs 4 Rom I-VO einschlägig, da im vorliegenden Sachverhalt nicht das Recht eines Drittstaates gewählt wird.

Eine weitere Rechtswahlbeschränkung enthält **Art 6 Abs 2 Rom I-VO**. In sachlicher Hinsicht liegt zwischen A und E ein Verbrauchervertrag gemäß Art 6 Abs 1 iVm Abs 4 Rom I-VO vor, weil ein Kaufvertrag zweifelsfrei zu den von der Bestimmung erfassten Vertragstypen gehört. Ebenso fällt der vorliegende Vertrag in den persönlichen Anwendungsbereich des Art 6 Abs 1 Rom I-VO, weil A als Verbraucher den Kaufvertrag zu privaten und nicht zu beruflichen oder gewerblichen Zwecken abschließt und für E das Gegenteil der Fall ist. Die Anwendung des Art 6 Abs 2 Rom I-VO scheitert aber daran, dass dem Kaufvertrag zwischen A und E keinerlei Absatztätigkeit im Verbraucherstaat vorausging. Auch die sich aus § 13a Abs 1 KSchG ergebende Rechtswahlbeschränkung greift mangels Einschlägigkeit nicht ein. Im Ergebnis wurde die Anwendung des Rechts im Staate des Kunden somit wirksam vereinbart.

Was mit „Recht im Land des Kunden" gemeint ist, bedarf noch der Auslegung. Obwohl für Fragen der Vertragsauslegung gemäß Art 12 Abs 1 lit a Rom I-VO an sich das auf den Vertrag anzuwendende Recht maßgebend ist, wird für Rechtswahlklauseln vertreten, dass diese aufgrund autonomer Interpretation der Rom I-VO ohne Rückgriff auf Vertragsauslegungsregeln nationalen Rechts anzuknüpfen sind:[5] Zwar erklärt Art 3 Abs 5 Rom I-VO für Fragen des Zustandekommens und der Wirksamkeit von Rechtswahlklauseln die Art 10, 11 und 13 Rom I-VO für anwendbar; bei der Frage der Auslegung handelt es sich allerdings gerade nicht um ein Problem des Zustandekommens oder der Wirksamkeit. Auf den ansonsten für Auslegungsfragen maßgebenden Art 12 Rom I-VO wiederum wird in der für Rechtswahlvereinbarungen einschlägigen Bestimmung des Art 3 Abs 5 Rom I-VO nicht verwiesen, sodass eine verordnungsautonome Lösung zu suchen ist. Unter Zugrundelegung einer autonomen Auslegung aus bestehenden europäischen Grundsätzen empfiehlt sich wohl am ehesten ein Rückgriff auf den **gewöhnlichen Aufenthalt** und nicht etwa auf die Staatsbürgerschaft oder den Wohnsitz[6] (vgl Art 4 Abs 1 und 2, Art 6 Abs 1 Rom I-VO). Es liegt daher nahe, das „Recht im Land des Kunden"

---

5 Vgl dazu *von Hein* in Rauscher, EuZPR/EuIPR[3] Art 3 Rom I-VO Rz 9; *Martiny* in Münchener Kommentar[6] Art 3 Rom I-VO Rz 44; die Gegenmeinungen ziehen demgegenüber das gewählte Recht oder die lex fori zur Auslegung heran.

6 So etwa nach Art 3, Art 18 EuGVVO (Verordnung 1215/2015 über die gerichtliche Zuständigkeit und Vollstreckung in Zivil- und Handelssachen).

dahingehend auszulegen, dass das Recht des Staates, in dem der Kunde seinen gewöhnlichen Aufenthalt hat, gemeint ist. Für dieses Ergebnis spricht auch, dass die niederösterreichische Adresse des A im Vertragsformular als Lieferadresse festgelegt wird.

Somit wurde die Anwendung österreichischen Rechts wirksam vereinbart. Dieses ist gemäß Art 20 Rom I-VO unter Ausschluss von Rück- und Weiterverweisungen anzuwenden und gilt für das gesamte Schicksal des Vertrags (vgl Art 10 und 12 Rom I-VO).

Frage 2: Ermittlung des auf das Rechtsverhältnis zwischen A und E anwendbaren Rechts ohne die Rechtswahlklausel, Art 4 Abs 1 lit a Rom I-VO

In Frage 2 ist davon auszugehen, dass der Vertrag zwischen A und E keine Rechtswahlklausel enthält. Wie bereits oben unter 4) erörtert, ist auf den in Frage stehenden Kaufvertrag Art 6 Rom I-VO aufgrund des Nichtvorliegens einer Absatztätigkeit im Staat des gewöhnlichen Aufenthalts des Verbrauchers nicht anzuwenden. Somit ist die allgemeine Anknüpfungsregel des Art 4 Rom I-VO heranzuziehen: Art 4 Abs 1 lit a Rom I-VO beruft mangels offensichtlich engerer Beziehung zum Recht eines anderen Staates (Art 4 Abs 3 Rom I-VO) das Recht des Staates zur Anwendung, in dem der Verkäufer seinen gewöhnlichen Aufenthalt hat; im Fall einer Gesellschaft wird diesbezüglich auf die Hauptverwaltung abgestellt (Art 19 Abs 1 Rom I-VO). Da E seine Teppichfabrik in der Türkei betreibt und daher von einem gewöhnlichen Aufenthalt in der Türkei auszugehen ist, wäre der Kaufvertrag ohne die Rechtswahlklausel nach türkischem Recht zu beurteilen.

Das so berufene Vertragsstatut gilt unter Ausschluss von Rück- und Weiterverweisungen (Art 20 Rom I-VO) und ist für das Schicksal des gesamten Vertrags maßgebend, so auch für eine allfällige Auflösung und Rückabwicklung (Art 12 Rom I-VO).

Frage 3

1) A gegen C auf Rückzahlung eines Teils des Reiseentgelts, §§ 932 Abs 4, 1435 ABGB, § 31e KSchG

Zwischen A und C wurde ein **Reiseveranstaltungsvertrag** geschlossen. Bei einem Reiseveranstaltungsvertrag handelt es sich nach herrschender Ansicht um einen gemischten Vertrag, der Elemente des Werkvertrags, des Dienstleistungsvertrags und der Geschäftsbesorgung enthält.[7] Gemäß § 31b KSchG handelt es sich dann um einen Reiseveranstaltungsvertrag, wenn pauschal Beförderung, Unterbringung und andere touristische Dienstleistungen oder

---

7   Vgl OGH 10 Ob 20/05x, KRES 9/90.

eine Kombination mindestens zweier dieser Leistungen angeboten werden. Darüber hinaus darf der Reiseveranstalter solche Reisen nicht nur gelegentlich im eigenen Namen anbieten. Vertragspartner des Reiseveranstalters muss dabei nicht notwendig ein Verbraucher iSd § 1 Abs 1 Z 2 KSchG sein (vgl den in § 31b Abs 2 Z 3 KSchG definierten Begriff des „Reisenden").

Dass die Vermittlung der Reise durch das Reisebüro des B und die Betreuung vor Ort durch die Agentur D erfolgen, ändert am Zustandekommen des Vertrags zwischen A und C (vertreten durch B) und den aus dem Vertrag resultierenden Pflichten zwischen A und C nichts. Sowohl B als auch D sind nämlich gemäß § 1313a ABGB als **Verhandlungs-** bzw **Erfüllungsgehilfen** der C anzusehen, derer sich C bei Vertragsabschluss bzw bei Vertragserfüllung bedient.[8]

Treten im Zuge der Abwicklung des Reiseveranstaltungsvertrags **Mängel** auf, so richten sich die Gewährleistungsrechte des Reisenden grundsätzlich nach den allgemeinen Bestimmungen der §§ 922 ff ABGB. Zusätzlich enthält § 31e KSchG eine Sondergewährleistungsvorschrift für Reiseveranstaltungsverträge. Diese modifiziert die allgemeinen Regeln allerdings nicht, sondern stellt eine Ergänzung dar.[9] § 1167 ABGB, der aufgrund der werkvertraglichen Elemente des Reiseveranstaltungsvertrags beachtlich ist, enthält lediglich eine Verweisung auf das allgemeine Gewährleistungsrecht. Ob eine Reise mangelhaft ist, richtet sich somit nach dem konkreten Vertrag, das heißt, die Reise muss die **bedungenen** sowie die **gewöhnlich vorausgesetzten Eigenschaften** aufweisen (§§ 922, 923 ABGB).[10] Laut Sachverhalt war der erste Teil der Reise, die Autobusrundreise, nicht zu beanstanden. Der Badeurlaub im Hotel entsprach jedoch nicht dem vertraglich Vereinbarten: Zunächst wurde dem A entgegen der Zusage von B (dem Verhandlungsgehilfen) kein Zimmer mit Meerblick sondern ein Hinterhofzimmer zugewiesen. Aber auch die Nichterfüllung der Angaben im **Prospekt**, konkret: der nicht benutzbare Pool und das schlechte Essen, haben Relevanz für die Ansprüche aus Gewährleistung. Denn solche Angaben im Prospekt gelten auch dann, wenn nicht eigens über sie gesprochen wird, als vertraglich zugesichert und stellen nicht nur eine unverbindliche Werbung dar (§ 922 Abs 2 ABGB).[11] Darüber hinaus kann es als gewöhnlich vorausgesetzte Eigenschaft (§ 922 Abs 1 ABGB) eines im Rahmen einer Pauschalreise gebuchten 4-Sterne-Hotels bezeichnet werden, dass die Zimmer eines solchen Hotels frei von Geruch und Ungeziefer sind. Dass A von unangenehmen Gerüchen und Kakerlaken belästigt wird, stellt also ebenfalls einen Mangel dar. Evident ist dies ferner für das verdorbene Essen, das dem A bereits am ersten Abend serviert wird. Es muss bei einer Unterkunft mit Frühstücks- und Abendessenbuffet davon ausgegangen werden können, dass die Mahlzeiten ausreichend und nicht gesundheitsschädigend sind.

Nach den allgemeinen Gewährleistungsregeln stünden A zunächst die Ansprüche auf **Verbesserung** bzw auf Austausch der Sache zu (§ 932 Abs 2

---

8   OGH 10 Ob 20/05x, KRES 9/90.

9   OGH 3 Ob 118/14w, EvBl 2015/24; vgl auch 6 Ob 11/02i, ZVR 2003/109 noch zur Rechtslage nach altem Gewährleistungsrecht.

10   *Krejci* in Rummel³ § 31e KSchG Rz 3.

11   LG Ried 6 R 57/06h; *Apathy* in Schwimann/Kodek⁴ § 31e KSchG Rz 5.

ABGB). Im vorliegenden Fall käme als Verbesserung allenfalls der Transfer in ein neues Hotel in Frage, nur dann könnten alle vereinbarten Vertragsleistungen inklusive eines funktionstüchtigen Swimmingpools erbracht werden. A ist allerdings so schwer erkrankt, dass er vorzeitig die Heimreise antreten muss. Aus diesem Grund ist ihm ein Umzug in ein anderes Hotel nicht zuzumuten, weshalb er sich gleich auf die sekundären Gewährleistungsbehelfe **Wandlung** und **Preisminderung** (§ 932 Abs 4 ABGB) stützen kann.[12] Zwischen den beiden Rechtsbehelfen kann A frei wählen, außer der Mangel ist ein geringfügiger; dann stünde der Rechtsbehelf der Wandlung nicht zur Verfügung. Von einem geringfügigen Mangel kann im vorliegenden Fall freilich nicht die Rede sein, da die erbrachte von der geschuldeten Vertragsleistung erheblich abweicht.

Begehrt A die Wandlung des Vertrags, so hat er gemäß **§ 1435 ABGB** einen **Kondiktionsanspruch** gegen C auf das bereits gezahlte Entgelt. Dass die Reise bereits angetreten wurde, steht dem Wandlungsrecht nicht entgegen. Dem Anspruch des A steht allerdings auch ein **Kondiktionsanspruch** des Reiseveranstalters entgegen (§ 1435 ABGB). A hat ein angemessenes Entgelt nach Maßgabe seines Nutzens zu leisten, um das sich sein Rückersatzanspruch mindert, weil die Rückstellung bereits konsumierter Reiseleistung in natura nicht mehr möglich ist (vgl § 1431 ABGB).[13]

Begehrt A stattdessen die Herabsetzung des Preises, so ist der Wert der gesamten Reiseleistung in mangelfreiem Zustand dem Wert der mangelhaften Leistung gegenüberzustellen und hat A Anspruch auf die so errechnete **Differenz**. Diese kann er ebenfalls aufgrund § 1435 ABGB kondizieren. Im Ergebnis besteht zwischen den beiden Lösungswegen kein Unterschied.

> Anmerkung:
>
> Die Frist zur Geltendmachung der Gewährleistung beträgt 2 Jahre (§ 933 Abs 1 ABGB). Der Fristenlauf beginnt mit dem Ende der Reise.[14]

Zu prüfen bleibt § 31e Abs 2 KSchG, der eine **Rügeobliegenheit** des Reisenden festlegt. Eine solche Rügeobliegenheit besteht zunächst nur, wenn sie schriftlich im Reiseveranstaltungsvertrag festgehalten wurde. Darüber hinaus muss diese Klausel einen Hinweis auf die Rechtsfolgen des Unterlassens der Rüge enthalten. Der Vertrag zwischen A und C enthält zwar eine Rügeobliegenheit, jedoch hat die Unterlassung der Mängelanzeige – wie das die Klausel unter Einhaltung des genauen Gesetzeswortlauts auch präzisiert – keinen Einfluss auf die Gewährleistungsansprüche.[15]

---

12 Vgl *Apathy* in Schwimann/Kodek[4] § 31e KSchG Rz 10.

13 *Apathy* in Schwimann/Kodek[4] § 31e KSchG Rz 14.

14 OGH 1 Ob 662/85, SZ 58/174; 1 Ob 592/88, JBl 1988, 779.

15 Vgl hingegen den Hinweis von *Apathy* in Schwimann/Kodek[4] § 31e KSchG Rz 27 ff: Mit Inkrafttreten des neuen Gewährleistungsrecht, das den Vorrang der Verbesserung gesetzlich normiert, sei dem § 31e Abs 2 KSchG teilweise derogiert. Rügt der Reisende nicht bereits im Urlaub, kann der Reiseveranstalter seine Chance auf Verbesserung nämlich nicht mehr wahrnehmen, weil eine Verbesserung nach Beendigung der Reise nicht mehr möglich ist. Eine hiermit gesetzlich normierte Rügepflicht müsse hingenommen werden. Im vorliegenden Fall hat dies

A kann also gegenüber C Wandlung oder Preisminderung geltend machen und das geleistete Entgelt teilweise zurückfordern.

Anmerkung:

Es könnte auch überlegt werden, ob A durch seine Abreise wirksam gemäß § 918 Abs 1 und 2 ABGB vom Vertrag bzw von dem Beherbergungsteil des Vertrages zurückgetreten ist. Schließlich gelten die **Verzug**sregeln auch dann, wenn die Leistung nicht gehörig angeboten wird (vgl § 918 Abs 1 ABGB). Nach herrschender Ansicht gelten bis zum Zeitpunkt der Übergabe durch den Schuldner (Annahme der Leistung als Erfüllung durch den Gläubiger) Verzugs-, danach jedoch Gewährleistungsregeln. Bei einem Reisevertrag ist dieser Zeitpunkt nicht erst mit Erbringung aller damit verbundenen Leistungen gegeben, weil sich sonst der Reisende stets auf Verzug berufen könnte. Mit Bezug des Zimmers und Konsumieren des Essens kann sich A somit auf die Verzugsregeln nicht mehr berufen.[16]

2) A gegen C auf Ersatz eines Teils des Reiseentgelts als Mangelschaden, §§ 933a, 1295 Abs 1 ABGB

§ 933a ABGB regelt nunmehr ausdrücklich die Anspruchskonkurrenz von Gewährleistung und Schadenersatz, weswegen A – ein Verschulden der C vorausgesetzt – seinen Anspruch aus der Schlechterfüllung auch auf Schadenersatz stützen kann.

Der **Schaden** des A ist darin zu sehen, dass er aufgrund der aufgetretenen Mängel eine gegenüber dem gezahlten Entgelt minderwertige Reise „konsumieren" musste.

Verursacht werden die Mängel und die daraus resultierende Minderwertigkeit der Reise durch die Schlechterfüllung des C. Dieser bedient sich bei seiner Erfüllung eines nicht näher bezeichneten Hotelbetriebs, dessen Verhalten C über § 1313a ABGB direkt zuzurechnen ist. In diesem Hotel treten die beschriebenen Mängel auf. Dass diese Mängel die Minderwertigkeit der Reise hervorrufen, liegt geradezu auf der Hand, weswegen auch **Adäquanz** gegeben ist.

Die **Rechtswidrigkeit** ist darin zu sehen, dass C durch die mangelhafte Erfüllung gegen ihre Pflichten aus dem Reiseveranstaltungsvertrag verstößt. Auch der **Rechtswidrigkeitszusammenhang** ist gegeben, weil das Gebot der ordnungsgemäßen Erfüllung gerade solche aus einer Schlechterfüllung resultierenden Schäden verhindern will. Um einer Schadenshaftung zu entgehen, müsste C beweisen, dass sie kein **Verschulden** trifft (§ 1298 ABGB). Dies wird ihr im vorliegenden Fall nicht gelingen. C hat sich zur Erfüllung ihrer Vertragspflichten des Hotelbetriebs als Gehilfen bedient. Dass dieses Hotel die Renovierung des Pools in die Reisezeit legt, nicht dafür sorgt, dass seine Gäste

---

freilich keine Auswirkung auf das Ergebnis, da aufgrund der Erkrankung des A ohnehin ein unbehebbarer Mangel vorliegt, der nicht verbesserbar ist.

16   Siehe zu dieser Problematik eingehend *Apathy* in Schwimann/Kodek[4] § 31e KSchG Rz 3 f.

nicht durch Geruch und Ungeziefer gestört werden sowie keine ordentliche Prüfung der zum Verzehr angebotenen Speisen vornimmt, ist zweifelsohne als Verschulden zu werten. Es handelt sich hierbei nämlich allesamt um Sorgfaltsverstöße, die einem sorgfältigen Reiseveranstalter jedenfalls nicht unterlaufen sollten. Die Renovierung des Pools kann ohne weiteres auch in den Wintermonaten erfolgen, wenn dies entsprechend organisiert wird. Gegen Ungeziefer und üblen Geruch kann durch Schädlingsbekämpfung und mehrmaliges Entleeren der Mistkübel leicht vorgegangen werden. Und dass gerade in südlichen Gefilden eine besonders akribische Prüfung von für Salmonellen anfälligen Lebensmitteln durchgeführt werden muss, liegt auf der Hand. Diese nötige Sorgfalt wurde aber vom Hotel, dessen Verhalten der C direkt zuzurechnen ist, unterlassen.

Ergebnis: A kann sich somit auch auf den schadenersatzrechtlichen Anspruch stützen. Gemäß § 933a Abs 2 ABGB kann A auch als Schadenersatz zunächst nur die Verbesserung oder den Austausch verlangen. Aus denselben Gründen wie oben 1) ausgeführt braucht sich A allerdings nicht auf die primäre Rechtsbehelfe verweisen zu lassen. Ihm steht sofort ein Anspruch auf Geldersatz zu.

C könnte gegen diesen Anspruch den Einwand des **Mitverschuldens** gemäß § 1304 ABGB erheben, schließlich enthält der Vertrag eine dem § 31e Abs 3 KSchG entsprechende Klausel, dass ein Unterlassen der Rüge als Mitverschulden angerechnet werden kann. Im vorliegenden Fall ist das Unterlassen der Rüge allerdings unschädlich. Eine Verbesserung kommt ohnehin nicht mehr in Frage,[17] weil A zur Behandlung seiner Salmonellenvergiftung unverzüglich die Rückreise antreten muss.

3) A gegen C auf Zahlung von Schmerzengeld, §§ 1295 Abs 1, 1325 ABGB

Einer der genannten Mängel, nämlich das schlechte Essen, zieht laut Sachverhalt noch eine weitere Folge nach sich: A erleidet eine Salmonelleninfektion, die jedenfalls den Tatbestand der Körperverletzung gemäß § 1325 ABGB erfüllt. Dieser Schaden resultiert zwar aus der vorher beschriebenen mangelhaften Vertragserfüllung, ist aber von § 933a ABGB nicht erfasst, da die zitierte Bestimmung nur den Mangelschaden regelt. Der Anspruch des A aufgrund der **Körperverletzung** ist also allein auf § 1295 Abs 1 ABGB zu stützen.[18]

Das zu überprüfende Verhalten wird nicht direkt von der Vertragspartnerin C gesetzt, sondern von Angestellten des Hotels, in dem A im Zuge der Reiseveranstaltung untergebracht ist. Das Handeln und Unterlassen dieser Personen ist freilich direkt der C zuzurechnen, weil es sich um **Erfüllungsgehilfen** gemäß § 1313a ABGB handelt.

A erwächst durch den Verzehr des verdorbenen Abendessens ein – im Sachverhalt nicht näher bezeichneter – **Schaden** in Form von Heilungskosten; diese werden in Österreich freilich vom Sozialversicherungsträger ersetzt,

---

17 *Hammerl* in Kosesnik-Wehrle, KSchG[4] § 31e Rz 11 aE.
18 Vgl etwa *Koziol/Welser*, Grundriss II[13] 88.

weswegen die Ansprüche des Geschädigten gegenüber dem Schädiger in diesem Ausmaß im Wege der Legalzession gemäß § 332 ASVG auf den Versicherer übergehen. Ob A ein Verdienstentgang entsteht, ist dem Sachverhalt nicht zu entnehmen. Ihm steht aber gemäß § 1325 ABGB jedenfalls die Zahlung eines angemessenen Schmerzengeldes zu.

Kausalität: Die Salmonelleninfektion wird durch die mangelhafte Vertragserfüllung hervorgerufen. Eine ordnungsgemäße Kontrolle der im Rahmen des abendlichen Buffets angebotenen Speisen ist offenbar unterblieben. Wären die Speisen ausreichend kontrolliert worden, wären keine Salmonellen im Essen gewesen und wäre A nicht erkrankt.

Adäquanz: Es liegt nicht außerhalb der allgemeinen Lebenserfahrung, dass Hotelgäste nach dem Verzehr von nicht sorgfältig kontrollierten Lebensmitteln an einer Salmonelleninfektion erkranken können. Der Schaden ist somit adäquat verursacht.

Rechtswidrigkeit: C schuldet eine mangelfreie Leistung, die ua in einem nicht gesundheitsschädlichen Essen besteht. Durch die unterlassene bzw nicht sorgfältig vorgenommene Kontrolle der Lebensmittel und das Anbieten verdorbenen Essens verletzt sie somit ihre Pflichten aus Vertrag gemäß § 1295 Abs 1 ABGB.

Rechtswidrigkeitszusammenhang: Es liegt in der Natur der vertraglichen Verpflichtung, einwandfreie Speisen zur Verfügung zu stellen, dass dadurch auch Erkrankungen und Schmerzen infolge einer Salmonelleninfektion hintan gehalten werden sollen. Der Rechtswidrigkeitszusammenhang ist somit gegeben.

Verschulden: Die mangelhafte Vertragserfüllung ist C auch subjektiv vorwerfbar. Der Hotelbetreiber bzw dessen Angestellte, die als Erfüllungsgehilfen der C anzusehen sind, haben zumindest leicht fahrlässig gehandelt.[19] Besonders in Ländern mit warmem Klima müssen die den Gästen angebotenen Lebensmittel besonders genau auf einen möglichen Salmonellenbefall überprüft werden. Diese Sorgfalt haben die Angestellten des Hotels nicht an den Tag gelegt. Ein Entlastungsbeweis gemäß § 1298 ABGB wird von C schwerlich erbracht werden können.

Ergebnis: A kann von C ein angemessenes Schmerzengeld verlangen.

> Anmerkung:
>
> Ein Mitverschuldenseinwand, wie er oben 2) für den Mangelschaden im Hinblick auf die nicht erfolgte Rüge zu prüfen war, liegt hinsichtlich der Körperverletzung fern.

4) A gegen C auf Ersatz der „entgangenen Urlaubsfreude", § 1295 Abs 1 ABGB, § 31e Abs 3 KSchG

§ 31e KSchG wurde im Anschluss an eine Entscheidung des EuGH aufgrund einer österreichischen Vorlage im Jahre 2002[20] novelliert und sieht seit 1.7.2004 in seinem Abs 3 explizit vor, dass dem Reisenden der Ersatz eines

---

19   LG Linz 15 R 5/00m, JBl 2002, 600.

20   EuGH Rs C 168/00, Simone Leitner gegen TUI Deutschland GmbH & Co KG; vgl die Folgeentscheidung des LG Linz, JBl 2002, 600.

ideellen Schadens, nämlich der „entgangenen Urlaubsfreude" zustehen kann. Dies setzt voraus, dass der Reiseveranstalter schuldhaft einen erheblichen Teil der Leistung nicht erbracht hat.

Der **erhebliche Reisemangel** liegt hier vor: Bei so vielschichtigen und schwerwiegenden Abweichungen vom vertraglich Geschuldeten wie im vorliegenden Fall – durch Gestank, Ungeziefer, den fehlenden Pool, ein falsches Zimmer und verdorbenes Essen – kann man nicht davon sprechen, dass der Erholungswert des Badeurlaubs nur geringfügig beeinträchtigt ist. Nur eine Geringfügigkeit des Mangels würde das Recht auf Ersatz der entgangenen Urlaubsfreude nämlich verhindern.[21]

Zum **Verschulden** der C siehe bereits oben 2). Auch hinsichtlich eines allfälligen Mitverschuldenseinwands kann auf die Ausführungen unter 2) verwiesen werden. Infolge seiner Erkrankung war von A nicht zu erwarten, dass er sich in ein anderes Hotel transferieren lässt, sodass die Möglichkeit eines ungestörten Resturlaubs bestanden hätte.

Somit kann A den **Ersatz der entgangenen Urlaubsfreude** fordern. Die Höhe des Anspruchs hängt von der Schwere und Dauer des Mangels, vom Grad des Verschuldens, dem vereinbarten Zweck der Reise und der Höhe des Reisepreises ab. Die Gesetzesmaterialien halten dabei jedenfalls einen Betrag von € 50 bis 60 pro Tag für vertretbar.[22]

5) A gegen B auf Ersatz eines Teils des Reiseentgelts, auf Schmerzengeld und auf Ersatz der entgangenen Urlaubsfreude, §§ 1295 Abs 1, 1325 ABGB

Der Reisebürobetreiber B ist als **Erfüllungsgehilfe** der Reiseveranstalterin C zu sehen (§ 1313a ABGB).[23] Als solchen treffen den B keine eigenständigen Pflichten aus dem zwischen A und C abgeschlossenen Reiseveranstaltungsvertrag. Auch das Verhalten des B im vorvertraglichen Schuldverhältnis ist direkt der C zuzurechnen. Dazu gehört auch alles, was B dem A im Zuge des Vermittlungsgesprächs zusichert.

Gegen B selbst sind allenfalls **deliktische Schadenersatzansprüche** denkbar. Der Sachverhalt enthält allerdings keinen Hinweis auf ein selbständiges schadensauslösendes, rechtswidriges und schuldhaftes Verhalten des B, aus dem ein deliktischer Anspruch konstruiert werden könnte.

6) A gegen D auf Ersatz eines Teils des Reiseentgelts, auf Schmerzengeld und auf Ersatz der entgangenen Urlaubsfreude, §§ 1295 Abs 1, 1325 ABGB

Auch die Agentur D wird als Betreuerin der Reise vor Ort in der Türkei nicht Vertragspartnerin des A, sondern ist als **Erfüllungsgehilfin** gemäß § 1313a

---

21 ErläutRV 173 BlgNR 22. GP 21.
22 ErläutRV 173 BlgNR 22. GP 21; vgl zB LG Ried 6 R 284/08v: Reisekosten als Höchstbetrag für den Ersatz entgangener Urlaubsfreude.
23 OGH 10 Ob 20/05x, RdW 2005/685.

ABGB zu sehen. Somit treffen auch D keine Verpflichtungen aus dem Reisevertrag. Ihr Verhalten ist direkt der Reiseveranstalterin C zuzurechnen.

Denkbar ist wiederum nur ein deliktischer Schadenersatzanspruch. Schließlich wird A durch die Salmonelleninfektion am Körper verletzt, was ein Indiz dafür darstellen kann, dass jemand ein rechtswidriges Verhalten gesetzt hat. D ist allerdings nur die betreuende Agentur, der Schaden wird vom Hotel bzw dessen Koch oder Küchenangestellten verursacht, weswegen auch gegen D mangels schadensauslösender bzw ihr zurechenbarer Handlung ein Schadenersatzanspruch ausscheidet. Damit erübrigt sich insbesondere auch ein Eingehen auf die allenfalls problematische Zurechnung von Gehilfenverhalten im Rahmen deliktischer Haftung.

> **Anmerkung:**
>
> Man könnte auch in Erwägung ziehen, aufgrund der Körperverletzung einen deliktischen Anspruch des A gegen bestimmte Angestellte des Hotels zu prüfen, da die Unterlassung der gehörigen Prüfung durch den Koch oder einen anderen Küchenangestellten oder den Lieferanten zum Darreichen verdorbener Speisen geführt und in der weiteren Folge den Schaden verursacht hat. Auch Ansprüche gegen den Hotelbetreiber wegen Organisationsverschuldens wären denkbar. Danach wird allerdings im vorliegenden Fall nicht gefragt.

Frage 4: E gegen A auf Zahlung von € 4.500,- gemäß § 1062 ABGB

E und A heben einen **Kaufvertrag** über einen genau bezeichneten (den besichtigten) Teppich zum Preis von € 4.500,- abgeschlossen. Gemäß §§ 1053, 1061 ABGB hat demnach E die Pflicht, den Teppich gegen Bezahlung des vereinbarten (Rest-)Entgelts ins Eigentum des A zu übergeben. A wäre nach § 1062 ABGB zur Zahlung des Kaufpreises von € 4.500,- verpflichtet.

A bereut allerdings den Teppichkauf und erklärt gegenüber E den Rücktritt. Sollte der vorliegende Vertrag in den Anwendungsbereich des FAGG fallen, könnte ein **Rücktrittsrecht gemäß § 11 Abs 1 FAGG** bestehen. Zu prüfen ist aber zunächst, ob der gegenständliche Vertrag die Definition eines Auswärtsgeschäfts iSd § 3 Z 1 lit d FAGG erfüllt. Der Kaufvertrag wurde am letzten Tag der einwöchigen Rundreise im Rahmen der Besichtigung einer Teppichfabrik geschlossen. Wenngleich man die berechtigte Frage stellen kann, ob dieser „Ausflug" tatsächlich zum Zwecke solcher Vertragsschlüsse organisiert wurde, so steht nach dem Sachverhalt doch außer Zweifel, dass aus der Fahrt ein solcher Vertragsschluss resultierte, was ebenso vom Wortlaut des § 3 Z 1 lit d FAGG („... in der Absicht oder mit dem Ergebnis [sic!] organisiert wurde ...") erfasst ist. Dass nicht der Inhaber der Teppichfabrik selbst sondern ein Gehilfe (hier der Reiseveranstalter) den Ausflug organisiert hat, schadet nach dem Gesetzeswortlaut nicht, weil die beiden offenbar sowohl im Hinblick auf die touristische Dienstleistung als auch hinsichtlich des Zuführens von potentiellen

Kunden zusammenarbeiten und gegenseitig als Gehilfen angesehen werden können.[24] Die weitere Voraussetzung des FAGG, dass sich ein **Verbraucher** und ein **Unternehmer** im Sinne von § 1 KSchG gegenüberstehen (§ 1 Abs 1 FAGG), bereitet keine Schwierigkeiten. E betreibt laut Sachverhalt eine Teppichfabrik, die zur Besichtigung offen steht. Es ist anzunehmen, dass diese Fabrik „eine auf Dauer angelegte Organisation selbständiger wirtschaftlicher Tätigkeit" darstellt (vgl § 1 Abs 2 KSchG). Der Verkauf eines in der Fabrik gefertigten Teppichs stellt zweifelsohne ein Geschäft dar, das zum Betrieb dieses Unternehmens gehört (§ 1 Abs 1 Z 1 KSchG). A, der Käufer des Teppichs, schließt ein reines Privatgeschäft ab, da er den Teppich für seine Wohnung ersteht. Er ist somit Verbraucher gemäß § 1 Abs 1 Z 2 KSchG.

§ 11 Abs 1 FAGG erlaubt es dem Verbraucher, binnen 14 Tagen ohne Angabe von Gründen vom Vertrag zurückzutreten. Die Frist beginnt im vorliegenden Fall eines Kaufvertrags über eine Ware, die der Teppich zweifelsfrei darstellt, mit dem Tag zu laufen, an dem der Verbraucher die Ware in Besitz nimmt (§ 11 Abs 2 Z 2 lit a FAGG). Bislang hat A den Teppich nicht erhalten. Damit hat die Rücktrittsfrist bei Absendung der Rücktrittserklärung, auf die nach § 13 Abs 1 Satz 3 FAGG für die Frage der Fristwahrung abzustellen ist, noch gar nicht zu laufen begonnen.[25] Die Gesetzesmaterialien stellen unter Verweis auf die dem FAGG zugrundeliegende Verbraucherrechte-RL[26] aber in zutreffender Weise klar, dass der Rücktritt auch vor Fristbeginn wirksam erklärt werden kann.[27] Formerfordernisse bestehen gemäß § 13 Abs 1 Satz 1 FAGG keine. Damit ist der von A zwei Tage nach seiner Rückkehr schriftlich erklärte Rücktritt wirksam.

A kann dem Kaufpreisanspruch des E somit erfolgreich seinen Rücktritt gemäß § 11 FAGG entgegenhalten. E hat keinen Anspruch auf den Kaufpreis.

Anmerkungen:

1) Nur wenn – was im Rahmen einer Klausurbearbeitung vertretbar erschiene – im vorliegenden Fall einen „Ausflug" iSd § 3 Z 1 lit d FAGG verneint wird und die Anwendbarkeit des FAGG folglich ebenso verneint werden muss, wäre die Berechtigung des Rücktritts nach § 3 KSchG zu prüfen. Ein Rücktritt nach dieser Bestimmung kommt

---

24 Vgl dagegen den Wortlaut der Richtlinienvorgabe in Art 2 Z 8 lit d Verbraucherrechte-RL 2011/83/EU, der nur von der Organisation durch den Unternehmer selbst spricht.

25 Somit stellt sich auch die Frage nach einer allfälligen Fristverlängerung nicht (vgl § 12 FAGG), wobei freilich im konkreten Fall auch keine Gründe vorliegen, die eine solche Fristverlängerung bewirken könnten: Dem Sachverhalt zufolge hat der Kaufvertrag alle nach einschlägigen Rechtsvorschriften erforderlichen Informationen enthalten. Es kann daher davon ausgegangen werden, dass E auch die von § 4 Abs 1 Z 8 FAGG verlangte Information über das Rücktrittsrecht ordnungsgemäß erteilt hat. Eine Fristverlängerung gemäß § 12 FAGG wäre somit ausgeschlossen. Die Frage der Fristverlängerung muss allerdings nicht unbedingt angesprochen werden, weil die Frist wie erörtert noch nicht einmal zu laufen begonnen hat.

26 Erwägungsrund 40 der RL 2011/83/EU.

27 ErläutRV 89 BlgNR 25. GP 34 zu § 11 FAGG.

> nämlich gemäß § 3 Abs 3 Z 4 KSchG nur in Betracht, wenn der Vertrag nicht dem FAGG unterliegt. Allerdings wäre die konkrete Rundreise wohl nicht als Werbe- oder Ausflugsfahrt iSd § 3 Abs 2 KSchG zu qualifizieren, weil dessen Voraussetzungen nach dem Gesetzeswortlaut und der zu § 3 Abs 2 KSchG ergangenen Rsp vergleichsweise strenger sind.[28] A wäre nach dieser Lösung somit nicht zum Rücktritt berechtigt.
>
> 2) Eine Anfechtung des Vertrages wegen Irrtums scheidet aus, weil es sich um einen unbeachtlichen Motivirrtum handelt. Die Größe des Teppichs im Verhältnis zum Wohnzimmer bzw das Einkommen des A werden zwischen den Parteien weder angesprochen, noch zum Vertragsinhalt, noch zur ausdrücklichen Bedingung erhoben. Auch wurde der Irrtum nicht von E veranlasst, noch hätte er ihm auffallen müssen, noch wurde er rechtzeitig aufgeklärt.

---

28 Vgl *Leupold* in Kosesnik-Wehrle, KSchG[4], § 3 FAGG Rz 21 sowie die Teilen dieses Falles zugrundeliegende Entscheidung des OGH 7 Ob 599/93, NRsp 1994/61 zu § 3 KSchG.

Fall 19. Unsichere Sicherheiten, Familien-krach und ein paar Kilos zu viel

I. Sachverhalt

Bei einer vom Salzburger Unternehmer M und seiner Frau F gegebenen Gartenparty lernt G, ein Geschäftsfreund des M, im Jahr 2011 den mit dem Gastgeberehepaar befreundeten Zweigstellenleiter der Z-Bank, L, kennen. G steckt nach Insolvenz eines Großkunden in finanziellen Schwierigkeiten und benötigt einen Kredit in Höhe von € 200.000,-. In weiterer Folge prüft L die wirtschaftliche Situation des von G betriebenen Unternehmens. Die Prüfung ergibt, dass eine ordnungsgemäße Rückführung eines Kredits nicht als gesichert anzusehen ist. Gegen Stellung umfangreicher Sicherheiten könne der Kredit aber gewährt werden.

In der Folge erklärt sich M bereit, der Z-Bank an einem ihm gehörenden größeren Seegrundstück ein Pfandrecht bis zum Höchstbetrag von € 220.000,- im ersten Rang einzuräumen und unterfertigt eine entsprechende „Pfandurkunde". M und L kommen überein, dass im Hinblick auf das bestehende Vertrauensverhältnis und auf die damit für M verbundenen Kosten von einer Verbücherung vorerst Abstand genommen werde.

Zudem übernimmt M's erwachsene Tochter T, die als Handarbeitslehrerin über ein geregeltes Einkommen verfügt, in der Zweigstelle der Z-Bank durch schriftliche Erklärung die Haftung als Bürge und Zahler bis zum Höchstbetrag von € 30.000,-. Sie hat G schon länger als Geschäftspartner ihres Vaters gekannt und ihn stets für vermögend gehalten. T übernimmt die Haftung, weil sie diese für risikolos hält. Dass G in finanziellen Schwierigkeiten steckt, wird ihr von keinem der Beteiligten mitgeteilt. Im Juli 2011 gelangt sodann die Kreditsumme an G zur Auszahlung.

Im Jahre 2013, als sich abzeichnet, dass G sich wirtschaftlich nicht erholen wird, schenkt M die gegenständliche Liegenschaft seinem Sohn S. Dem S ist die Existenz der Pfandurkunde zugunsten der Z-Bank zwar bekannt; aus dem Grundbuch ersieht er auch, dass das Pfandrecht nie verbüchert wurde. Er freut sich aber sehr über das schöne Geschenk und nimmt dankend an. Kurz darauf wird das Eigentumsrecht des S im Grundbuch einverleibt. Er erhält für das Grundstück von Bauträgern mehrere Kaufangebote über mehr als € 250.000,-, die er aber alle ausschlägt.

Ende 2014, nachdem G schon monatelang keine Zahlungen mehr geleistet hat, stellt die Z-Bank gemäß den vereinbarten Vertragsbedingungen den gesamten aushaftenden Betrag von € 185.567,89 fällig.

Angesichts der drohenden Konsequenzen wird M ziemlich nervös. Er vergisst einige pikante Fotos in seiner Hosentasche, die beim Waschen prompt von seiner Frau F entdeckt werden. F findet infolgedessen heraus, dass M seit zwei Jahren eine sexuelle Beziehung zu seiner Assistentin A unterhält. Es kommt zum großen Familienkrach; T stellt sich auf die Seite ihrer Mutter und beschimpft den M in wüster Weise.

Daraufhin packt M seine Sachen und zieht zu A. Er sieht aber überhaupt nicht ein, dass F und T weiter in dem in seinem Alleineigentum stehenden Haus wohnen und verlangt von ihnen, das Haus zu räumen. F war seit ihrer Eheschließung Hausfrau, vom Unterhalt des M abhängig und verfügt über keine andere Wohnmöglichkeit. T war vor dreieinhalb Jahren nach dem Scheitern einer Beziehung von ihren Eltern angeboten worden, wieder zu ihnen zu ziehen, und bewohnt seitdem (unentgeltlich) die Mansarde. F will unbedingt, dass T weiter im Haus wohnt.

T bekommt aber noch weitere Probleme: Aufgrund des Endes ihrer damaligen Beziehung hatte sie starke Figurprobleme bekommen und beschloss Anfang 2012, diese zu bekämpfen. Per Postwurfsendung erhielt sie eine Broschüre des Schlankheitsinstituts I aus Freilassing (Deutschland), der zufolge man „ohne Hunger und übermäßige Anstrengung den Körper modellieren" könne. Am 15.2.2012 kam es zu einem Beratungsgespräch in der Wohnung der T, in dem ihr erläutert wurde, das „Drei-Komponenten-Programm" von I setze sich aus einer Ozon-Sauerstoff-Behandlung, einem Bewegungsprogramm und der Beachtung einer gesunden und bewussten Ernährung (in der Form genereller Ernährungstipps) zusammen. Am Ende des Beratungsgesprächs unterfertigte T einen Vertrag über 60 Behandlungen, wobei ihr eine Abnahme von 60 cm Körperumfang garantiert wurde. Als Entgelt wurden € 2.850,- vereinbart, die nach einer Anzahlung in Monatsraten zu bezahlen sind, und zwar unabhängig davon, ob und wann die Behandlungen in Anspruch genommen werden. Darauf, dass für eine tatsächliche Gewichtsreduktion eine strenge Diät hätte eingehalten werden müssen, wurde T nicht hingewiesen. Sie hätte den Vertrag in diesem Fall auch gar nicht abgeschlossen. Zehn Tage nach Unterfertigung der Vertragsurkunde hat T ein Dokument mit (vollständigen) Informationen über das Rücktrittsrecht nach §§ 11 ff FAGG erhalten. Am 15.3.2012 leistete T vereinbarungsgemäß die Anzahlung von € 250,- und danach weitere Teilzahlungen von insgesamt € 600,-. Da sich kein Erfolg einstellte, erklärte sie im September 2012 schriftlich die „Aufhebung" des Vertrags und ersuchte, „wenn möglich", um Rücküberweisung der geleisteten Zahlungen. Das Schreiben blieb unbeantwortet. T betrachtete die Angelegenheit als erledigt und nahm keine weiteren Behandlungen mehr in Anspruch. Am 24.2.2015 klagt I den offenen Restbetrag von € 2.000,- ein.

Prüfen Sie folgende Fragen bezogen auf den 1.3.2015 als Beurteilungszeitpunkt:

1. Welche Möglichkeiten hat die Z-Bank, zu ihrem Geld zu kommen? Gehen Sie davon aus, dass alle Beteiligten eine Zahlung nach Möglichkeit vermeiden wollen.

2. Kann M von F die Räumung des Hauses verlangen?

3. Kann M von T die Räumung des Hauses verlangen?

4. Setzt sich I mit der Klage durch oder kann T umgekehrt die Rückzahlung der bereits geleisteten € 850,- verlangen? Lassen Sie mögliche Ansprüche aus §§ 922 ff ABGB außer Betracht.

Beurteilen Sie das Vertragsverhältnis zwischen T und I nach der im Beurteilungszeitpunkt geltenden Rechtslage!

II. Lösung

Frage 1: Wie kommt die Z-Bank zu Geld?

1) Z gegen G auf Zahlung von € 185.567,89 aus dem Kreditvertrag, § 989 Abs 2 ABGB

Im Jahr 2011 ist zwischen G und der Z-Bank ein Kreditvertrag iSd § 988 ABGB[1] – also ein entgeltlicher Darlehensvertrag über Geld – über einen Kreditbetrag von € 200.000,- zustande gekommen. An der Wirksamkeit dieses Vertrags bestehen keine Zweifel. Gemäß § 989 Abs 2 ABGB hat der Kreditnehmer, hier G, nach Ende des Kreditvertrags den Kreditbetrag samt den noch zu leistenden Zinsen zurückzuzahlen. Dem Sachverhalt zufolge haftet Ende 2014 ein Betrag von € 185.567,89 unberichtigt aus. Diesen Betrag[2] kann die Z-Bank Anfang 2015 aber nur dann in voller Höhe einfordern, wenn sie zur vorzeitigen Fälligstellung der gesamten offenen Kreditsumme berechtigt ist. Dies ist der Fall; der Sachverhalt erwähnt, dass entsprechende Vertragsbedingungen – augenscheinlich eine Terminsverlustklausel – vereinbart waren.[3] Solche Vereinbarungen sind zulässig, soweit das Kündigungsrecht des Kreditgebers an sachlich gerechtfertigte Gründe geknüpft ist (§ 990 ABGB). Anhaltspunkte dafür, dass dieser Voraussetzung nicht entsprochen wäre, enthält der Sachverhalt nicht.

Der Anspruch besteht also zu Recht, wenngleich seine faktische Durchsetzbarkeit fraglich erscheint.

2) Ansprüche Z gegen S

> Anmerkung:
>
> Die folgende Anspruchsgliederung ist nicht zwingend. Insbesondere die unter 2)a) und 3)a) erörterten Aspekte könnten auch anders als in Form einer eigenen Anspruchsprüfung behandelt werden. In der Bearbeitung sollte aber deutlich werden, dass man die grundsätzlichen Probleme erkannt hat.

---

1 Das Vertragsverhältnis unterliegt den durch das DaKRÄG neu geschaffenen und mit 11.6.2010 in Kraft getretenen Bestimmungen über Darlehens- bzw Kreditverträge.

2 In der Praxis wird der Betrag bis zum Beurteilungszeitpunkt am 1.3.2015 durch Zinsenlauf weiter angestiegen sein. In Ermangelung näherer Angaben im Sachverhalt wird hier und in der Folge aber auf den genannten Betrag zurückgegriffen.

3 § 14 Abs 3 VKrG ist hier nicht heranzuziehen, da G nicht Verbraucher ist.

a) *Z gegen S auf Verwertung der Liegenschaft, § 461 ABGB*

Zahlt der Hauptschuldner – hier G – bei Fälligkeit nicht, ist der Pfandgläubiger berechtigt, sich durch Verwertung des Pfandobjekts zu befriedigen. Grundsätzlich hat dies durch **Pfandrechtsklage** gemäß § 461 ABGB und Vollstreckung nach der EO zu erfolgen.[4] Die Pfandrechtsklage ist gegen den jeweiligen Eigentümer der Pfandsache zu richten,[5] hier also gegen S, der inzwischen Eigentum am Seegrundstück erworben hat. Sie setzt freilich voraus, dass ein Pfandrecht wirksam begründet wurde.

Im vorliegenden Fall wurde zwar ein gültiger **Pfandbestellungsvertrag** abgeschlossen (vgl §§ 449, 1368 Satz 2 ABGB), dem zufolge sich der damalige Liegenschaftseigentümer M gegenüber der Z-Bank schriftlich verpflichtet hat, dieser an seinem Seegrundstück eine Höchstbetragshypothek über € 220.000,- einzuräumen.[6] Für das wirksame Entstehen eines Pfandrechts fehlt es aber an seiner **Verbücherung** (§ 451 ABGB). Da somit ein dingliches, an der Liegenschaft haftendes Recht durch M nicht begründet wurde, kann auch der neue Grundstückseigentümer S aus einem solchen nicht haften.

Eine Pfandrechtsbegründung durch S selbst liegt mangels entsprechenden Titels und Modus ebenfalls nicht vor.

Daher kann sich die Z-Bank aus der Liegenschaft nicht befriedigen.

b) *Z gegen S auf Zahlung von € 185.567,89 gemäß § 1295 Abs 1 ABGB*

Eine Haftung des S könnte sich im vorliegenden Fall allerdings wegen **Eingriffs in ein Forderungsrecht der Z-Bank** ergeben. Konkret könnte S in den Anspruch der Z-Bank auf Pfandrechtsbegründung gegen den Voreigentümer M in haftungsbegründender Weise dadurch eingegriffen haben, dass er das Seegrundstück von seinem Vater unbelastet erworben und auch in der Folge eine Pfandrechtsbegründung zu Gunsten der Z-Bank nicht selbst herbeigeführt hat. Hierfür werden insbesondere im Rahmen der Rechtswidrigkeit spezielle Voraussetzungen verlangt. Im Einzelnen ist Folgendes zu prüfen:

Die Z-Bank muss einen **Schaden** erlitten haben. Dies ist insofern der Fall, als für ihre fällige Forderung über € 185.567,89 kein Pfandrecht an der von S erworbenen Liegenschaft besteht und diese Forderung somit nicht durch

---

4   Zur Zwangsversteigerung von Liegenschaften siehe §§ 133 ff EO. In der Praxis lassen sich Banken häufig durch vertragliche Vereinbarung eine Befugnis zur außergerichtlichen Pfandverwertung einräumen. Für Sicherheiten, die vom „Kunden" (also vom Kreditnehmer, nicht wie hier vom Drittpfandbesteller), eingeräumt werden, ist eine solche Befugnis sogar formularmäßig in Z 54 ABB vorgesehen; vgl näher dazu *Iro* in Iro/Koziol, ABB-Kommentar Z 54 Rz 1 ff; *Iro* in Apathy/Iro/Koziol, Bankvertragsrecht I[2] Rz 1/300 ff. Der hiesige Sachverhalt erwähnt eine vergleichbare vertragliche Verwertungsbefugnis allerdings nicht.

5   Vgl *Hofmann* in Rummel[3] § 466 Rz 4.

6   Der Pfandbestellungsvertrag ist ein rein schuldrechtlicher Vertrag und damit vom „Pfandvertrag" iSd § 1368 ABGB zu unterscheiden, durch welchen der Pfandbesteller dem Gläubiger das Pfandrecht wirklich einräumt. Zur Differenzierung vgl etwa *Mader/W. Faber* in Schwimann[3] §§ 1368 f Rz 1, 8.

Pfandverwertung getilgt werden kann.

Auch ein **Kausalzusammenhang** ist zu bejahen. Der Schaden wäre nicht entstanden, wenn S den Erwerb der Liegenschaft überhaupt abgelehnt hätte. Dann könnte die Z-Bank ihren Anspruch auf Pfandbestellung weiterhin gegen M durchsetzen. Zum Schadenseintritt wäre es auch dann nicht gekommen, wenn S auf eine Verbücherung vor Erwerb bestanden hätte, desgleichen wenn er selbst nach Eigentumserwerb am Grundstück eine entsprechende Pfandrechtsbegründung herbeigeführt oder den offenen Kreditbetrag beglichen hätte. Nichts davon ist geschehen. Dass aber durch Eigentumserwerb an einer vom Voreigentümer zu verpfändenden Liegenschaft die Pfandrechtsbegründung und somit die Befriedigung aus dem Grundstück vereitelt wird, ist keine völlig atypische Konsequenz. Gleiches gilt für das Unterlassen der weiteren dargelegten Handlungsoptionen. Damit ist auch der **Adäquanzzusammenhang** gegeben.

Das eigentliche Problem bei der Haftung wegen Eingriffs in ein fremdes Forderungsrecht stellt sich im Rahmen der **Rechtswidrigkeit**: Im Gegensatz zum dinglichen Pfandrecht, das ja Publizität voraussetzt, ist der Anspruch der Z-Bank gegen M auf Einverleibung des Pfandrechts als bloßes Forderungsrecht nicht offenkundig. Die Existenz des schuldrechtlichen Anspruchs ist für Dritte, also „den Rechtsverkehr", nicht ohne weiteres wahrnehmbar. Daraus wird abgeleitet, dass der Eingriff in ein solches Forderungsrecht durch einen am betreffenden Schuldverhältnis nicht beteiligten Dritten nicht ohne weiteres rechtswidrig ist. Daher werden für die Rechtswidrigkeit überwiegend zusätzliche, strenge Voraussetzungen verlangt. Konkret ist jener Fall verwirklicht, dass S, der vom Verpfändungsvertrag Kenntnis hatte, die **Bereitschaft des M zum Vertragsbruch ausgenutzt** hat: Er freut sich über das schöne Geschenk, nimmt es an und lässt sein Eigentumsrecht einverleiben, wodurch die Pfandrechtsbegründung vereitelt wird. Ob dies für eine Haftungsbegründung ausreicht, ist strittig,[7] sinnvollerweise aber zu bejahen.

Zweck dieser nach hA ohnehin nur unter verschärften Voraussetzungen gegebenen Pflichten ist natürlich gerade, den Verlust bzw die Vereitelung der Sicherheit, auf deren Begründung das Forderungsrecht der Z gerichtet war, zu verhindern. Es ist daher auch vom Bestehen des erforderlichen **Rechtswidrigkeitszusammenhangs** auszugehen.

Zur Voraussetzung des **Verschuldens** ist auf das schon angesprochene bewusste Ausnutzen der Bereitschaft des M, seine Verpflichtung gegenüber Z

---

7   Überblick zum Ganzen aus jüngerer Zeit etwa bei *Riedler* in Schwimann/Kodek[4] § 859 Rz 29. Wie hier *Pletzer,* Doppelveräußerung und Forderungseingriff (2000) 242 und im Ergebnis auch *Koziol,* Haftpflichtrecht II[2] 40 ff (insbes 47 f). Nach *Reischauer* in Rummel[3] § 1332 Rz 20b macht überhaupt jeder (auch leicht) fahrlässige Eingriff in ein fremdes Forderungsrecht ersatzpflichtig. – Andere häufig diskutierte Fallgruppen, wie ein Verleiten zum Vertragsbruch oder ein Eingriff in ein „besitzverstärktes Forderungsrecht" sind im konkreten Fall nicht verwirklicht. Auch dass M und S absichtlich zusammenwirken, um Z zu schädigen (Kollusion), ergibt sich aus dem Sachverhalt nicht. In diesem Fall wäre der Schenkungsvertrag nichtig und M weiterhin (außerbücherlicher) Eigentümer, so dass der nach wie vor bestehende Anspruch der Z aus dem Pfandbestellungsvertrag (vgl unten 3)a)) zum Ziel führen würde.

zu verletzen, zu verweisen. Hierin liegt ein vorsätzliches Verhalten des S, denn dass die seitens M geschuldete Pfandrechtsbegründung dadurch vereitelt wird, hält S zumindest ernsthaft für möglich und nimmt dies in Kauf.

Im **Ergebnis** ist der Schadenersatzanspruch der Z-Bank somit zu bejahen. Er richtet sich nach allgemeinen Regeln auf Naturalrestitution (§ 1323 ABGB), in concreto nach verbreiteter Ansicht[8] auf die Begründung eines Pfandrechts zu Gunsten der Z-Bank. In dieses kann Z dann vollstrecken, wenn S nicht freiwillig zahlt.

3) Ansprüche Z gegen M

a) Z gegen M auf Bewirkung der Einverleibung des Pfandrechts durch S aus dem Pfandbestellungsvertrag, § 1368 ABGB

Zwischen M und der Z-Bank ist, wie bereits ausgeführt, ein Pfandbestellungsvertrag zustande gekommen. Dieser Pfandbestellungsvertrag ist nach wie vor aufrecht und M daher weiterhin verpflichtet, die Einverleibung der Hypothek an der vertragsgegenständlichen Liegenschaft zu bewirken (vertraglicher **Erfüllungsanspruch**). Die Einverleibung kann M zwar selbst nicht mehr herbeiführen, da er das Eigentumsrecht am Seegrundstück bereits auf S übertragen hat. Er ist aber weiterhin verpflichtet, auf diesen einzuwirken, so dass S ein entsprechendes Pfandrecht zugunsten der Z begründet. Dies könnte zB durch Bereitstellen einer Deckung und Übernahme der Verbücherungskosten geschehen.

Der Anspruch besteht zu Recht. Allerdings ist laut Fragestellung davon auszugehen, dass S sein Einverständnis zur Pfandrechtsbegründung nicht freiwillig erteilen wird.

b) Z gegen M auf Zahlung von € 185.567,89 gemäß § 1295 Abs 1 iVm § 1368 ABGB

Aufgrund der Übertragung des Eigentumsrechts an der Liegenschaft an S vor Verbücherung des Pfandrechts ist M Schadenersatzansprüchen der Z-Bank ausgesetzt:[9]

Die Z-Bank hat einen **Schaden** erlitten, der im Verlust bzw in der Nichtbegründung der vertraglich geschuldeten Sicherheit für ihre Forderung iHv aktuell € 185.567,89 besteht. Das Verhalten des M war für die Entstehung dieses Schadens auch **kausal**: Hätte er die Liegenschaft nicht, ohne daran das Pfandrecht zugunsten der Z-Bank begründet zu haben, an S übertragen, hätte die Z-Bank entweder ein Pfandrecht erhalten oder nach wie vor die Möglichkeit, die Pfandrechtsbegründung zu bewirken. In beiden Fällen könnte sie ihre offene Forderung aus dem Erlös der Liegenschaft befriedigen. Dass die Forderung in einem allfälligen Verwertungserlös Deckung gefunden hätte, scheint

---

8   So – mit hier nicht relevanten Unterschieden im Einzelnen – etwa *Koziol*, Haftpflichtrecht I[3] Rz 3/27 und *Pletzer* aaO 252 ff, beide zum Fall der Doppelveräußerung.

9   Vgl die Entscheidung OGH 1 Ob 64/04z, die dem Sachverhalt als Vorbild dient.

gesichert, hat doch S für das Grundstück bereits mehrfach Angebote von über € 250.000,- erhalten. Desgleichen ist der **Adäquanzzusammenhang** gegeben: Hat der ursprüngliche Eigentümer einer Liegenschaft vor Begründung einer Hypothek an derselben das Eigentum am Grundstück auf einen Dritten übertragen, so ist es keine atypische Folge, dass die offene Forderung des (verhinderten) Pfandgläubigers mangels wirksamer Begründung des Pfandrechts unberichtigt bleibt und er somit einen Vermögensschaden erleidet.

M handelt **rechtswidrig**, indem er durch lastenfreie Veräußerung an S seine Primärpflicht aus dem Pfandbestellungsvertrag verletzt, nämlich die Pfandrechtsbegründung – zu einem zunächst offen gelassenen Zeitpunkt – zu bewirken. M hätte alles unterlassen müssen, was dem wirksamen Entstehen des vorrangigen Befriedigungsrechts an der Liegenschaft entgegensteht, insbesondere daher die Übereignung derselben vor Verbücherung der Hypothek, da er durch die Übereignung seine Verfügungsbefugnis verliert. Dass hier auch der – bei der Verletzung von Vertragspflichten ebenso wie bei deliktischer Schädigung zu beachtende – **Rechtswidrigkeitszusammenhang** verwirklicht ist, ist im vorliegenden Fall unproblematisch. Die skizzierten Pflichten aus dem Pfandbestellungsvertrag zielen offenkundig gerade darauf ab, zu verhindern, dass die Begründung der Sicherheit scheitert und daher keine Verwertungsmöglichkeit zur Befriedigung der zu sichernden Forderung gegeben ist.

Schließlich liegt zweifelsfrei **Verschulden** im Sinne subjektiver Vorwerfbarkeit vor. M hätte jedenfalls die Rechtswidrigkeit seines Verhaltens erkennen und den Schadenseintritt auch leicht vermeiden können, indem er vor Veräußerung die Verbücherung des Pfandrechts bewirkt oder eben die Veräußerung unterlässt. Hinsichtlich des Verschuldensgrades ließe sich angesichts des Hinweises, dass M die Liegenschaft gerade zu dem Zeitpunkt verschenkt, als sich der wirtschaftliche Zusammenbruch des G (und damit das Schlagendwerden der Sicherheit) abzeichnet, wohl sogar Vorsatz vertreten, jedenfalls aber wird grobe Fahrlässigkeit zu bejahen sein.

Der Schadenersatzanspruch der Z-Bank besteht also zu Recht.

Anmerkung:

Der Schadenersatzanspruch könnte sich auch auf Bestellung eines Ersatzpfandes richten, wie dies § 458 ABGB für den Fall der schuldhaften Verschlechterung eines bereits bestellten Pfandes vorsieht.

---

4) Z gegen T auf Zahlung von € 30.000,- gemäß §§ 1346, 1357 ABGB

T hat eine Haftung als Bürge und Zahler über einen Höchstbetrag von € 30.000,- übernommen. Das Schriftformgebot des § 1346 Abs 2 ABGB wurde dem Sachverhalt zufolge („schriftliche Erklärung") gewahrt. Die gesicherte Kreditforderung der Z gegen G wurde wirksam begründet und besteht weiterhin zu Recht, so dass dem bürgschaftsrechtlichen Akzessorietätsgrundsatz Genüge getan ist (§§ 1351, 1363 ABGB); ebenso ist Fälligkeit der Hauptschuld eingetreten (siehe jeweils oben 1)). Vorbehaltlich etwaiger Einwendungen der

T kann die Z-Bank gemäß §§ 1346, 1357 ABGB ohne vorherige Mahnung des Hauptschuldners G Zahlung der € 30.000,- von T verlangen.

Anhaltspunkte für eine Sittenwidrigkeit der Interzession beziehungsweise für ein richterliches Mäßigungsrecht nach § 25d KSchG sind dem Sachverhalt nicht zu entnehmen. Es wird schon an der Voraussetzung der Überforderung der Interzedentin T fehlen: Sie verfügt über ein eigenes Einkommen, wenn auch in unbekannter Höhe, und der Umfang der Haftung beträgt „nur" € 30.000,-. Daneben ist keine Beeinträchtigung der Entscheidungsfreiheit ersichtlich.

Hingegen kann sich T auf **§ 25c KSchG** berufen. Der Bürgschaftsvertrag stellt ein **Verbrauchergeschäft** dar: T hat die Haftung als Verbraucherin iSd § 1 Abs 1 Z 2 KSchG übernommen, da der Vertragsabschluss auf ihrer Seite keiner unternehmerischen Tätigkeit zugerechnet werden kann: Sie ist Handarbeitslehrerin, betreibt also kein Unternehmen iSd § 1 Abs 2 KSchG, was insbesondere eine selbständige wirtschaftliche Tätigkeit voraussetzen würde. Z dagegen ist eine Bank und schließt den Bürgschaftsvertrag zur Besicherung eines in ihrem Geschäftsbetrieb gewährten Kredits ab. Der Bürgschaftsvertrag ist somit der unternehmerischen Tätigkeit der Z-Bank zugeordnet (§ 1 Abs 1 Z 1 KSchG). Damit sind die Voraussetzungen zur Anwendung des 1. Hauptstücks des KSchG, in dem auch dessen § 25c enthalten ist, erfüllt.

Auch die weiteren Voraussetzungen einer Haftungsbefreiung nach § 25c KSchG sind verwirklicht: Gefordert wird zunächst, dass der Gläubiger bei Vertragsschluss **erkennt oder erkennen muss**, dass der Hauptschuldner seine Verbindlichkeit voraussichtlich nicht oder nicht vollständig erfüllen wird. Dies ist zu bejahen, gelangt doch der Filialleiter L, der der Z-Bank zuzurechnen ist, im Zuge seiner Bonitätsprüfung zu der Erkenntnis, dass „eine ordnungsgemäße Rückführung eines Kredits nicht als gesichert anzusehen ist". Dadurch wird nach § 25c KSchG eine Informationspflicht – oder besser: **Informationsobliegenheit** – ausgelöst: Der Gläubiger muss den Interzedenten auf die wirtschaftliche Situation des Hauptschuldners hinweisen. Dies hat die Z-Bank nicht getan: Dem Sachverhalt zufolge wird T von niemandem mitgeteilt, dass G in finanziellen Schwierigkeiten steckt.

Als **Rechtsfolge** ordnet § 25c KSchG eine Haftungsbefreiung an. Der Interzedent haftet nur in dem Umfang, als er die Haftung auch bei pflichtgemäßer Information übernommen hätte.[10] T hat die Bürgschaft übernommen, „weil sie diese für risikolos hält". Daraus folgt, dass sie bei Kenntnis der wirtschaftlichen Situation des G („wirtschaftliche Schwierigkeiten", „ordnungsgemäße Kreditrückzahlung nicht gesichert") die Haftung nicht übernommen hätte, weil das Risiko einer tatsächlichen Inanspruchnahme bei Vertragsschluss sehr wohl absehbar war.

Der Zahlungsanspruch der Z-Bank besteht daher nicht zu Recht.

---

10   Hierfür ist der Gläubiger beweispflichtig, vgl etwa OGH 1 Ob 107/00t, SZ 73/121.

Anmerkungen:

1) Eine Aufklärungspflicht des Gläubigers nach allgemeinen Regeln ist nicht anzunehmen: Weder steht bei Übernahme der Bürgschaft der wirtschaftliche Zusammenbruch des Hauptschuldners G unmittelbar bevor noch ist dieser mit an Sicherheit grenzender Wahrscheinlichkeit zur ordnungsgemäßen Kreditrückzahlung nicht in der Lage; die Rückführung ist nur „nicht als gesichert anzusehen". Auch andere anerkannte Fälle einer Aufklärungspflicht des Gläubigers[11] sind nicht einschlägig.

2) Als weitere denkbare Einwendung der T könnte eine Anfechtung des Bürgschaftsvertrags wegen Irrtums nach § 871 Abs 1 ABGB diskutiert werden. Dabei ist allerdings zweifelhaft, ob überhaupt ein Geschäftsirrtum vorliegt.[12] Die Irrtumsanfechtung wäre aber gemäß § 1487 ABGB jedenfalls verjährt, da der Abschluss des Bürgschaftsvertrags spätestens im Juli 2011 stattgefunden hat und bis zum Beurteilungszeitpunkt im März 2015 mehr als drei Jahre vergangen sind.

Frage 2: M gegen F auf Räumung des Hauses, § 366 ABGB

M ist Alleineigentümer des Hauses und kann kraft seines **Eigentumsrechts** jeden titellosen Inhaber von der Nutzung seines Hauses ausschließen. Seine Frau F wohnt weiterhin in dem Haus. Sie ist der Räumungsklage ausgesetzt, sofern ihr kein Rechtstitel zur weiteren Nutzung zusteht.

Tatsächlich kann F ein (familienrechtliches) **Nutzungsrecht aus § 97 ABGB** einwenden. Die Voraussetzungen dieser Bestimmung liegen vor: Die Ehe zwischen ihr und M ist nach wie vor aufrecht. M ist über das Haus, in dem F wohnt, verfügungsberechtigt, da dieses in seinem Alleineigentum steht. Schließlich dient das Haus der F zur Befriedigung ihres dringenden Wohnbedürfnisses. Über eine andere Wohnmöglichkeit verfügt sie dem Sachverhalt zufolge nicht. Auch der Ausnahmetatbestand des § 97 Satz 2 ABGB ist nicht verwirklicht.

Rechtsfolge des § 97 ABGB ist ein **Wohnungserhaltungsanspruch**. M darf nichts unternehmen, was zum Verlust der Wohnung führen würde, insbesondere darf er seine Gattin F nicht selbst zum Verlassen des Hauses verhalten. Ein Räumungsanspruch des M besteht also nicht; F kann die Wohnung in der bisherigen Form (soweit diese angemessen ist[13]) weiter benützen.

---

11 Dazu *Mader/W. Faber* in Schwimann[3] § 1364 Rz 5 ff.

12 In einem etwas anders gelagerten Fall hat der OGH dies als unproblematisch bejaht, vgl OGH 5 Ob 4/03d, JBl 2003, 577. Dort hatte der Gläubiger aber dezidiert erklärt, die Bürgschaftsübernahme sei risikolos.

13 *Schwimann/Ferrari* in Schwimann/Kodek[4] § 97 Rz 7.

Frage 3: M gegen T auf Räumung des Hauses, § 366 ABGB

Wieder ist davon auszugehen, dass M als Alleineigentümer der Liegenschaft jeden titellosen Inhaber von der Nutzung seines Hauses ausschließen kann. Auch T wohnt weiterhin in dem Objekt. M hat der Nutzung der Mansarde durch T zwar ursprünglich zugestimmt, offenbar in Form eines Prekariums. Diese Zustimmung hat er aber inzwischen widerrufen, so dass T jedenfalls kein unmittelbarer Nutzungstitel gegenüber M zusteht.

In Betracht kommt allerdings ein **von F abgeleitetes Nutzungsrecht**: F kann die Wohnung gemäß § 97 ABGB in der bisherigen Form weiter benützen (siehe Frage 2), was nach der Judikatur auch das Recht impliziert, der bereits bislang im Wohnungsverband lebenden Tochter auch weiterhin die Nutzung zu gestatten.[14] F will unbedingt, dass T im Haus bleibt, stimmt also der Nutzung durch T zu. Somit besteht zu Gunsten der T eine „Titelkette", die es dem Eigentümer M verwehrt, diese zur Räumung zu verhalten.

> Anmerkung:
>
> Mit entsprechender Begründung könnte durchaus das Gegenteil vertreten werden. So ließe sich argumentieren, dass der Schutzzweck des § 97 ABGB auf den Ehegatten zu beschränken sei und nicht auch Dritte erfasse, insbesondere wenn diese ohnehin selbsterhaltungsfähig sind.

Frage 4: Ansprüche zwischen T und I

1) I gegen T auf Zahlung von € 2.000,- aus dem Behandlungsvertrag

a) Anwendbares Recht

Der Sachverhalt weist Auslandsberührung auf: T hat ihren Wohnsitz in Salzburg, das Schlankheitsinstitut I seine Niederlassung in Freilassing (Deutschland). Für die kollisionsrechtliche Beurteilung der unter 1) zu prüfenden Ansprüche sind die Rom I-VO bzw die Rom II-VO anzuwenden. Dabei ist wie folgt zu differenzieren:

> Anmerkung:
>
> Die Ermittlung des anzuwendenden Rechts muss sich auf alle in der Folge zu prüfenden Rechtsfragen beziehen. Hier sind dies der Zahlungsanspruch von I aus dem Behandlungsvertrag (unten b)), die Verjährung des Zahlungsanspruchs sowie allfällige Rücktrittsrechte der

---

14 OGH 1 Ob 212/03p, JBl 2004, 579; *Schwimann/Ferrari* in Schwimann/Kodek[4] § 97 Rz 3.

Verbraucherin (unten c) bzw d)), die Anfechtung des Behandlungsvertrags wegen Irrtums einschließlich der Verjährung des Anfechtungsrechts (unten e)), ein möglicher Schadenersatzanspruch der T aus culpa in contrahendo sowie die Aufrechnung dieses Anspruchs gegen den Entgeltanspruch aus dem Behandlungsvertrag (unten f)). Bei der Erarbeitung der Falllösung kann man die kollisionsrechtliche Beurteilung daher erst dann sinnvoll in Angriff nehmen, wenn man bereits überlegt hat, welche Fragen des materiellen Rechts in der Folge zu prüfen sein werden. Danach können die relevanten Anknüpfungsnormen ermittelt werden ("primäre Qualifikation").[15] Hieraus ergibt sich die nachfolgende Gliederung.[16]

aa) Dem **Vertragsstatut** unterliegen gemäß Art 10 Rom I-VO Fragen der Irrtumsanfechtung (einschließlich der Verjährung des Anfechtungsrechts) sowie gemäß Art 12 Rom I-VO der Zahlungsanspruch aus dem Vertrag, verbraucherschutzrechtliche Rücktrittsrechte und die allfällige Verjährung solcher Ansprüche und Rechte.

Das anzuwendende Recht bestimmt sich im vorliegenden Fall nach **Art 6 Rom I-VO**. T (eine natürliche Person) ist als Handarbeitslehrerin tätig und schließt somit den Behandlungsvertrag nicht zu einem Zweck ab, der einer von ihr ausgeübten beruflichen oder gewerblichen Tätigkeit zugerechnet werden könnte. Sie ist daher als Verbraucherin iS dieser Bestimmung anzusehen. Das Schlankheitsinstitut I hingegen ist Unternehmer und der mit T abgeschlossene Behandlungsvertrag fällt in den Bereich dieser unternehmerischen Tätigkeit. Ebenso handelt es sich beim vorliegenden Behandlungsvertrag sachlich um einen Vertragstyp, der unter Art 6 Rom I-VO fällt. Da eine Rechtswahl iSd Art 3 Rom I-VO nicht getroffen wurde,[17] ist **Abs 1** des Art 6 Rom I-VO einschlägig. Danach unterliegt der Vertrag dem Recht jenes Staates, in dem der Verbraucher seinen gewöhnlichen Aufenthalt hat (hier: Österreich), wenn der Unternehmer entweder seine berufliche oder gewerbliche Tätigkeit in dem Staat ausübt, in dem der Verbraucher seinen gewöhnlichen Aufenthalt hat (lit a),

---

15 Siehe hierzu im einleitenden Kapitel „Einführung in die Methode der Fallbearbeitung" unter I.5). Anschaulich ferner *Lurger/Melcher,* Internationales Privatrecht Rz 1/78 ff.

16 Hierbei könnte die unter cc) geprüfte Aufrechnungsfrage auch schon unter aa) behandelt werden, da sie letztlich ebenfalls dem Vertragsstatut unterliegt. Aus Gründen der Übersichtlichkeit werden die Fragen hier aber getrennt erörtert.

17 Erwogen werden könnte allenfalls eine konkludente Wahl österreichischen Rechts im Hinblick darauf, dass I der T ein Dokument mit Belehrungen über das „Rücktrittsrecht nach §§ 11 ff FAGG" übersendet hat. Die Bezugnahme auf eine Rechtsordnung oder einzelne gesetzliche Vorschriften kann nämlich ein Indiz für die Wahl dieser Rechtsordnung darstellen (vgl *Musger* in KBB[4] Art 3 Rom I-VO Rz 5). Allerdings müsste die Bezugnahme im Vertrag oder in einer nachvertraglichen (Art 3 Abs 2 Rom I-VO) Vereinbarung erfolgen. Daran wird es hier fehlen: Als das Belehrungsdokument bei T eingelangt ist, war der Vertragsschluss längst erfolgt (Einlangen zehn Tage nach Unterfertigung). Danach lässt sich dem Sachverhalt kein Verhalten der T entnehmen, das „eindeutig" (Art 3 Abs 1 Rom I-VO) als eine auf Rechtswahl gerichtete Willenserklärung aufzufassen ist.

oder wenn er eine solche Tätigkeit in irgendeiner Weise auf diesen Staat aus-richtet (lit b). Hier treffen gleich beide Voraussetzungen zu: Die unternehmeri-sche Tätigkeit wird in Österreich jedenfalls insoweit „ausgeübt", als I in der Wohnung der T ein Beratungsgespräch durchführt, das in der Folge überdies zum Vertragsabschluss führt. Ferner hat I bereits durch die vorausgegangene Zustellung einer Broschüre mittels Postwurfsendung seine unternehmerische Tätigkeit auf den gewöhnlichen Aufenthaltsstaat der Verbraucherin „ausgerichtet".[18]

Es kommt somit insoweit österreichisches Sachrecht (§ 20 Rom I-VO) zur Anwendung.

bb) Ein möglicher Schadenersatzanspruch der T gegen I wegen **Verschuldens bei Vertragsschluss** unterliegt hingegen der Rom II-VO (Art 2 Abs 1 Rom II-VO). Eine Rechtswahl, die nach Art 14 Rom II-VO primär maßgeblich wäre, haben die Parteien für einen solchen Anspruch nicht getroffen. Hinsicht-lich des mangels Rechtswahl anzuwendenden Rechts ist gemäß Erwägungs-grund 30 zur Rom II-VO zu differenzieren: „Deliktsnahe" cic-Ansprüche wie etwa solche wegen eines vor Vertragsabschluss erlittenen Personenschadens (Verletzung vorvertraglicher Schutzpflichten) sind nach der allgemeinen Delikts-regel des Art 4 Rom II-VO zu beurteilen,[19] wohingegen „vertragsnahe" Ansprüche wie jene aus der Verletzung vorvertraglicher Informations- oder Aufklärungs-pflichten dem Art 12 Rom II-VO unterliegen.[20] Im vorliegenden Fall könnte sich eine Ersatzpflicht des Schlankheitsinstituts I daraus ergeben, dass I es unter-lassen hat, vor Vertragsabschluss über die Notwendigkeit einer strengen Diät aufzuklären. Somit ist **Art 12 Rom II-VO** anzuwenden. Gemäß dessen Abs 1 unterliegt das Schuldverhältnis jenem Recht, das auf den Vertrag anzuwenden ist oder anzuwenden wäre, wenn der Vertrag geschlossen worden wäre (**„hypo-thetisches" Vertragsstatut**). Wie oben aa) erörtert, unterliegt der Vertrag zwischen T und I österreichischem Sachrecht. Dieses ist daher auch für die Haftung aus culpa in contrahendo maßgeblich.

cc) Die Frage der **Aufrechnung** eines allfälligen Schadenersatzanspruchs der T gegen den vertraglichen Zahlungsanspruch unterliegt ebenfalls der Rom I-VO, da hier die Aufrechnung **gegen** eine schuldvertragliche Forderung vor-genommen werden soll.[21] Es spielt insoweit also keine Rolle, dass der Scha-denersatzanspruch der T selbst grundsätzlich als außervertraglich iSd Rom II-VO zu qualifizieren ist. Gemäß **Art 17 Rom I-VO** gilt für die Aufrechnung mangels Rechtswahl das Recht, dem die Forderung unterliegt, gegen die aufgerechnet wird – das ist der Anspruch von I auf Zahlung des Entgelts. Dieser Anspruch unterliegt, wie oben aa) geprüft, österreichischem Sachrecht. Dieses ist somit auch für die Aufrechnung maßgebend.

---

18 Zu diesen Erfordernissen vgl etwa *Lurger/Melcher,* Internationales Privatrecht Rz 4/48 ff.

19 Oder, falls einschlägig, nach einer der Sonderregeln für Ansprüche aus unerlaub-ter Handlung, zB für Produkthaftung (Art 5 Rom II-VO) oder für Umweltschäden (Art 7 Rom II-VO).

20 Vgl etwa *Heiss/Loacker,* Die Vergemeinschaftung des Kollisionsrechts der außer-vertraglichen Schuldverhältnisse durch Rom II, JBl 2007, 613 (639 ff); *Lurger/ Melcher,* Internationales Privatrecht Rz 5/84 f.

21 Vgl *Lurger/Melcher,* Internationales Privatrecht Rz 4/111.

b) Zahlungsanspruch

Zwischen I und T ist ein entgeltlicher „Behandlungsvertrag" (die Leistungen werden von I als „Behandlungen" bezeichnet) zustande gekommen. Eine exakte Bestimmung des Vertragstyps ist hier nicht erforderlich, da sich für den Entgeltanspruch keine rechtlichen Konsequenzen daraus ergeben. Als Entgelt sind € 2.850,- vereinbart, von denen € 850,- bereits gezahlt wurden. Im Vertrag ist festgelegt, dass das verbleibende Entgelt in Monatsraten zu begleichen ist, unabhängig davon, ob und wann die Behandlungen konsumiert werden. Hinsichtlich des Restbetrags von € 2.000,- ist also inzwischen jedenfalls Fälligkeit eingetreten.

Vorbehaltlich etwaiger Einwendungen der T besteht der Zahlungsanspruch also zu Recht.

c) Exkurs: Verjährungseinrede

Der Vollständigkeit halber ist vorweg auf den denkbaren Einwand einzugehen, T könne die Restzahlung wegen Verjährung verweigern.[22] Verjährung ist allerdings nicht eingetreten, weil Fälligkeit erst nach März 2012 gegeben war und die Dreijahresfrist des § 1486 ABGB zum Beurteilungszeitpunkt (Anfang März 2015) noch nicht abgelaufen ist. Diese Bestimmung ist anzuwenden, weil das Schlankheitsinstitut I Leistungen in einem „geschäftlichen Betrieb" erbringt (§ 1486 Z 1 ABGB).[23]

d) Rücktritt nach §§ 11 ff FAGG

In Betracht kommt aber der Einwand eines Rücktritts der T gemäß §§ 11 ff FAGG. Das FAGG ist grundsätzlich einschlägig, da der Vertrag zwischen I als Unternehmer und T als Verbraucherin im Zuge eines Beratungsgesprächs, also bei gleichzeitiger Anwesenheit beider Parteien, in der Wohnung der T und damit außerhalb der Geschäftsräume von I abgeschlossen wurde (§ 1 Abs 1, § 3 Z 1 lit a FAGG).[24] Die Anwendbarkeit in zeitlicher Hinsicht (Vertragsabschluss ab 13.6.2014, § 20 Abs 2 FAGG) wird nach der Fragestellung fingiert.

Fraglich könnte aber zum einen sein, ob der konkrete „Behandlungsvertrag" dem Ausnahmetatbestand der Gesundheitsdienstleistungen nach § 1 Abs 2 Z 3 FAGG unterliegt. Dies ist wohl zu verneinen, kann nach den vorliegenden

---

22 UE wäre dieser Gesichtspunkt im Rahmen einer Klausurbearbeitung nicht unbedingt vorauszusetzen, sondern eher, wenn behandelt, zusätzlich zu honorieren. Die Verjährungsfrage sollte man sich bei der Fallprüfung aber stets vor Augen halten, wenn der Sachverhalt konkrete Datumsangaben enthält.

23 Auch § 1486 Z 3 ABGB, wo unter anderem auf „Pflege" und „Heilung" abgestellt wird, könnte erwogen werden.

24 Zur Unternehmer- bzw Verbrauchereigenschaft der Parteien vgl bereits oben 1)a)aa) zu Art 6 Rom I-VO. Zwar sind die Unternehmer- bzw Verbrauchertatbestände des Art 6 Rom I-VO und des nach § 1 Abs 1 FAGG maßgebenden § 1 KSchG nicht notwendigerweise deckungsgleich, die Beurteilung im konkreten Fall ist allerdings identisch.

Sachverhaltsangaben allerdings nicht abschließend beurteilt werden:[25] Von der Ausnahme erfasst sind ausweislich des Verweises auf Art 3 lit a RL 2011/24/EU[26] lediglich „Gesundheitsdienstleistungen, die von Angehörigen der Gesundheitsberufe gegenüber Patienten erbracht werden, um deren Gesundheitszustand zu beurteilen, zu erhalten oder wiederherzustellen, einschließlich der Verschreibung, Abgabe und Bereitstellung von Arzneimitteln und Medizinprodukten". Als Angehörige der Gesundheitsberufe gelten zB Ärzte, Krankenpfleger, Hebammen oder Apotheker,[27] weshalb zweifelhaft erscheint, ob ein mit fragwürdigen Methoden arbeitendes kommerzielles „Schlankheitsinstitut" diesen Tatbestand erfüllt.

Ist das FAGG anwendbar, steht der T als Verbraucherin grundsätzlich ein Rücktrittsrecht nach §§ 11 ff FAGG zu. Die Ausnahme vom Rücktrittsrecht für vollständig vor Ablauf der Rücktrittsfrist erbrachte Dienstleistungen (§ 18 Abs 1 Z 1 FAGG) greift im konkreten Fall schon deshalb nicht, weil T die vereinbarten 60 Behandlungseinheiten nie vollständig konsumiert hat.[28]

Damit gilt es, die Rücktrittsvoraussetzungen der §§ 11 ff FAGG im Einzelnen zu prüfen: Die Erklärung der T vom September 2012, in der sie schriftlich die „Aufhebung" des Vertrags erklärte, wird den inhaltlichen Anforderungen einer Rücktrittserklärung genügen, da aus ihr der Wille, nicht mehr an den Vertrag gebunden zu sein, eindeutig hervorgeht.[29] Sie ist aber zu spät erfolgt: Die Rücktrittsfrist beträgt nach § 11 Abs 1 FAGG 14 Tage. Die Frist hat zwar nicht bereits mit Abschluss des Vertrags am 15.2.2012 zu laufen begonnen (wie § 11 Abs 2 Z 1 FAGG dies für Dienstleistungsverträge grundsätzlich vorsehen würde), sondern erst mit Eingang der vollständigen Informationen über das Rücktrittsrecht bei T zehn Tage nach Vertragsschluss (§ 12 Abs 2 FAGG). Damit war die Rücktrittsfrist im September 2012 aber jedenfalls längst abgelaufen.

> Anmerkung:
>
> Ein Rücktritt nach § 3 KSchG kommt bei Verträgen, die dem FAGG unterliegen, von vornherein nicht in Betracht (§ 3 Abs 3 Z 4 KSchG). Relevant kann § 3 KSchG somit nur werden, wenn man den Ausnahmetatbestand für Gesundheitsdienstleistungen nach § 1 Abs 2 Z 3 FAGG als verwirklicht ansieht (vgl oben). Auch dann wäre aber fraglich, ob das Rücktritts-

---

25 In einer Klausurarbeit wären nähere Kenntnisse zur Auslegung dieser Bestimmung jedenfalls nicht zu erwarten.

26 RL 2011/24/EU über die Ausübung der Patientenrechte in der grenzüberschreitenden Gesundheitsversorgung, ABl 2011 L 88/45.

27 Vgl *Leupold* in Kosesnik-Wehrle, KSchG[4], § 1 FAGG Rz 16.

28 Ein Ausschluss des Rücktrittsrechts nach § 18 Abs 1 Z 1 FAGG wäre auch aus weiteren Gründen zweifelhaft: Zum einen ist nach dem Sachverhalt offen, ob die Dienstleistungserbringung tatsächlich iS dieser Bestimmung vor Ablauf der Rücktrittsfrist (dazu sogleich im Text) begonnen wurde. Zum anderen lässt sich dem Sachverhalt weder ein ausdrückliches Verlangen der T nach § 10 FAGG noch eine Bestätigung der T über ihre Kenntnis vom Verlust des Rücktrittsrechts entnehmen.

29 Vgl *Leupold* in Kosesnik-Wehrle, KSchG[4], § 13 FAGG Rz 1. Eine bestimmte Form der Erklärung ist nach § 13 Abs 1 FAGG nicht erforderlich.

recht nicht schon aufgrund einer „Anbahnung" durch den Verbraucher gemäß § 3 Abs 3 Z 1 KSchG ausgeschlossen wäre. Eine konkrete Beurteilung lässt der Sachverhalt nicht zu.[30] Jedenfalls aber scheidet ein Rücktritt auch hier wegen Verstreichens der 14-tägigen Rücktrittsfrist aus, die mit Zugang der schriftlichen Belehrung über das Rücktrittsrecht zehn Tage nach Vertragsschluss zu laufen begonnen hat (§ 3 Abs 1 KSchG).

Auch die Voraussetzungen für einen Rücktritt nach § 3a KSchG sind nicht gegeben, da keiner der in § 3a Abs 2 KSchG definierten „maßgeblichen Umstände" vorliegt.

e) Anfechtung des Behandlungsvertrags wegen Irrtums, § 871 ABGB

Als Einwendung der T bietet sich allerdings eine Anfechtung des Behandlungsvertrags wegen Irrtums an. Die Voraussetzungen des § 871 Abs 1 ABGB liegen vor:

- T befand sich bei Vertragsschluss insofern in einem **Irrtum** (falsche Vorstellung von der Wirklichkeit), als sie davon ausging, zur Gewichtsabnahme sei keine strenge Diät erforderlich.
- Dieser Irrtum war **kausal** für den Vertragsabschluss: Den Sachverhaltsangaben zufolge hätte T den Vertrag bei Kenntnis der wahren Sachlage nicht abgeschlossen.
- Der Irrtum ist auch **beachtlich**: Durch die Garantie einer Abnahme um 60 cm wurde die Eignung der Behandlung zur erfolgreichen Gewichtsreduktion zum Inhalt des Vertrags gemacht. Es liegt daher ein Geschäftsirrtum vor, der beim entgeltlichen Vertrag zur Irrtumsanfechtung berechtigt.
- T ist ferner **schutzwürdiger** als I. Von den drei Tatbestandsalternativen des § 871 Abs 1 ABGB ist jene der Veranlassung verwirklicht: I hat den Irrtum der T durch Unterlassen der Aufklärung darüber, dass eine Gewichtsreduktion nur durch Einhaltung einer strengen Diät zu erzielen wäre, adäquat verursacht. Diese Aufklärung wäre nach Treu und Glauben jedenfalls geboten gewesen, nachdem im Prospekt von Gewichtsreduktion „ohne Hunger" die Rede war und sich die Erläuterung des Drei-Komponenten-Programms im Beratungsgespräch auf generelle Ernährungstipps beschränkte.
- Schließlich liegt ein **wesentlicher** Irrtum vor, da T den Vertrag ohne Irrtum gar nicht geschlossen hätte.

Rechtsfolge wäre die ex tunc wirkende Auflösung des Behandlungsvertrags. Allerdings ist die Anfechtung **gerichtlich** geltend zu machen, so dass das Schreiben vom September 2012, sollte dieses inhaltlich als Anfechtungserklärung zu verstehen gewesen sein, jedenfalls nicht ausreichte. Inzwischen – bezogen auf den Beurteilungszeitpunkt Anfang März 2015 – ist das Anfechtungsrecht nach § 1487 ABGB **verjährt**: Die Verjährungsfrist begann mit Vertragsschluss, also mit 15.2.2012, zu laufen; seither sind mehr als drei Jahre

---

30 Überblick zu den in der Rsp entschiedenen Fällen etwa bei *Apathy* in Schwimann/Kodek[4] § 3 KSchG Rz 13 f.

vergangen. Zu einer Hemmung, etwa durch Eintritt in Vergleichsverhandlungen, kam es nicht, da I auf das Schreiben der T nie reagiert hat. T kann sich also auf die Irrtumsanfechtung nicht berufen.[31]

f) Aufrechnung mit Schadenersatzforderung aus culpa in contrahendo, § 1295 Abs 1, §§ 1438 ff ABGB

Allenfalls kann T dem Zahlungsanspruch einen Schadenersatzanspruch aufrechnungsweise entgegenhalten. Eine Schadenersatzpflicht seitens I könnte sich daraus ergeben, dass I nicht über die zusätzliche Notwendigkeit einer strengen Diät aufgeklärt hat. Die Voraussetzungen eines solchen Anspruchs sind in der Folge zu prüfen:

T ist mit einer Klagsforderung über € 2.000,- konfrontiert, so dass sie jedenfalls in dieser Höhe einen **Schaden** erlitten hat.[32] Es ist allgemein anerkannt, dass ein Vermögensschaden auch im Entstehen einer Verbindlichkeit bestehen kann und nicht nur in einer Verminderung von Aktiva.[33] Hätte I über die wahren (beschränkten) Wirkungen des „Drei-Komponenten-Programms" bzw über die Notwendigkeit aufgeklärt, zusätzlich eine strenge Diät einzuhalten, hätte T den Behandlungsvertrag nicht geschlossen. In diesem Fall könnte aus dem Vertrag kein Zahlungsanspruch gegen sie geltend gemacht werden. Das Unterlassen der Aufklärung war somit für den Schadenseintritt **kausal**. Auch der Adäquanzzusammenhang ist zu bejahen: Es ist keine atypische Konsequenz der Unterlassung einer gebotenen Aufklärung, dass es infolge dessen zum Abschluss eines Vertrags kommt und daraus Entgeltansprüche geltend gemacht werden.

I bzw dessen beim Vertragsabschluss handelnder Vertreter hat sich ferner **rechtswidrig** verhalten: I wäre vor Vertragsschluss zur Aufklärung darüber verpflichtet gewesen, dass die versprochene Gewichtsreduktion ohne strenge Diät nicht zu erwarten ist (culpa in contrahendo, vgl oben e) zur Veranlassung). Diese Pflicht hat I verletzt. Der Rechtswidrigkeitszusammenhang ist unproblematisch: Die Statuierung vorvertraglicher Aufklärungspflichten verfolgt natürlich gerade den Zweck, Vertragsabschlüsse in falscher Erwartungshaltung und daraus resultierende Leistungspflichten zu vermeiden. Schließlich trifft I bzw den für das Institut tätigen Vertreter, für den es gemäß § 1313a ABGB einzustehen hat, auch ein **Verschulden**. Dass sich angesichts der konkreten Produktpräsentation („ohne Hunger", lediglich generelle Ernährungstipps) Fehlvorstellungen bei der Kundin T ergeben könnten, war an sich leicht erkennbar. Die Aufklärung wäre auch ohne weiteres möglich und zumutbar

---

31 Für eine Anfechtung wegen arglistiger Täuschung bietet der Sachverhalt keine Grundlage, da keine konkreten Anhaltspunkte für eine vorsätzliche Irreführung durch I bestehen.

32 Auch die bereits an I gezahlten € 850,- stellen einen Vermögensschaden dar. Hierauf wird aber nicht im hiesigen Abschnitt 1) der Lösung zu Frage 4 eingegangen, der sich lediglich mit dem Zahlungsanspruch von I über € 2.000,- und hiergegen bestehenden Einwendungen der T befasst. Zum weiteren Schaden siehe unten 2)c).

33 Siehe statt vieler *Karner* in KBB[4] § 1293 Rz 4 mwN.

gewesen. I ist also jedenfalls Fahrlässigkeit anzulasten.[34]

Für ein relevantes Mitverschulden der T, welches ihren Ersatzanspruch schmälern könnte (§ 1304 ABGB), liefert der Sachverhalt keine konkreten Anhaltspunkte. Auch wenn man ihr eine gewisse Leichtgläubigkeit vorhalten mag, wurde ihr doch positiv versichert, der Abnehmerfolg werde sich „ohne Hunger" einstellen. Zum Essverhalten hat sich I auf generelle Ernährungstipps beschränkt, was die Notwendigkeit einer darüber hinausgehenden strengen Diät gerade nicht erwarten lässt. Damit überwiegt das von I zu vertretende Verschulden derart eindeutig, dass eine Schadensteilung unbillig erschiene.

T hat somit gegen I einen Schadenersatzanspruch in Höhe von € 2.000,-.[35] Diesen kann sie gegen den Zahlungsanspruch des Schlankheitsinstituts **compensando einwenden**. Die Voraussetzungen der §§ 1438 ff ABGB liegen unproblematisch vor: Die genannten, zwischen T und I bestehenden Forderungen sind gegenseitig, gleichartig (auf Geldzahlung gerichtet), gültig und fällig. Erforderlich ist schließlich eine Aufrechnungserklärung, die T noch abgeben muss. Tut sie dies, besteht der Zahlungsanspruch von I im Ergebnis nicht zu Recht.

2) Ansprüche T gegen I

a) *Anwendbares Recht*

In Betracht kommen Bereicherungsansprüche infolge Anfechtung und Schadenersatzansprüche wegen Verletzung vorvertraglicher Aufklärungspflichten. Zur Beurteilung kann im Wesentlichen auf die Ausführungen unter 1)a) verwiesen werden: Ein möglicher Bereicherungsanspruch der T infolge Irrtumsanfechtung unterliegt dem Vertragsstatut (Art 12 Abs 1 lit e Rom I-VO) und somit österreichischem Sachrecht (Art 6 Abs 1, 20 Rom I-VO).[36] Für die Beurteilung des cic-Anspruchs der T gilt das oben 1)a)bb) Ausgeführte; auch insoweit ist österreichisches Sachrecht maßgebend.

b) *T gegen I auf Rückzahlung von € 850,- gemäß §§ 877, 871 ABGB*

Zu denken wäre an eine Rückforderung der bereits an I gezahlten Beträge iHv insgesamt € 850,- aus dem Titel der ungerechtfertigten Bereicherung. Dies setzt Anfechtung des Behandlungsvertrags wegen Irrtums voraus. Die Voraussetzungen des § 871 Abs 1 ABGB wären an sich erfüllt, der Anspruch scheitert aber an der Verjährung des Anfechtungsrechts. Im Einzelnen sei auf die Erörterung oben 1)e) verwiesen.

---

34 Für ein vorsätzliches Verhalten bietet der Sachverhalt nicht genügend Anhaltspunkte.

35 Zur Frage der Verjährung dieses Anspruchs siehe die Anmerkung zu Abschnitt 2)c) unten.

36 Vgl oben Abschnitt 1)a)aa) zu Frage 4.

c) T gegen I auf Rückzahlung von € 850,- aus culpa in contrahendo, § 1295 Abs 1 ABGB

T hat infolge der Unterlassung pflichtgemäßer Aufklärung auch insoweit einen Schaden erlitten, als sie am 15.3.2012 eine Anzahlung von € 250,- und in der Folge weitere € 600,- geleistet hat. Diese Beträge kann sie aus dem Titel des Schadenersatzes wegen culpa in contrahendo zurückverlangen. Bei pflichtgemäßer Aufklärung hätte sie nämlich den Vertragsabschluss und infolge dessen auch die Zahlungen unterlassen. Einen anzurechnenden Vorteil hat sie aus dem Vertragsschluss nicht gezogen. Vielmehr können die konsumierten Leistungen in Hinblick darauf, dass sie zum Bewirken eines Abnehmerfolges untauglich waren, als wertlos angesehen werden. Damit ist der ersatzfähige Schaden mit € 850,- zu bemessen. Für Einzelheiten hinsichtlich der Haftungsvoraussetzungen und zur Ablehnung eines allfälligen Mitverschuldenseinwands kann auf die Ausführungen oben 1)f) verwiesen werden. Der Anspruch besteht im Ergebnis zu Recht.

Anmerkungen:

1) Verjährung des Schadenersatzanspruchs nach § 1489 ABGB ist Anfang März 2015 jedenfalls noch nicht eingetreten, weil die erste Zahlung vertragsgemäß erst am 15.3.2012 geleistet wurde. Im Übrigen gibt der Sachverhalt keinen Aufschluss darüber, wann genau „Kenntnis des Schadens", in concreto Kenntnis von der Untauglichkeit der Behandlung und damit von der Frustration des Aufwands, vorlag.

2) Auf Gewährleistungsansprüche (§§ 922 ff ABGB) und Ansprüche auf Ersatz des Mangelschadens (§§ 933a, 1295 Abs 1 ABGB) ist nach der Fragestellung nicht einzugehen.

Fall 20. Der Steinmetz

I. Sachverhalt

Alfred veräußert und übergibt mit 1.3.2015 seinen Steinmetzbetrieb an Bernhard, der das Unternehmen (unter einer neuen Firma) weiter betreibt.

Am 15.3.2015 kommt Alfred in den Betrieb, um persönliche Sachen abzuholen. Bernhard ist gerade nicht anwesend. Da erscheint Baumeister Mörtel, ein langjähriger Kunde, der angibt, dringend einen exklusiven Marmorspringbrunnen zu benötigen. Er möchte den Brunnen in seinem parkartigen Garten aufstellen, um seiner Frau zum heutigen Hochzeitstag eine Freude zu machen. Im Lager des Betriebes ist ein entsprechendes Exemplar vorrätig, das sich schon über Jahre nicht verkaufen ließ. In der Meinung, damit im Interesse des Bernhard zu handeln, bietet Alfred daher den Springbrunnen im Namen des Bernhard um den seiner Ansicht nach sehr vorteilhaften Preis von € 9.000,- dem Mörtel an. Dabei gibt er – um die gute Geschäftsgelegenheit nicht zu verpassen – dem Mörtel zu verstehen, dass er dem Bernhard weiterhin als „Konsulent" zur Seite stehe und auch zum Geschäftsabschluss befugt sei. Mörtel hegt keine Zweifel, bezahlt und transportiert den Brunnen gleich ab. Er ist überglücklich, weil er ein entsprechendes Exponat zum gleichen Preis nur von einem weit entfernten, ihm als „Geheimtipp" bekannten Anbieter erhalten hätte können, wobei er aber Transportkosten von € 300,- hätte aufwenden müssen. Den Brunnen lässt er umgehend durch zwei ihm bekannte Handwerker in seinem Garten installieren, wofür er diesen insgesamt angemessene € 250,- zahlt. Alfred nimmt den Kaufpreis in bar in Empfang, deponiert ihn einstweilen zu Hause in einem Safe und begibt sich noch am selben Tag auf einen zehntägigen Segeltörn.

Tatsächlich hatte aber Bernhard den Springbrunnen bereits in der Vorwoche an Hans um € 9.700,- verkauft. Hans hatte beim Vertragsabschluss mehrfach darauf hingewiesen, dass er den Brunnen wegen einer eigenen Lieferverpflichtung unbedingt am 15.3. benötige; andernfalls sei er an dem Brunnen nicht interessiert. Am Nachmittag des 15.3. erscheint Hans bei Bernhard und möchte den Brunnen abholen. Da der Brunnen nicht aufzufinden ist, muss sich Hans kurzfristig mit einem € 10.200,- teuren Stück bei einem Konkurrenten eindecken, um einer saftigen Vertragsstrafe zu entgehen. Von Mörtels „Geheimtipp" hat er keine Ahnung.

Zu Allerheiligen 2015 klettert der fünfjährige Klaus, während seine Mutter mit der Pflege eines der benachbarten Gräber beschäftigt ist, auf einem von Alfred im Jahr 2008 aufgestellten Grabstein herum. Diesen Grabstein hatte Rudolf, der Mieter des Grabplatzes, in Auftrag gegeben; dieser ist auch zur Instandhaltung verpflichtet. Alfred hatte den Grabstein lediglich mit Verlegemörtel befestigt, dessen Haftkraft im Laufe der Zeit nachgelassen hat. Verdübelt war der Grabstein nicht, was freilich äußerlich nicht erkennbar ist. In Ermangelung einer derartigen dauerhaften Befestigung kippt der Grabstein um, Klaus erleidet schwere Verletzungen.

Im April 2015 schließt Bernhard mit der M-Leasing-GmbH einen Finanzierungsleasingvertrag über einen Gabelstapler ab (Laufzeit 5 Jahre). Als Bernhard im September 2015 vorübergehend in finanzielle Schwierigkeiten gerät, verkauft er den Stapler kurzerhand an seinen (ahnungslosen) Geschäftsfreund Gustav für € 20.000,- in bar und übergibt ihm diesen auch.

Gegen Ende des Jahres 2015 kann schließlich Gustav seine laufenden Geschäftsverbindlichkeiten dem Bernhard gegenüber nicht erfüllen. Die beiden kommen überein, dass Gustav dem Bernhard den Gabelstapler an Zahlungs statt wieder überlässt.

Inzwischen sieht sich Bernhard nicht mehr zur Zahlung der Leasingraten an die M-GmbH in der Lage und stellt die Zahlungen ein.

1. Welche Ansprüche bestehen im Zusammenhang mit dem Marmorspringbrunnen zwischen Alfred, Bernhard, Hans und Mörtel? Gehen Sie davon aus, dass Bernhard sich zehn Tage nach dem Verkauf an Mörtel, also am 25.3. (auf diesen Zeitpunkt soll sich die Beurteilung dieser Frage beziehen), noch nicht festgelegt hat, wie er bezüglich des Verkaufs an Mörtel verfahren will. Sie können weiters davon ausgehen, dass Mörtel nicht beabsichtigt hat, den Brunnen seiner Frau ins Eigentum zu übertragen. Eine allfällige Demontage des Brunnens würde übrigens genauso viel kosten wie die Installation.

2. Der gesetzliche Vertreter des Klaus möchte wissen, ob und allenfalls welche Ansprüche dem Klaus gegen Alfred, gegen den Übernehmer des Unternehmens Bernhard und gegen Rudolf zustehen.

3. Was kann die M-GmbH gegenüber Bernhard unternehmen? Kann sie insbesondere auf den nun wieder bei Bernhard befindlichen Gabelstapler greifen?

II. Lösung

Frage 1

1) Verhältnis Bernhard – Mörtel

Zwischen Bernhard und Mörtel könnte ein Kaufvertrag über den Marmorspringbrunnen zustande gekommen sein. Die Willenserklärung hat allerdings nicht Bernhard in eigener Person, sondern Alfred abgegeben, der gegenüber Mörtel offen gelegt hat, im Namen Bernhards zu handeln.[1] Während die sonstigen Stellvertretungsvoraussetzungen gegeben wären – ein Kaufvertrag ist zweifellos ein vertretungsfähiges Rechtsgeschäft und Alfred ist als langjähriger Betriebsinhaber allem Anschein nach auch geschäftsfähig – scheitert ein wirksamer Vertragsschluss jedenfalls vorerst daran, dass Bernhard dem Alfred keine entsprechende Vertretungsmacht rechtsgeschäftlich eingeräumt hat und dass auch kein Hinweis auf das Bestehen einer Anscheinsvollmacht[2] aus dem Sachverhalt abzuleiten ist. Alfred handelt demnach als **falsus procurator**. Der durch ihn abgeschlossene Kaufvertrag ist schwebend unwirksam. Bernhard hätte nach § 1016 ABGB die Möglichkeit, den Vertrag wirksam werden zu lassen, indem er ihn nachträglich genehmigt oder sich den Vorteil daraus zuwendet. Vorteilszuwendung könnte etwa bei Inempfangnahme der an Alfred geleisteten Kaufpreiszahlung angenommen werden; davon ist im Sachverhalt aber nicht die Rede.

Laut Fragestellung hat sich Bernhard zum Beurteilungszeitpunkt noch nicht festgelegt, ob er das Geschäft genehmigen will oder nicht. Daraus ergeben sich für Bernhard nachfolgende Möglichkeiten bzw Ansprüche.

---

1 Nicht die Aussage Alfreds, weiterhin als „Konsulent" tätig zu sein, legt das Vertretungsverhältnis offen – der Begriff „Konsulent" wäre hierzu juristisch viel zu unbestimmt –, sondern der im Sachverhalt klar gestellte Umstand, dass Alfred „im Namen des Bernhard" verkauft.

2 Vgl Fall 9.

> **Anmerkung:**
>
> Weil Bernhard sich noch nicht entschieden hat, müssen hier ausnahmsweise Lösungen für jede der beiden Sachverhaltsvarianten entwickelt werden. Dies ist zulässig, weil es sich um eine (vorläufige) Unklarheit auf der Tatsachenebene handelt, nicht um Alternativlösungen in der rechtlichen Beurteilung. Diese Art der Aufgabenstellung ist allerdings eher ungewöhnlich.

a) Bernhard gegen Mörtel auf Herausgabe des Brunnens gemäß § 366 ABGB

Für den Fall, dass der Kaufvertrag nicht genehmigt wird, fehlt es Mörtel an einem wirksamen Titel zum Erwerb des Eigentumsrechts am Brunnen. Durch die laut Sachverhalt erfolgte Übergabe hat sich in diesem Fall am **Eigentum** des Bernhard nichts geändert. Bernhard steht daher gegen den Besitzer Mörtel gemäß § 366 ABGB die Eigentumsklage auf Herausgabe des Brunnens zu. Laut Fragestellung ist davon auszugehen, dass Mörtel den Brunnen seiner Frau nicht übereignen, sondern diesen lediglich in seinem Garten (als sein Eigentum) aufstellen wollte. Er ist somit jedenfalls passiv legitimiert.

> **Anmerkung:**
>
> Ein gutgläubiger Eigentumserwerb Mörtels nach § 367 ABGB kommt hier nicht in Betracht. Diese Bestimmung substituiert ja lediglich die fehlende Eigentümerstellung oder Verfügungsbefugnis des Vormanns; die weiteren allgemeinen Erwerbsvoraussetzungen (Titel- und Verfügungsgeschäft, Übergabe) müssen hingegen vorliegen. Im konkreten Fall würde es (mangels Genehmigung) an einem wirksamen Kaufvertrag zwischen Bernhard und Mörtel und damit an einem gültigen Titel fehlen. Außerdem handelt es sich gar nicht um eine Konstellation, in der Mörtel „vom Nichtberechtigten" erwerben würde: Der Vertrag, den er abschließt, bestünde – wäre er wirksam – ja mit dem Eigentümer Bernhard.

b) Bernhard gegen Mörtel auf Herausgabe des Brunnens gemäß § 1041 ABGB

Ebenso könnte Bernhard im Fall der Nichtgenehmigung den Herausgabeanspruch auf einen Verwendungsanspruch[3] stützen: Der Brunnen ist zweifelsfrei **„Sache"** im Sinne des § 1041 ABGB, diese ist aufgrund des nach wie vor bestehenden Eigentumsrechts dem Bernhard rechtlich zugewiesen und wird von Mörtel durch Aufstellen in seinem Garten **in einer dieser Zuweisung widersprechenden Weise „verwendet".** Inhalt des Verwendungsanspruchs ist nach § 1041 ABGB in erster Linie Rückstellung in natura, die hier ohne weiteres möglich ist.

---

3   Vgl *Rummel* in Rummel[3] Vor § 1431 Rz 18. Für Leistungskondiktion *Welser*, Vertretung ohne Vollmacht (1970) 243.

c) Ansprüche Bernhards gegen Mörtel bei Genehmigung des Vertrags

Falls Bernhard den Vertrag nachträglich genehmigt,[4] stehen ihm **keine weiteren Ansprüche** gegen Mörtel zu: Seine Kaufpreiszahlungspflicht (§ 1062 ABGB) hat Mörtel bereits erfüllt, indem er die € 9.000,- an Alfred gezahlt hat. In der nachträglichen Genehmigung des durch Alfred abgeschlossenen Kaufvertrages ist wohl auch eine nachträgliche Genehmigung der Inempfangnahme des Kaufpreises im Namen und auf Rechnung Bernhards zu sehen.[5]

d) Ansprüche Mörtels gegen Bernhard

Mörtel stehen gegen Bernhard nach keiner der beiden Varianten Ansprüche zu: Wird der Kaufvertrag nicht nachträglich genehmigt (vgl oben a) und b)), scheiden vertragliche Ansprüche aus; andere sind nicht ersichtlich. Genehmigt Bernhard den Kaufvertrag hingegen (vgl oben c)), so erwirbt Mörtel aufgrund der bereits erfolgten Übergabe und des nunmehr wirksam gewordenen Titelgeschäfts das Eigentum am Brunnen. Damit ist der Kaufvertrag erfüllt. Weitere Ansprüche bestehen nicht.

2) Verhältnis Bernhard – Hans

a) Hans gegen Bernhard auf Zahlung von € 500,- gemäß §§ 921, 1295 Abs 1 ABGB

Zwischen Bernhard und Hans ist ein Kaufvertrag über den Marmorbrunnen zustande gekommen. Der Sachverhaltsschilderung zufolge ist dieser unzweifelhaft als **Fixgeschäft** iSd § 919 ABGB abgeschlossen, da mit dem 15.3.2015 sowohl ein festbestimmter Zeitpunkt für die Erfüllung vereinbart als auch unmissverständlich zum Ausdruck gebracht wurde, dass nach diesem Datum an einer Erfüllung kein Interesse bestehe. Die „kassatorische" Klausel „bei sonstigem Rücktritt" braucht nur dem Sinne nach verwendet werden.[6] Im vorliegenden Fall ist dies dem Sachverhalt zufolge („andernfalls sei er an dem Brunnen nicht interessiert") jedenfalls zu bejahen. Infolge der Nichtleistung am 15.3. wird der schon bei Vertragsabschluss bedingt erklärte Rücktritt wirksam. Aus dem Kaufvertrag bestehen daher keine gegenseitigen Erfüllungspflichten mehr.

Nach § 921 ABGB lässt der Rücktritt vom Vertrag allfällige Schadenersatzansprüche wegen verschuldeter Nichterfüllung unberührt. Es käme daher grundsätzlich ein **Schadenersatzanspruch** des Hans gegen Bernhard nach §§ 921 iVm 1295 Abs 1 ABGB in Frage. Anknüpfungspunkt ist die nicht termingerechte Erfüllung der Lieferverbindlichkeit durch Bernhard.

---

4   Das könnte für ihn zielführend sein, da das Geschäft mit Hans aufgehoben ist, vgl unten 2). Andererseits zeigt der Sachverhalt, dass sich mit solchen Exponaten unter Umständen auch höhere Preise erzielen lassen.

5   Vgl den entsprechenden Gedanken in § 1030 ABGB.

6   Näher *Reischauer* in Rummel³ § 919 Rz 2; *Gruber* in Kletečka/Schauer, ABGB-ON^{1.02} § 919 Rz 1 ff.

Ein Schaden ist dem Hans jedenfalls insoweit entstanden, als er zur Erfüllung seiner eigenen Lieferverpflichtung kurzfristig auf ein € 500,- teureres Angebot eines anderen Anbieters zurückgreifen musste, um den Verfall einer empfindlichen Vertragsstrafe zu verhindern.

Hätte Bernhard seine Lieferpflicht aus dem Kaufvertrag erfüllt, wäre der Schaden bei Hans nicht eingetreten, da er seiner eigenen Lieferverpflichtung hätte nachkommen können. Das Unterlassen der termingerechten Lieferung durch Bernhard war daher auch kausal für den Eintritt des Schadens.

Nach der zwischen Bernhard und Hans getroffenen Vereinbarung wäre Bernhard zur Übergabe des Marmorspringbrunnens am 15.3. verpflichtet gewesen. Die Nichterfüllung dieser Verpflichtung ist somit rechtswidrig.

Dem Bernhard müsste die Nichterfüllung seiner Lieferpflicht aber auch subjektiv vorwerfbar sein (**Verschulden**), was dann zu bejahen wäre, wenn es ihm zumutbar gewesen wäre, die Pflichtwidrigkeit seines Verhaltens zu erkennen und sich entsprechend pflichtgemäß zu verhalten (Diskretions- und Dispositionsfähigkeit). Hierzu müsste man dem Bernhard vorwerfen, bei der Organisation seines Betriebes keine Vorkehrungen für den – nicht gerade wahrscheinlichen – Fall getroffen zu haben, dass während seiner Abwesenheit der frühere Betriebsinhaber über Lagerbestände verfügt. Für Bernhard waren aber keinerlei Anzeichen ersichtlich, dass eine solche Gefahr besteht. Zwar greift § 1298 ABGB, so dass Bernhard seine Schuldlosigkeit zu beweisen hat. Das wird ihm hier aber wohl gelingen.

Somit muss Bernhard dem Hans dessen Mehrkosten nicht ersetzen.

> Anmerkung:
>
> Mit entsprechender Begründung könnte auch die gegenteilige Lösung vertreten werden. In diesem Fall sollte kurz auf die Frage eingegangen werden, ob Hans dadurch, dass er auf ein besonders teures Angebot zurückgegriffen hat, seine Schadensminderungsobliegenheit verletzt hat. Dies wird jedoch angesichts der besonderen Eile nicht anzunehmen sein. Auch ist er nicht verpflichtet, „Geheimtipps" zu kennen. Vielmehr hat Hans seiner Obliegenheit zur Schadensminderung entsprochen, indem er die offenbar noch höhere Vertragsstrafe abgewendet hat. Der Anspruch wäre also in voller Höhe zu bejahen.

b) Gegenansprüche des Bernhard

Umgekehrt stehen dem Bernhard gegen Hans ebenfalls keine Ansprüche zu: Der Anspruch gemäß § 1062 ABGB auf den vereinbarten Kaufpreis von € 9.700,- ist nach § 919 ABGB entfallen.

3) Verhältnis Bernhard – Alfred

Alfred hat laut Sachverhalt mit der Absicht gehandelt, ein fremdes Geschäft, nämlich ein Geschäft des Bernhard zu führen. Da er dazu nicht ermächtigt war, liegt **Geschäftsführung ohne Auftrag** vor. Ein Notfall, der zur Anwendung von § 1036 ABGB führen würde, liegt nicht vor, so dass §§ 1037, 1038 ABGB über die bloß nützliche beziehungsweise unnütze GoA heranzuziehen sind. Dabei lassen sich die beiden möglichen Sachverhaltsvarianten, dass eine Genehmigung des Kaufvertrags durch Bernhard entweder erfolgen wird oder nicht erfolgen wird, weitgehend in einem behandeln.

a) Bernhard gegen Alfred auf Herausgabe der empfangenen € 9.000,- analog § 1009 ABGB

Aus GoA-Verhältnis resultiert einerseits ein Anspruch des Bernhard auf Herausgabe des von Alfred in Empfang genommenen Kaufpreises in Höhe von € 9.000,-. Die GoA-Regeln des ABGB sehen einen derartigen Anspruch zwar nicht explizit vor. Da sich die Interessenlage insofern nicht vom Auftragsrecht unterscheidet, liegt eine planwidrige Lücke vor. Es ist daher § 1009 ABGB analog heranzuziehen.[7] Der GoA-Anspruch geht jenem aus § 1041 ABGB vor.[8]

Macht Bernhard den Anspruch analog § 1009 ABGB geltend, wird man (spätestens) hiermit eine nachträgliche Genehmigung des durch Alfred abgeschlossenen Kaufvertrages annehmen müssen.[9]

b) Bernhard gegen Alfred auf Zahlung von € 700,- gemäß § 1038 iVm § 1295 Abs 1 ABGB

Dazu kommt ein Anspruch des Bernhard auf Ersatz von € 700,- als der Differenz zum Erlös aus dem entgangenen Geschäft mit Hans. Als Anspruchsgrundlage fungiert § 1038 iVm § 1295 Abs 1 ABGB:

Durch den Wegfall des Vertrages mit Hans ist dem Bernhard ein **Schaden** von € 700,- entstanden. Dabei handelt es sich um einen positiven Schaden, nicht um entgangenen Gewinn, da der Vertrag Bernhard – Hans bereits geschlossen war. Im Übrigen gibt § 1038 ABGB in Abweichung von den allgemeinen Schadenersatzregeln von vornherein Anspruch auf volle Genugtuung.

Kausalität: Hätte Alfred nicht den Brunnen an Mörtel (verkauft und) übergeben, hätte Bernhard seine Verpflichtung dem Hans gegenüber einhalten können und hätte € 9.700,- an Kaufpreis erhalten.

Nach wohl hA greift der Geschäftsführer nach §§ 1037, 1038 ABGB, jedenfalls aber der „unnütze" Geschäftsführer, unbefugt in die fremde Rechtssphäre ein. Indem Alfred den Brunnen an Mörtel verkauft und übergibt, greift er in Bernhards Eigentum ein und handelt somit **rechtswidrig**.[10]

Verschulden: Bei nützlicher/unnützer GoA resultiert das Verschulden aus der bewussten Einmengung in eine fremde Angelegenheit.[11] Dem Alfred war dem Sachverhalt zufolge durchaus klar, dass er nicht über eigenes, sondern

---

7   Vgl *Meissel*, Geschäftsführung ohne Auftrag (1993) 168; *Rummel* in Rummel[3] § 1039 Rz 4.

8   Vgl dazu oben den Abschnitt „Einführung in die Methode der Fallbearbeitung" Punkt I.4).

9   Falls Bernhard den Vertrag schon vorher genehmigt hätte (was laut Fragestellung im Beurteilungszeitpunkt nicht anzunehmen ist), wäre § 1009 ABGB unmittelbar anzuwenden (Stellvertretungsrecht).

10 Vgl *Koziol*, Haftpflichtrecht I[3] Rz 4/97 mwN; *Meissel* aaO 135 f.

11 Siehe *Meissel* aaO 140 f.

über fremdes Eigentum verfügte und dass ihm hierzu keine Berechtigung zukam.

Der Schadenersatzanspruch bezüglich der € 700,- besteht somit zu Recht; dies unabhängig davon, ob Bernhard den Kaufvertrag mit Mörtel künftig genehmigt oder nicht.

> Anmerkung:
>
> Ein Schadenersatzanspruch auf die aus dem Geschäft mit Hans ebenfalls entgangenen € 9.000,- steht Bernhard in keinem Fall zu: Genehmigt er nachträglich den Kaufvertrag mit Mörtel, gebühren ihm die von Mörtel bereits bezahlten € 9.000,- als Kaufpreis, sodass ihm insofern kein Schaden erwächst. Genehmigt er das Geschäft nicht, bleibt Bernhard weiterhin Eigentümer des Brunnens und erleidet – wenn man als gemeinen Wert des Brunnens € 9.000,- annimmt – ebenfalls keinen Vermögensnachteil.

c) Ansprüche des Alfred gegen Bernhard

Dem Alfred stehen umgekehrt gegen Bernhard keine Ansprüche zu.

4) Verhältnis Mörtel – Alfred

Ansprüche in diesem Verhältnis bestehen nur, wenn Bernhard das Geschäft mit Mörtel nicht genehmigt.

a) Mörtel gegen Alfred auf Rückzahlung von € 9.000,- gemäß § 1041 ABGB

Da Mörtel laut Sachverhalt den Kaufpreis sofort an Alfred ausgezahlt hat und dieser den Betrag nach dem geschilderten Sachverhalt zum Beurteilungszeitpunkt weiterhin rechtsgrundlos innehat, kann Mörtel von diesem die Rückzahlung der € 9.000,- aus dem Titel der ungerechtfertigten Bereicherung beanspruchen. Da Alfred **nicht zur Empfangnahme** für Bernhard **berechtigt** war, richtet sich der Bereicherungsanspruch gegen ihn. Als Anspruchsgrundlage kann § 1041 ABGB[12] oder § 1431 ABGB[13] erwogen werden. Vorzugswürdig erscheint es, § 1041 ABGB heranzuziehen: „Leistung" im bereicherungsrechtlichen Sinn ist eine bewusste Vermögenszuwendung im Hinblick auf einen bestimmten Zweck.[14] Im dreipersonalen Verhältnis ist die Beurteilung, wer „Leistender" und wer „Leistungsempfänger" ist, nach der **beabsichtigten Zweckbeziehung** zu treffen, die sich aus dem beabsichtigten Rechtsgrund der Leistung ergibt.[15] Hier ist die Zahlung der € 9.000,- in Erfüllung eines vermeintlich zwischen

---

12   So *Rummel* in Rummel[3] Vor § 1431 Rz 18; *Mader* in Schwimann[3] Vor §§ 1431 ff Rz 28.

13   So *Koziol/Welser,* Grundriss II[13] 285 mwN.

14   Vgl etwa *Koziol/Welser,* Grundriss II[13] 275.

15   Vgl *Mader* in Schwimann[3] Vor §§ 1431 ff Rz 26; *Koziol/Welser,* Grundriss II[13] 275.

Mörtel und Bernhard zustande gekommenen Kaufvertrags erfolgt. Weil die Zahlung nach der vorgestellten Zweckbeziehung somit Bernhard zukommen sollte, liegt **keine Leistung an Alfred** vor. Daher ist Mörtels Zahlungsbegehren gegen Alfred nicht auf eine Leistungskondiktion (§ 1431 ABGB), sondern auf einen Verwendungsanspruch zu stützen.

b) *Mörtel gegen Alfred auf Zahlung von € 9.500,- gemäß §§ 1019, 1295 Abs 1 ABGB*

Zudem stellt sich die Frage der Haftung des Alfred als falsus procurator. Für (vermeintliche) Vertragsabschlüsse ab dem 1.1.2007 steht hierfür der durch das HaRÄG eingeführte § 1019 ABGB als allgemeine Anspruchsgrundlage zur Verfügung. Nach dieser Bestimmung haftet der Scheinvertreter dem Dritten für den Vertrauensschaden, wobei die Haftung durch das hypothetische Erfüllungsinteresse begrenzt ist. Mörtel ist demnach so zu stellen, wie er stünde, wenn er nicht auf die Erklärung des Schädigers (hier die Erklärung Alfreds, bevollmächtigt zu sein) vertraut hätte. Im Übrigen sind die allgemeinen Schadenersatzvoraussetzungen zu prüfen:

Ein **Schaden** ist dem Mörtel einerseits insoweit entstanden, als er € 9.000,- an Alfred gezahlt hat, die Gegenleistung aus dem vermeintlich zustande gekommen Kaufvertrag, nämlich den Springbrunnen, jedoch wieder an Bernhard herausgeben muss. Zudem hat Mörtel für die Aufstellung des Brunnens € 250,- an die Handwerker gezahlt und muss einen ebenso hohen Betrag für die nunmehr erforderliche Entfernung desselben aufwenden. Auch diese € 500,- sind Vertrauensschaden, da die Kosten für Montage und Demontage dieses konkreten Brunnens nicht entstanden wären, wenn Mörtel auf das Vorliegen einer Vertretungsmacht des Alfred nicht vertraut und infolgedessen vom Abschluss des gegenständlichen Vertrags abgesehen hätte. Die € 300,-, mit denen die Anlieferung vom alternativen Anbieter zu Buche schlagen würde, sind der Schadenssumme dagegen weder hinzuzurechnen noch von dieser abzuziehen. Sie wären bei pflichtgemäßer Aufklärung ebenso angefallen und Mörtel muss sie auch jetzt aufwenden, um einen entsprechenden Brunnen zu erhalten.[16]

---

16 Probleme aus der nach § 1019 Satz 2 ABGB zu beachtenden Begrenzung des Ersatzanspruchs durch das hypothetische Erfüllungsinteresse ergeben sich im konkreten Fall nicht. Zur Ermittlung des Erfüllungsinteresses ist an einem für Mörtel möglichen Deckungskauf bei dem ihm als „Geheimtipp" bekannten alternativen Anbieter anzusetzen. Es ist zu fragen, welche Vermögensnachteile Mörtel in Zusammenhang mit einem solchen Deckungsgeschäft träfen, die ihm bei ordnungsgemäßer Abwicklung des mit Bernhard (vermeintlich) geschlossenen Vertrags nicht erwachsen wären: Mörtel müsste für den Erwerb eines gleichwertigen Brunnens beim alternativen Anbieter insgesamt € 9.300,- aufwenden (offenbar ebenfalls € 9.000,- an Kaufpreis sowie € 300,- für den Transport). Zum Erfüllungsinteresse würden daneben die von Mörtel aufgewendeten € 250,- für die erforderliche Demontage des an Bernhard herauszugebenden Brunnens gehören. Diese Kosten wären bei ordnungsgemäßer Erfüllung des Vertrags mit Bernhard nicht erwachsen. Bei der Beurteilung der Montagekosten von ebenfalls € 250,- ist insoweit Vorsicht geboten, als Mörtel derartige Kosten in jedem Fall aufwenden hat, um den von ihm angestrebten Vertragszweck eines funktionsfähigen Springbrunnens

Bei den aufgelisteten Nachteilen handelt es sich um bloße Vermögens-schäden, deren Ersatzfähigkeit bei Haftung aus culpa in contrahendo allgemein anerkannt ist.

> **Anmerkung:**
>
> Natürlich kann Mörtel den Kaufpreis von € 9.000,- nur einmal herausver-langen (Anspruchskonkurrenz). Stützt er sich diesbezüglich auf den Be-reicherungsanspruch, kann er aus dem Titel des Schadenersatzes nur noch € 500,- beanspruchen. Geprüft werden sollten aber beide An-spruchsgrundlagen.

Hätte Alfred den Mörtel über das Fehlen einer Vertretungsmacht aufgeklärt, hätte dieser nicht – in der Meinung, einen gültigen Vertrag abgeschlossen zu haben – die € 9.000,- an Alfred gezahlt. Er hätte auch, wie bereits dargelegt, die € 500,- für die Handwerker nicht ausgegeben. Somit ist die Nichtaufklärung über den Mangel der Vertretungsmacht für den Schaden in Höhe von € 9.500,- **kausal**. Hinsichtlich der € 300,- für die Anlieferung vom alternativen Anbieter fehlt es hingegen am Kausalzusammenhang (siehe oben).

Dass die genannten Schäden eintreten, liegt auch nicht außerhalb jeglicher Lebenserfahrung. Die Zahlung des Kaufpreises ist geradezu natürliche Folge eines vermeintlich wirksamen Vertragsabschlusses. Auch Aufwendungen für die Montage beziehungsweise die nun erforderliche Demontage sind besonders nahe liegende Konsequenzen des Erwerbs derartiger Objekte. Auch der **Adä-quanzzusammenhang** ist somit zu bejahen.

Hinsichtlich der **Rechtswidrigkeit** ist auf die Verletzung vorvertraglicher Aufklärungspflichten abzustellen (culpa in contrahendo). Wer im geschäftlichen Verkehr als Stellvertreter auftritt, hat seine Vertretungsmacht zu prüfen und den Partner über deren Nichtbestehen beziehungsweise über allfällige diesbezügliche Zweifel aufzuklären. Alfred hätte Mörtel also darüber aufklären müssen, dass er von Bernhard nicht zum Geschäftsabschluss bevollmächtigt ist, hat dies jedoch unterlassen. Dass der Schutzzweck der gegenständlichen Aufklärungspflicht auch die Verhinderung der hier eingetretenen Schäden zum Ziel hat, liegt auf der Hand. Wie angemerkt bezwecken die aus cic-Grundsätzen abgeleiteten Auf-klärungspflichten grundsätzlich auch den Schutz des bloßen Vermögens des Vertragspartners.

Verschulden: Alfred musste jedenfalls klar sein, dass ihm keine Vertre-tungsmacht zukam. Es wäre ihm ferner ohne weiteres möglich gewesen, den

---

zu verwirklichen. Diese Kosten dürfen daher bei der Schadensbemessung nicht doppelt berücksichtigt werden. Man wird daher die im Fall eines Deckungskaufs beim Alternativanbieter anfallenden Montagekosten nicht in die Schadenssumme einrechnen (da Kosten in dieser Höhe auch im Falle ordnungsgemäßer Erfüllung des Vertrags mit Bernhard zu tragen gewesen wären; es fehlt damit am Kausalzu-sammenhang). Sehr wohl hinzuzurechnen wären jedoch die bereits für die Montage des von Bernhard erhaltenen Brunnens aufgewendeten € 250,-. Da dieser wieder herausgegeben werden muss, erweist sich der Montageaufwand nämlich als frus-triert. Das Erfüllungsinteresse würde somit insgesamt € 9.800,- betragen.

Mörtel über deren Nichtbestehen aufzuklären. Sein Verhalten ist dem Alfred daher subjektiv vorwerfbar.

Der Anspruch des Mörtel gegen Alfred besteht daher grundsätzlich zu Recht. Allerdings wäre denkbar, dass dem Mörtel ein **Mitverschulden** zur Last fällt. Laut Sachverhalt hegt er an der Vertretungsbefugnis des Alfred zwar „keine Zweifel", ihm wird aber fahrlässige Unkenntnis vorzuwerfen sein: Dass ein Betriebsübergang stattgefunden hat, musste ihm schon aufgrund der Schilderung des Alfred klar sein, zudem wurde die Firmenbezeichnung geändert. Dass der ursprüngliche Betriebsinhaber weiterhin zum Geschäftsabschluss bevollmächtigt ist, entspricht nicht dem Regelfall. Unter diesen Umständen hätte Mörtel zumutbare Maßnahmen zur Überprüfung der Vertretungsmacht setzen und demgemäß etwa die Vorlage einer Vollmachtsurkunde verlangen müssen. Er hat aber nicht einmal näher nachgefragt. Der Ersatzanspruch des Mörtel ist daher in Anwendung der allgemeinen Mitverschuldensregel des § 1304 ABGB zu mindern.[17] Angesichts des überwiegenden Verschuldens des Alfred, dem das Fehlen der Vertretungsbefugnis positiv bekannt war, erscheint eine Reduktion des Ersatzanspruchs auf 2/3 sachgerecht. Der Schadenersatzanspruch des Mörtel besteht demzufolge bloß im Umfang von € 6.333,33 zu Recht.

> Anmerkung:
>
> Damit stünde Mörtel aus dem Titel des Schadenersatzes in Summe weniger zu als aus jenem der ungerechtfertigten Bereicherung. Der Grund liegt darin, dass beim Schadenersatzanspruch ein allfälliges Mitverschulden des Geschädigten mit berücksichtigt werden kann bzw muss. Das Schadenersatzrecht ist insofern flexibler als das Bereicherungsrecht, das nur nach der rechtsgrundlosen Vermögensverschiebung fragt. In praktischer Hinsicht wäre also dem Geschädigten zu raten, sich hinsichtlich der gezahlten € 9.000,- auf den Bereicherungsanspruch zu stützen und nur hinsichtlich des verbleibenden Schadens von € 500,- den Schadenersatzanspruch geltend zu machen, den er dann infolge seines Mitverschuldens aber nur zu 2/3 liquidieren kann.

c) Ansprüche des Alfred gegen Mörtel

Ansprüche des Alfred gegen Mörtel ergeben sich nicht.

---

17 Hätte Mörtel positive Kenntnis vom Fehlen der Vertretungsmacht gehabt, würde ein Schadenersatzanspruch überhaupt verneint. Vgl *Koziol/Welser*, Grundriss I[14] 234.

Frage 2

1) Klaus gegen Alfred auf Ersatz der Heilungskosten und Zahlung eines angemessenen Schmerzengeldes gemäß §§ 1295 Abs 1, 1325 iVm 1299 ABGB

Klaus könnte ein deliktischer Schadenersatzanspruch zustehen, da Alfred es unterlassen hat, den Grabstein dauerhaft zu befestigen, insbesondere zu verdübeln.

Schaden: Klaus wird schwer am Körper verletzt. Es werden – im Sachverhalt nicht näher spezifizierte – Heilungskosten anfallen. Außerdem erleidet Klaus einen immateriellen Schaden in Gestalt von Schmerzen.

Kausalität: Hätte Alfred den Grabstein verdübelt und nicht lediglich mit Verlegemörtel befestigt, hätte dieser der Belastung durch ein kletterndes Kind standgehalten. Der Grabstein wäre nicht umgekippt und Klaus infolgedessen nicht verletzt worden.

Adäquanz: Dass ein Kind auf einem Grabstein herumklettert, mag zwar pietätlos erscheinen, liegt aber keineswegs außerhalb der Lebenserfahrung.[18]

Rechtswidrigkeit: Die Verletzung des Klaus stellt einen Eingriff in das absolut geschützte Rechtsgut der körperlichen Unversehrtheit dar. Daraus kann allerdings noch nicht zwingend geschlossen werden, dass der Eingriff rechtswidrig erfolgt ist. Rechtswidrig kann nicht der Erfolg, sondern stets nur ein Verhalten sein.[19] Die Beurteilung setzt eine umfassende Interessenabwägung voraus.

Im vorliegenden Fall lässt sich hierfür der Gedanke der Verkehrssicherungspflichten fruchtbar machen: Wer eine Gefahrenquelle schafft (hier: einen – naturgemäß sehr schweren – Grabstein auf einem öffentlich zugänglichen Friedhof aufstellt), hat in zumutbarer Weise dafür Sorge zu tragen, dass der Verkehr (die Friedhofsbesucher) vor von dieser Quelle ausgehenden Gefahren geschützt oder zumindest gewarnt werden. Aus diesem Gesichtspunkt wäre, um eine lange Standfestigkeit des Grabsteines zu gewährleisten, die Verdübelung des Grabsteines erforderlich gewesen. Diese hat Alfred unterlassen.[20]

Rechtswidrigkeitszusammenhang: Die angenommene Verkehrssicherungspflicht zielt gerade darauf ab, Friedhofsbesucher vor dem möglichen Umstürzen eines Grabsteines und daraus resultierenden Verletzungen zu schützen.

Verschulden: Dass die Haftkraft von Verlegemörtel im Laufe der Zeit nachlassen könnte und die dauerhafte Standsicherheit eines Grabsteins eine Verdübelung desselben (oder eine vergleichbare Sicherungsmaßnahme) voraussetzen würde, hätte Alfred als Sachverständiger iSd § 1299 ABGB wissen müssen. Das Unterlassen der Verdübelung ist dem Alfred daher subjektiv vorwerfbar.

---

18   OGH 3 Ob 190/99h, JBl 2000, 588 (diese E liegt diesem Sachverhaltsteil zugrunde); vgl auch den ähnlichen Fall in OGH 1 Ob 965/52, SZ 25/318.

19   So genannte Verhaltensunrechtslehre, vgl etwa *Koziol/Welser*, Grundriss II[13] 312.

20   Vgl dazu OGH 3 Ob 190/99h, JBl 2000, 588.

Der Anspruch des Klaus besteht somit grundsätzlich zu Recht. Allfällige **Einwendungen** des Alfred erweisen sich im Ergebnis als nicht stichhaltig:

Denkbar wäre einerseits, Klaus ein **Mitverschulden** iSd § 1304 ABGB anzulasten, da es zweifellos nicht der bestimmungsgemäßen Verwendung eines Grabsteines entspricht, darauf herumzuklettern. Der Schadenersatzanspruch des Klaus wäre dann entsprechend zu reduzieren. Es ist jedoch nicht davon auszugehen, dass ein fünfjähriges Kind mit dem Umfallen eines Grabsteines, der ja als schwer und standfest empfunden werden muss, zu rechnen hat. Ein Mitverschulden des Klaus ist daher (mangels Diskretionsfähigkeit) abzulehnen.[21]

> Anmerkung:
>
> Auch eine etwaige Aufsichtspflichtverletzung der Mutter (nach der Fragestellung braucht eine solche nicht geprüft zu werden) ist im Verhältnis Klaus – Alfred nach hL und Rsp nicht als anspruchsmindernd zu berücksichtigen.[22]

Zweitens könnte Alfred eventuell daran denken, **Verjährung** einzuwenden, da er den Grabstein bereits im Jahre 2008 errichtet hat. Konstitutive Voraussetzung für das Entstehen eines Schadenersatzanspruchs ist aber selbstverständlich, dass ein Schaden eingetreten ist. Laut Sachverhalt hat sich der zur Verletzung des Klaus führende Unfall zu Allerheiligen 2015 ereignet. Die Dreijahresfrist des § 1489 ABGB ist daher noch nicht abgelaufen.

Klaus hat somit nach § 1325 ABGB Anspruch auf Ersatz der Heilungskosten und auf ein angemessenes Schmerzengeld.[23] Unter der Annahme, dass für Klaus Sozialversicherungsschutz besteht, kommt es hinsichtlich der Heilungskosten nach § 332 ASVG allerdings zur Legalzession: Der Schadenersatzanspruch geht auf den Sozialversicherungsträger insoweit über, als dieser Leistungen an Klaus zu erbringen hat. Klaus kann damit im Ergebnis nur den Schmerzengeldanspruch geltend machen.

> Anmerkung:
>
> Auf das PHG wird sich der Anspruch gegen Alfred nicht stützen lassen: Zwar ist der Grabstein als bewegliche körperliche Sache „Produkt" iSd § 4 PHG und geht die Produkteigenschaft nach dieser Bestimmung durch Verbindung mit einer unbeweglichen Sache nicht verloren. Allerdings ist fehlerhaft iSd § 5 PHG hier gar nicht das Produkt „Grabstein" selbst, sondern dessen Montage.

---

21 Vgl OGH 3 Ob 190/99h, JBl 2000, 588.
22 Vgl *Harrer* in Schwimann[3] § 1304 Rz 32 mwN.
23 Verdienstentgang kommt bei einem fünfjährigen Kind nicht in Betracht.

2) Klaus gegen Bernhard auf Ersatz der Heilungskosten und Zahlung eines angemessenen Schmerzengeldes gemäß § 1409 ABGB

Der Unternehmensübernehmer Bernhard hat mit der Verlegung des gegenständlichen Grabsteins nichts zu tun. Eine Haftung könnte sich allenfalls aus § 1409 ABGB ergeben.

Nach § 1409 ABGB haftet der Übernehmer für Verbindlichkeiten des Übergebers (dazu zählen grundsätzlich auch Schadenersatzverbindlichkeiten), die er bei der Übergabe kannte oder kennen musste. Nach ganz hA setzt dies voraus, dass die **Verpflichtung** im Zeitpunkt der Übergabe **wenigstens als bedingte vorhanden** war.[24] Der Schaden des Klaus, der ein konstituierendes Merkmal eines Schadenersatzanspruches darstellt, ist allerdings erst zu Allerheiligen 2015 eingetreten, also erst nach der Unternehmensübergabe vom 1.3.2015. Zum Übergabszeitpunkt war ein Schadenersatzanspruch des Klaus daher nicht einmal im Ansatz vorhanden. Eine Haftung des Bernhard nach § 1409 ABGB scheidet daher aus.

> Anmerkung:
>
> Nach dem durch das HaRÄG geschaffenen und auf Unternehmensübernahmen ab dem 1.1.2007 anzuwendenden § 38 UGB übernimmt derjenige, der ein unter Lebenden erworbenes Unternehmen fortführt, zum Zeitpunkt des Unternehmensübergangs die unternehmensbezogenen, nicht höchstpersönlichen Rechtsverhältnisse des Veräußerers mit den bis dahin entstandenen Rechten und Verbindlichkeiten, sofern nichts anderes vereinbart ist. Diese Regelung kommt neben § 1409 ABGB zur Anwendung. Eine Firmenfortführung, wie sie die Vorgängerbestimmung des § 25 HGB verlangt hatte, setzt § 38 UGB nicht voraus. Gleichwohl scheidet eine Haftung des Bernhard aus den gleichen Gründen aus, die eben zu § 1409 ABGB ausgeführt wurden.

3) Klaus gegen Rudolf auf Heilungskosten und Schmerzengeld gemäß §§ 1295 Abs 1, 1325 iVm 1319 ABGB

Eine Haftung des Rudolf könnte sich aus §§ 1295 Abs 1 iVm 1319 ABGB ergeben. Nach § 1319 ABGB haftet der „Besitzer" eines „aufgeführten Werkes", wenn dieses aufgrund seiner mangelnden Beschaffenheit ein- oder umstürzt und er nicht beweist, dass er alle zur Abwendung der Gefahr erforderliche Sorgfalt angewendet hat.[25]

Der aufgestellte Grabstein stellt ein **„aufgeführtes Werk"** iSd § 1319 ABGB dar.[26] Auch ist Rudolf jedenfalls als **„Besitzer"** im Sinne dieser Be-

---

24 Vgl OGH 3 Ob 190/99h, JBl 2000, 588 mwN; *Neumayr* in KBB[4] §§ 1409-1409a Rz 5.

25 Nach hA ist damit keine verschuldensunabhängige Gefährdungshaftung statuiert, vgl *Harrer* in Schwimann[3] § 1319 Rz 3; *Reischauer* in Rummel[3] § 1319 Rz 2, beide mwN.

26 *Reischauer* aaO Rz 4 mit Nachweisen aus der Rsp.

stimmung anzusehen, da der Grabstein offenbar in seinem Eigentum steht – Rudolf hat ihn laut Sachverhalt aufstellen lassen – und er hinsichtlich des Grabplatzes Mieter und zur Instandhaltung verpflichtet ist.[27]

Eine Haftung des Rudolf wird jedoch zu verneinen sein, da er die „**erforderliche Sorgfalt**" zur Abwendung der Gefahr eingehalten hat. Erforderlichkeit und Zumutbarkeit der Maßnahmen sind dabei unter Berücksichtigung der Umstände des Einzelfalles zu bestimmen. Ist äußerlich kein Mangel erkennbar, würde die Forderung nach regelmäßiger Überprüfung der Standfestigkeit eines Grabsteines die von jedermann zu verlangende Diligenzpflicht überspannen. Hier ist mangels gegenteiliger Hinweise im Sachverhalt davon auszugehen, dass keine Mängel erkennbar waren. Allenfalls bestehenden Schutz- und Sorgfaltspflichten gegenüber den übrigen Friedhofsbesuchern hat Rudolf durch Betrauung eines Fachmannes Genüge getan.[28]

Eine Haftung des Rudolf **für fremdes Verschulden** kommt hier ebenfalls nicht in Betracht:[29] Alfred ist nicht als untüchtig iSd § 1315 ABGB zu qualifizieren. Eine Anwendung von § 1313a ABGB scheidet aus, da es an einem besonderen Rechtsverhältnis zwischen Rudolf und dem Geschädigten Klaus mangelt. Aus dem (auf Errichtung des Grabsteines gerichteten) Vertrag zwischen Rudolf und Alfred Schutzwirkungen zugunsten des Klaus abzuleiten, erschiene zu weit hergeholt, da Klaus nicht der Interessensphäre des Rudolf angehört.

Frage 3

1) Klärung des Eigentums am Gabelstapler

Anmerkung:

Zwecks besserer Übersichtlichkeit wird hier die Frage, wer zum Beurteilungszeitpunkt Eigentümer des Staplers ist, vorgezogen. Es bietet sich ein „**historischer Aufbau**" an.

Es ist davon auszugehen, dass der Gabelstapler ursprünglich im Eigentum der **M-Leasing-GmbH** stand. Diese hat mit Bernhard einen Finanzierungsleasingvertrag abgeschlossen und ihm den Stapler übergeben. Der Leasingvertrag verschafft dem Bernhard aber keinen Titel zum (sofortigen) Eigentumserwerb.[30] Die M-GmbH ist daher zunächst Eigentümerin geblieben.

Im September 2015 verkauft und übergibt Bernhard den Gabelstapler an **Gustav**. Ein derivativer Eigentumserwerb Gustavs scheidet aus, weil Bernhard

---

27 Näheres bei *Reischauer* aaO Rz 12, 13. Auf den Besitzbegriff des § 309 ABGB ist nicht abzustellen. Im Ergebnis ist der „Besitzer" iSd § 1319 ABGB mit dem „Halter" nach EKHG zu vergleichen.

28 OGH 1 Ob 277/97k, MietSlg 50.208 = MietSlg 50.216. Dort auch wN.

29 Dies müsste uE nicht unbedingt erörtert werden.

30 Allenfalls könnte vereinbart sein, dass der Leasingnehmer das Leasingobjekt nach Ablauf der vertraglich bestimmten Nutzungszeit – im vorliegenden Fall sind dies fünf Jahre, welche aber noch nicht abgelaufen sind – erwerben kann.

nach dem Gesagten nicht Eigentümer ist und daher Eigentum auch nicht übertragen kann (§ 442 Satz 3 ABGB). Gustav könnte aber nach § 367 ABGB gutgläubig Eigentum erworben haben:

- Bei dem Gabelstapler handelt es sich naturgemäß um eine bewegliche Sache.
- Der zwischen Bernhard und Gustav abgeschlossene Kaufvertrag stellt einen entgeltlichen Erwerbstitel dar.
- Der Titel ist auch gültig. Dies ist erforderlich, da § 367 ABGB nur das fehlende Eigentum des Vormannes substituieren soll, nicht Mängel im Titelgeschäft. Ferner ist davon auszugehen, dass zwischen Bernhard und Gustav ein wirksames Verfügungsgeschäft geschlossen wurde; Bernhard hat den Stapler dem Sachverhalt zufolge an Gustav übergeben.
- Ferner ist die Übergabe des Staplers von der M-GmbH an Bernhard als „Anvertrauen" iSd § 367 ABGB zu qualifizieren: Die M-GmbH hat Bernhard freiwillig die Gewahrsame am Leasingobjekt eingeräumt. Sie hat sich ihren Vertragspartner selbst ausgesucht, soll also auch – eher als der gutgläubige Erwerber – mit dem Risiko seiner Unzuverlässigkeit belastet werden.

> **Anmerkung:**
>
> Alternativ könnte an den Tatbestand des Erwerbs vom Unternehmer im gewöhnlichen Betrieb seines Unternehmens (§ 367 2. Fall ABGB) gedacht werden. Ein Unternehmen betreibt Bernhard ja zweifellos (Steinmetzbetrieb). Fraglich ist aber, ob der Verkauf des Gabelstaplers zum „gewöhnlichen Betrieb" eines Steinmetzunternehmens gehört. Die hA geht nämlich davon aus, dass sich der hier angesprochene Tatbestand im Wesentlichen auf die Veräußerung von Umlaufvermögen bezieht,[31] im Falle Bernhards also wohl auf die Veräußerung der in seinem Betrieb hergestellten Produkte, nicht aber von Maschinen bzw Fahrzeugen, die für die Erzeugung bzw für die Lagerung seiner Produkte erforderlich sind. Es erscheint aber auch vertretbar, dass der Tatbestand des Verkaufs im gewöhnlichen Betrieb des Unternehmens auch den Verkauf von gebrauchtem Unternehmensinventar umfassen kann.[32] Ausgeklammert bliebe bei diesem Verständnis vor allem der Verkauf von Gegenständen, die mit dem Betrieb eines solchen Unternehmens nichts zu tun haben. Auf einen Gabelstapler träfe dies im Fall eines Steinmetzbetriebs allerdings nicht zu, so dass auch Erwerb nach § 367 2. Fall ABGB in Betracht käme.

---

31 Vgl etwa *Schauer* in Krejci (Hrsg), Reformkommentar §§ 367, 368 ABGB Rz 8; *Holzner* in Kletečka/Schauer, ABGB-ON[1.02] § 367 Rz 8; *Klicka/Reidinger* in Schwimann/Kodek[4] § 367 Rz 12.

32 § 367 nF ABGB würde insofern dem System des alten § 366 HGB angenähert, der derartige Geschäfte erfasst hat (vgl *Spielbüchler* in Rummel[3] § 367 Rz 8). Auch die Gesetzesmaterialien könnten in diesem Sinne zu verstehen sein: Nach ErläutRV 1058 BlgNR 22. GP, 67 sollen „betriebsuntypische oder betriebsfremde Geschäfte" eines Unternehmers ausgenommen sein.

- Schließlich ist Gustav als gutgläubig anzusehen: Dem Sachverhalt zufolge ist er hinsichtlich der Verhältnisse um den Stapler „ahnungslos". Im Zweifel wird zudem nach § 328 ABGB die Redlichkeit vermutet.

Als Zwischenergebnis ist daher festzuhalten, dass Gustav originär Eigentum am Gabelstapler erworben hat.

Der nunmehrige Eigentümer Gustav veräußert und übergibt den Gabelstapler schließlich wieder an **Bernhard**. Die Leistung an Zahlungs statt stellt einen für den Erwerb des Eigentumsrechts tauglichen Titel dar. Ein Modus liegt in Form der körperlichen Übergabe des Staplers an Bernhard ebenfalls vor.

Der OGH hat in einem vergleichbaren Fall des Rückerwerbs durch den vormalig Nichtberechtigten vom gutgläubigen Erwerber iSd § 367 ABGB entschieden, dass der Rückerwerber derivativ Eigentum erwirbt. Beim derivativen Eigentumserwerb komme es nämlich auf die Gutgläubigkeit des Erwerbers nicht an, da der Erwerb ja vom Eigentümer erfolge.[33] Folgt man dieser zumindest formal schlüssigen Argumentation, hat nunmehr Bernhard Eigentum am Gabelstapler erworben.

> **Anmerkung:**
>
> Die inzwischen wohl herrschende Lehre erachtet dieses Ergebnis hingegen als unbillig. Im Anschluss an *Spielbüchler* schlägt sie eine teleologische Reduktion des § 367 ABGB dahingehend vor, dass im Fall des Rückerwerbs durch den Nichtberechtigten das Eigentum des ursprünglich Berechtigten (hier der M-GmbH) wieder auflebe. § 367 ABGB bezwecke nämlich ausschließlich den Schutz des redlichen Erwerbers sowie seiner Nachmänner, somit des Verkehrs, nicht aber einen Schutz auch des nichtberechtigten Vormannes.[34]

2) Rechtliche Möglichkeiten der M-GmbH

Bernhard befindet sich mit der Zahlung der Leasingraten in Verzug. Da es sich beim vorliegenden Finanzierungsleasingvertrag um ein entgeltliches Geschäft handelt, kommt § 918 ABGB zur Anwendung. Danach kann die M-GmbH entweder

- am Vertrag festhalten und Schadenersatz wegen der Verspätung begehren, das heißt die ausständigen Leasingraten und etwaige Verspätungsschäden letztlich einklagen (was im Hinblick auf die offenbaren finanziellen Schwie-

---

33 OGH 6 Ob 108/98w, EvBl 1999/168. Ein anderes Ergebnis könne in den Fällen des Scheingeschäfts, des Umgehungsgeschäfts oder uU bei einseitiger Arglist des Bernhard, den Gutglaubenserwerb des unwissenden Erwerbers dazu ausnützen zu wollen, das Eigentum der M-GmbH zum erlöschen zu bringen, gerechtfertigt sein. Für die ersten beiden Fälle fehlt hier das bewusste Mitwirken des ahnungslosen Gustav, für den Fall der Arglist mangelt es an der ursprünglichen Absicht des Bernhard, die Sache alsdann vom Berechtigten zurück zu erwerben. All diese Überlegungen brauchen in der Klausurbearbeitung daher nicht angestellt werden.

34 Vgl *Spielbüchler,* Der Rückerwerb durch den Nichtberechtigten, ÖBA 2000, 361 (365 ff); diesem folgend etwa *Holzner* in Kletečka/Schauer, ABGB-ON[1.02] § 367 Rz 12 mwN.

rigkeiten des Bernhard wenig zielführend erscheint), oder

- nach Setzung einer angemessenen Nachfrist vom Vertrag zurücktreten. Der Rücktritt wirkt sachenrechtlich nicht ex tunc, führt also keine unmittelbare Änderung dinglicher Rechtspositionen herbei.

In diesem zweiten Fall sind nachfolgende Ansprüche der M-GmbH zu erwägen:

a) M-GmbH gegen Bernhard auf Herausgabe des Gabelstaplers gemäß § 366 ABGB

Siehe dazu oben 1). Nach der vom OGH vertretenen Lösung ist die M-GmbH seit dem Gutglaubenserwerb des Gustav nicht mehr Eigentümer; dies ist nun Bernhard. Ein Anspruch nach § 366 ABGB kommt demzufolge nicht in Betracht.

> Anmerkung:
>
> Folgt man demgegenüber der referierten Auffassung *Spielbüchlers,* kann sich die M-GmbH auf § 366 ABGB stützen. Nach diesem Ansatz wäre hier auch § 1041 ABGB heranzuziehen und dahin zu verstehen, dass der Alteigentümer, der die zum Nutzen eines anderen verwendete Sache „in Natur" herausverlangen kann, sobald dies (wieder) möglich ist, damit sein Eigentumsrecht geltend macht.[35]

b) M-GmbH gegen Bernhard auf Herausgabe des Gabelstaplers gemäß § 1435 ABGB

Ein Anspruch auf Herausgabe des Gabelstaplers lässt sich aber jedenfalls auf die Regeln über die ungerechtfertigte Bereicherung stützen. Zwischen Bernhard und der M-GmbH hat ein – nunmehr aufgelöster – Leasingvertrag betreffend dieses Gerät bestanden. In Erfüllung dieses Vertrags hat die M-GmbH ursprünglich den Stapler an Bernhard übergeben. Nach Entfall der wechselseitigen Leistungspflichten infolge des Rücktritts sind die bisher erbrachten Leistungen nach bereicherungsrechtlichen Grundsätzen zurückzustellen; als Anspruchsgrundlage kommt § 1435 ABGB in Betracht.[36] Der Anspruch auf Rückgabe des Staplers besteht somit zu Recht.

> Anmerkungen:
>
> 1) Die M-GmbH kann vom unredlichen Bereicherungsschuldner Bernhard grundsätzlich alle erlangten Vorteile herausverlangen (vgl § 335 Satz 1 ABGB, auf den § 1437 ABGB verweist). Das erfasst prinzipiell auch einen Gewinn, den Bernhard durch den Verkauf an Gustav erzielt haben könnte (wobei der Sachverhalt nichts dazu sagt, ob beim Verkaufspreis von € 20.000,- ein Gewinn abfällt oder nicht). Freilich

---

35 *Spielbüchler,* ÖBA 2000, 361 (364, 366).
36 § 921 S 2 ABGB kann als Anwendungsfall von § 1435 ABGB verstanden werden; vgl etwa *Gruber* in Kletečka/Schauer, ABGB-ON[1.02] § 921 Rz 12.

> wären auch zu Gunsten des Unredlichen etwaige Eigenleistungen zu berücksichtigen – hier uU ein besonderes geschäftliches Bemühen, wozu dem Sachverhalt allerdings ebenfalls nichts Konkretes zu entnehmen ist – und der Gesamtvorteil aufzuteilen.[37]
>
> 2) Abhängig von der konkreten Ausgestaltung des Leasingvertrags ist auch denkbar, dass der M-GmbH anstatt des Bereicherungsanspruchs ein vertraglicher Rückstellungsanspruch zusteht, wie ihn § 1109 ABGB für den Fall der Beendigung „klassischer" Bestandverträge anordnet.[38]

c) M-GmbH gegen Bernhard auf Herausgabe des Gabelstaplers gemäß §§ 1295 Abs 1, 1323 ABGB

Wieder für den Fall, dass man einen Rückfall des Eigentums an die M-GmbH ablehnt, kommt schließlich ein vertraglicher Schadenersatzanspruch der M-GmbH gegen Bernhard nach § 1295 Abs 1 ABGB in Frage. Anknüpfungspunkt ist die Veräußerung des Staplers an Gustav, die durch dessen gutgläubigen Eigentumserwerb zum Verlust einer dinglich geschützten und damit konkursfesten Rechtsposition der M-GmbH geführt hat.

Die M-GmbH hat einen **Schaden** erlitten, da sie trotz Rücktritts nicht mehr den vormals in ihrem Eigentum befindlichen Gabelstapler vindizieren kann. Weitere Schäden sind denkbar, werden im Sachverhalt jedoch nicht explizit erwähnt.

Das Veräußern des Staplers an Gustav war **kausal** für den Eintritt dieses Schadens bei der M-GmbH: Denkt man sich dieses Verhalten weg, wäre die M-GmbH weiterhin Eigentümerin geblieben und könnte den Gabelstapler nach Rücktritt vom Leasingvertrag (auch aus dinglichem Recht) zurückfordern.

Angesichts der positiven Regelung des § 367 ABGB liegt es auch keineswegs außerhalb der Lebenserfahrung, dass ein Dritter bei Veräußerung einer beweglichen Sache unter vergleichbaren Umständen gutgläubig Eigentum erwirbt. Der Schaden liegt daher auch innerhalb der **Adäquanz**.

Das Verhalten des Bernhard ist als **rechtswidrig** zu bewerten: Aus dem Leasingvertrag ist Bernhard berechtigt, den Gabelstapler zu nutzen. Eine Berechtigung, über das Leasingobjekt zu verfügen, besteht nicht: Dennoch hat er mit der Veräußerung des Gabelstaplers eine solche Verfügung vorgenommen.

Das Veräußern ist dem Bernhard auch subjektiv vorwerfbar: Er musste wissen, dass er als Leasingnehmer nur zum Gebrauch der Sache berechtigt ist. Er hätte sich auch ohne weiteres pflichtgemäß verhalten können, indem er von einem Verkauf des Staplers Abstand genommen hätte. Sein Verhalten ist dem Gustav daher als **Verschulden** zuzurechnen.

Der Schadenersatzanspruch der M-GmbH besteht daher dem Grunde nach zu Recht. Hält man an dem in § 1323 ABGB statuierten Grundsatz des Vorrangs der Naturalrestitution fest, steht der M-GmbH ein Anspruch auf Rückübereignung des Gabelstaplers zu. Damit wäre sie so gestellt, wie sie ohne Veräußerung der Sache an Gustav und daraus resultierendem Gutglaubenserwerb desselben stünde.

---

37 Vgl etwa *Mader* in Schwimann³ § 1437 Rz 30 mwN.
38 Zum Bestandvertrag *Würth* in Rummel³ §§ 1109, 1110 Rz 1.

Fall 21. Das Comeback des Schlagersängers

I. Sachverhalt

Anton A, ein Schlagerinterpret kurz vor einem Erfolg versprechenden Come-back, lebt gemeinsam mit seiner Frau Brigitte und seinem Sohn Christian in einer Wohnung in Wien. Diese hat er vom Vermieter Viktor V gemietet, der auch die übrigen Wohnungen des Gebäudes in Bestand gegeben hat. Eines Nachts gegen 23.30 Uhr sieht sich A durch Gegröle und laute Musik aus der darüber gelegenen Wohnung des Mieters Manfred M am Einschlafen gehin-dert. Als er deswegen an Manfreds Wohnungstür klopft und ihn ersucht, den Lärm abzustellen, beginnt dieser, Anton wüst zu beschimpfen. Währenddessen erscheint aus der Wohnung Manfreds ein dem Anton unbekannter Mann, der zunächst versucht, Manfred zu beruhigen. In der Folge ändert der Unbekannte jedoch sein Verhalten und schlägt Anton nieder, wobei dieser verletzt wird. Manfred beobachtet die Auseinandersetzung teilnahmslos und greift nicht ein. Brigitte dagegen versucht, ihrem Mann zu Hilfe zu eilen. Dabei schlägt ihr der Unbekannte so heftig ins Gesicht, dass sie einen Nasenbruch erleidet. Darauf-hin flüchtet der Täter; Manfred schließt sich in seiner Wohnung ein.

Kurz nachdem Anton und Brigitte den herbeigerufenen Polizeibeamten die Haustüre geöffnet haben, schlendert auf der gegenüberliegenden Straßenseite der Boulevard-Journalist Josef J vorbei. Er erkennt den Anton, realisiert, dass dieser offensichtlich gerade von den Beamten einvernommen wird und nimmt die deutlich sichtbaren Gesichtsverletzungen der weinend in der Haustür ste-henden Brigitte wahr. Sofort wittert er eine große Story, schießt ein paar Fotos und macht sich davon.

Noch in der Nacht verfasst Josef J in seinem Wiener Büro einen reißeri-schen Artikel, den er von dort aus umgehend an die deutsche B-Zeitung ver-kauft. Deren nächste Ausgabe titelt mit der Schlagzeile „Comeback im Zwie-licht – Anton A schlägt seine Frau!" über einem der von Josef aufgenommenen Fotos. In dem Artikel wird behauptet, dass Anton gegenüber seiner Gattin derart gewalttätig geworden sei, dass diese Gesichtsverletzungen davongetra-gen habe und die Polizei habe anrücken müssen. Die öffentliche Empörung ist so groß, dass sich der ORF gezwungen sieht, Anton A aus seiner für den übernächsten Tag geplanten volkstümlichen Musikrevue wieder auszuladen, für welche bereits ein Auftritt Antons gegen eine Gage von € 10.000,- verein-bart gewesen war (ein entsprechendes Auflösungsrecht hat sich der ORF für derartige Fälle vertraglich ausbedungen).

Der Verlust dieser Einnahme trifft die Familie A hart. Zu allem Unglück droht nun auch noch die Z-Bank bezüglich eines Kredits des Sohnes Christian den (vereinbarten) Terminsverlust an, da dieser mit bereits zwei Rückzahlungsraten seit acht bzw vier Wochen in Verzug ist. Dieser Kredit in Höhe von € 36.000,- war am 15. Juli 2014 aufgenommen worden, um fällige Kreditverbindlichkeiten des Vaters Anton bei der Y-Sparkasse abzudecken. Die Auszahlung des Betrags war vereinbarungsgemäß direkt auf das Konto Antons bei der Y-Sparkasse erfolgt; Christian hat keinen Cent erhalten. Bei Abschluss des Vertrags war Christian, der das Gymnasium besucht und lediglich mit Ferialjobs etwas Geld verdient, 17 Jahre alt gewesen. Neben seiner Unterschrift trägt der Kreditvertrag auch die Unterschriften seiner beiden Eltern mit dem Zusatz „Genehmigt als gesetzliche Vertreter für Christian A". Die Rückzahlungen hatte Anton A geleistet, bis ihm dies vor ca zwei Monaten nicht mehr möglich war. Der inzwischen 18-jährige Christian kratzt seine gesamten Ersparnisse zusammen und überweist der Z-Bank innerhalb der gesetzten Nachfrist von zwei Wochen die beiden Raten.

Inzwischen hat die Staatsanwaltschaft die Kriminalpolizei wegen der an Anton und Brigitte A begangenen strafbaren Handlungen mit der Vernehmung des Zeugen Manfred M beauftragt. Über die Identität des unbekannten Täters befragt, gibt Manfred an, den Täter nur unter dem Vornamen „Fredl" zu kennen und diesen an jenem Abend in einem Lokal kennen gelernt zu haben. In Wahrheit handelt es sich um einen alten Bekannten des Manfred, der diesem mit vollem Namen und Anschrift bekannt ist. Es gelingt in der Folge nicht, den Täter auszuforschen.

Hoffnung schöpft Anton erst wieder, als er erfährt, dass „Opi", der ebenso steinalte wie steinreiche Vater seines Adoptivvaters friedlich entschlafen ist und in dessen Schreibtisch ein von Opi selbst auf seiner alten Schreibmaschine geschriebenes und seine Unterschrift tragendes Testament gefunden wurde, in dem Anton als Alleinerbe eingesetzt ist. Antons Adoptivvater ist schon vor sechs Jahren gestorben. Er war einziger Nachkomme des längst verwitweten Opi gewesen und hat noch einen weiteren Sohn, Sigismund, sowie eine Tochter namens Trixi. Diese hatte einst Omi, die geliebte Gattin Opis, während schwerer Krankheit gepflegt, schließlich jedoch in erbschleicherischer Absicht versucht, diese zu vergiften, was Opi für den Rest seines Lebens aufs Tiefste erschütterte.

1. Welche Möglichkeiten haben Anton und Brigitte, um gegen Manfred vorzugehen? Gehen Sie davon aus, dass keine Rechtspflicht zum Eingreifen in den Raufhandel bestanden hat. Was kann – gegen Manfred bzw Viktor – wegen der Ruhestörung unternommen werden?

2. Kann Anton bezüglich der entgangenen Gage von € 10.000,- etwas unternehmen, wenn ja, gegen wen? Medienrechtliche Fragen brauchen nicht angeschnitten zu werden.

3. Kann die Z-Bank von einem der Beteiligten Zahlungen verlangen und/ oder bestehen vielleicht Gegenansprüche gegen die Z-Bank? Gehen Sie davon aus, dass die Z-Bank vorbringen wird, Christian A habe seine Verbindlichkeit durch Zahlung der beiden Raten anerkannt.

4. Beurteilen Sie die erbrechtliche Lage!

Anhang: § 154 StPO
Zeuge und Wahrheitspflicht

§ 154. (1) Im Sinne dieses Gesetzes ist Zeuge eine vom Beschuldigten verschiedene Person, die zur Aufklärung der Straftat wesentliche oder sonst den Gegenstand des Verfahrens betreffende Tatsachen mittelbar oder unmittelbar wahrgenommen haben könnte und darüber im Verfahren aussagen soll.

(2) Zeugen sind verpflichtet, richtig und vollständig auszusagen.

II. Lösung

Frage 1

1) A bzw B gegen M auf das entgangene Schmerzengeld, §§ 1295 Abs 1, 1325, 1311 ABGB iVm § 154 StPO

Zu prüfen sind deliktische Schadenersatzansprüche von A bzw B, wobei beide in einem behandelt werden können, weil schadensauslösendes Verhalten und Schadensbild ident sind. Zu beurteilendes schädigendes Verhalten ist die wahrheitswidrige Zeugenaussage des M, den Täter nicht namentlich zu kennen.

> Anmerkung:
>
> Auf das Nicht-Eingreifen in den Raufhandel kann der Anspruch nicht gestützt werden, da keine Rechtspflicht zum Eingreifen bestand.

Schaden: A und B wurden am Körper verletzt. Gegen den (zweifellos) schuldhaft handelnden Täter haben sie Schadenersatzansprüche, die insbesondere ein angemessenes Schmerzengeld umfassen (§§ 1295 Abs 1, 1325 ABGB). Ein nach § 1325 ABGB grundsätzlich ebenfalls ersatzfähiger Verdienstentgang wird im Sachverhalt nicht erwähnt (für den Entgang der Gage in Höhe von € 10.000,- war die Falschaussage des M nicht kausal[1]), allfällige Heilungskosten werden vom Sozialversicherungsträger getragen. Da der Täter jedoch nie ausgeforscht wird, können A und B ihre Schmerzengeldansprüche nicht einbringlich machen und erleiden insoweit einen Vermögensschaden.

Kausalität: Hätte M bei seiner Vernehmung durch die Kriminalpolizei den ihm bekannten Namen und die Adresse des Täters bekannt gegeben, wäre der Täter ermittelt worden und A und B hätten ihre Schmerzengeldansprüche gegen diesen durchsetzen können. Die Falschaussage des M war also condicio sine qua non und somit kausal für den Schadenseintritt.

Adäquanz: Die Falschaussage des M erscheint ihrer Natur nach für die Herbeiführung eines derartigen Erfolgs keineswegs als völlig ungeeignet. Es liegt auf der Hand, dass bei schuldhafter Körperverletzung zustehende Schmerzengeldansprüche gegen jemanden, der nicht bekannt ist und wegen „Deckung" durch eine Falschaussage nicht bekannt wird, nicht einbringlich gemacht werden können.

Rechtswidrigkeit: Rechtswidrig ist ein Verhalten, das gegen Gebote oder Verbote der Rechtsordnung oder gegen die guten Sitten verstößt. In concreto hat M die in § 154 StPO – die Bestimmung ist auf Vernehmungen durch die Kriminalpolizei im Ermittlungsverfahren nach der StPO anzuwenden – verankerte Wahrheitspflicht im Rahmen der Zeugenaussage verletzt: Durch die

---

1 Würde man die Schadenersatzprüfung am nicht erfolgten Einschreiten in den Raufhandel oder dergleichen anknüpfen, würde es hinsichtlich der entgangenen Gage am Adäquanzzusammenhang fehlen.

Kriminalpolizei über die Identität des Täters befragt, gibt er an, diesen nur mit Vornamen zu kennen. Er hätte aber über die zur Aufklärung der Straftat wesentlichen Tatsachen – ihm ist der Täter mit vollem Namen und Anschrift bekannt – vollständig und richtig Auskunft geben müssen. Gründe für ein Verbot der Aussage als Zeuge, eine Aussagebefreiung oder eine Aussageverweigerung (§§ 155 ff StPO) liegen nicht vor. Damit ist die konkrete Verhaltensnorm des § 154 StPO verletzt (Schutzgesetzverletzung, § 1311 ABGB).

Schutzzweck der Norm: Die öffentlich-rechtlichen Vorschriften über die Aussagepflicht des Zeugen dienen nicht nur dem allgemeinen öffentlichen Interesse an der Durchführung gerichtlicher Verfahren, sondern bezwecken auch den Schutz der Rechte Einzelner. Dass hier gerade die Interessen von A und B geschützt werden sollen, deren Durchsetzung ja maßgeblich von der Richtigkeit und Vollständigkeit der Zeugenaussage des M abhängen, liegt auf der Hand.[2]

Verschulden: Die Falschaussage ist dem M auch subjektiv vorwerfbar. Dass er sich pflichtwidrig verhält, wenn er in einem von der Staatsanwaltschaft angeordneten Verhör durch die Polizei bei ausdrücklicher Befragung die Unwahrheit aussagt, muss M jedenfalls erkennen können. Dass er sich selbstredend auch pflichtgemäß hätte verhalten können, indem er Name und Adresse des ihm bekannten Täters preisgibt, braucht nicht eigens betont zu werden.

M haftet somit A und B für die entgangenen Schmerzengeldansprüche.

> Anmerkung:
>
> Ein Mitverschulden der B im Sinne des § 1304 ABGB – sie greift ja „freiwillig" in den Raufhandel ein, indem sie ihrem Gatten zu Hilfe eilt – wird man nicht annehmen können: Sie handelt in Notwehr (Nothilfe, vgl § 3 StGB).

2) A gegen M auf Unterlassung künftiger Ruhestörungen, §§ 372 iVm 364 Abs 2 ABGB

A ist Mieter einer Wohnung. Der Mieter genießt nach hA als Rechtsbesitzer „quasidinglichen" Schutz gegenüber Dritten und kann mit der actio Publiciana (§ 372 ABGB) gegenüber jedem schwächer Titulierten Rechte wie ein Eigentümer geltend machen, sofern er eine körperliche Sache tatsächlich innehat(te), die Mietwohnung – wie hier – also bereits bezogen ist.[3] Bezüglich der

---

2   Vgl OGH 5 Ob 680/81, SZ 54/142 (zur Vorgängerbestimmung des § 150 StPO aF); die E liegt diesem Sachverhaltsteil zugrunde.

3   StRsp seit OGH 7 Ob 654/89, SZ 62/204; vgl ferner etwa *Koziol/Welser*, Grundriss I[14] 303 ff; *Klicka/Reidinger* in Schwimann/Kodek[4] § 372 Rz 9; *Spielbüchler* in Rummel[3] § 372 Rz 5 (mit Kritik). Eingehend nun *Kodek* in Klang[3] § 372 Rz 20 ff, der die Begründung über § 372 ABGB ablehnt, dasselbe praktische Ergebnis jedoch mittels rein possessorischen Schutzes erzielt, der auch nach Ablauf der 30-tägigen Klagefrist des § 454 ZPO – und zwar im *ordentlichen* Verfahren – geltend gemacht werden könne (*Kodek* in Klang[3] § 339 Rz 240 ff, 288 ff). Kritisch auch *Holzner* in Kletečka/Schauer, ABGB-ON[1.02] § 372 Rz 3.

Ruhestörung, die von der Wohnung des M ausgeht, kann A sich **publizianisch auf § 364 Abs 2 ABGB** berufen.

Danach kann A die Unterlassung des Eindringens von Lärm, welcher in § 364 Abs 2 ABGB ausdrücklich als mögliche Form einer Immission genannt ist ("Geräusch"), aus der Nachbarwohnung insoweit begehren, als der Lärm das nach den örtlichen Verhältnissen gewöhnliche Maß überschreitet und die ortsübliche Nutzung seines Mietobjekts wesentlich beeinträchtigt. Beides kann bejaht werden: Hinsichtlich der **Ortsüblichkeit** ist dem Sachverhalt zwar nur zu entnehmen, dass sich die Ereignisse in einem (Mehrparteien-)Wohnhaus zutragen. In Bezug auf Uhrzeit (23.30 Uhr) und Intensität ("Gegröle, laute Musik") wird aber jedenfalls davon auszugehen sein, dass hierdurch das ortsübliche Ausmaß überschritten wird. Öffentlich-rechtlichen Vorschriften, die der Erregung störenden Lärms während der Nachtstunden (22.00 – 6.00 Uhr) entgegenwirken sollen, kommt hier nach der Judikatur wesentliche Bedeutung zu.[4] Eine **wesentliche Nutzungsbeeinträchtigung** liegt vor, da es aufgrund der Lärmeinwirkung offensichtlich unmöglich ist, den – um diese Uhrzeit absolut (orts-)üblichen – Schlaf zu finden. Dem Sachverhalt zufolge wird jedenfalls A am Einschlafen gehindert. **Wiederholungsgefahr**, welche als allgemeine Voraussetzung einer Unterlassungsklage ebenfalls vorliegen muss,[5] kann angenommen werden: M reagiert ja auf das Ersuchen des A, den Lärm abzustellen, ausgesprochen ungehalten und verständnislos (wüste Beschimpfungen); dies kann darauf schließen lassen, dass er ganz allgemein keinen Grund sieht, Lärmstörungen hintan zu halten und dass auch künftig mit der Möglichkeit zu rechnen ist, M werde weitere Ruhestörungen begehen. Nachdem somit ein Zustand andauert, der dem A keine Sicherheit gegen weitere Rechtsverletzungen bietet, ist Wiederholungsgefahr zu bejahen.[6]

A kann somit gegen M mittels Unterlassungsklage vorgehen.

3) Besitzstörungsklage A gegen M, gerichtet auf Unterlassung künftiger Ruhestörungen, § 339 ABGB iVm §§ 454 ff ZPO

A ist als Mieter **Rechtsbesitzer** und als solcher grundsätzlich berechtigt, sich gegen eigenmächtige Eingriffe in seinen Besitz innerhalb der Präklusivfrist von 30 Tagen (§ 454 ZPO) mit der Besitzstörungsklage zur Wehr zu setzen. Dass die Lärmeinwirkung aus der Wohnung des M **eigenmächtig** (das heißt ohne Erlaubnis durch den Besitzer, eine Behörde oder das Gesetz) erfolgt, bedarf keiner näheren Erörterung.

Strittig ist jedoch, ob eine Beeinträchtigung durch **Lärm** ihrer Art nach überhaupt eine Besitzstörung darstellt. Die stRsp verneint dies mit dem Argument, bei der Lärmeinwirkung liege kein "tatsächlicher Eingriff" im Sinne eines "räum-

---

4   Vgl OGH 1 Ob 594/94, JBl 1995, 107.
5   Siehe etwa *Koziol/Welser*, Grundriss I[14] 312; *Oberhammer* in Schwimann/Kodek[4] § 364 Rz 23; *Kerschner/Wagner* in Klang[3] § 364 Rz 53 ff.
6   Vgl *Oberhammer* aaO mit Nachweisen aus der Rsp.

lichen Übergriffs" vor.[7] Folgt man dem, ist die Besitzstörungsklage abzuweisen.

In der Lehre wird demgegenüber zunehmend die – uE zustimmungswürdige – Auffassung vertreten, unter den Besitzstörungstatbestand sei jede tatsächliche, eigenmächtig vorgenommene Beeinträchtigung der Herrschaft zu subsumieren, wie sie beim Sachbesitz eine Verletzung des Eigentums und beim Rechtsbesitz eine Verletzung des besessenen Rechts bedeuten würde. Grundgedanke ist die Annahme einer grundsätzlichen Parallele von Besitz- und Eigentumsschutz. Damit ist auch jede Immission, die nach § 364 Abs 2 ABGB unzulässig wäre, dem Besitzstörungstatbestand zu unterstellen.[8] **Wiederholungsgefahr** ist anzunehmen (siehe oben 2), die Besitzstörungsklage nach dieser Lösung somit berechtigt.

4) A gegen V auf Unterbindung weiterer Störungen, § 1096 ABGB

Gemäß § 1096 Abs 1 Satz 1 ABGB ist der Vermieter dem Mieter aus dem Mietvertrag unter anderem zur **Gebrauchsüberlassung** am Mietobjekt verpflichtet. Als Ausfluss dieser Gebrauchsüberlassungspflicht hat der Vermieter auch umfassend dafür zu sorgen, dass der bedungene Gebrauch des Mieters nicht durch Dritte beeinträchtigt wird. A kann daher von V verlangen, bei M auf Unterlassung künftiger Störungen zu dringen (im äußersten Fall sogar – im vorliegenden Sachverhalt freilich nicht indiziert – diesem zu kündigen).[9]

Anmerkung:

Im Sinne der – bedenklich weit gehenden – Rsp könnten dem A gegen V auch Unterlassungsansprüche aus § 339 ABGB zustehen, wenn man den Vermieter V als „mittelbaren" Störer qualifiziert, weil ihm (wie eben ausgeführt) als Vermieter Abhilfe möglich ist.[10]

5) Exkurs: A gegen V auf Unterbindung weiterer Störungen, § 364 Abs 2 ABGB analog

Wie oben 2) bereits ausgeführt, kann A als Mieter Abwehransprüche analog § 364 Abs 2 ABGB geltend machen. Daraus könnten sich auch Ansprüche gegen V ergeben: Für die Passivlegitimation im Rahmen des § 364 Abs 2 ABGB wird es für ausreichend erachtet, dass der Eigentümer der Nachbarliegenschaft rechtlich oder tatsächlich in der Lage ist, die Störungen zu verhindern

---

7   Vgl etwa LGZ Wien MietSlg 36.013; 49.012; 53.522; weitere Nachweise bei *Kodek*, Die Besitzstörung (2002) 209 FN 166 und *Grüblinger* in Schwimann/Kodek[4] § 339 Rz 27, 29.

8   *Spielbüchler* in Rummel[3] § 339 Rz 2; *Kodek* in Klang[3] § 339 Rz 67 f. Umfassend *Kodek*, Besitzstörung 206 ff (insbes 208 ff); zur grundsätzlichen Korrespondenz zwischen Eigentums- und Besitzschutz auch *Kodek* aaO 197 ff.

9   Vgl etwa *Würth* in Rummel[3] § 1096 Rz 9.

10 Die Möglichkeit der Abhilfe wird in einigen Entscheidungen als ausreichend erachtet; vgl *Grüblinger* in Schwimann/Kodek[4] § 339 Rz 11.

oder abzustellen. Die Judikatur lässt es hierfür sogar ausreichen, dass der Eigentümer zu jenen Personen, die die störende Benützung vornehmen, bezüglich der Benützung in einem Rechtsverhältnis steht.[11] Dies würde hier zutreffen: V kann als Vermieter gegen den störenden Benutzer M vorgehen; zwischen diesen besteht ein Rechtsverhältnis in Gestalt des Mietvertrags. Problematisch wäre allerdings, dass man damit eine publizianische Klage gegen den Eigentümer V eröffnen würde, was dem allgemein vertretenen – freilich nicht zu dieser Konstellation entwickelten – Stehsatz widersprechen würde, die publizianische Klage könne gegen jeden Dritten, aber nie gegen den wirklichen Eigentümer angestrengt werden.[12] Begründet man freilich die Anwendbarkeit des § 364 Abs 2 ABGB zu Gunsten des Mieters nicht über Analogie zu § 372 ABGB, sondern im besonderen Mieterschutz und der dadurch geschaffenen „Verdinglichung"[13] oder als Ausfluss possessorischen Schutzes,[14] bestünden diese Bedenken nicht. – Die Frage hat allerdings wegen der ohnehin bestehenden Vertragsansprüche geringe praktische Bedeutung.

Frage 2

1) A gegen J auf Zahlung von € 10.000,-, §§ 1295 Abs 1, 1330 Abs 2 ABGB

J könnte dem A dadurch, dass er aufgrund unzulänglicher Recherche der Faktenlage in einem Zeitungsartikel unwahre Tatsachen behauptet hat, einen Vermögensschaden in Höhe von € 10.000,- zugefügt haben. Zu prüfen ist ein deliktischer Schadenersatzanspruch.

Schaden: Zwischen A und dem ORF war ein Auftritt bei einer Musiksendung bereits vertraglich vereinbart, wofür ein Entgelt von € 10.000,- vorgesehen war. Diese Gage entgeht dem A nunmehr, weil er aufgrund der durch die Berichterstattung ausgelösten allgemeinen Empörung aus der Sendung wieder „ausgeladen" wird. Die Auflösung des Vertrags war rechtmäßig; der ORF konnte sich auf eine entsprechende Vertragsklausel stützen. Dieser Verlust einer Vermögensvermehrung kann im Sinne der Judikatur als positiver Schaden angesehen werden, da mit der bereits vertraglich fixierten Einnahme im Verkehr mit an Sicherheit grenzender Wahrscheinlichkeit zu rechnen wäre.[15]

Kausalität: Das Veröffentlichen des Artikels ohne ausreichende Recherche war für den Schadenseintritt kausal. Hätte J den Sachverhalt sorgfältig ermittelt,

---

11 Vgl OGH 8 Ob 589/93, JBl 1995, 168 (mit kritischer Anmerkung *Lux* aaO 195); *Oberhammer* in Schwimann/Kodek[4] § 364 Rz 13. Näher zum Problemkreis *Kerschner/Wagner* in Klang[3] § 364 Rz 303 ff.

12 Vgl etwa *Klicka/Reidinger* in Schwimann/Kodek[4] § 372 Rz 1 mwN.

13 So *F. Bydlinski,* Der negatorische Schutz des Mieters gegen Dritte und das Rechtssystem, wobl 1993, 1 = FS Wesener (1992) 81.

14 So *Kodek* in Klang[3] § 372 Rz 20 ff (siehe oben FN 3).

15 Vgl *Koziol,* Haftpflichtrecht I[3] Rz 2/37 f mwN; vgl dort auch Rz 2/54 und OGH 2 Ob 258/71, ZVR 1972/191 zum vergleichbaren Fall eines entgangenen Vorteils aus einem bereits abgeschlossenen Weiterveräußerungsgeschäft.

hätte er insbesondere die Beteiligten (A, B, Polizei) über das Geschehene befragt und seine Schlussfolgerungen nicht bloß aufgrund einer – in verschiedene Richtungen deutbaren – optischen Wahrnehmung gezogen, hätte er keinen Artikel verfasst und publiziert, in dem A körperliche Gewalt an seiner Frau vorgeworfen wird. Es wäre dann auch zu keiner öffentlichen Empörung gekommen, A wäre bei der Musiksendung aufgetreten und hätte die € 10.000,- lukriert.

Adäquanz: Einzustehen ist nur für adäquat verursachte Schäden. Solche liegen dann vor, wenn die Schadensursache – hier das Verfassen und Veröffentlichen eines unsachgemäß recherchierten Zeitungsartikels – ihrer allgemeinen Natur nach für die Herbeiführung eines derartigen Erfolgs (Verlust der Einnahme von € 10.000,-) nicht als völlig ungeeignet erscheinen muss und nicht nur infolge einer ganz außergewöhnlichen Verkettung von Umständen zu einer Bedingung des Schadens wurde. Unter dieser Voraussetzung besteht die Haftung auch dann, wenn eine weitere Ursache als schadensbewirkend hinzutritt, sofern nur dieses Hinzutreten nicht außerhalb der menschlichen Erfahrung liegt.[16]

Im vorliegenden Fall tritt zum Verfassen des Artikels durch J und dessen Veröffentlichung noch das Verhalten einer dritten Person als schadensbewirkende Ursache hinzu, nämlich die Entscheidung des ORF, den A aus seiner Sendung wieder auszuladen. Erst dadurch kommt es zum Verdienstentgang. Aufgrund des Dazwischentretens einer Willenshandlung eines Dritten kann man von „psychischer Kausalität" sprechen. Dass eine Fernsehanstalt sich kurzfristig veranlasst sehen könnte, einen wegen (angeblicher) Gewaltanwendung gegenüber seiner Frau öffentlich in Misskredit geratenen Interpreten nicht in ihrer volkstümlichen Musiksendung auftreten zu lassen, kann freilich keineswegs als „ganz außergewöhnliche Verkettung von Umständen" bzw außerhalb jeglicher Lebenserfahrung liegend bezeichnet werden. Wie aus der von J verfassten Schlagzeile hervorgeht, spielt dieser selbst auf das bevorstehende Comeback des A an. Dass sein Artikel Auswirkungen auf dieses haben könnte, ist geradezu leicht voraussehbar. Adäquanz ist also zu bejahen.

Rechtswidrigkeit: In Fällen psychischer Kausalität bedarf die Rechtswidrigkeit des Verhaltens (des „Ersttäters" J) grundsätzlich besonderer Prüfung. Im vorliegenden Fall ist § 1330 Abs 2 ABGB[17] einschlägig, wonach derjenige, der unwahre Tatsachen verbreitet, die unter anderem den Erwerb eines anderen gefährden und deren Unwahrheit er kannte oder kennen musste, zum Ersatz verpflichtet ist. Die Regelung greift insbesondere auch dann, wenn der eigentliche Schadenseintritt (wie hier durch die Entscheidung des ORF) erst durch das Verhalten eines Dritten bewirkt wird; dies ist bei der Verbreitung unrichtiger Tatsachenbehauptungen ja auch die Regel.[18]

---

16 Vgl etwa OGH 1 Ob 687/86, SZ 60/49 mit umfangreichen Nachweisen. Diese E spricht mit dem vorliegenden Sachverhaltsteil vergleichbare Fragen an.

17 Abs 1 ist für Schädigung durch Ehrenbeleidigung einschlägig, Abs 2 greift bei unwahrer Tatsachenbehauptung. Ob ehrenrührige Tatsachenbehauptungen allein nach Abs 2 zu beurteilen sind (idS *Harrer* in Schwimann[3] § 1330 Rz 2) oder der Beeinträchtigte sich auf beide Absätze stützen kann (so etwa *Reischauer* in Rummel[3] § 1330 Rz 6, 6e mit Nw aus der jüngeren Rsp), ist strittig.

18 Vgl OGH 1 Ob 687/86, SZ 60/49.

Dass die im Artikel behaupteten Tatsachen unwahr sind, ergibt sich aus dem Sachverhalt: A hat keineswegs seine Frau geschlagen, vielmehr wurden beide Opfer eines dritten Täters. Dass die Angaben den Erwerb des A gefährden, ist ebenso eindeutig, hat sich doch diese Gefahr im Verlust der Fernseh-Gage gerade verwirklicht. Rechtswidrig ist das Verhalten des J dann, wenn er die **Unwahrheit** der behaupteten Tatsachen **kannte oder kennen musste**. Es ist also auf die Verletzung im konkreten Fall bestehender Nachforschungs- und Prüfungspflichten abzustellen.[19] Im vorliegenden Fall verletzt J elementare journalistische Sorgfaltsstandards, indem er (allein) aus der Beobachtung, dass A von einem Polizisten einvernommen wird und dass dessen Frau B offensichtlich Gesichtsverletzungen hat und weinend im Hauseingang steht, den Schluss zieht, A habe der B körperliche Gewalt angetan. Er hätte durch einfaches Befragen der Beteiligten (A, B, Polizei) die Unrichtigkeit dieser seiner Vermutung herausfinden können. Stattdessen begnügt er sich mit dem optisch Wahrgenommenen – einer hier sehr vagen Beurteilungsbasis, insbesondere auch angesichts der Entfernung („gegenüberliegende Straßenseite") – und macht sich ohne weitere Erhebungen ans Verfassen seines Artikels. Eine Nachprüfung wäre umso erforderlicher gewesen, als wirtschaftliche Folgen seines geplanten Artikels nicht als unwahrscheinlich erscheinen durften.[20] Das muss einem Journalisten (auch einem Boulevard-Journalisten) klar sein; er hat für entsprechend hohe Sorgfalt einzustehen (§ 1299 ABGB).

> **Anmerkung:**
>
> Die Ehre genießt zwar als Personenrecht absoluten Schutz (was sich nicht zuletzt am deliktischen Schutz gegen jedermann in § 1330 Abs 1 ABGB zeigt),[21] für die Begründung der Rechtswidrigkeit sollte aber schon die konkrete Bestimmung des § 1330 Abs 2 ABGB herangezogen werden.

Schutzzweck der Norm: Dass die hier von J verletzten journalistischen Sorgfaltsstandards gerade den Zweck haben, das Verbreiten unwahrer Tatsachen über andere Personen hintan zu halten, liegt auf der Hand. Gleiches gilt für den sich bereits klar aus dem Wortlaut des § 1330 ABGB ergebenden Umstand, dass diese Bestimmung gerade den Schutz des Vermögens des Beeinträchtigten im Auge hat.

Verschulden: Die subjektive Vorwerfbarkeit des Verhaltens des J und damit sein Verschulden sind zu bejahen, da für J durchaus erkennbar sein musste, dass die Schlussfolgerung, die er aus der beobachteten Situation zog, nicht die einzige Deutungsvariante war, und dass er daher nähere Recherchen hätte anstellen müssen. Entsprechende Befragungen wären ihm auch ohne weiteres möglich gewesen. Man wird das Verhalten des J als grob fahrlässig qualifizieren können, weil so ein Fehler einem Journalisten in seiner Situation auf keinen Fall unterlaufen sollte.

---

19   Vgl *Harrer* in Schwimann[3] § 1330 Rz 39 f.
20   Vgl OGH 1 Ob 687/86, SZ 60/49.
21   Vgl *Aicher* in Rummel[3] § 16 Rz 18.

Anmerkung:

Nach hA reicht freilich – den allgemeinen Regeln entsprechend – auch im Rahmen des § 1330 Abs 2 ABGB leicht fahrlässige Schädigung aus. Da der Vermögensschaden des A als positiver Schaden anzusehen ist, spielt der Verschuldensgrad hier – anders als beim Anspruch gegen die B-Zeitung – im Ergebnis keine Rolle.

J hat somit dem A die € 10.000,- zu ersetzen.

2) A gegen B-Zeitung auf Zahlung von € 10.000,-, § 48 IPRG, §§ 1295 Abs 1, 1330 Abs 2 iVm 1315 ABGB

A könnte die entgangenen € 10.000,- auch von der B-Zeitung beanspruchen, sofern dieser das Verhalten des J als schuldhaftes Verhalten eines Gehilfen zuzurechnen ist. Da zwischen A und der B-Zeitung kein Vertrag besteht, ist auch hier ein deliktischer Schadenersatzanspruch zu prüfen.

a) Die B-Zeitung ist laut Sachverhaltsschilderung ein deutsches Medium; es liegt daher ein Sachverhalt mit **Auslandsberührung** vor. Für die kollisionsrechtliche Anknüpfung deliktischer Schadenersatzansprüche ist grundsätzlich die Rom II-VO einschlägig. Art 1 Abs 2 lit g Rom II-VO enthält allerdings eine Bereichsausnahme für „außervertragliche Schuldverhältnisse aus der Verletzung der Privatsphäre oder der Persönlichkeitsrechte, einschließlich der Verleumdung." In solchen Fällen ist die kollisionsrechtliche Anknüpfung weiterhin nach § 48 IPRG vorzunehmen. Die Ausnahmebestimmung des Art 1 Abs 2 lit g Rom II-VO ist autonom auszulegen; die Reichweite dieses Tatbestands wurde bislang allerdings kaum näher untersucht. Hier ist fraglich, ob ihm – neben der zweifellos erfassten Ehrenbeleidigung iSd § 1330 Abs 1 ABGB – auch ein Schadenersatzanspruch nach § 1330 Abs 2 ABGB wegen Beeinträchtigung der wirtschaftlichen Position des A durch unwahre Tatsachenbehauptungen unterliegt. Der OGH hat dies unlängst ohne nähere Diskussion bejaht.[22] Nach dieser Lösung ist, da eine Rechtswahl nicht getroffen wurde, § 48 Abs 2 IPRG anzuwenden und demgemäß das Recht des Staates berufen, in dem das

---

22 Siehe OGH 6 Ob 106/14b. Zu beurteilen waren Ansprüche nach § 1330 Abs 2 ABGB. Der OGH hat Ansprüche „wegen ehrverletzender und/oder rufschädigender Äußerungen" pauschal als vom Ausnahmetatbestand des Art 1 Abs 2 lit g Rom II-VO erfasst angesehen. Dafür, diese Ausnahme zumindest im Fall von Mediendelikten (und damit auch bei der konkret zu beurteilenden Haftung der B-Zeitung) weit auszulegen, könnte die Entstehungsgeschichte der Bestimmung sprechen, waren doch gerade die unterschiedlichen rechtspolitischen Vorstellungen im Bereich der Pressedelikte Ursache dafür, den gesamten Bereich der Verletzung von Privatsphäre und Persönlichkeitsrechten aus der Rom II-VO auszuklammern; vgl etwa *Spickhoff* in Bamberger/Roth, BGB III[3], Art 1 Rom II-VO Rn 17 f. Nach dem zum ABGB gängigen (für eine EU-VO freilich nicht maßgebenden) Rechtsverständnis wird jedenfalls auch die Schädigung des wirtschaftlichen Rufs iSd § 1330 Abs 2 ABGB als Verletzung eines Persönlichkeitsrechts iSd § 16 ABGB angesehen. Vgl *Kissich* in Kletečka/Schauer, ABGB-ON[1.02] § 1330 Rz 4; *Meissel* in Klang[3] § 16 Rz 99.

schadensverursachende Verhalten gesetzt worden ist (Handlungsort[23]). Bei Gehilfenhaftung ist der Ort des Gehilfenhandelns maßgeblich:[24] Der Artikel wurde in Wien recherchiert, verfasst und auch von hier aus an die Zeitung verkauft; daher ist der Anspruch nach österreichischem Sachrecht zu beurteilen.

> Anmerkung:
>
> Wäre die Ausnahmebestimmung des Art 1 Abs 2 lit g Rom II-VO nicht einschlägig, wäre mangels Rechtswahl (Art 14 Rom II-VO) die allgemeine Deliktsregel des Art 4 Rom II-VO heranzuziehen, der zufolge das Recht jenes Staates anzuwenden ist, in dem der Schaden eintritt. Der Schaden ist dem A in Österreich erwachsen, da er hier in der volkstümlichen Musikrevuesendung des ORF hätte auftreten und die vereinbarte Gage von € 10.000,- hätte erhalten sollen. Der Ersatzanspruch wäre somit auch nach diesem Ansatz nach österreichischem Sachrecht (Art 24 Rom II-VO) zu beurteilen. Dem berufenen Deliktsstatut unterliegt auch die Frage der Haftung für Handlungen anderer Personen (Art 15 lit g Rom II-VO), hier des Journalisten J.

b) Nach österreichischem Sachrecht ergibt sich folgende Beurteilung: Mangels rechtlicher Sonderbeziehung zwischen A und der B-Zeitung kommt eine Haftung nach § 1313a ABGB nicht in Betracht. Die Zeitung haftet aber nach **§ 1315 ABGB**, da bereits ein einmaliges Versehen, das auf einer grob fahrlässigen Verletzung von Berufspflichten oder auf einem auffallenden Mangel an Gewissenhaftigkeit beruht, den Schluss auf **„Untüchtigkeit"** im Sinne dieser Bestimmung zulassen kann.[25] Dass eine derartig qualifizierte Sorgfaltspflichtverletzung seitens des J vorliegt, wurde oben bereits erörtert. Auch hinsichtlich der weiteren Voraussetzungen des Schadenersatzanspruchs kann auf die Ausführungen unter 1) verwiesen werden (wobei ein Verschulden im Fall der Untüchtigkeit gar nicht vorliegen müsste).[26] Dass J offenbar keinen ausdrücklichen Auftrag zu Ermittlungen in dieser Angelegenheit hatte, ist für die Haftung nach

---

23 Zum Handlungsort im engeren und weiteren Sinn siehe *Lurger/Melcher*, Internationales Privatrecht Rz 5/112; ebenso zur Anknüpfung nach einer allfälligen engeren Verbindung.

24 *Verschraegen* in Rummel[3] § 48 IPRG Rz 23 mwN; *Schwimann,* Internationales Privatrecht[3] 75 f.

25 Siehe den vergleichbaren Fall OGH 1 Ob 687/86, SZ 60/49.

26 Anders als bei der Prüfung einer Haftung nach § 1313a ABGB, bei der für die Ersatzpflicht des Geschäftsherrn auf das diesen treffende (vertragliche) Pflichtenprogramm abzustellen ist, ergeben sich für die Haftung nach § 1315 ABGB diesbezüglich keine Unterschiede in der Begründung zwischen den Ansprüchen gegen den Geschäftsherrn und den Gehilfen (verletzte Norm ist im vorliegenden Fall jeweils § 1330 Abs 2 ABGB). Ein – hier freilich nicht relevanter – Unterschied in der Anspruchsprüfung kann sich allerdings daraus ergeben, dass die Haftung für untüchtige Gehilfen nach § 1315 ABGB Verschulden im Sinne subjektiver Vorwerfbarkeit auf Seiten des Gehilfen nicht voraussetzt (vgl etwa *Harrer* in Schwimann[3] § 1315 Rz 8).

§ 1315 ABGB nicht entscheidend;[27] die B-Zeitung hat sich, indem sie den von J verfassten Artikel übernommen hat, des J „zur Besorgung ihrer Angelegenheiten bedient".

Auch die B-Zeitung haftet dem A somit für die entgangenen € 10.000,-.

Anmerkungen:

1) Hinsichtlich der Veröffentlichung des Fotos im Kontext des ehrenrührigen Artikels kann A Schadenersatzansprüche auch auf §§ 78 iVm 87 UrhG stützen. Daneben sieht § 6 Mediengesetz einen verschuldensunabhängigen (!) und der Höhe nach beschränkten Anspruch gegen den Medieninhaber auf Entschädigung für „die erlittene Kränkung" (immaterieller Schaden) vor, wenn in einem Medium der objektive Tatbestand der üblen Nachrede, der Beschimpfung, der Verspottung oder der Verleumdung hergestellt wird.[28] Hierauf braucht nach der Fragestellung freilich nicht eingegangen zu werden.[29]

2) Praktisch gesehen wäre eine Haftung der B-Zeitung – sie ist wohl juristische Person – auch wegen eines ihr zurechenbaren Verhaltens anderer Personen als des J denkbar, insbesondere von (Chef-)Redakteuren und dergleichen. Die Haftung könnte insbesondere dann angenommen werden, wenn ein Organ oder Repräsentant das Erscheinen des Artikels schuldhaft gebilligt hat.[30] Dem Sachverhalt sind allerdings keine Angaben darüber zu entnehmen, ob und von wem ein solches schuldhaftes Verhalten gesetzt worden ist. In allen Fällen der Haftung für Handeln Dritter wäre über § 48 IPRG (oder Art 4 Rom II-VO, vgl oben) anzuknüpfen.

3) Diskutieren könnte man schließlich einen Verwendungsanspruch des A gegen J, da Letzterer durch den Verkauf des Fotos einen Vorteil in Gestalt des von der Zeitung erhaltenen Entgelts hat. Nach der Rsp hat derjenige, der das Bild einer bekannten Persönlichkeit (in den

---

27 Siehe auch hierzu OGH 1 Ob 687/86, SZ 60/49.

28 Vgl dazu etwa *Harrer* in Schwimann[3] § 1330 Rz 63.

29 Bei Prüfung derartiger Ansprüche wären ferner mögliche Abweichungen in der IPR-Anknüpfung zu beachten. Dies gilt insbes für Ansprüche nach § 6 MedienG, die lediglich die Verwirklichung des objektiven Tatbestands bestimmter strafrechtlicher Beleidigungsdelikte in einem Medium voraussetzen, sodass für den vorliegenden Fall eine Zurechnung des Gehilfenverhaltens nicht konstitutiv wäre. Die – uneinheitliche – Rsp sieht als Ort der Verletzungshandlung iSd § 48 Abs 2 IPRG in Bezug auf das Verhalten von Printmedien zT den Ort der Veröffentlichung der Zeitung (das wäre hier Deutschland), zT aber auch jenen Ort an, an dem das verletzte Persönlichkeitsrecht zu „verorten" ist (was aufgrund des gewöhnlichen Aufenthalts des A in Österreich für die Anwendung österreichischen Rechts sprechen würde); vgl *Lurger/Melcher,* Internationales Privatrecht Rz 5/111 ff mwN. Auch wäre nach § 48 Abs 2 Satz 2 IPRG eine allfällige stärkere Beziehung zum Recht eines bestimmten Staats zu beachten.

30 Vgl auch hierzu OGH 1 Ob 687/86, SZ 60/49, wo die Frage aber letztlich offen gelassen wurde.

> einschlägigen Entscheidungen häufig Fußballspieler) ohne deren
> Zustimmung zu Werbezwecken verwendet und dabei den Bekannt-
> heitsgrad des Abgebildeten zu seinem eigenen Vorteil ausnützt, den
> erlangten Nutzen nach § 1041 ABGB zu vergüten.[31] Die Frage braucht
> im konkreten Fall nicht angeschnitten zu werden, da nur Ansprüche
> des A bezüglich der entgangenen Gage von € 10.000,- gefragt sind.
> Mit dem Bereicherungsanspruch könnten von J allenfalls dessen
> Honorar, von der B-Zeitung etwaige Mehreinnahmen verlangt wer-
> den (wobei Ansprüche gegen die B-Zeitung gemäß Art 10 Abs 3
> Rom II-VO allerdings nach deutschem Recht zu beurteilen wären).

Frage 3

1) Z-Bank gegen C auf Zahlung der (jeweils fällig werden-den) weiteren Raten aus dem Kreditvertrag, § 989 Abs 2 ABGB

Der laut Sachverhalt zu diesem Zeitpunkt 17-jährige und damit noch minder-jährige C hat am 15.7.2014 bei der Z-Bank einen Kredit in Höhe von € 36.000,- aufgenommen. Ein Kreditvertrag dieser Größenordnung stellt eine Vermögens-angelegenheit dar, die bei einem minderjährigen Schüler **nicht zum „ordent-lichen Wirtschaftsbetrieb"** iSd § 167 Abs 3 ABGB gehört.[32] Die in § 167 Abs 3 Satz 2 ABGB gegebene Aufzählung ist nur demonstrativ.[33] Gehört schon das Anlegen von Geld, von den in §§ 216 und 217 ABGB geregelten Arten abgesehen, nicht zum ordentlichen Wirtschaftsbetrieb, dann die Aufnahme eines Geldkredits grundsätzlich erst recht nicht. Der Vertrag hätte daher zu-sätzlich zur – hier vorliegenden – Genehmigung durch beide Eltern als gesetz-liche Vertreter auch der Genehmigung durch das Gericht bedurft (§ 167 Abs 3 ABGB). Daran fehlt es. Somit ist der Kreditvertrag – da dieser natürlich auch nicht § 170 Abs 2 und 3 ABGB unterstellt werden kann – nicht wirksam zu-stande gekommen.

Eine nachträgliche „Selbst-Genehmigung" bzw ein **„Anerkenntnis"** durch C **nach Erreichen der Volljährigkeit** hätte nach § 168 ABGB der Schriftform bedurft. Die bloße Zahlung zweier Raten durch den nunmehr volljährigen C stellt

---

31 Siehe OGH 4 Ob 406/81, SZ 55/12; OGH 4 Ob 368/87i, wbl 1998, 273; vgl auch OGH 4 Ob 127/94, SZ 67/224 (Abziehbilder für Sammelalben); 4 Ob 147/90, MR 1991, 68 (berühmter Sänger – Carreras).

32 Vgl OGH 8 Ob 137/99a, ÖBA 2000, 628/886, wo ein Kredit in Höhe von öS 460.000,- auch in einem Fall als nicht zum ordentlichen Wirtschaftsbetrieb gehörig qualifi-ziert wurde, in dem der Minderjährige über ein monatliches Nettoeinkommen von öS 10.000,- verfügte. Der vorliegende Sachverhaltsteil ist der genannten E nach-empfunden (für die rechtliche Beurteilung ist allerdings der erst später eingeführte § 168 ABGB zu beachten).

33 Vgl schon den eindeutigen Wortlaut („besonders"); ferner etwa *Koziol/Welser*, Grundriss I[14] 595.

damit jedenfalls keine wirksame nachträgliche Genehmigung des ursprünglich unwirksamen Kreditvertrags dar.

Der Kreditvertrag ist und bleibt daher unwirksam, die Z-Bank kann aus diesem keine Zahlungsansprüche geltend machen.

> Anmerkungen:
>
> 1) Auf die Berechtigung der Z-Bank, sich auf Terminsverlust zu berufen, braucht aufgrund der Unwirksamkeit des Kreditvertrags nicht eingegangen zu werden.
>
> 2) Wer das Geschäft – fälschlich – dem ordentlichen Wirtschaftsbetrieb zurechnet, müsste jedenfalls Unwirksamkeit wegen fehlender Bestellung eines Kollisionkurators annehmen (§ 271 ABGB). Dann stellt sich die Frage der Selbstgenehmigung ebenso (aber ohne explizites Schriftformerfordernis). Der OGH hat in einem solchen Fall allerdings die Unwirksamkeit (Sittenwidrigkeit) des Vertrags in Anlehnung an seine Judikatur zu Bürgschaften vermögensschwacher Angehöriger begründet.[34]

2) C gegen Z-Bank auf Rückzahlung der beiden gezahlten Raten, § 1431 ABGB

Wie eben erörtert ist kein wirksamer Kreditvertrag zustande gekommen, die beiden von C an die Z-Bank geleisteten „Rückzahlungsraten" sind somit ohne Rechtsgrund gezahlt worden. C war zwar bei Abschluss des Kreditvertrags, nicht aber im Zeitpunkt der beiden Ratenzahlungen geschäftsunfähig. Der Kondiktionsanspruch des C unterliegt daher der allgemeinen Regel des § 1431 ABGB; § 1433 ABGB, der bei Leistung durch einen Geschäftsunfähigen vom Irrtumserfordernis des § 1431 ABGB absieht, kommt nicht zur Anwendung. Nach der Sachverhaltsschilderung ist davon auszugehen, dass C die Zahlungen in der irrtümlichen Annahme getätigt hat, hierzu rechtlich verpflichtet zu sein. Gemäß § 1431 ABGB kann er das Gezahlte zurückfordern (auch fahrlässige Unkenntnis vom Fehlen der Verpflichtung würde die Rückforderbarkeit nicht ausschließen).[35]

3) Rückabwicklung im Verhältnis Z-Bank – A, § 1431 ABGB

Die Kreditvaluta in Höhe von € 36.000,- wurden dem Sachverhalt zufolge auf ein Konto des A bei der Y-Sparkasse ausbezahlt. Aus dieser Leistung der Z-Bank hat A rechtsgrundlos (Unwirksamkeit des Kreditvertrags) einen Vorteil durch Schuldentilgung gegenüber der Y-Sparkasse erlangt. Auch die Z-Bank hat die Zahlung irrtümlich vorgenommen, indem sie (wenn auch fahrlässigerweise) von der Wirksamkeit des Kreditvertrags ausgegangen ist. Sie kann den Betrag daher von A nach § 1431 ABGB zurückfordern.

---

34 OGH 8 Ob 137/99a, ÖBA 2000, 628/886.
35 Vgl etwa *Koziol/Welser*, Grundriss II[13] 277.

275

Demgegenüber hat aber auch A – im Hinblick auf den vermeintlich gültigen Kreditvertrag zwischen Z und C – bislang Kreditrückzahlungen geleistet. Auch ihm stünde daher ein Rückforderungsanspruch nach § 1431 ABGB zu. Da es sich bei den wechselseitigen bereicherungsrechtlichen Geldzahlungsansprüchen um gegenseitige, gleichartige, richtige und auch fällige Forderungen handelt, kann, soweit sich die Forderungen decken, mit einer entsprechenden Aufrechnungserklärung aufgerechnet werden (§§ 1438 ff ABGB). Im Ergebnis hat somit die Z-Bank Anspruch auf die noch nicht rückgezahlten Valuta.

Anmerkungen:

1) Für den Bereicherungsanspruch der Z-Bank gegen A könnte als Anspruchgrundlage auch an § 1041 ABGB gedacht werden: Bei Anweisungslagen mit Doppelmangel ohne wirksame Anweisung wird der Direktanspruch (hier Z-Bank gegen A) von manchen als Verwendungsanspruch qualifiziert.[36] Ein solcher Fall liegt hier vor: Unwirksam ist sowohl der Kreditvertrag zwischen C als Anweisendem und der Z-Bank als Angewiesener, als auch die der Direktauszahlung an A zugrunde liegende Abrede zwischen diesem als Anweisungsempfänger und C. Gleiches gilt für die auf Direktauszahlung an A gerichtete „Anweisung" – der Sachverhalt spricht von einer Vereinbarung – des minderjährigen C an die Z-Bank. Die Unwirksamkeit gründet sich jeweils auf § 167 Abs 3 ABGB (im Übrigen würde mangels Bestellung eines Kollisionskurators auch § 271 ABGB greifen).

2) Gegen Christian (er hat nichts erhalten) hat die Z-Bank keine Bereicherungsansprüche, da er nicht bereichert ist.

3) Auch gegen die Y-Sparkasse kann die Z-Bank nicht mittels Leistungskondiktion vorgehen, da die (bereicherungsrechtliche) Leistungsbeziehung nach dem Sachverhalt im Verhältnis der Z-Bank zum Zahlungsempfänger und Kontoinhaber A und nicht zwischen Z-Bank und Y-Sparkasse anzunehmen ist. Y ist lediglich kontoführende Bank, nicht Zahlungsempfänger. Auch ein Verwendungsanspruch iSd § 1041 ABGB gegen die Y-Sparkasse liegt nicht vor: Man könnte zwar meinen, infolge der Überweisung sei Y insoweit „bereichert", als die fälligen Kreditforderungen gegenüber A wohl getilgt worden sind; eine derartige „Vermögensverschiebung" ist aber durch den wirksamen Auftrag der Z an die Y, dem A den betreffenden Betrag gutzubuchen, und durch die aufgrund eines wirksamen Kreditvertrags zwischen Y und A erfolgenden Zahlung des A an Y gerechtfertigt und damit nicht „rechtsgrundlos" erfolgt.

---

36   Nachweise bei *Koziol/Welser*, Grundriss II[13] 283 FN 54.

Frage 4

Die Beurteilung der erbrechtlichen Lage kann in folgende Schritte gegliedert werden:

1) Opis Testament ist unwirksam (**formungültig**, § 601 ABGB). Es ist nicht eigenhändig (handschriftlich), sondern auf einer Schreibmaschine geschrieben, weshalb die Voraussetzungen eines eigenhändigen Testaments nach § 578 ABGB nicht verwirklicht sind. Ebenso wenig sind die Voraussetzungen für ein fremdhändiges schriftliches Testament nach § 579 ABGB erfüllt, da es insbesondere an den Unterschriften dreier Zeugen fehlt. Es tritt daher **gesetzliche Erbfolge** ein (§ 727 ABGB).

2) Gemäß § 197 Abs 1 ABGB treten durch die **Adoption** Rechtswirkungen, wie sie sonst durch Abstammung begründet sind, nur zum Annehmenden (und dessen Nachkommen), nicht aber auch zu Vorfahren des Annehmenden ein. Daher hat **A** nach Opi kein gesetzliches Erbrecht; er geht also leer aus.

3) Trixi ist als Enkelin Opis grundsätzlich gesetzliche Erbin. Sie steht in der ersten Parentel und repräsentiert ihren vorverstorbenen Vater, der Opis Kind gewesen ist (§§ 730, 732, 733 ABGB). Trixi könnte jedoch analog § 540 ABGB **erbunwürdig** sein. § 540 ABGB schließt jeglichen erbrechtlichen Erwerb für denjenigen aus, der eine gerichtlich strafbare Vorsatzhandlung mit Strafrahmen von über einem Jahr gegen den Erblasser Opi begangen hat. Trixi hat eine solche Tat zwar nicht gegen Opi persönlich begangen, wohl aber sein Gefühlsleben schwer verletzt, indem sie einen Angriff auf Leib und Leben seiner geliebten Frau unternommen hat. Im Schrifttum wird dies zT einer Straftat gegen den Erblasser selbst gleichgehalten und auf diesen vom Gesetz nicht geregelten Fall § 540 ABGB analog angewendet. Der OGH legt § 540 ABGB dagegen strikt aus und schränkt auf Straftaten gegen den Erblasser ein.[37] Die Analogie hat uE die besseren Gründe für sich. Danach ist Trixi erbunwürdig und hat daher von Gesetzes wegen kein Erbrecht.

4) Sigismund ist als leiblicher Nachkomme Opis gesetzlicher Erbe in der ersten Parentel (§§ 732, 733 ABGB). Da Trixi wegen Erbunwürdigkeit nicht zum Zug kommt, ist Sigismund Alleinerbe.

Anmerkungen:

1) Folgt man der Lösung des OGH, ist Trixi gesetzliche Erbin und damit gleich zu behandeln wie Sigismund. Trixi und Sigismund erben dann jeweils die Hälfte.

2) Unterläge der Fall bereits den durch das ErbRÄG 2015 modifizierten Bestimmungen (dh Errichtung der letztwilligen Verfügung und Todeszeitpunkt Opis nach dem 31.12.2016),[38] ändert sich jedenfalls an den Ausführungen unter 1) und 2) nichts.[39] Das unter 3) angespro-

---

37 Nachweise zu beiden Auffassungen bei *Koziol/Welser*, Grundriss II[13] 458.
38 Vgl § 1503 Abs 7 ABGB idF des ErbRÄG 2015 (BGBl I 2015/87), insb Z 2 und 5.
39 Zu den – hier nicht relevanten – Änderungen bei § 579 ABGB siehe die Anmerkung auf S 127.

chene Problem einer möglichen Erbunwürdigkeit Trixis wird in § 541 nF ABGB einer ausdrücklichen Regelung zugeführt. Danach ist erbunwürdig, wer eine qualifiziert strafbare Handlung (unter anderem) gegen den Ehegatten des Verstorbenen begangen hat, „wenn der Verstorbene aufgrund seiner Testierunfähigkeit, aus Unkenntnis oder aus sonstigen Gründen nicht in der Lage war, ihn zu enterben, und er auch nicht zu erkennen gegeben hat, dass er ihm verziehen hat." Hier hat Trixi einen Mordversuch an Omi unternommen, was Opi ihr nie verziehen hat. Zusätzlich verlangt das Gesetz allerdings, dass der nunmehrige Erblasser Opi nicht in der Lage gewesen wäre, Trixi zu enterben. Das von Opi errichtete Testament zugunsten des A könnte zwar – sofern es nach der Straftat Trixis errichtet wurde – eine stillschweigende Enterbung durch Übergehung in der letztwilligen Verfügung iSd § 782 aF bzw § 772 nF ABGB darstellen; diese ist allerdings formunwirksam erklärt worden. Erbunwürdigkeit der Trixi könnte aber dann angenommen werden, wenn man unter den Tatbestand „aus Unkenntnis oder aus sonstigen Gründen nicht in der Lage war" auch die Unkenntnis Opis über die rechtlichen Voraussetzungen einer wirksamen Enterbung subsumiert. Bei diesem Ansatz bleibt die Lösung auch in den Abschnitten 3) und 4) gleich; ansonsten erben Trixi und Sigismund zu gleichen Teilen.

Fall 22. Der drittfinanzierte Autokauf

I. Sachverhalt

Der Angestellte A begibt sich zum Gebrauchtwagenhändler B, um dort einen gebrauchten Pkw zu kaufen. A erklärt, dass er nur einen Gebrauchtwagen kaufen möchte, der weniger als 100.000 km gefahren sei, woraufhin ihm B einen bestimmten PKW mit 95.000 km anbietet. Nach näherer Besichtigung und einer kurzen Probefahrt entschließt sich A zum Kauf, wobei der Kaufpreis unter Berücksichtigung dieses Kilometerstandes sowie des Alters des Fahrzeuges mit € 10.000,- vereinbart wird. Dies entspricht dem Verkehrswert.

Da A diesen Kaufpreis nicht bar zur Verfügung hat, bittet er B, den Kaufpreis in Raten abzahlen zu können. Das lehnt B ab, erklärt sich aber bereit, bei seiner Hausbank einen Kredit zur Kaufpreiszahlung zu vermitteln, welcher dann in Raten zurückgezahlt werden könne. A ist damit einverstanden. B übergibt ihm daraufhin ein Antragsformular der X-Bank, mit dem A bei der X-Bank die Gewährung eines in Raten rückzahlbaren Kredits zur Begleichung des (nach einer Anzahlung noch offenen) Kaufpreises beantragt. Beim Ausfüllen des Antragsformulars ist B dem A behilflich und übernimmt auch die Weiterleitung des Formulars an die Bank bzw umgekehrt die Erteilung aller nach dem VKrG erforderlichen Informationen an A.

Im Kaufvertrag vereinbaren A und B, dass A eine Anzahlung von € 1.500,- zu leisten hat und dass B ihm den Pkw übergeben wird, sobald die X-Bank den Kaufpreisrest direkt an B ausbezahlt haben wird. Darüber hinaus enthält der Kaufvertrag folgende Bestimmungen:

> „Der Käufer hat das Fahrzeug besichtigt und probegefahren. Der Verkäufer leistet dafür Gewähr, dass das Fahrzeug generalüberholt wurde und sich in einem seinem Baujahr entsprechenden guten Zustand befindet. Darüber hinausgehende Gewährleistungsansprüche sind ausgeschlossen.
> Für Sach- und Vermögensschäden haftet der Verkäufer nur bei Vorsatz und grober Fahrlässigkeit.
> Bis zur vollständigen Bezahlung des Kaufpreises bleibt das Fahrzeug Eigentum des Verkäufers."

Einige Tage später erhält A von der X-Bank ein Schreiben, in dem diese die Annahme seines Kreditantrages erklärt. Neben anderen Vertragspunkten enthält das Schreiben auch die Bestimmung, dass der Kredit samt allen Zinsen und Nebengebühren in 18 gleichen Monatsraten zu je € 500,- zurückzuzahlen ist. Dies entspricht dem von A gestellten Antrag.

Inzwischen hat die X-Bank – einem zwischen ihr und B bestehenden Rahmenvertrag entsprechend – die restliche Kaufpreisforderung eingelöst. Dies wird dem A mitgeteilt. Desgleichen wird ihm mitgeteilt, dass das vorbehaltene Eigentum am Pkw auf die X-Bank übertragen worden sei.

A überweist aus eigenen Mitteln die Anzahlung von € 1.500,- an B und an die X-Bank die erste Rate in der Höhe von € 500,-. Sodann begibt er sich zu B, der ihm das Fahrzeug übergibt.

Zwei Wochen später überlässt A das Auto seinem 22-jährigen Sohn C, der einen Führerschein der Gruppe B besitzt. C, der seine Freundin besuchen möchte, ist vom Fahrzeug und seinen guten Fahreigenschaften so begeistert, dass er zu schnell in eine scharfe Linkskurve fährt und gegen eine Mauer prallt, wodurch der Pkw erheblich beschädigt wird. Der Mechaniker, zu dem das beschädigte Fahrzeug geschleppt wird, stellt bei einer eingehenden Untersuchung unter anderem zufällig fest, dass der Kilometerzähler offenbar schon vor dem Verkauf zurückgestellt wurde und dass der tatsächliche Kilometerstand ca 160.000 km betragen haben muss. Dies wird durch ein hierauf von A eingeholtes Sachverständigengutachten erhärtet. Weiters stellt der Sachverständige fest, dass unter diesen Umständen der Wert des Pkw im Verkaufszeitpunkt etwa € 9.500,- betragen hat. B wusste nichts von der Manipulation am Kilometerzähler. Sie war auch relativ schwer zu erkennen. Durch den Unfall entstand am PKW ein Schaden in der Höhe von € 3.300,-. Das Entgelt für den Sachverständigen hat A inzwischen beglichen.

A will daraufhin den Kaufvertrag rückgängig machen und weigert sich, weitere Kreditraten an die X-Bank zu zahlen. Die X-Bank fordert hingegen die weitere Zahlung der Raten sowie den Ersatz der Reparaturkosten. Auch B, an den A mit dem Ansinnen der Vertragsauflösung herantritt, zeigt kein Verständnis und erklärt, im Nachhinein könne man da leider nichts machen.

> **Wie ist die Rechtslage?**

II. Lösung

> Vorbemerkung:
>
> Aus Gründen der Übersichtlichkeit (Dreipersonenkonstellation, Einwendungsdurchgriff) werden im Folgenden alle Rückabwicklungsfragen in einem gesonderten Abschnitt D. zusammengefasst und daher zunächst ausgeklammert. Auch das Verhältnis zwischen B und der X-Bank wird erst in Abschnitt D. behandelt. Im Übrigen sind die Abschnitte A. bis C. nach Zweipersonenverhältnissen gegliedert. Dabei wird mit dem Verhältnis A – B begonnen, da hier für die weiteren Verhältnisse relevante Vorfragen zu klären sind.

A. Verhältnis A – B

1) Anfechtung des Kaufvertrags wegen Irrtums, § 871 ABGB

> Anmerkung:
>
> Die etwas ungewöhnliche Formulierung der Überschrift („Anfechtung" statt Bezeichnung eines konkreten Anspruchs wie etwa „Anspruch des A gegen B auf Rückzahlung von € 1.500,-") resultiert aus der oben angesprochenen Gliederung des Lösungsaufbaus, die Rückabwicklungsansprüche erst gesondert unter Abschnitt D. zu behandeln. Entsprechendes gilt für die unter 2) geprüften Gewährleistungsrechte.

A und B haben einen wirksamen Kaufvertrag über einen gebrauchten Pkw abgeschlossen. A könnte jedoch wegen Irrtums zur Anfechtung des Vertrags berechtigt sein:

- A befindet sich bei Abschluss des Vertrags insofern in einem **Irrtum** (hat also eine fehlende oder falsche Vorstellung von der Wirklichkeit), als er annimmt, das Fahrzeug habe einen Kilometerstand von 95.000 km; in Wahrheit sind es 160.000 km.
- Dieser Irrtum ist für den Abschluss des Kaufvertrags durch A **kausal**, denn A erklärt ausdrücklich, dass der Pkw nicht mehr als 100.000 km gefahren sein dürfe. Ohne Irrtum hätte A den Vertrag daher nicht geschlossen.
- Nicht jede Art von Irrtum berechtigt zur Anfechtung nach § 871 ABGB. Liegt ein Erklärungs- oder Geschäftsirrtum vor („beachtlicher Irrtum"),[1] ist eine Anfechtung grundsätzlich möglich, bei bloßem Motivirrtum nicht. Hier irrt A über eine für das Geschäft wesentliche Eigenschaft des Vertragsgegenstands, nämlich den Kilometerstand des gekauften Pkw. Diese Eigenschaft

---

1   Die Terminologie ist freilich uneinheitlich. Wie hier etwa *Rummel* in Rummel/Lukas[4] § 871 Rz 5; *Pletzer* in Kletečka/Schauer, ABGB-ON[1.01] § 871 Rz 2, 20.

ist dadurch, dass B dem A das Auto ausdrücklich als solches mit 95.000 km angeboten hat sowie durch die Berücksichtigung des Kilometerstands bei der Preisfestsetzung Inhalt des Kaufvertrags geworden. Ein derartiger Irrtum stellt einen **Geschäftsirrtum** dar und ist damit beachtlich.

- Zudem muss eine der drei Tatbestandsalternativen des § 871 Abs 1 ABGB verwirklicht sein (Veranlassung, offenbar auffallen müssen, rechtzeitige Aufklärung). Der Irrtum ist durch B **veranlasst,** weil er den Pkw dem A mit 95.000 km anbietet. Für die Veranlassung iSd § 871 ABGB reicht adäquates Verursachen des Irrtums durch den anderen; Verschulden ist nicht erforderlich.

> **Anmerkung:**
>
> Umstritten ist, ob neben den im Gesetz genannten drei Alternativen auch ein **gemeinsamer Irrtum** zur Anfechtung berechtigt.[2] Bejaht man dies, wäre die Anfechtung im vorliegenden Fall auch unter Berufung auf diesen Tatbestand möglich, da laut Sachverhalt auch B nichts von der Manipulation am Kilometerzähler wusste.

- Damit der Vertrag angefochten (und nicht bloß angepasst) werden kann, muss es sich um einen **wesentlichen** Irrtum handeln. Dies ist der Fall, weil A – wie oben bereits angedeutet – den Vertrag bei Kenntnis der wahren Sachlage gar nicht abgeschlossen hätte.

> **Anmerkung:**
>
> Die Argumentation oben im Punkt der „Kausalität" muss mit jener im Punkt der „Wesentlichkeit" übereinstimmen. In beiden Prüfschritten muss deutlich werden, ob der Vertrag von den Parteien a) gar nicht oder b) mit anderem Inhalt abgeschlossen worden wäre. Das Ergebnis muss zudem begründet werden. Hierbei kann aufgrund der inhaltlichen Parallele durchaus auch mit Verweisen gearbeitet werden. Alternativ können Kausalität und Wesentlichkeit in Hinblick auf die identische Begründung auch in einem geprüft werden.

Rechtsfolge: A kann den Vertrag anfechten; dieser fällt damit mit schuld- und sachenrechtlicher Wirkung ex tunc weg. Die bereits erbrachten Leistungen sind bereicherungsrechtlich rückabzuwickeln, als Anspruchsgrundlage fungiert § 877 ABGB (hierzu unten D.).

> **Anmerkung:**
>
> Ein Schadenersatzanspruch aus culpa in contrahendo muss uE hier nicht unbedingt angesprochen werden. Er wäre im Ergebnis zu verneinen, da es angesichts der „relativ schweren" Erkennbarkeit der Tachomanipulation wohl bereits an der Verletzung einer Aufklärungspflicht und damit

---

2   Dafür in jüngerer Zeit etwa wieder OGH 1 Ob 23/04w, ecolex 2004, 606/272; 8 Ob 57/14m, ZVB 2014, 456/134. Näher zur einschlägigen Diskussion FN 7 zu Fall 14.

an einem rechtswidrigen Verhalten fehlen würde. Auch wenn eine Auf-
klärungspflichtverletzung zu bejahen wäre, würde eine Ersatzpflicht an
der vertraglichen Beschränkung der Haftung auf grobes Verschulden
scheitern (zu deren Zulässigkeit vgl unten zu Anspruch 3)).

2) Gewährleistungsrechte des A, § 932 Abs 4 ABGB, § 9 KSchG

Zwischen A und B besteht ein **entgeltlicher Vertrag**; die Parteien haben den
Kauf eines bestimmten Pkw um € 10.000,- vereinbart. Erweist sich die Leistung
als mangelhaft, muss B dem A Gewähr leisten.

Ein gewährleistungsrechtlich relevanter **(Sach-)Mangel** im Sinne der
§§ 922, 923 ABGB liegt vor, wenn der Ist-Zustand der Sache im Übergabezeitpunkt (§ 924 Satz 1 ABGB) von der vertraglich bestimmten Sollbeschaffenheit
negativ abweicht. Dies ist der Fall, da das Auto einen höheren Kilometerstand
aufweist als vereinbart. Dass der Mangel bereits im Übergabezeitpunkt vorliegt, ergibt sich aus dem eingeholten Sachverständigengutachten und wird
überdies nach § 924 Satz 2 ABGB vermutet: Der Unfall mit anschließender
Untersuchung ereignet sich zwei Wochen nach Übergabe des Autos, also
jedenfalls innerhalb der von § 924 ABGB geforderten sechs Monate.

Als Zwischenergebnis ist festzuhalten, dass B dem A grundsätzlich zur Gewährleistung verpflichtet ist.

Einwendung des B: Dagegen wird B jedoch einwenden, dass die Gewährleistung vertraglich ausgeschlossen worden sei; genauer: auf die Tatsache
einer erfolgten Generalüberholung sowie auf einen „dem Baujahr entsprechenden guten Zustand" eingeschränkt worden sei, wovon der überhöhte Kilometerstand aber jeweils eindeutig nicht umfasst sei.

Gegeneinwendung: Dem kann A die Unwirksamkeit des vereinbarten Ge-
währleistungsausschlusses entgegenhalten. Es liegt nämlich ein Verbrauchergeschäft iSd § 1 KSchG vor: B ist dem Sachverhalt zufolge Gebrauchtwagenhändler, der gegenständliche Pkw-Verkauf gehört zweifelsohne zum „Betrieb
seines Unternehmens" iSd § 1 Abs 1 Z 1 KSchG. B ist daher als Unternehmer
zu qualifizieren. Auf A trifft dies nicht zu. Er ist Angestellter, also unselbständig
erwerbstätig, und damit Verbraucher iSd § 1 Abs 1 Z 2 KSchG.

§ 9 Abs 1 Satz 1 KSchG bestimmt, dass Gewährleistungsrechte eines Verbrauchers vor Kenntnis des Mangels nicht ausgeschlossen oder eingeschränkt
werden können. Der Gewährleistungsausschluss ist im Kaufvertrag erfolgt,
also vor Kenntnis des Mangels (den ja erst der Mechaniker entdeckt hat). Um
eine Fristverkürzung – sie wäre bei gebrauchten beweglichen Sachen nach § 9
Abs 1 Satz 2 und 3 KSchG in bestimmtem Umfang zulässig – geht es hier
nicht. Der Gewährleistungsausschluss ist somit nichtig.

Rechtsfolgen: Nach der in § 932 ABGB vorgesehenen Staffelung der
Rechtsbehelfe hätte der Übernehmer A „zunächst" nur Anspruch auf Verbesserung oder Austausch (§ 932 Abs 2 ABGB). Ein Austausch kommt beim Spe-
zieskauf nach hA jedoch schon logisch nicht in Betracht, ebenso scheidet eine
Verbesserung des vorliegenden Mangels aus, da gefahrene Kilometer
schlichtweg nicht „rückgängig gemacht" werden können.

A kann daher nach § 932 Abs 4 ABGB frei zwischen Preisminderung und Wandlung wählen. Ein „geringfügiger Mangel" liegt nicht vor, da der Kilometerstand beim gegenständlichen Vertrag eine Eigenschaft ist, auf die der Käufer gegenüber dem Verkäufer vor Vertragsabschluss besonders bestanden hat.[3] Wählt A die Wandlung, worauf der Sachverhalt hindeutet (A will „den Kaufvertrag rückgängig machen"), fällt der Vertrag mit (lediglich) schuldrechtlicher Wirkung ex tunc weg. Erbrachte Leistungen sind bereicherungsrechtlich rückabzuwickeln, als Anspruchsgrundlage fungiert § 1435 ABGB (siehe unten D.).

> **Anmerkung:**
>
> Die Preisminderung wäre nach der so genannten relativen Berechnungsmethode vorzunehmen (P : p = W : w), was den Angaben im Sachverhalt zufolge – der vereinbarte Verkaufspreis entspräche dem Verkehrswert; im mangelhaften Zustand sind € 9.500,- anzusetzen – einen geminderten Preis von € 9.500,- ergäbe (berechnet unter Annahme der Barzahlung).[4] Im Fall der Preisminderung bleibt der Wagen bei A, es gibt (da erst € 2.000,- gezahlt sind) keine Rückabwicklung.

3) A gegen B auf Ersatz des Mangelschadens (€ 500,-), § 933a iVm § 1295 Abs 1 ABGB

§ 933a ABGB regelt ausdrücklich den Anspruch auf den Ersatz des Mangelschadens. Der Anspruch setzt voraus, dass der Übergeber den Mangel verschuldet hat. Laut Sachverhalt wusste B nichts von den Manipulationen am Kilometerzähler. Subjektive Vorwerfbarkeit wäre anzunehmen, wenn es dem B möglich und zumutbar gewesen wäre, den Wagen im Zuge der Generalüberholung auf jegliche Art von Mängeln zu untersuchen, also nicht nur auf solche, die die Sicherheit (zB Bremsen, Licht, Scheibenwischer), Haltbarkeit (zB Rost, Lackschäden) und den ordentlichen Gebrauch (zB Fußmatten, Funktionsfähigkeit eines allenfalls vorhandenen Autoradios) des Fahrzeugs beeinträchtigen würden.[5] Auch hier gilt der Grundsatz, dass Sorgfaltspflichten nicht überspannt werden sollten.

Eine Haftung kommt im vorliegenden Fall im Ergebnis nicht in Betracht, da die Ersatzpflicht des B für Sach- und Vermögensschäden im Vertrag **auf grobes Verschulden beschränkt** wurde. Ein solches hat B sicher nicht zu verantworten, entdeckt doch auch der von A nach dem Unfall beauftragte Mechaniker die Manipulation nur „zufällig" bei einer „eingehenden Untersuchung" und ist diese nach dem Sachverhalt überhaupt „relativ schwer zu erkennen". Ein

---

3   Vgl OGH 7 Ob 239/05f, EvBl 2006/112; siehe auch OGH 1 Ob 14/05y, JBl 2005, 720 und dazu W. Faber, Zur „geringfügigen Vertragswidrigkeit" nach Art 3 Abs 6 der Verbrauchsgüterkauf-Richtlinie 1999/44/EG, ZEuP 2006, 678 (insbesondere 691 f).

4   10.000 : p = 10.000 : 9.500, daher p = 9.500.

5   Ausjudiziert ist ein Sachverhalt wie der vorliegende soweit ersichtlich nicht. Als Anschauungsmaterial mag die E 1 Ob 2218/96z dienen („Generalüberholung" eines Fahrzeugmotors).

Haftungsausschluss für bloß leicht fahrlässige Schädigung ist, von Personenschäden abgesehen, auch im Verbrauchergeschäft jedenfalls nicht generell unwirksam (vgl § 6 Abs 1 Z 9 KSchG). Aus dieser Bestimmung kann zwar nicht der Umkehrschluss gezogen werden, dass in Bezug auf Nichtpersonenschäden ein Haftungsausschluss für leichte Fahrlässigkeit allgemein zulässig wäre. Im konkreten Fall liegen allerdings keine Anhaltspunkte vor, die für eine Unwirksamkeit der Freizeichnungsklausel sprechen würden (zB erhebliche Ungleichgewichtslage und Verdünnung der Willensfreiheit, Verletzung vertraglicher Hauptleistungspflichten).[6] Die besonders genaue Überprüfung eines Gebrauchtwagens auf mögliche Tachomanipulationen gehört nicht zu den zentralen Pflichten eines Gebrauchtwagenhändlers. Insoweit erscheint eine Haftungsbeschränkung nicht gänzlich illegitim.

B hat die € 500,- aus dem Titel des Schadenersatzes also nicht zu ersetzen.

> Anmerkungen:
>
> Wäre die Haftung zu bejahen, würde sich insbesondere unter dem Gesichtspunkt der Rechtswidrigkeit das Problem des „ursprünglichen unbehebbaren Mangels" stellen. Dazu unten D.2)b).

4) Anspruch A gegen B auf Ersatz der Sachverständigenkosten, § 1295 Abs 1 ABGB

A holt zwecks Erhärtung des Manipulationsverdachts ein Sachverständigengutachten ein und hat das hierfür in Rechnung gestellte Entgelt bereits geleistet. Derartige Kosten können grundsätzlich – als Aufwendungen zur Schadensfeststellung – einen ersatzfähigen Vermögensschaden darstellen.[7] Auch hier ist aber der zulässige Haftungsausschluss für leichte Fahrlässigkeit zu beachten. Eine Ersatzpflicht ergibt sich also im Ergebnis nicht.

---

6   Vgl OGH 7 Ob 84/12x, SZ 2012/115 (zu Klauseln 11-13; Verbandsprozess), wo eine Haftungsbeschränkung auf grobes Verschulden für Nichtpersonenschäden im Verbrauchergeschäft als gröblich benachteiligend iSd § 879 Abs 3 ABGB angesehen wurde; *Langer* in Kosesnik-Wehrle, KSchG[4] § 6 Rz 47a mwN.

7   In praktischer Hinsicht ist insbesondere die Frage problematisch, ob solche Kosten selbständig eingeklagt werden können oder nur als „vorprozessuale Kosten" in einem Rechtsstreit um den Hauptanspruch geltend gemacht werden können (vgl zur Differenzierung etwa OGH 1 Ob 302/02x, EvBl 2003/102; 9 Ob 7/09h, MietSlg 61.211). Darauf soll hier aber nicht eingegangen werden.

B. Verhältnis X-Bank – A

1) X-Bank gegen A auf Zahlung des Restkaufpreises (insgesamt € 8.000,-) aus dem eingelösten Kaufpreiszahlungsanspruch, § 1062 iVm § 1422 ABGB

Die X-Bank hat den Anspruch auf den Restkaufpreis eingelöst. Nach § 1422 ABGB bewirkt dies, dass die Forderung trotz Zahlung an B nicht erlischt, sondern unmittelbar aufgrund des Gesetzes auf den Zahler, also die X-Bank, übergeht. Die X könnte daher grundsätzlich noch € 8.000,- von A verlangen: Die Kaufpreisverbindlichkeit betrug ursprünglich € 10.000,-; davon sind bereits € 1.500,- durch Zahlung an B und € 500,- durch Zahlung an X getilgt.[8]

Allerdings kann der Zessus A dem Neugläubiger X-Bank auch im Falle der notwendigen Zession iSd § 1422 ABGB **alle Einwendungen** in Bezug auf den Kaufpreiszahlungsanspruch entgegenhalten, die ihm bereits gegen den Zedenten B zustanden; hier also die Einwendungen aus Irrtumsanfechtung und Gewährleistung. Der in § 1394 ABGB ausgedrückte Gedanke des Verschlechterungsverbots gilt auch bei Zession nach § 1422 ABGB. Somit hat die X-Bank aus abgetretenem Recht keine Zahlungsansprüche gegen A.

2) Anspruch der X-Bank gegen A auf Zahlung der weiteren Raten (insgesamt € 8.500,-), § 989 Abs 2 ABGB

> Anmerkung:
>
> Die rechtliche Ausgestaltung der Finanzierungskonstruktion hängt von der vertraglichen Vereinbarung im Einzelfall ab. Zum Teil wird das Vertragsverhältnis zwischen Käufer und Finanzierer nicht als Kreditvertrag, sondern als Auftragsvertrag iSd §§ 1002 ff ABGB verstanden, aus dem der Finanzierer die Einlösung der Kaufpreisforderung schuldet und den daraus resultierenden Aufwandersatzanspruch (§ 1014 ABGB) dem Käufer kreditiert.[9] Hier spricht der Sachverhalt allerdings eindeutig davon, dass zwischen A und der X-Bank ein Kreditvertrag abgeschlossen wurde.

Die X-Bank und A haben laut Sachverhalt einen wirksamen Kreditvertrag geschlossen; an dessen Gültigkeit besteht kein Zweifel. Begehrt wird auch nicht die sofortige Zahlung des Gesamtbetrags, sondern wie vereinbart die Zahlung der weiteren Raten in der Höhe von monatlich € 500,- (insgesamt 17 x 500 = € 8.500,-). Vorbehaltlich etwaiger Einwendungen des A bestünde der Anspruch zu Recht. A wird diesem Anspruch aber **Einwendungen** entgegenhalten.

---

8   Den aushaftenden Betrag könnte die Bank freilich nicht auf einmal fordern, sondern nur in Raten, weil die Kreditvereinbarung eine Stundung des Kaufpreises bewirkt.

9   Vgl *Apathy/Riedler,* Schuldrecht BT[4] Rz 1/41 mwN.

Zu prüfen ist, ob der Kreditvertrag zwischen A und der X-Bank als **verbundener Kreditvertrag iSd § 13 VKrG** zu qualifizieren ist. In diesem Fall könnte A jene Einwendungen, die ihm aus dem Kaufvertrag mit B zustehen (Irrtumsanfechtung, Wandlung),[10] auch der X-Bank entgegenhalten. Die Voraussetzungen für einen solchen **Einwendungsdurchgriff** sind gegeben:

- Der Kreditvertrag zwischen A und der X-Bank ist ein **Verbraucherkreditvertrag** iSd § 2 Abs 1-3 VKrG, da die X-Bank als Kreditgeberin als Unternehmer iSd § 1 Abs 1 Z 1 KSchG zu qualifizieren ist (beim Bankbetrieb handelt es sich ohne Zweifel um eine auf Dauer angelegte Organisation selbständiger wirtschaftlicher Tätigkeit iSd § 1 Abs 2 KSchG und die Kreditvergabe an A gehört zum Betrieb dieses Unternehmens) und A den Kreditvertrag als Verbraucher abschließt (vgl schon oben A.2) zum Kaufvertrag).

- Der Gesamtkreditbetrag unterschreitet angesichts des hier zu finanzierenden Betrags von € 8.500,- nicht die Untergrenze von € 200,- (§ 4 Abs 1 iVm § 2 Abs 10 VKrG).

- Der zwischen A und der X-Bank abgeschlossene Kreditvertrag **dient** zur Gänze „**der Finanzierung** eines Vertrags über die Lieferung bestimmter Waren ..." iSd § 13 Abs 1 Z 1 VKrG, nämlich der Finanzierung des Kaufvertrags zwischen A und B über einen bestimmten Gebrauchtwagen. Somit ist die erste von zwei allgemeinen Voraussetzungen für das Vorliegen eines „verbundenen Kreditvertrags" gemäß § 13 Abs 1 VKrG erfüllt.

- Zweitens ist nach § 13 Abs 1 Z 2 VKrG erforderlich, dass der Kreditvertrag mit dem finanzierten Vertrag objektiv betrachtet eine **wirtschaftliche Einheit** bildet. Eine demonstrative Aufzählung in Z 2 lit a-d listet vier Fälle auf, in denen vom Vorliegen einer solchen wirtschaftlichen Einheit „auszugehen ist".[11] Hiervon sind im vorliegenden Fall gleich zwei verwirklicht: Zum einen bedient sich der Kreditgeber X-Bank bei der Vorbereitung bzw beim Abschluss des Kreditvertrags der Mitwirkung des Warenlieferanten B (Z 2 lit b), indem B dem A ein Kreditantragsformular der X-Bank übergibt, diesem beim Ausfüllen behilflich ist und das Formular schließlich an die Bank weiterleitet. Auch die Informationspflichten nach dem VKrG werden durch B erfüllt. Zum anderen genügt nach Z 2 lit d auch, dass der Kreditgeber und der Warenlieferant „im Rahmen dieser Finanzierung zueinander in eine vertragliche Beziehung treten oder miteinander wegen derartiger Finanzierungen in ständiger Geschäftsverbindung stehen". Der Sachverhalt erwähnt, dass zwischen B und der X-Bank ein Rahmenvertrag besteht, der die Details für derartige drittfinanzierte Kaufverträge regelt. Auch der Umstand, dass bei B Kreditantragsformulare der X-Bank aufliegen, deutet auf das Bestehen einer auf derartige Finanzierungen gerichteten ständigen Geschäftsverbindung

---

10 Vgl oben A.1) und 2). § 13 VKrG macht hinsichtlich der erfassten Einwendungen keine Einschränkung, vgl *Stabentheiner,* Das Verbraucherkreditgesetz – Gestaltungsrechte und Informationspflichten während des Kreditverhältnisses; verbundene Verträge, ÖJZ 2010, 636 (641).

11 Zur – hier nicht wesentlichen – Frage, ob es sich hierbei um eine widerlegbare Vermutung handelt, siehe (grundsätzlich bejahend) *Stabentheiner,* ÖJZ 2010, 636 (640).

hin. Im Ergebnis ist die erforderliche wirtschaftliche Einheit ohne Zweifel anzunehmen.

- Zusätzlich verlangt § 13 Abs 2 VKrG, dass der Kreditnehmer seine Einwendungen, bevor er sie dem Kreditgeber entgegenhält, „**erfolglos** gegen den Lieferanten ... **geltend gemacht**" hat. Außergerichtliche Geltendmachung genügt. Ausweislich der Gesetzesmaterialien reicht es aus, dass der Verbraucher dem Verkäufer seine Ansprüche oder Einwendungen zur Kenntnis bringt, dieser aber den Verbraucher nicht innerhalb üblicher und angemessener Frist zufrieden stellt und damit die Einwendungen ausräumt.[12] Auch diese Voraussetzung ist erfüllt: A ist an B mit dem Ansinnen der Vertragsauflösung herangetreten, B hat jedoch erklärt, zu einer solchen nicht bereit zu sein.

Als **Rechtsfolge** kann A somit gemäß § 13 Abs 2 VKrG seine Einwendungen aus dem Kaufvertrag mit B gegenüber der X-Bank geltend machen (Irrtumsanfechtung, Wandlung) und weitere Zahlungen einstellen (**Einwendungsdurchgriff**). Darüber hinaus folgen aus dem Durchschlagen der genannten Gestaltungsrechte auf den Kreditvertrag Ansprüche auf Rückzahlung bereits erbrachter Zahlungen.[13]

3) X-Bank gegen A auf Ersatz der Reparaturkosten iHv € 3.300,- gemäß § 1295 Abs 1 ABGB

Laut Sachverhalt verlangt die X-Bank Ersatz der Reparaturkosten; mangels anderer Anhaltspunkte werden diese mit der am Pkw entstandenen Schadenshöhe (€ 3.300,-) gleichzusetzen sein. Da A jedoch den Wagen nicht selbst beschädigt hat und auch kein Gehilfenhaftungstatbestand greift, kommt als schädigendes Verhalten bei A allenfalls die **Weitergabe** des Fahrzeugs an C in Betracht.

Hinsichtlich der Haftungsvoraussetzungen wäre zwar davon auszugehen, dass der X-Bank als Vorbehaltseigentümerin des Kfz ein Vermögensschaden iHv € 3.300,- erwachsen ist und die Weitergabe des Wagens an C dafür auch conditio sine qua non war, da ohne sie der Unfall nicht passiert und die Reparaturkosten nicht aufgelaufen wären. Auch könnte man adäquate Kausalität bejahen, da es durchaus nicht außerhalb der Lebenserfahrung liegt, dass jemand, dem man ein Auto borgt, dieses beschädigen könnte.

Ein Ersatzanspruch scheitert jedoch jedenfalls an der Voraussetzung der **Rechtswidrigkeit**, ist doch der Vorbehaltskäufer vertraglich berechtigt, die Sache zu benützen und auch weiterzugeben. A handelt daher nicht rechtswidrig. Für die Reparaturkosten haftet A somit jedenfalls auf Grundlage des § 1295 ABGB nicht.

---

12   Vgl ErläutRV 650 BlgNR 24. GP, 23; *Stabentheiner,* ÖZJ 2010, 636 (641).

13   Seinem Wortlaut nach spricht § 13 Abs 2 VKrG nur davon, dass der Verbraucher „die Befriedigung des Kreditgebers verweigern" kann.

> **Anmerkung:**
>
> Auch in Zusammenhang mit den Pflichten des A aus dem Kreditvertrag kann sich keine Haftung ergeben. Aus diesem ist A lediglich verpflichtet, die vereinbarten Rückzahlungen zu leisten. Gegen diese Verpflichtung verstößt er mit der Weitergabe des Autos nicht. Zur Weitergabe ist er auch gegenüber der X-Bank berechtigt.

4) X-Bank gegen A auf Ersatz der Reparaturkosten iHv € 3.300,- gemäß §§ 1, 5 EKHG

Im vorliegenden Fall wird durch einen Unfall beim Betrieb eines Kfz eine (im Eigentum der X-Bank stehende) Sache beschädigt. Grundsätzlich hat nach §§ 1, 5 EKHG der Halter des Kfz – dies ist unzweifelhaft der Vorbehaltskäufer A – für Sachschäden verschuldensunabhängig einzustehen. Nachdem also aufgrund des Eigentumsvorbehalts die Positionen des Eigentümers und damit Geschädigten (X-Bank) und des Halters (A) auseinander fallen, könnte daran gedacht werden, A für den Schaden der X-Bank nach EKHG haften zu lassen.

Allerdings besteht der **Zweck** der Gefährdungshaftung nach EKHG nur im Schutz gegen Auswirkungen von verkehrstechnischen Gefahren, die von einem Kfz für andere Verkehrsteilnehmer ausgehen können.[14] Dem entsprechend sind nur solche Schäden nach EKHG ersatzfähig, die an einer vom haftungsauslösenden Kfz verschiedenen Sache eintreten.[15] Eine Haftung des A kommt also auch auf dieser Grundlage nicht in Betracht.

C. Verhältnis X-Bank – C

X-Bank gegen C auf Ersatz der Reparaturkosten iHv € 3.300,- gemäß § 1295 Abs 1 ABGB

C könnte dadurch, dass er mit dem in der Folge beschädigten Pkw zu schnell in eine scharfe Kurve gefahren ist,[16] der X-Bank **aus Delikt schadenersatzpflichtig** geworden sein:

- **Schaden:** siehe oben B.3). Die X-Bank ist Eigentümerin des Pkw; in ihrem Vermögen tritt durch die Beschädigung des Autos ein Schaden iHv € 3.300,- ein.
- **Kausalität** einschließlich **Adäquanz:** Wäre C mit angemessener Geschwindigkeit in die Kurve gefahren, wäre er nicht von der Straße abgekommen und der Wagen nicht beschädigt worden. Es liegt auch durchaus nicht außer-

---

14 Vgl etwa *Schauer* in Schwimann[3] § 1 EKHG Rz 13–18.

15 Siehe etwa *Schauer* in Schwimann[3] § 1 EKHG Rz 51 mwN.

16 Hierin besteht das schädigende Verhalten des C, auf das sich in der Folge die gesamte Argumentation zu beziehen hat, also in den Punkten Kausalität (einschließlich Adäquanz), Rechtswidrigkeit (einschließlich Schutzzweck der Norm), Verschulden.

halb jeglicher Lebenserfahrung, dass das zu schnelle Befahren einer Kurve einen Unfall nach sich ziehen kann. Die genannten Voraussetzungen sind also ebenfalls erfüllt.

- **Rechtswidrigkeit** und **Schutzweck der Norm**: Hier bieten sich uU zwei Begründungsansätze an. Einerseits liegt im Ergebnis ein Eingriff in das **absolut geschützte Rechtsgut** des Eigentums der X-Bank vor. Als rechtswidrig kann nach hA in Österreich aber nicht schon dieser Schadenserfolg, sondern stets nur ein Tun oder Unterlassen einer Person qualifiziert werden (Verhaltensunrechtslehre). Von den Teilnehmern des Rechtsverkehrs kann allerdings gefordert werden, dass sie sich so sorgfältig verhalten, dass Eingriffe in fremde Rechtsgüter nach Möglichkeit verhindert werden. Konkret wäre es einer sorgfältigen Person in der Situation des C hier ohne weiteres möglich und zumutbar gewesen, eine Beschädigung des fremden Autos durch Wahl einer angemessenen Fahrgeschwindigkeit zu vermeiden. Eine Interessenabwägung ergibt daher, dass das zu schnelle Befahren der Kurve als rechtswidrig zu beurteilen ist. – Ein zweiter Ansatz könnte in der Verletzung eines **Schutzgesetzes** iSd § 1311 ABGB gesehen werden. C hat nämlich gegen die Vorschrift der StVO verstoßen, die Fahrgeschwindigkeit den gegebenen Umständen, insbesondere den Straßen-, Verkehrs- und Sichtverhältnissen, sowie den Eigenschaften von Fahrzeug und Ladung anzupassen (§ 20 Abs 1 StVO). Nach hA begründet allerdings der Verstoß gegen ein Schutzgesetz eine Haftung nur für jene Schäden, welche die Schutznorm verhindern sollte. Hier könnte gefragt werden, ob die Norm des § 20 Abs 1 StVO auch den Zweck hat, eine Beschädigung des – in fremdem Eigentum stehenden – Unfallfahrzeuges selbst zu verhindern. Man wird dies im Ergebnis bejahen können; die Rechtsprechung verfährt im Übrigen bei Geschwindigkeitsbeschränkungen im Hinblick auf den Rechtswidrigkeitszusammenhang tendenziell wenig streng.[17]
- **Verschulden**: C handelt zumindest leicht fahrlässig, weil er sich aufgrund der guten Fahreigenschaften des Autos zum Fahren mit überhöhter Geschwindigkeit verleiten lässt. Geht man von einer Schutzgesetzverletzung aus, müsste im Übrigen nach stRsp der Schädiger C den Nachweis erbringen, dass ihn an der Übertretung des Schutzgesetzes kein Verschulden trifft.[18]

Ergebnis: C hat der X-Bank die Reparaturkosten zu ersetzen.[19]

---

17 Die jeweilige Norm bezwecke die Verhinderung aller Gefahren im Straßenverkehr, die eine erhöhte Geschwindigkeit mit sich bringt; vgl *Harrer* in Schwimann[3] § 1311 Rz 18; *Schacherreiter* in Kletečka/Schauer, ABGB-ON[1.02] § 1311 Rz 20, beide mwN.

18 Vgl etwa *Harrer* in Schwimann[3] § 1311 Rz 36; *Schacherreiter* in *Kletečka/Schauer*, ABGB-ON[1.02] § 1311 Rz 52, jeweils mwN.

19 Der Schadenersatzanspruch steht der X-Bank allerdings nur solange zu, als sie Eigentümerin ist. Macht A von seinem Anfechtungsrecht wegen Irrtums oder seinem Wandlungsrecht Gebrauch und wird B wieder Eigentümer, betrifft der Nachteil sein Vermögen. Sofern die X-Bank in diesem Fall den Schadenersatzanspruch noch nicht liquidiert und das Fahrzeug repariert hat, hat sie den Ersatzanspruch an B zu übertragen (siehe Abschnitt D.).

D. Rückabwicklung

Vorbemerkung:

Die Rückabwicklung beim drittfinanzierten Kauf ist nach wie vor umstritten. Die meistdiskutierte Frage ist jene nach der Behandlung der Insolvenz des Verkäufers. Nach einer stark verbreiteten Auffassung muss sich der Käufer eine eventuelle Zahlungsunfähigkeit des Verkäufers vom Kreditgeber entgegenhalten lassen, da er ohne Drittfinanzierung das Risiko getragen hätte, die Raten an einen später insolventen Verkäufer zu leisten. Diese Ersparnis sei zu berücksichtigen, damit der Käufer nicht besser gestellt werde als bei Abschluss eines Abzahlungsgeschäfts nur mit dem Verkäufer.[20]

Die Frage der Verkäuferinsolvenz stellt sich in unserem Fall allerdings nicht, weshalb die unten dargestellte „einfache" Lösung vertretbar erscheint. „Die richtige" Lösung gibt es angesichts der literarischen Meinungsvielfalt wohl auch nicht. Wer die Abwicklung anders aufbaut als im Folgenden vorgeschlagen, sollte daher nicht beunruhigt sein. Für eine Klausur sollte darauf geachtet werden, eine einigermaßen in sich geschlossene Lösung zu präsentieren.

Zum Zweck einer ersten Orientierung werden zunächst einmal die wechselseitig erbrachten Leistungen skizziert.

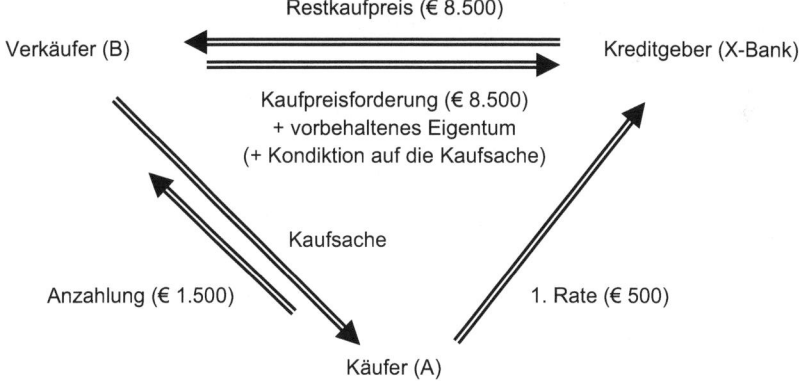

Anmerkungen:

1) Bei der Rückabwicklung kann man sich im Wesentlichen an den oben skizzierten erbrachten Leistungen orientieren.

---

20 Vgl *Apathy/Riedler,* Schuldrecht BT[4] Rz 1/48 mwN. Übersicht auch bei *Mader* in Schwimann[3] Vor §§ 1431 ff Rz 44 f; *Aicher* in Rummel[3] § 1063 Rz 18; *Bollenberger* in Apathy/Iro/Koziol, Bankvertragsrecht IV[2] Rz 1/249 ff.

> 2) Im Fall der Drittfinanzierung wird angenommen, dass der Verkäufer (B) dem Kreditgeber (X-Bank) neben der Restkaufpreisforderung und dem vorbehaltenen Eigentum nach dem Parteiwillen auch die (bei Auflösung des Kaufvertrags entstehende) **Kondiktion auf die Kaufsache überträgt.** Es wäre ja nicht sinnvoll, wenn die Eigentumsklage dem Kreditgeber, die ebenfalls auf Herausgabe der Sache gerichtete Kondiktion dagegen dem Verkäufer zustünde; der Käufer müsste dann wohl gerichtlich hinterlegen (§ 1425 ABGB).

1) Ansprüche des Käufers A

a) Anspruch A gegen X-Bank auf Rückzahlung von € 500,- gemäß § 1435 bzw § 877 ABGB

A hat der X-Bank die erste Rate iHv € 500,- bereits geleistet, der rechtliche Grund für diese Zahlung besteht aber aufgrund der Auflösung des Kaufvertrags beziehungsweise des Fortfallens des Kreditvertrags infolge des Einwendungsdurchgriffs nicht mehr. A kann daher diesen Betrag zurückfordern.

Als Anspruchsgrundlage fungiert im Falle der Wandlung des Vertrags zwischen A und B § 1435 ABGB, bei Anfechtung wegen Irrtums § 877 ABGB.

> Anmerkung:
>
> Der Einwendungsdurchgriff bewirkt ja, dass eben dieselbe Einwendung, wie sie aus dem finanzierten Geschäft gegen B zusteht, auch gegen den Kreditgeber gerichtet werden kann. Daher ist auch hinsichtlich der Rückforderung von Leistungen, die aufgrund des Kreditvertrags erbracht wurden, darauf abzustellen, auf welcher Rechtsgrundlage A die Kaufpreisforderung „beseitigt" hat.

b) Anspruch A gegen B auf Rückzahlung von € 1.500,- gemäß § 1435 bzw § 877 ABGB

A hat dem B eine Anzahlung iHv € 1.500,- geleistet. Auch hierfür ist der rechtliche Grund infolge Wandlung bzw Anfechtung des Kaufvertrags weggefallen. A kann daher den Betrag gemäß § 1435 bzw § 877 ABGB zurückfordern (vgl oben a)).

2) Ansprüche des Kreditgebers X-Bank

a) X-Bank gegen B auf Rückzahlung der € 8.500,- gemäß §§ 1397, 932 Abs 4 iVm § 1435 ABGB

Die X-Bank hat die Restkaufpreisforderung über € 8.500,- bei Zahlung an B eingelöst, was nichts anderes bedeutet, als dass X den Betrag dieses Restkaufpreises an B ausbezahlt hat und im Gegenzug von diesem die Kaufpreisforderung erhalten hat. Der Sache nach liegt also – trotz der rechtstechnischen

Konstruktion als Einlösung iSd § 1422 ABGB – eine im allseitigen Einvernehmen vorgenommene **entgeltliche Forderungsabtretung** vor, bei der der Zessionar nach allgemeinen Zessionsregeln für die Richtigkeit der Forderung zu haften hätte (§ 1397 ABGB). Entgegen § 1423 Satz 1 HS 2 ABGB (der die Haftung des Gläubigers – hier B – auf den Fall des „Betrugs" einschränkt) wird man bei Einlösung zum Zweck der Drittfinanzierung daher die Vereinbarung einer weitergehenden Haftung für die Richtigkeit der Forderung annehmen müssen, damit der selbe Haftungsstandard wie nach §§ 1397 ff ABGB gewährleistet ist; desgleichen lässt sich eine teleologische Reduktion des § 1423 Satz 1 HS 2 ABGB für den Fall der Drittfinanzierung vertreten.[21] Es können also im Ergebnis die Grundsätze der §§ 1397 ff, 922 ff ABGB herangezogen werden.

Die Forderung war von **Rechtsmängeln** behaftet, und zwar zum einen mit der Gewährleistungseinrede des A, zum anderen ist auch Anfechtbarkeit des Kaufvertrags wegen § 871 ABGB gegeben. Beide Rechtsmängel lagen bereits im Zeitpunkt des Übergangs der Forderung vor.

Mit §§ 1397 iVm 932 Abs 4 ABGB kann der Vertrag über die einvernehmliche Forderungseinlösung gewandelt werden. „Verbesserung" in Gestalt einer Beseitigung der mangelbegründenden Einreden ist im vorliegenden Fall nicht möglich. Die X-Bank kann somit von B die gezahlten € 8.500,- aufgrund § 1435 ABGB kondizieren.

> **Anmerkung:**
>
> Neben der an die mangelhafte „Leistung" anknüpfenden Beseitigung des Zessionsvertrags aus dem Titel der Gewährleistung könnte auch an eine Anfechtung dieses Vertrags wegen Irrtums gedacht werden. Dazu näher in Abschnitt E. am Ende dieser Musterlösung.

b) X-Bank gegen B auf Zahlung von € 8.500,- gemäß §§ 933a iVm 1295 Abs 1 ABGB sowie weiterer € 500,- gemäß § 1295 Abs 1 ABGB

Erörtert werden könnte ferner, ob die Rückzahlung der an B ausbezahlten **€ 8.500,- als Mangelschaden** und darüber hinaus die Zahlung von **€ 500,- als Mangelfolgeschaden** (Entgang des Gewinns aus dem Kreditvertrag der X mit A) aus dem Titel des Schadenersatzes verlangt werden könnten.[22] Praktisch gesehen ist insbesondere der Ersatz des Gewinnentgangs interessant, da hinsichtlich des Kaufpreises ohnehin das Gewährleistungsrecht zum Ziel führt. § 933a (iVm § 1295 Abs 1) ABGB kommt als Anspruchsgrundlage allerdings nur für den Ersatz des Mangelschadens in Betracht, der Ersatzanspruch hinsichtlich des Mangelfolgeschadens ist allein auf § 1295 Abs 1 ABGB zu stützen.

---

21 Näher *F. Hoyer,* Einwendungsdurchgriff beim drittfinanzierten Kauf (1999) 66, 144 ff; *Zawischa,* Haftungsprobleme bei Ankaufsfinanzierungen durch Kreditinstitute (Drittfinanzierungen), ÖZW 1979, 40, 74 (insb 48 f, 74 ff); vgl auch OGH 4 Ob 44/07k, SZ 2007/62.

22 Die Prüfung dieses Anspruchs wäre uE im Rahmen einer Diplomklausur nicht unbedingt vorauszusetzen, zumindest nicht in der hier vorgetragenen Breite.

Ein besonderes Problem besteht hier darin, dass es sich bei den Rechtsmängeln der Forderung um so genannte **„anfängliche unbehebbare Mängel"** handelt: Die Forderung ist bereits bei ihrem Übergang auf die X-Bank „unheilbar" einredebehaftet. Bei diesen Fällen ist umstritten, ob lediglich das negative Interesse zu ersetzen ist[23] oder grundsätzlich auch das Erfüllungsinteresse verlangt werden kann.[24] Nur im zweiten Fall wäre der hier angesprochene entgangene Kreditgewinn ersatzfähig. Ausgangspunkt der Prüfung (und damit das „schädigende Verhalten") ist nach der erstgenannten Auffassung die nicht erfolgte Aufklärung über das Vorliegen eines Mangels im Zeitpunkt der Einlösung. Erfüllung wird nach dieser Auffassung nicht geschuldet (weil diese wegen der Unbehebbarkeit des Mangels auch gar nicht erbracht werden könnte; man nimmt einen Fall der anfänglichen Teilunmöglichkeit iSd § 878 ABGB an).[25] Nach der zweitgenannten Ansicht liegt das schadensauslösende Verhalten in der Verletzung der vertraglichen Leistungspflicht: Auch bei vertraglich vereinbarter Einlösung iSd § 1422 ABGB ist wegen der sachlichen Nähe zur rechtsgeschäftlichen Zession davon auszugehen, dass sich der Altgläubiger vertraglich zur Verschaffung einer mangelfreien Forderung verpflichtet. Diese Verpflichtung verletzt er folglich, wenn er eine einredebehaftete Forderung „leistet". Hier wird der zweitgenannte Ansatz zugrunde gelegt, die Gegenauffassung aus didaktischen Gründen jedoch ebenfalls mit behandelt.

X hat einen (bloßen Vermögens-)**Schaden** einerseits dahingehend erlitten, dass sie gegen Zahlung von € 8.500,- eine im Grunde wertlose Forderung erworben hat (Mangelschaden); andererseits insoweit, als sie bei ungestörter Abwicklung des Kreditvertrags € 500,- an Zinsen (einschließlich Gebühren etc) lukriert hätte (Mangelfolgeschaden). Dabei handelt es sich nach dem weiten Verständnis der österreichischen L und Rsp um „positive Schäden", da sie aufgrund des bereits abgeschlossenen Kreditvertrags aus einer rechtlich gesicherten Position lukriert worden wären. Auf § 349 UGB, wonach zwischen Unternehmern der zu ersetzende Schaden auch den entgangenen Gewinn umfasst, muss daher gar nicht abgestellt werden.

Der Gesichtspunkt der **Kausalität** ist bei der Fallgruppe der „anfänglichen unbehebbaren Mängel" ausgesprochen heikel: Knüpft man mit der hA die Rechtswidrigkeit (allein) an die Verletzung von Aufklärungspflichten, fehlt es

---

23 Wohl nach wie vor hA; vgl *Welser,* Gewährleistung und Schadenersatz, JBl 1976, 127; *ders,* Schadenersatz statt Gewährleistung (1994) 33; *Koziol/Welser,* Grundriss II[13] 89; *Welser/B. Jud,* Gewährleistung § 933a Rz 12; *Ofner* in Schwimann/Kodek[4] § 933a Rz 7; *P. Bydlinski* in KBB[4] § 933a Rz 8; OGH 1 Ob 608/79, JBl 1980, 316 und andere.

24 *W. Faber,* Handbuch zum neuen Gewährleistungsrecht (2001) 182 ff; *Reischauer* in Rummel[3] § 932 Rz 20c; *B. Jud,* Schadenersatz bei mangelhafter Leistung (2003) 115 ff; *Zöchling-Jud* in Kletečka/Schauer, ABGB-ON[1.01] § 933a Rz 16.

25 Hier liegt auch der wesentliche Haken an der hA: Liegt anfängliche Unmöglichkeit vor, entsteht nach § 878 ABGB von vornherein keine vertragliche Verpflichtung (bzw bei Teilunmöglichkeit keine Verpflichtung über den von Unmöglichkeit betroffenen Leistungsteil). Das hieße dann aber auch, dass hinsichtlich eines solchen Mangels nicht einmal Gewährleistungsansprüche bestünden, da diese ja voraussetzen, dass die betreffende Eigenschaft vertraglich geschuldet ist. Näher hierzu *W. Faber* aaO 183.

hinsichtlich der entgangenen € 500,- an dem für die Haftung erforderlichen Kausalzusammenhang. Denn hätte der Zedent B pflichtgemäß über das Bestehen der vorliegenden Einreden aufgeklärt, hätte X diese Forderung sicher nicht eingelöst, hätte also von der Finanzierung dieses Geschäfts abgesehen und infolge dessen aber natürlich auch keinen Gewinn daraus gezogen. Ein Kausalzusammenhang wäre hier nur hinsichtlich des gezahlten Kaufpreises von € 8.500,- anzunehmen.

Nach der – auch hier vertretenen – Gegenauffassung wäre der Kausalzusammenhang hingegen formal erfüllt: Hätte B keine einredebehaftete (sondern eine mangelfreie) Forderung übertragen, wären die im Gegenzug ausbezahlten € 8.500,- nicht frustriert gewesen und auch der Gewinn aus dem Finanzierungsgeschäft wäre eingetreten. Dem unter Kausalitätsgesichtspunkten merkwürdigen Umstand, dass der Übernehmer bei besonders sorgfältigem Verhalten des Übergebers (Untersuchung des Kilometerstandes und Aufklärung über die erfolgte Manipulation) den Vertrag gar nicht abgeschlossen hätte, begegnet diese Auffassung damit, dass sie im Gesetz die Anordnung einer Art Garantiehaftung erblickt, die über allfällige Kausalitätsprobleme prävaliert. Die Garantiehaftung ist aber eine „abgeschwächte", da dem Schuldner die Möglichkeit des Entlastungsbeweises (§ 1298 ABGB) offen steht.[26]

Rechtswidrig ist nach hier vertretener Auffassung schlicht die nicht vertragsgemäße Leistung. Indem B eine mangelhafte Forderung zediert (bzw im Wege einer vereinbarten Einlösung die X-Bank eine solche erwerben lässt), verletzt er seine vertragliche Hauptleistungspflicht, hat er sich doch zur Übertragung einer mangelfreien Forderung verpflichtet. Die hA würde beim „anfänglichen unbehebbaren Mangel" die Rechtswidrigkeit dagegen nur in der Verletzung einer Aufklärungspflicht sehen (vgl oben).

Im Punkt des **Verschuldens** ist zu klären, ob dem B die Leistung einer mangelhaften Forderung subjektiv vorwerfbar ist. Hier kehrt – in etwas anderem Gewand – die Frage wieder, ob es dem B zuzumuten gewesen wäre, den Kilometerstand zu untersuchen und die Manipulation festzustellen. Dabei ist davon auszugehen, dass – im Gegensatz zum Verhältnis zwischen A und B – im Verhältnis zwischen B und X keine Beschränkungen der Haftung vereinbart wurden. Insbesondere wirkt die Haftungsbeschränkung auf grobes Verschulden nicht gegenüber der X-Bank. Gemäß § 1298 ABGB müsste B den Nachweis erbringen, dass ihn kein Verschulden trifft. Zur Frage, ob ihm dies gelingen wird oder nicht, lassen sich wohl beide Lösungen vertreten. Hier wird davon ausgegangen, dass dem B der Entlastungsbeweis eher schon gelingen dürfte, nicht zuletzt in Hinblick darauf, dass Nachforschungsobliegenheiten auch im Bereich der subjektiven Vorwerfbarkeit nicht überspannt werden sollten. Nach dieser Lösung bestünde der Anspruch nicht zu Recht.

---

26 Näher *Reischauer* in Rummel[3] § 920 Rz 18a, § 932 Rz 20c; *B. Jud,* Schadenersatz 117; *W. Faber,* Handbuch 184; *Zöchling-Jud* in Kletečka/Schauer, ABGB-ON[1.01] § 933a Rz 16.

> **Anmerkungen:**
>
> 1) Je nach Vertragsgestaltung könnten der X-Bank auch noch weitere Anspruchsgrundlagen für die Rückzahlung der € 8.500,- von B zur Verfügung stehen. Hätte die Bank zB den Kaufpreis **im Namen des Käufers** bezahlt, stünde ein Kondiktionsanspruch auf den Kaufpreis zunächst nur dem Käufer A zu. Um diesen wäre er aber der Bank gegenüber bereichert, so dass diese eine Kondiktion gegen A auf Abtretung des Rückzahlungsanspruchs über € 8.500,- gegen B hätte.[27] Hier hat die X-Bank allerdings die Kaufpreisforderung gemäß § 1422 ABGB eingelöst, also in eigenem Namen gezahlt, so dass sie das Gezahlte nun auch unmittelbar beim Verkäufer kondizieren kann.[28]
>
> 2) Der unter a) geprüfte Anspruch ist „endgültig", das heißt die X-Bank kann die € 8.500 endgültig behalten. Gleiches gilt für den Anspruch unter b), sofern man ihn bejaht. Die beiden folgenden Ansprüche c) und d) „wandern" dagegen letztlich zum Verkäufer B.

c) X-Bank gegen A auf Herausgabe des Pkw gemäß § 366 ABGB

Die X-Bank ist laut Sachverhalt Vorbehaltseigentümerin des Pkw geworden. Die hA geht bei Einlösung der Kaufpreisforderung nach § 1422 ABGB von einem ipso iure-Übergang des vorbehaltenen Eigentums aus; die Sachverhaltsschilderung legt aber überdies nahe, dass zudem eine Besitzanweisung vorgenommen wurde (Übertragung des Eigentums mit Verständigung des Inhabers A). Kraft ihres Eigentums hat die X-Bank nach Auflösung der Verträge grundsätzlich das Recht, das Auto herauszuverlangen (§ 366 ABGB). Das aus dem Kaufvertrag mit Eigentumsvorbehaltsvereinbarung erfließende Recht des A auf Innehabung und Gebrauch der Sache entfällt ja mit Auflösung des Kaufvertrags.

d) X-Bank gegen A auf Herausgabe des Pkw und Zahlung eines angemessenen Benützungsentgelts gemäß § 1435 bzw § 877 ABGB

Wie bereits eingangs bemerkt, wird angenommen, dass mit Übergang der Kaufpreisforderung an die X-Bank auch die (im Fall der Auflösung des Kaufvertrags entstehende) Kondiktion auf Herausgabe der Kaufsache auf die X-Bank übergegangen ist. Damit steht der X-Bank für die Herausgabe des Autos auch die Kondiktion nach § 1435 ABGB (bei Wandlung) bzw § 877 ABGB (bei Anfechtung) zu.

OGH 3 Ob 75/87, JBl 1988, 172 mit Anm *P. Bydlinski.*

28 Vgl OGH aaO und *Apathy/Riedler,* Schuldrecht BT[4] Rz 1/48. Ausgeblendet bleiben kann hier die zur Zuweisung des Risikos einer Verkäuferinsolvenz diskutierte Frage, ob bzw inwieweit dem Finanzierer bzgl des ausgezahlten Restkaufpreises (auch) Kondiktionsansprüche gegen den Käufer zustehen; Überblick etwa bei *Bollenberger* in Apathy/Iro/Koziol, Bankvertragsrecht IV[2] Rz 1/254 ff. Zur Bedeutung des Verkäuferinsolvenzrisikos für die vorliegende Falllösung siehe die Anmerkung am Anfang von Abschnitt D.

Gestützt auf dieselben Rechtsgrundlagen kann für die zwischenzeitig erfolgte Nutzung des Fahrzeugs (zwischen Übergabe des Fahrzeugs an A und dem Unfall vergehen zwei Wochen) auch ein angemessenes Benützungsentgelt verlangt werden.[29]

3) Ansprüche des Verkäufers B

Zu prüfen ist schließlich umgekehrt ein Anspruch des B gegen die X-Bank auf Rückübertragung des Eigentums am Pkw und auf Übertragung der Bereicherungsansprüche gegen A (Herausgabe und Benützungsentgelt); als Anspruchsgrundlage kommt § 1435 ABGB in Betracht.

Fällt infolge der Rechtsmängel die vertragliche Forderungseinlösung weg (vgl oben 2)a)), hat B nun Zug um Zug gegen Rückzahlung des erhaltenen Kaufpreises an die X-Bank Anspruch gegen X auf Rückübertragung des Eigentums am Pkw und Abtretung der Kondiktionsansprüche auf die Herausgabe der Kaufsache und Zahlung eines Benützungsentgelts (Kondiktion der Kondiktion).

Diese Ansprüche kann B letztlich gegen A geltend machen.

Anmerkungen:

1) Sollte die X-Bank ihre Schadenersatzansprüche gegen C noch nicht liquidiert haben (was der Sachverhalt offen lässt), hat sie diese ebenfalls gemäß § 1435 bzw § 877 ABGB an B zu übertragen.

2) Zur Möglichkeit, den Abtretungsvertrag wegen Irrtums anzufechten, sowie zu der sich dann ergebenden Rückabwicklungskonstellation siehe sogleich in Abschnitt E.

Zur Übersicht: Letztlich ergeben sich also nachfolgende Rückabwicklungsansprüche.[30]

---

29 Zur (schwierigen) Frage der Berechnung solcher Ansprüche zB OGH 3 Ob 248/08d, JBl 2009, 584.

30 Die strichlierten Linien stellen „Zwischenstadien" dar; die fett gedruckten Pfeile kennzeichnen die am Ende bestehenden Ansprüche.

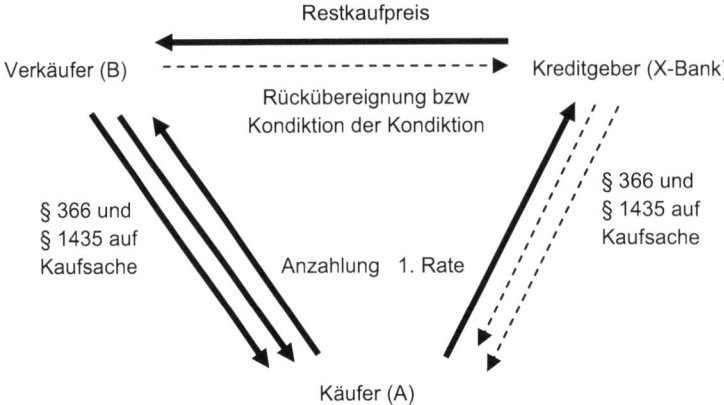

E. Anhang zu Punkt D: Besonderheiten bei Anfechtung der Zessionsvereinbarung zwischen B und X wegen Irrtums

> **Anmerkung:**
>
> Wie bereits angedeutet lässt sich im Verhältnis zwischen B und X neben der Geltendmachung von Gewährleistungsrechten auch eine Anfechtung der Zessions- bzw Einlösungsvereinbarung wegen Irrtums der X-Bank erwägen. Wird eine solche Anfechtung erfolgreich vorgenommen, hat dies auch Auswirkungen auf die oben D.2)c) und d) geprüften Ansprüche der X gegen A sowie auf die unter D.3) geprüften Ansprüche des B gegen die X-Bank.
>
> Da – wie sich sogleich unter 1) zeigen wird – die Anfechtbarkeit der Zessionsvereinbarung nach dem gegebenen Sachverhalt keineswegs zweifelsfrei gegeben ist, wären die folgenden Überlegungen im Rahmen einer Klausur wohl nicht zu verlangen, sondern allenfalls durch „Bonuspunkte" zu honorieren.

1) X-Bank gegen B auf Rückzahlung der € 8.500,- gemäß §§ 877, 871 ABGB

Für die X-Bank könnte eine Anfechtung des zwischen ihr und B bestehenden „Einlösungsvertrags" wegen Irrtums in Betracht kommen, da sie sich hinsichtlich der rechtlichen Qualität der zu erwerbenden Forderung in einem Irrtum befand. Dafür wären folgende Voraussetzungen zu prüfen:

- **Irrtum**: Die X-Bank geht davon aus, eine „einwandfreie" Forderung zu erhalten, in Wirklichkeit ist die Kaufpreisforderung einredebehaftet (Anfechtungsrecht des A), und zwar schon im Zeitpunkt des Vertragsabschlusses zwischen B und der X-Bank.

- **Kausalität**: Man wird davon ausgehen können, dass die X-Bank von der Finanzierung abgesehen hätte, wenn ihr die Mangelhaftigkeit der Forderung (und damit zusammenhängend: die Mangelhaftigkeit des Autos und damit die Gefahr eines Einwendungsdurchgriffs) bekannt gewesen wäre.
- Der Irrtum über die Anfechtbarkeit der erworbenen Forderung betrifft eine geschäftswesentliche Eigenschaft des Vertragsobjekts „Forderung" und ist somit als **Geschäftsirrtum** beachtlich.
- Problematisch könnte sein, ob eine der **drei Alternativen** des § 871 Abs 1 ABGB verwirklicht ist. Anerkennt man dazu noch eine Anfechtbarkeit wegen gemeinsamen Irrtums, ist die Anfechtung jedenfalls möglich. Im Übrigen wird man wohl von einem „Veranlassen" des Irrtums durch B ausgehen können, wenn er die Forderung der X-Bank – gleichsam implizit als mangelfrei – zum Erwerb anbietet. Zwar macht der Sachverhalt hierzu keine näheren Angaben, doch erscheint dies bei einer einvernehmlichen Forderungseinlösung wie hier doch sehr nahe liegend.
- **Wesentlich** ist der Irrtum sicherlich, da nicht anzunehmen ist, dass die X-Bank das Geschäft bei Kenntnis der wahren Sachlage getätigt hätte.

Bejaht man die Anfechtbarkeit, fällt der „Einlösungsvertrag" weg und die X-Bank kann ihre „Gegenleistung" von € 8.500,- gemäß § 877 ABGB kondizieren.

2) B gegen A auf Herausgabe des Pkw gemäß § 366 ABGB

Wird die Anfechtung bejaht, ist davon auszugehen, dass das (vorbehaltene) Eigentum am Pkw infolge der sachenrechtlichen ex tunc-Wirkung der Anfechtung bei B geblieben ist.[31] B kann somit – bereits erfolgte Beseitigung des Kaufvertrags vorausgesetzt – das Fahrzeug mit der Eigentumsklage von A herausverlangen.

> Anmerkung:
>
> Der „Umweg", dass die Eigentumsklage zunächst der X-Bank zusteht und das vorbehaltene Eigentum sodann an den Verkäufer B rückübertragen werden muss, ist dann nicht zu beschreiten. Der Eigentumsübergang von B an X gilt aufgrund der ex tunc-Wirkung der Anfechtung als nie erfolgt, so dass die Eigentumsklage von vornherein dem B zusteht.

Noch nicht liquidierte Schadenersatzansprüche gegen C haben auch hier dem Eigentum zu folgen. Da das Eigentum als nie auf X übergegangen behandelt wird, gilt auch für die Schadenersatzansprüche, dass sie so zu behandeln sind, als hätten sie von Anfang an dem B zugestanden.

---

31 *F. Hoyer,* Einwendungsdurchgriff beim drittfinanzierten Kauf 128 f geht überhaupt davon aus, dass der Finanzierer die Forderung aufgrund einer *Sicherungsabrede* übertragen erhält, die aufgrund des Wegfalls der Kaufpreisforderung – akzessorisch – ebenfalls entfällt.

3) B gegen A auf Herausgabe des Pkw und Zahlung eines Benützungsentgelts gemäß § 877 ABGB

Desgleichen erweist sich eine Kondiktion der Kondiktion (vgl oben D.3)) als entbehrlich: Ein „Übergang des Kondiktionsanspruchs auf die X-Bank" (vgl die einleitende Anmerkung zu Abschnitt D.) gilt infolge Rückwirkung der Anfechtung ebenfalls als nie erfolgt. Der aus § 877 ABGB resultierende Kondiktionsanspruch auf die Kaufsache steht daher von vornherein nur dem B zu (und nicht ursprünglich der X-Bank).

Gleiches gilt für den Anspruch auf Zahlung eines angemessenen Benützungsentgelts.

Fall 23. Adam

I. Sachverhalt

Adam hat vor Jahren einige Liegenschaften im Raum Hallein geerbt, diese jedoch seinem Sohn Kain treuhändig ins Eigentum übertragen, wobei er wesentliche wirtschaftliche Entscheidungen weiterhin selbst zu treffen pflegt. Gemäß
dieser Gepflogenheit verweist Kain auch die in Berchtesgaden (Deutschland)
ansässige P-GmbH an Adam weiter, als diese an ihn mit dem Ansinnen herantritt, eine dieser Liegenschaften (EZ 1) zwecks Errichtung einer neuen Produk-
tionsfabrik käuflich zu erwerben. Tatsächlich treten Adam und die P-GmbH in
Kaufvertragsverhandlungen ein, im Zuge derer Adam schließlich zusagt, die
Liegenschaft EZ 1 um einen Kaufpreis von € 370.000,- lastenfrei, bestandfrei
und frei von sonstigen Rechten Dritter an die P-GmbH zu verkaufen und die
Vorbereitung einer grundbücherlichen Kaufurkunde, die Kain bis 30.4.2015 als
grundbücherlicher Eigentümer unterschreiben soll, zu „organisieren". In der Folge
verweigern aber sowohl Adam (der inzwischen noch bessere Verkaufsmög-
lichkeiten für seine Liegenschaft wittert) als auch Kain (der sich an eine diesbezügliche Weisung des Treugebers Adam hält) ihre Mitwirkung an der grundbücherlichen Durchführung. Allein durch die bisher eingetretene Verspätung ist
der P-GmbH ein Schaden von € 100.000,- erwachsen; sie will aber unbedingt
an der Realisierung dieses Projekts festhalten.

Die PT-GmbH – eine in Österreich niedergelassene Tochter der P-GmbH –
verkauft Halbfertigteile an die E-GmbH, einen großen Hersteller von Elektrogeräten mit Sitz nahe Wien. Im Jahre 2012 wurde ein durch AGB der E-GmbH
einseitig vorgegebener „Rahmenvertrag" abgeschlossen, der die laufende Geschäftsbeziehung zwischen den beiden Unternehmen regelt und unter anderem
vorsieht:

> „Fälligkeit und Abtretungsverbot
> Kaufpreiszahlungen werden drei Monate nach Lieferung der Ware und
> Rechnungslegung fällig. (...) Eine Abtretung von Kaufpreisforderungen
> ist unzulässig und dem Erwerber gegenüber unwirksam."

Die PT-GmbH gerät – nicht zuletzt aufgrund der langen Zahlungsziele der
E-GmbH – in Liquiditätsschwierigkeiten. Die Z-Bank räumt der PT-GmbH einen
Kredit ein, wobei sie sich zur Sicherung desselben sämtliche Forderungen
abtreten lässt, die der PT-GmbH aus ihrem laufenden Geschäftsbetrieb gegen
ihre Abnehmer erwachsen. Die Zession wird in der EDV-Buchführung der PT-
GmbH unter anderem in der Offene-Posten-Liste vermerkt. Ende November
2015 kann die PT-GmbH der Z-Bank gegenüber keine Rückzahlungen mehr
leisten. Zu diesem Zeitpunkt verfügt die PT-GmbH über offene Forderungen
gegen die E-GmbH in Höhe von insgesamt € 60.000, die aus im Zeitraum von

September bis November in Rechnung gestellten Lieferungen resultieren. Als die Z-Bank (deren Kreditforderung gegen die PT-GmbH in einer € 60.000,- übersteigenden Höhe fällig ist) nun die E-GmbH von der erfolgten Abtretung verständigt und zur Zahlung an Z auffordert, wird dies seitens der E-GmbH verweigert. Zudem kündigt sie Schadenersatzansprüche gegen die PT-GmbH an.

Inzwischen kommt es in der Ehe zwischen Adam und seiner Frau Eva wiederholt zu Streitigkeiten, während derer Adam gewalttätig wird. Schon dreimal ist Eva deshalb vorübergehend aus dem gemeinsam bewohnten, im Alleineigentum des Adam stehenden Einfamilienhaus EZ 2 in Salzburg zu ihrer betagten Mutter gezogen. Nach einer weiteren heftigen Attacke Anfang November 2015 fürchtet sie sich vor Adam derart, dass sie sich nicht vorstellen kann, in das eheliche Haus zurückzukehren, solange Adam dort selbst wohnt, und flüchtet endgültig zu ihrer Mutter. Kurz darauf stirbt Adam überraschend. Er hat in einem (formwirksamen) Testament seine beiden ehelichen Söhne Kain und Abel je zur Hälfte als Erben eingesetzt und Eva nicht bedacht. Die beiden, die sich mit ihrer Mutter zerstritten haben, wollen das Haus EZ 2 verkaufen; Eva hingegen will in das von ihr jahrzehntelang bewohnte Haus zurückziehen. Weiters beansprucht sie Adams schönen alten Biedermeierschreibtisch, der in Adams Arbeitszimmer steht und zu seinen Lebzeiten ausschließlich von diesem benützt worden war, da sie sich künftig schriftstellerisch zu betätigen gedenkt. Auch dieser wird ihr von Kain und Abel verweigert.

Nach Adams Begräbnis enthüllt eine der Familie bis dahin unbekannte Frau Melanie aus Villach in einem Brief, dass sie Adam am Faschingsdienstag 2003 zufällig kennen lernte und an diesem Abend mit ihm Geschlechtsverkehr hatte, woraus ihr im November 2003 geborener Sohn Siegi hervorgegangen sei. Adam habe sie nie wieder gesehen und auch nie von seinem Sohn erzählt. Sie habe lange auch gar nicht gewusst, dass Adam vermögend war, aber jetzt, nachdem er leider verstorben sei, wäre es doch „fair", wenn Siegi auch etwas erhalten würde. Über Unterhaltsansprüche für die vergangenen Jahre brauche man sich keine Sorgen zu machen, denn Melanie habe ihrem Ex-Freund Viktor, der gut verdiene und mit dem sie damals noch gelegentlich verkehrt habe, erfolgreich „weisgemacht", er sei der Vater von Siegi. Viktor habe daraufhin die Vaterschaft anerkannt, zahle bis heute brav Unterhalt „und das kann ja ruhig auch so bleiben". Kain und Abel finden diese Vorgangsweise widerwärtig und informieren Viktor. Dieser will nun rechtsverbindlich feststellen lassen, dass er nicht der Vater von Siegi ist. Außerdem will Viktor von Melanie und Adams Erben Ersatz für die von ihm seit Geburt getätigten Unterhaltszahlungen (von Siegi will er nichts zurück, denn der könne nichts dafür). Adam ist übrigens tatsächlich der Vater von Siegi; Sie können davon ausgehen, dass seine Vaterschaft in der Folge auch im Rechtssinne festgestellt wird.

Als Beurteilungszeitpunkt ist Anfang Dezember 2015 anzunehmen.

1. Welche Ansprüche kann die P-GmbH gegen Adams Erben und gegen Kain als Treuhänder geltend machen, um ihre geschilderten Interessen durchzusetzen? Für etwaige Ansprüche gegen Kain brauchen Sie keine IPR-Anknüpfung vorzunehmen.

2. Kann die Z-Bank von der E-GmbH Zahlung von € 60.000 verlangen? Gesetzt den Fall, es würde der E-GmbH tatsächlich ein Schaden erwachsen: Könnte sie diesen von der PT-GmbH ersetzt verlangen?

3. Kann Eva gegenüber Kain und Abel durchsetzen, das Haus EZ 2 weiter bzw wieder zu bewohnen und den Biedermeierschreibtisch zu erhalten? Lassen Sie hier den Umstand, dass der minderjährige Siegi eine Erbantrittserklärung abgegeben haben könnte, außer Betracht.

4. Kann Viktor seine geschilderten Interessen rechtlich durchsetzen? Gehen Sie hier davon aus, dass eine Erbantrittserklärung Siegis vorliegt.

II. Lösung

Frage 1

1) P-GmbH gegen Kain auf Verschaffung des Eigentums-rechts an EZ 1

Anmerkung:

Eine kollisionsrechtliche Anknüpfung allfälliger Ansprüche der P-GmbH gegen Kain kann nach der Fragestellung entfallen. Eine solche wäre schwierig, weil es gerade keinen direkten Anspruch im Verhältnis dieser beiden Personen gibt. Soweit versucht würde, einen solchen aus dem zwischen Adam und Kain bestehenden Treuhandverhältnis abzuleiten, wäre gemäß § 31 Abs 2 IPRG[1] österreichisches Recht als Lageortsrecht maßgeblich. Sollte der Anspruch auf eine Abtretung des im Innenver-hältnis zwischen Treugeber Adam und Treuhänder Kain bestehenden schuldrechtlichen Herausgabeanspruchs an die P-GmbH gestützt werden, wäre auf das Verhältnis zwischen Zessionar P-GmbH und Schuldner Kain gemäß Art 14 Abs 2 Rom I-VO ebenfalls österreichisches Recht an-zuwenden, da die übertragene Forderung mangels Auslandsberührung österreichischem Recht unterliegt.

Kain ist als **Treuhänder** grundbücherlicher Eigentümer der Liegenschaft EZ 1. Er kann somit über die Liegenschaft wirksam verfügen, ist aber dem Treugeber Adam schuldrechtlich verpflichtet, das ihm übertragene Vollrecht nur in bestimmter Weise auszuüben, wobei die Bestimmungen der §§ 1002 ff ABGB entsprechende Anwendung finden.[2] Im konkreten Fall übt Adam dieses Weisungsrecht dergestalt aus, dass er Kain die Mitwirkung an der Errichtung einer einverleibungsfähigen Kaufvertragsurkunde untersagt. Damit die P-GmbH von Kain die Mitwirkung an der grundbücherlichen Durchführung der Transaktion verlangen kann, bedarf es entweder eines **direkten schuldrechtlichen Titels** zwischen der P-GmbH und Kain oder Adam müsste die ihm als Treugeber gegen den Treuhänder Kain zustehenden Rechte (nämlich seinen aus dem Treuhandverhältnis bestehenden schuldrechtlichem Herausgabeanspruch) an die P-GmbH **abgetreten** haben.[3]

Zum Beurteilungszeitpunkt liegt beides nicht vor. Einen schuldrechtlichen Anspruch auf Verschaffung des Eigentumsrechts am Grundstück EZ 1 hat die P-GmbH lediglich aus dem Kaufvertrag mit Adam. Kain ist nicht Partei dieses Vertrags; dementsprechend erwachsen ihm daraus keine Verpflichtungen. Auch

---

1   Wirkungen des Treuhandeigentums unterliegen § 31 IPRG, vgl *Verschraegen* in Rummel[3] § 31 IPRG Rz 4.

2   Vgl *Koziol/Welser,* Grundriss I[14] 240 f.

3   Vgl OGH 8 Ob 138/06m, Zak 2007/268, 153; diese Entscheidung liegt dem vor-liegenden Sachverhaltsteil zugrunde.

hat Adam zu Lebzeiten keine Abtretung seines Herausgabeanspruchs an die P-GmbH vorgenommen. Ferner ist es bislang zu keiner diesbezüglichen Verfügung durch Adams Erben gekommen.

Ein direkter Anspruch der P-GmbH gegen Kain in seiner Eigenschaft als Treuhänder auf Mitwirkung an der Errichtung einer verbücherungsfähigen Urkunde besteht daher nicht.

> Anmerkung:
>
> Das Ergebnis würde sich (erst) ändern, wenn Adams Erben den unten 2)b) geprüften Anspruch der P-GmbH gegen den Treugeber Adam erfüllen. Die Beurteilung ist nach der Fragestellung allerdings bezogen auf den Anfang Dezember 2015 vorliegenden Sachverhalt vorzunehmen; daher ist auf mögliche zukünftige Entwicklungen solcher Art nicht einzugehen.

2) Ansprüche der P-GmbH gegen Adams Erben

a) Kollisionsrechtliche Anknüpfung, Art 4 Abs 1 lit c Rom I-VO, Art 21 Abs 1 EuErbVO

Adam hat einen Liegenschaftskaufvertrag mit der in Berchtesgaden (Deutschland) ansässigen P-GmbH abgeschlossen. Es liegt somit ein Sachverhalt mit Auslandsberührung vor. Zwischen den Parteien besteht ein vertragliches Schuldverhältnis, weswegen die Anwendung der Rom I-VO zu prüfen ist. Einschlägiges Einheitsrecht liegt nicht vor (CISG ist nur auf Warenkäufe anwendbar); ebenso gibt es keine den Sachverhalt vorrangig regelnden relevanten Eingriffsnormen. Anzuknüpfen sind in erster Linie der vertragliche Erfüllungsanspruch der Käuferin P-GmbH sowie vertragliche Ersatzansprüche wegen verspäteter Vertragserfüllung. Beides unterfällt gemäß Art 12 Abs 1 lit b und c Rom I-VO dem **Vertragsstatut**. Ferner stellt sich die – nicht in allen Rechtsordnungen einheitlich gelöste – Frage, ob der Verkauf einer fremden Sache Gegenstand eines wirksamen Vertrags sein kann. Dies betrifft die materielle Wirksamkeit des Vertrags und unterliegt gemäß Art 10 Abs 1 Rom I-VO ebenfalls dem Vertragsstatut.[4] Dieses ist nach den Art 3 ff Rom I-VO zu ermitteln.

Eine Rechtswahl im Sinne des Art 3 Rom I-VO wurde zwischen den Vertragsparteien nicht getroffen. Daher sind, da keine der in Art 5 ff Rom I-VO angeordneten Spezialbestimmungen einschlägig ist, die Anknüpfungsregeln des

---

4   Manche Autoren vertreten die Auffassung, dass dann, wenn die berührten Privatrechtsordnungen die gegenständliche Rechtsfrage gleich lösen (wie dies hier bezüglich der Wirksamkeit des Kaufvertrags über eine fremde Sache nach deutschem und österreichischem Sachrecht der Fall wäre), mangels Konfliktlage eine kollisionsrechtliche Ermittlung des anzuwendenden Rechts unterbleiben könne; idS *Schwimann*, Internationales Privatrecht[3] 2; ähnlich wohl *Lurger/Melcher*, Internationales Privatrecht Rz 1/12 aE (Fremdrechtsanwendung könne in diesem Fall unterbleiben). Jedenfalls in Bezug auf die Rom-Verordnungen ist diese Auffassung aufgrund deren imperativen Charakters und ihrer unmittelbaren Anwendbarkeit uE jedoch abzulehnen.

Art 4 Abs 1 Rom I-VO maßgeblich. **Art 4 Abs 1 lit c Rom I-VO** ordnet an, dass Verträge, die ein dingliches Recht an einer unbeweglichen Sache zum Gegenstand haben, dem Recht des Staates unterliegen, in dem sich die unbewegliche Sache befindet. Die Liegenschaft EZ 1 liegt in Hallein (Österreich). Eine „offensichtlich engere Verbindung" zu einem anderen Recht iSd Art 4 Abs 3 Rom I-VO liegt nicht vor, zumal auch der Verkäufer Adam seinen gewöhnlichen Aufenthalt in Österreich hat. Der Vertrag und die in der Folge zu prüfenden Ansprüche unterliegen daher österreichischem Sachrecht (Art 20 Rom I-VO).

Nachdem der Schuldner Adam zum Beurteilungszeitpunkt bereits verstorben ist, muss die P-GmbH ihre Ansprüche allerdings gegen Adams Erben geltend machen. Dies setzt **Haftung** der Erben (bzw vor Einantwortung des ruhenden Nachlasses) **für Erblasserschulden** voraus. Diese Frage unterliegt ebenfalls österreichischem Recht: Auf die Rechtsnachfolge des im November 2015 verstorbenen Adam findet die EuErbVO Anwendung (Art 83 Abs 1 EuErbVO: Todeszeitpunkt am oder nach dem 17.8.2015). Mangels Rechtswahl (Art 22 EuErbVO) oder Anwendbarkeit sonstiger Sonderbestimmungen unterliegt die gesamte Rechtsnachfolge von Todes wegen gemäß Art 21 EuErbVO dem Recht des Staates, in dem der Erblasser im Zeitpunkt seines Todes seinen gewöhnlichen Aufenthalt gehabt hat, im Falle Adams also österreichischem Recht. Das solcherart ermittelte Erbstatut umfasst insbesondere den Übergang der zum Nachlass gehörenden Rechte und Pflichten auf die Erben sowie die Haftung für Nachlassverbindlichkeiten (Art 23 Abs 2 lit e und g EuErbVO).

b) P-GmbH gegen Adams Erben auf Verschaffung des Eigentumsrechts an EZ 1 gemäß §§ 1061, 918 ABGB

Zwischen Adam und der P-GmbH ist ein **Kaufvertrag** über die Liegenschaft EZ 1 zustande gekommen. Sie haben sich darüber geeinigt, dass Adam gegen Zahlung von € 370.000,- der P-GmbH unbelastetes Eigentum an der Liegenschaft verschaffen werde. Dass Adam zivilrechtlich nicht Eigentümer der verkauften Liegenschaft ist, steht nach ganz hA der Gültigkeit des Kaufvertrags nicht entgegen (vgl § 923 ABGB). Obwohl eine verbücherungsfähige Kaufvertragsurkunde noch nicht errichtet wurde, ist der Vertragsschluss bereits erfolgt, denn dieser setzt lediglich übereinstimmende Willenserklärungen der Parteien voraus (§ 1054 ABGB).[5]

Adam schuldet als Verkäufer die **Zuhaltung des Vertrags**, also Verschaffung des Eigentumsrechts an der Liegenschaft EZ 1 (§ 1061 ABGB). Er hat sich zu diesem Zweck ausdrücklich verpflichtet, bis 30.4.2015 eine einverleibungsfähige, von Kain als grundbücherlichem Eigentümer unterschriebene Kaufurkunde bereitzustellen.

Da Adam diese Urkunde bis zum vereinbarten Fälligkeitstermin am 30.4.2015 nicht beschafft hat, hat er nicht „zur gehörigen Zeit" geleistet und befindet sich demgemäß in Schuldnerverzug. Für entgeltliche Verträge – ein

---

5   Den Parteien ist aufgrund der Treuhandkonstruktion klar, dass für den schriftlichen Vertrag die Unterschrift des Kain erforderlich ist. Daher wollen sie die vertragliche Bindung bereits durch die mündliche Einigung herstellen; für die Anwendung der Zweifelsregel des § 884 ABGB bleibt daher kein Raum.

solcher liegt in Gestalt des zwischen Adam und der P-GmbH geschlossenen Kaufvertrags vor – räumt § 918 ABGB dem Gläubiger für diesen Fall ein Wahlrecht ein: Er kann entweder weiter auf Erfüllung bestehen und – Verschulden des Schuldners vorausgesetzt – Ersatz des Verspätungsschadens begehren, oder unter Setzung einer angemessenen Nachfrist vom Vertrag zurücktreten und den Nichterfüllungsschaden ersetzt verlangen.

Nach der Sachverhaltsschilderung will die P-GmbH an der Realisierung des Projekts unbedingt festhalten; sie wird also die erste Alternative wählen und weiter auf Erfüllung des Vertrags bestehen. Wie bereits erörtert, kann dieser Verpflichtung insbesondere durch entsprechende Weisung an den Treuhänder Kain, als grundbücherlicher Eigentümer eine einverleibungsfähige Kaufvertragsurkunde zu unterfertigen, entsprochen werden.

> Anmerkung:
>
> Die zweite nach § 918 ABGB bestehende Alternative (Vertragsrücktritt) braucht nach der Fragestellung nicht weiter erörtert zu werden.

Als Ergebnis ist festzuhalten, dass der P-GmbH weiterhin der Erfüllungsanspruch aus dem Kaufvertrag zusteht. Dieser richtet sich nach Adams Tod zunächst gegen den ruhenden Nachlass, nach erfolgter Einantwortung gegen Adams Erben (Gesamtrechtsnachfolge, § 547 ABGB[6]).

c) P-GmbH gegen Adams Erben auf Zahlung von € 100.000,- gemäß §§ 918, 921, 1295 Abs 1 ABGB

§ 918 ABGB ordnet an, dass der Schuldner im Fall des subjektiven Verzugs neben der vom Gläubiger gewählten Erfüllung auch den Ersatz des Verspätungsschadens schuldet. Der Ersatzanspruch knüpft daran an, dass Adam es unterlassen hat, bis 30.4.2015 eine mit der Unterschrift des Kain versehene eintragungsfähige Kaufurkunde beizustellen.[7]

Der P-GmbH ist allein durch die bisherige Verzögerung der Realisierung ihres auf der gekauften Liegenschaft geplanten Bauvorhabens ein – im Sachverhalt nicht näher umschriebener – **Schaden** iHv € 100.000,- entstanden. Dieser Verspätungsschaden wäre nicht eingetreten, wenn Adam dem treuhändigen Eigentümer Kain die Weisung erteilt hätte, bis 30.4.2015 eine verbücherungsfähige Kaufvertragsurkunde zu unterschreiben; die P-GmbH hätte dann den Eigentumserwerb wie geplant herbeiführen und mit den Baumaßnahmen beginnen können. Somit ist auch der erforderliche **Kausalzusammenhang** gegeben. Gleiches gilt für die Adäquanz: Weist ein Treugeber seinen Treuhänder explizit an, die Mitwirkung an der Veräußerung des Treuguts zu verweigern, so stellt es eine geradezu typische Folge dieses Verhaltens dar, dass die

---

6   § 547 ABGB bleibt nach dem ErbRÄG 2015 (BGBl I 2015/87) inhaltlich unverändert.

7   Unrichtig wäre es hingegen, den Ersatzanspruch darauf zu stützen, dass Adam eine nicht in seinem Eigentum stehende Liegenschaft verkauft. Dies ist als solches nicht rechtswidrig, sofern der Käufer auf diesen Umstand hingewiesen wurde. Im vorliegenden Fall wurde die P-GmbH über die Treuhandkonstellation nicht im Unklaren gelassen.

Eigentumsübertragung zunächst unterbleibt und dem Käufer aus dieser Verzögerung Schäden wie die vorliegenden erwachsen.

Adam handelt **rechtswidrig**, indem er die vertraglich begründete Verpflichtung zur Beistellung einer verbücherungsfähigen Kaufurkunde bis spätestens 30.4.2015 nicht einhält. Es ist evident und wird durch die explizite Anordnung des Ersatzes von Verspätungsschäden in § 918 ABGB noch unterstrichen, dass die vertragliche Verpflichtung zur termingerechten Leistung gerade auch den Zweck verfolgt, den Eintritt von Nachteilen wie jener der P-GmbH zu verhindern. Somit liegt auch der erforderliche Rechtswidrigkeitszusammenhang vor. Schließlich handelt Adam subjektiv vorwerfbar und damit **schuldhaft**, indem er die grundbücherliche Durchführung bewusst verweigert, um von anderen Interessenten einen höheren Kaufpreis lukrieren zu können. Er wäre durchaus in der Lage gewesen, die Eigentumsverschaffung herbeizuführen, indem er kraft seiner internen Weisungsbefugnis dem Treuhänder aufträgt, die Urkunde zu unterfertigen, oder allenfalls seinen schuldrechtlichen Herausgabeanspruch gegen Kain an die P-GmbH abtritt.

Der Schadenersatzanspruch besteht somit in vollem Umfang zu Recht. Schadenersatzverpflichtungen sind vererblich. Da Adam inzwischen verstorben ist, ist der Anspruch gegen den Nachlass bzw nach Einantwortung gegen die Erben (§ 547 ABGB) zu richten.

Frage 2

1) Z-Bank gegen E-GmbH auf Zahlung von € 60.000,- gemäß §§ 1062, 1394, 452 analog ABGB

Die Z-Bank macht Ansprüche aus abgetretenem Recht geltend. Dies setzt einerseits voraus, dass der Zedent PT-GmbH tatsächlich Ansprüche gegen die E-GmbH in entsprechendem Umfang erworben hat. Hiervon ist auszugehen: Die PT-GmbH verkauft in laufender Geschäftsverbindung Halbfertigteile an die E-GmbH. Hinsichtlich der Wirksamkeit dieser Kaufverträge sind keine Zweifel ersichtlich. Es steht überdies fest, dass zum Beurteilungszeitpunkt gemäß § 1062 ABGB **Ansprüche auf Kaufpreiszahlung** für Lieferungen, die im Zeitraum September bis November 2015 in Rechnung gestellt wurden, in Höhe von insgesamt € 60.000,- aushaften.

Damit diese Ansprüche von der Z-Bank geltend gemacht werden können, müssen sie von der PT-GmbH auf die Z-Bank übergegangen sein. Dies setzt eine wirksame **Zession** iSd §§ 1392 ff ABGB voraus. Hierfür sind folgende Voraussetzungen zu prüfen:

- Die rechtsgeschäftliche Forderungsabtretung bedarf eines gültigen **Titels**. Ein solcher liegt hier in Gestalt der zwischen der PT-GmbH als Zedent und der Z-Bank als Zessionar getroffenen Sicherungsabrede vor. Dem Sachverhalt zufolge wird die Abtretung sämtlicher Forderungen gegen die Abnehmer der PT-GmbH zur Sicherung eines von der Z-Bank eingeräumten Kredits vereinbart.

- Davon zu unterscheiden ist die eigentliche Zession im Sinne eines **Verfügungsgeschäfts**. Die Parteien einigen sich darüber, dass der Zedent die Forderungen überträgt und der Zessionar diese in sein Vermögen übernimmt. Diese Willenseinigung fällt hier, wie in der Praxis häufig, mit dem Abschluss des Titelgeschäfts zusammen.

- Da es sich im vorliegenden Fall, wie bereits angesprochen, um eine Sicherungszession handelt, ist zur Wirksamkeit der Abtretung zusätzlich ein **Publizitätsakt** erforderlich. Dies ergibt sich aus § 452 ABGB analog, da die Sicherungszession funktional einer Forderungsverpfändung nahe steht. Bei offenen Buchforderungen kommt hierfür neben der Drittschuldnerverständigung das Setzen eines Abtretungsvermerks in den Geschäftsbüchern des Zedenten in Betracht, wobei im Fall der heute üblichen elektronischen Buchführung insbesondere auch eine Eintragung in der „Offene-Posten-Liste" (OP-Liste) vorzunehmen ist.[8] Genau dies ist hier erfolgt; die Zession wurde in der EDV-Buchführung der PT-GmbH unter anderem in der OP-Liste vermerkt.

- Schließlich muss dem bei Globalzessionen zu beachtenden **Bestimmtheitserfordernis** entsprochen werden; die abgetretenen Forderungen müssen demnach zumindest individualisierbar sein. Dies ist bei der hier vorgenommenen Abtretung „sämtlicher Forderungen, die der PT-GmbH aus ihrem laufenden Geschäftsbetrieb gegen ihre Abnehmer erwachsen", der Fall. Denn erstens stehen die Schuldner der abgetretenen Forderungen fest – es sind dies schlicht sämtliche gegenwärtige und künftige Abnehmer der PT-GmbH. Und zweitens lässt sich der Rechtsgrund der erfassten Forderungen bestimmen: Die Umschreibung „aus laufendem Geschäftsbetrieb" erfasst alle von der PT-GmbH getätigten Absatzgeschäfte, also insbesondere Kauf- und Werklieferungsverträge.

Als Zwischenergebnis kann somit festgehalten werden, dass die allgemeinen Voraussetzungen einer wirksamen Sicherungszession erfüllt wären. Allerdings haben die PT-GmbH und ihre Abnehmerin E-GmbH in dem 2012 geschlossenen Rahmenvertrag ein **Abtretungsverbot** hinsichtlich sämtlicher (gegenwärtiger und zukünftiger) Kaufpreisforderungen der PT-GmbH gegenüber der E-GmbH vereinbart. Nach der zitierten Vertragsklausel soll diesem Abtretungsverbot insbesondere auch **Drittwirkung** zukommen; eine entgegen der Vereinbarung vorgenommene Zession soll auch gegenüber dem potenziellen Erwerber der Kaufpreisforderungen unwirksam sein. Mit der oben geprüften sicherungsweisen Abtretung aller gegenwärtigen und zukünftigen Absatzforderungen an die Z-Bank hat sich die PT-GmbH über die frühere Vereinbarung mit ihrem Schuldner E-GmbH hinweg gesetzt. Es ist daher zu prüfen, ob dem vertraglichen Zessionsverbot die intendierte Drittwirkung zukommt.

---

8 Für die sicherungsweise Abtretung künftiger Forderungen wird ein Generalvermerk in der OP-Liste als ausreichend anerkannt; vgl OGH 6 Ob 174/00g, JBl 2002, 182. Die grundsätzliche Zulässigkeit der Drittschuldnerverständigung hat der OGH in 6 Ob 116/05k, SZ 2006/180 geklärt; dazu *Spitzer*, Konkursfestigkeit und Publizität der Sicherungszession, Zak 2007, 47.

Einschlägig ist **§ 1396a ABGB**, der seit 1.6.2005 in Kraft ist und somit – unter den nachfolgend zu prüfenden Voraussetzungen – auf das im Jahre 2012 vereinbarte Abtretungsverbot anzuwenden ist. Die Anwendung dieser Bestimmung setzt Folgendes voraus:

- Erfasst werden vertragliche Abtretungsverbote. Die im Sachverhalt wiedergegebene, im Rahmenvertrag zwischen PT-GmbH und E-GmbH vereinbarte Vertragsklausel stellt ein solches dar.
- § 1396a ABGB gilt nur für Abtretungsverbote betreffend **Geldforderungen**. Auch diese Voraussetzung ist hier erfüllt, bezieht sich die gegenständliche Klausel doch ausdrücklich auf Kaufpreisforderungen. Aktuell betroffen sind Geldforderungen im Umfang von € 60.000,-.
- Bei diesen Geldforderungen muss es sich um solche **zwischen Unternehmern aus unternehmerischen Geschäften** handeln. Dies trifft hier ebenfalls zu. Sowohl die PT-GmbH als auch die E-GmbH betreiben ein Unternehmen; die erstgenannte Gesellschaft produziert Halbfertigteile, bei der E-GmbH handelt es sich um einen großen Hersteller von Elektrogeräten. Die Kaufverträge, aus denen die konkreten Forderungen über € 60.000,- resultieren, gehören auf Seiten beider Parteien zum Betrieb ihrer Unternehmen.

§ 1396a ABGB ist somit auf das zwischen PT-GmbH und E-GmbH vereinbarte Abtretungsverbot anzuwenden. Als **Rechtsfolge** ordnet § 1396a ABGB an, dass das erfasste vertragliche Zessionsverbot **keine absolute Wirkung** entfalten kann (Abs 1 Satz 2).[9] Die abgetretenen Kaufpreisforderungen gegen die E-GmbH gehen daher wirksam auf die Z-Bank über.

Im Ergebnis besteht somit der Anspruch der Z-Bank gegen die E-GmbH auf Zahlung der € 60.000,- jedenfalls dem Grunde nach zu Recht: Die Forderungen sind wie erörtert auf die Z-Bank übergegangen und deren besicherte Kreditforderung ist in nicht näher bekannter, jedenfalls aber € 60.000,- übersteigender Höhe fällig, so dass die Z-Bank grundsätzlich alle offenen Forderungen einziehen kann. Allerdings muss die Z-Bank mit der Befriedigung aus den abgetretenen Kaufpreisforderungen zum Teil noch zuwarten, da diese „aus im Zeitraum September bis November in Rechnung gestellten Lieferungen" resultieren und **Fälligkeit** gemäß der zitierten Vertragsklausel jeweils erst drei Monate nach Lieferung und Rechnungslegung eintritt. Somit ist der Großteil der betroffenen Forderungen im Beurteilungszeitpunkt Anfang Dezember 2015 noch nicht fällig. Sobald Fälligkeit der einzelnen Forderungen eintritt, muss die E-GmbH Zahlung an die Z-Bank leisten.

Anmerkung:

Anhaltspunkte dafür, dass die Fälligkeitsvereinbarung einer Überprüfung nach § 864a ABGB nicht standhalten würde – zB infolge besonders „versteckten" Platzierens unter einer völlig unpassenden Überschrift –

---

9   Möglich ist auch der Begründungsweg, dass die konkrete Vertragsbestimmung nicht einmal die in § 1396a Abs 1 Satz 1 ABGB normierten Voraussetzungen einer relativen Wirksamkeit erfüllt (siehe sogleich im Text unter 2)), so dass schon deshalb eine absolute Wirkung des Abtretungsverbots nicht in Betracht kommt.

sind dem Sachverhalt nicht zu entnehmen. Im Gegenteil muss der Vertragspartner des AGB-Verwenders damit rechnen, dass in einer mit der Überschrift „Fälligkeit und Abtretungsverbot" versehenen AGB-Klausel für ihn nachteilige Zahlungsziele festgelegt werden.[10] Die Frage braucht daher auch nicht angeschnitten zu werden.

2) E-GmbH gegen PT-GmbH auf Schadenersatz gemäß § 1295 ABGB

Der Fragestellung gemäß ist davon auszugehen, dass der E-GmbH aus der „Verletzung" des Abtretungsverbots tatsächlich ein – nicht näher quantifizierter – Schaden erwachsen ist.[11] Damit die E-GmbH diesen ersetzt verlangen kann, muss die PT-GmbH insbesondere **rechtswidrig** gehandelt haben, wobei sich die Rechtswidrigkeit allenfalls daraus ergeben könnte, dass die PT-GmbH die Kaufpreisforderungen trotz des vertraglichen Zessionsverbots zur Sicherung eines Kredits an die Z-Bank abgetreten hat. Zu fragen ist somit nach der **relativen Wirksamkeit des Abtretungsverbots**, also der Wirkung der zitierten Vertragsklausel im Verhältnis zwischen der PT-GmbH als Zedentin und der E-GmbH als Schuldnerin.

Nach § 1396a Abs 1 ABGB kann eine solche relative Wirkung nur unter einschränkenden Voraussetzungen erzielt werden. Hierzu muss erstens das Zessionsverbot **im Einzelnen ausgehandelt** worden sein. Bereits daran fehlt es im vorliegenden Fall, wurde doch der Inhalt des 2012 getroffenen Rahmenvertrags von der E-GmbH in Form von AGB einseitig vorgegeben. Zweitens dürfte der Gläubiger PT-GmbH durch das Abtretungsverbot **nicht gröblich benachteiligt** werden. Auch diese Voraussetzung wäre nicht erfüllt:[12] Zwischen der E-GmbH und der PT-GmbH besteht ein wirtschaftliches Machtgefälle. Dies wird von der E-GmbH dazu ausgenutzt, sich ungewöhnlich lange Zahlungsziele (konkret drei Monate ab Rechnungslegung) zu sichern. Zudem – und insbesondere – würde der PT-GmbH durch das Abtretungsverbot jede Möglichkeit genommen, ihre Forderungen gegenüber der E-GmbH zu Finanzierungszwecken zu nutzen (durch Sicherungszession, Factoring oder etwa verlängerten Eigentumsvorbehalt mit Materiallieferanten). Damit ist eine gröbliche Benachteiligung anzunehmen.

Die für eine inter-partes-Wirkung des vereinbarten Abtretungsverbots erforderlichen Voraussetzungen liegen somit nicht vor. Entfaltet das Zessionsverbot keine bindende Wirkung, handelt der Zedent PT-GmbH bei seinem „Verstoß" gegen das Abtretungsverbot durch Vornahme der Sicherungszession an die Z-Bank auch nicht rechtswidrig. Daher stehen der E-GmbH keinerlei Schadenersatzansprüche gegen die PT-GmbH zu.

---

10   Vgl etwa OGH 1 Ob 277/98m, RdW 1999, 196 zu einer Gewährleistungsklausel.

11   In praktischer Hinsicht ist vor allem an Verwaltungsmehraufwand zu denken, der etwa aus der laufenden Evidenthaltung der Gläubigerposition resultiert. Zum Teil ist auch an den möglichen Verlust von Aufrechnungslagen zu denken (vgl etwa *A. Heidinger* in Schwimann[3] § 1396 Rz 5 sowie allgemein in Rz 3).

12   Die folgenden Gesichtspunkte werden auch in den Gesetzesmaterialien genannt, vgl *A. Heidinger* in Schwimann[3] § 1396a Rz 6.

Frage 3

Eva gegen Kain und Abel auf Gestattung des Wohnens in EZ 2 sowie auf Übereignung des Biedermeierschreibtisches gemäß § 758 ABGB

> Anmerkung:
>
> An der im Folgenden wiedergegebenen Lösung ändert sich durch das ErbRÄG 2015 (anwendbar, wenn Adam nach dem 31.12.2016 verstorben wäre) inhaltlich nichts Wesentliches; es ändert sich allerdings die systematische Stellung und damit die Nummerierung einiger Bestimmungen. Auf Neuerungen wird in Anmerkungen hingewiesen.

Eva lebte im Todeszeitpunkt des Adam mit diesem in **aufrechter Ehe**. Sie wurde zwar testamentarisch von Adam nicht bedacht, es liegt aber auch **keine gültige Enterbung** vor. Daher gebührt der Eva als überlebender Ehegattin gemäß § 758 ABGB – unabhängig von allfälligen sonstigen erbrechtlichen Ansprüchen – gegen die Erben ein **gesetzliches Vorausvermächtnis**.

> Anmerkungen:
>
> 1) Eine Enterbung könnte grundsätzlich auch „stillschweigend" durch Übergehen erfolgen. Allerdings müsste ein Enterbungsgrund vorliegen. Erwogen werden könnte hier allenfalls, ob Eva durch das Verlassen der ehelichen Wohnung den Enterbungsgrund der gröblichen Vernachlässigung der ehelichen Beistandspflicht (§ 769 2. HS ABGB) verwirklicht haben könnte. Jedoch kommt erstens § 769 2. HS ABGB bei der Verletzung *anderer* ehelicher Pflichten als der Beistandspflicht, also etwa bei bloßer Verletzung der hier in Betracht kommenden ehelichen Pflicht zum gemeinsamen Wohnen (§ 90 Abs 1 ABGB), gar nicht zur Anwendung – wenngleich die exakte Abgrenzung mitunter schwierig ist.[13]
>
> Zweitens liegt im konkreten Fall nicht einmal eine Verletzung der Pflicht zum gemeinsamen Wohnen vor, gestattet doch § 92 Abs 2 ABGB einem Ehegatten, vorübergehend gesondert Wohnung zu nehmen, solange ihm das Zusammenleben mit dem anderen Ehegatten unzumutbar ist, wobei das Gesetz explizit den Fall der körperlichen Bedrohung als möglichen Grund einer solchen Unzumutbarkeit nennt. Eine solche Situation ist hier gegeben: Adam wurde bereits wiederholt gewalttätig und auch im konkreten Anlassfall hat er Eva heftig attackiert, was bei Eva große Furcht vor ihrem Ehegatten auslöst. Es liegt daher keinerlei Verletzung der ehelichen Beistandspflicht durch Eva vor. Auch sonst ist kein Enterbungsgrund ersichtlich.

---

13 Vgl *Likar-Peer* in Ferrari/Likar-Peer (Hrsg), Erbrecht 388 mit Beispiel.

2) Mit dem ErbRÄG 2015 wird der Inhalt des oben erwähnten § 769 2. HS ABGB in § 770 Z 5 neu ABGB transferiert und auf die gröbliche Vernachlässigung auch anderer familienrechtlicher Pflichten gegenüber dem Verstorbenen ausgeweitet. Damit wäre grundsätzlich auch eine Verletzung der Pflicht zum gemeinsamen Wohnen erfasst. Eine derartige Pflichtverletzung liegt aber wie ausgeführt nicht vor.

Der Inhalt des bereits zuvor angeführten § 758 ABGB wird in § 745 Abs 1 neu ABGB verschoben.

Erben und somit Anspruchsgegner sind aufgrund des formgültigen und daher ohne weitere Erörterung als wirksam anzusehenden Testaments Adams Söhne Kain und Abel.

Anmerkung:

Nach § 777 ABGB braucht sich ein vom Erblasser nur aus Unkenntnis seiner Existenz übergangener Nachkomme nicht mit dem Pflichtteil zufrieden zu geben, sondern kann dieselbe Erbquote beanspruchen wie der am mindesten begünstigte Noterbe. Diese als spezielle Irrtums- bzw Vermutungsregel verstandene Bestimmung[14] wäre an sich auf den dem Adam unbekannten Sohn Siegi anzuwenden und könnte (widerlegliche Vermutung!) zum Ergebnis führen, dass Siegi gemeinsam mit den beiden ehelichen Söhnen zu gleichen Teilen erben soll. Nach der konkreten Fragestellung – es ist davon auszugehen, dass keine Erbantrittserklärung Siegis vorliegt – ist hierauf jedoch nicht einzugehen.

Mit dem ErbRÄG 2015 wird § 777 ABGB zu § 735 Abs 2 neu ABGB.

Das gesetzliche Vorausvermächtnis nach § 758 ABGB umfasst zweierlei:
a) Einerseits gewährt es dem überlebenden Ehegatten das Recht, „in der **Ehewohnung** weiter zu wohnen". § 758 ABGB ist zwar subsidiär gegenüber anderen Bestimmungen, die den Wohnbedarf des überlebenden Ehegatten decken (zB §§ 14 MRG, 14 WEG), auf den hier vorliegenden Fall des im Alleineigentum des verstorbenen Ehegatten stehenden Wohnhauses aber jedenfalls anzuwenden. Dass das Wohnrecht das gesamte Haus umfasst (auch wenn dieses für eine einzige Person vielleicht überdurchschnittlich großzügig wäre), bereitet keine Schwierigkeiten. Der Begriff „Ehewohnung" ist iSd §§ 81 ff EheG zu verstehen und knüpft damit an die tatsächlichen Verhältnisse an:[15] Eva hat das Haus auf EZ 2 tatsächlich jahrzehntelang bewohnt.[16] Ihr Wohnrecht gemäß § 758 ABGB würde sich also auf das gesamte Haus beziehen.

Fraglich könnte allenfalls sein, ob Eva dadurch, dass sie die Ehewohnung verlassen hat und zu ihrer Mutter gezogen ist, wobei sie augenscheinlich nicht vorhatte, in absehbarer Zeit wieder zurückzukehren, ihres Wohnrechts verlus-

---

14 Vgl etwa *Nemeth* in Schwimann/Kodek[4] §§ 776-778 Rz 3 ff.
15 Vgl etwa *Eccher* in Schwimann/Kodek[4] § 758 Rz 12.
16 Auf diese Einzelheiten bräuchte im Rahmen einer Klausurbearbeitung nicht unbedingt eingegangen zu werden.

tig gegangen ist (vgl den Wortlaut „weiter zu wohnen" in § 758 ABGB). Dies könnten Kain und Abel geltend machen, um die Liegenschaft unbelastet verkaufen zu können. Eine solche enge Wortlautauslegung des Gesetzes würde allerdings dem Zweck des § 758 ABGB erkennbar zuwider laufen, den überlebenden Ehegatten zu schützen und ihm die gewohnten Lebensverhältnisse soweit möglich zu erhalten.[17] Auf das Wohnrecht kann zwar nach allgemeinen Grundsätzen auch freiwillig verzichtet werden, doch kann man hiervon bei der durch wiederholte Gewaltanwendung seitens Adam quasi erzwungenen „Flucht" der Eva gerade nicht ausgehen. Das Wohnrecht kann nicht dadurch erlöschen, dass der verstorbene Ehegatte den anderen zu Lebzeiten „erfolgreich hinausgeekelt" hat.

Eva kann sich daher hinsichtlich des Wohnrechts auf § 758 ABGB stützen. Kain und Abel sind nach dieser Bestimmung als Erben zur Duldung des Weiterwohnens verpflichtet.

> **Anmerkung:**
>
> Die Streitfrage, ob es sich beim Wohnrecht um ein Damnations- oder um ein Vindikationslegat handelt,[18] braucht nicht angeschnitten zu werden. Ein Anspruch gegen die Erben besteht in jedem Fall.

b) Zweitens umfasst das Vorausvermächtnis nach § 758 ABGB „die zum ehelichen Haushalt gehörenden **beweglichen Sachen**, soweit sie zu dessen Fortführung entsprechend den bisherigen Lebensverhältnissen erforderlich sind". Diese Bestimmung verschafft nach hA einen schuldrechtlichen Anspruch gegen die Erben auf Verschaffung des Eigentums an den erfassten Haushaltsgegenständen (Damnationslegat).[19] Eva beansprucht den Biedermeierschreibtisch Adams. Da sie ansonsten als Pflichtteilsberechtigte (§§ 762, 765 iVm § 757 ABGB) nur einen Geldanspruch gegen die Erben hat, wäre § 758 ABGB die einzige Möglichkeit, die Übereignung gerade dieses Vermögensstückes durchzusetzen.

> **Anmerkung:**
>
> An die Stelle der §§ 762, 765 und § 757 ABGB treten nach dem ErbRÄG 2015 die neuen §§ 757-759 und 744 ABGB.

Der Schreibtisch ist zwar jedenfalls „beweglich" im Sinne dieser Bestimmung. Die Verwirklichung der weiteren Voraussetzungen ist aber fraglich und eine Anwendung des § 758 ABGB auf Adams Biedermeierschreibtisch im Ergebnis zu verneinen. So wird davon ausgegangen, dass etwa „zu Hause" aufgestellte Sachen, die der Berufsausübung des verstorbenen Ehegatten gedient haben[20] (zB eine Fachbibliothek), nicht zum „ehelichen Haushalt", also zum gemeinsamen Lebensbereich der Ehegatten gehören. Adams Schreibtisch,

---

17 Vgl hierzu und zum Folgenden OGH 2 Ob 187/06y, EvBl 2007/95. Diese E liegt dem vorliegenden Sachverhaltsteil zugrunde.

18 Überblick bei *Likar-Peer* in Ferrari/Likar-Peer (Hrsg), Erbrecht 75 ff.

19 Vgl etwa *Koziol/Welser*, Grundriss II[13] 472 f; *Eccher*, Erbrecht[5] Rz 9/31.

20 Koziol/Welser aaO 472.

den dieser zu Lebzeiten ausschließlich allein genützt hat, ist dem vergleichbar. Insbesondere wäre der Schreibtisch aber nicht zur „Fortführung (des Haushalts) entsprechend den bisherigen Lebensverhältnissen erforderlich". Entscheidend ist dabei nicht der hohe Wert des konkreten Objekts; wohl aber, dass Eva den Schreibtisch bislang nicht benützt hat und erst jetzt ihre Lebensverhältnisse insoweit ändert, als sie der Schriftstellerei nachgehen möchte.

Daher hat Eva keinen Anspruch auf Übereignung des Biedermeierschreibtisches. Kain und Abel sind als Rechtsnachfolger Adams Eigentümer des Möbelstücks geworden. Wenn sie wollen, können sie den Schreibtisch aus der Wohnung entfernen.

Frage 4

1) Antrag des Viktor auf Unwirksamerklärung seines Anerkenntnisses der Vaterschaft zum mj Siegi gemäß § 154 Abs 1 Z 3 lit a bzw lit b ABGB

Viktor steht infolge seines Vaterschaftsanerkenntnisses (iSd § 145 ABGB), von dessen grundsätzlicher Wirksamkeit mangels gegenteiliger Anhaltspunkte auszugehen ist, rechtlich als Vater des Siegi fest. Zur Beseitigung des Anerkenntnisses steht ihm das Institut der **Unwirksamerklärung** des Anerkenntnisses auf Antrag des Anerkennenden nach § 154 Abs 1 Z 3 ABGB zur Verfügung. Diese Bestimmung enthält zwei alternative Tatbestandsvoraussetzungen, deren Grenzen jedoch fließend sind.[21]

Die Berechtigung zur Unwirksamerklärung lässt sich im vorliegenden Fall auf beide Bestimmungen stützen: Viktors Anerkenntnis wurde sowohl durch Melanies List veranlasst (lit a), indem sie ihm „weismachte", der Vater Siegis zu sein. Ebenso hat Viktor erst nachträglich (nämlich durch Kain und Abel) von Umständen Kenntnis erlangt, die für die Nichtabstammung Siegis sprechen (lit b).

Der Antrag ist nach § 154 Abs 2 ABGB binnen zwei Jahren nach Entdeckung des Irrtums beziehungsweise der betreffenden Umstände zu erheben. Diese Frist ist noch nicht abgelaufen, da Viktor von den maßgeblichen Umständen gerade erst erfahren hat.

Ein Antrag Viktors wird also erfolgreich sein. Das Anerkenntnis wird damit **rückwirkend beseitigt**.

---

21 Vgl *Bernat* in Schwimann/Kodek[4] § 164 Rz 17 ff, 20.

2) Viktor gegen Melanie auf Ersatz der bisher für Siegi gezahlten Unterhaltsbeträge gemäß § 1295 Abs 2 ABGB

> **Anmerkung:**
>
> Alternativ zu § 1295 Abs 2 ABGB kann der Schadenersatzanspruch auch auf die Verletzung eines Schutzgesetzes gestützt werden, das auch den Schutz des bloßen Vermögens bezweckt: § 1311 ABGB iVm § 146 StGB (Betrug). Siehe unten zur Rechtswidrigkeit und zum Rechtswidrigkeitszusammenhang.

Viktor hat ca sieben Jahre lang Unterhalt (in unbekannter Höhe) für seinen vermeintlichen Sohn Siegi gezahlt. Da er, wie sich jetzt herausstellt, gar nicht der Vater ist und nach rechtskräftiger Unwirksamerklärung seines Anerkenntnisses rückwirkend auch rechtlich nicht als Vater gilt, war er zur Unterhaltsleistung rechtlich nie verpflichtet. Indem er dennoch gezahlt hat, hat Viktor einen **bloßen Vermögensschaden** erlitten. Melanie könnte dem Viktor für die von diesem geleisteten Unterhaltsbeträge dadurch schadenersatzpflichtig geworden sein, dass sie ihm wider besseres Wissen „weisgemacht" hat, Siegis Vater zu sein.

Die Begründung des **Kausalzusammenhangs** im Sinne der überkommenen conditio-sine-qua-non-Formel wirft im vorliegenden Fall gewisse Schwierigkeiten auf. Man wird mit einer gewissen Wahrscheinlichkeit annehmen können, dass Viktor dann, wenn ihm Melanie nicht aktiv „weisgemacht" hätte, der Vater ihres Sohnes zu sein, die Vaterschaft nicht anerkannt und auch niemals Unterhalt gezahlt hätte. Es wäre aber auch der hypothetische Kausalverlauf nicht gänzlich auszuschließen, dass Viktor wegen des noch gelegentlich stattfindenden Sexualkontakts mit seiner Ex-Freundin Melanie von sich aus davon ausgegangen wäre, der Vater zu sein, und dann ebenfalls ein Vaterschaftsanerkenntnis abgegeben hätte. Dann käme es auf die Frage an, ob Melanie unter den gegebenen Umständen zur aktiven Aufklärung Viktors darüber verpflichtet gewesen wäre, nicht Siegis Vater zu sein (oder zumindest darüber, dass sie auch mit einem anderen Mann verkehrt habe). Grundsätzlich ist die Mutter nicht verpflichtet, den Namen des Vaters zu nennen (vgl § 149 ABGB, „Schweigerecht"). Dies umfasst aber nicht das Recht, einen allfälligen Mehrverkehr zu verschweigen, und zweitens läge kein rechtmäßiges, sondern rechtsmissbräuchliches Handeln vor, wenn das Verschweigen gegenüber dem erkennbar Irrenden in der Absicht erfolgt, diesen zur Leistung von vergleichsweise hohen Unterhaltszahlungen zu veranlassen.[22] Somit kann davon ausgegangen werden, dass Viktors Schaden in Gestalt der gezahlten Unterhaltsbeträge auch dann nicht eingetreten wäre, wenn er von Melanie nicht aktiv getäuscht worden, sondern von selbst davon ausgegangen wäre, der Vater Siegis zu sein, da Melanie dann zumindest über Umstände hätte aufklären müssen, die bei Viktor erhebliche Zweifel an seiner Vaterschaft bewirkt hätten. Im Ergebnis kann der Ersatzanspruch jedenfalls nicht an allfälligen Zweifeln im Bereich der Kausalität

---

22 Zum Umfang des Schweigerechts und zur Grenze des § 1295 Abs 2 ABGB vgl *Stabentheiner* in Rummel[3] § 163a Rz 3.

scheitern. Alternativ zur oben gegebenen Begründung kann auf den Gedanken eines „beweglichen Systems" zurückgegriffen werden, bei dem die allfällige „Schwäche" eines Zurechnungselements durch andere Gesichtspunkte – hier insbesondere durch die auf Verschuldensebene vorliegende Schädigungsabsicht – ausgeglichen werden kann.

Anmerkung:

Dass hier auf Ebene der Kausalität auf Fragen der Rechtmäßigkeit zurückgegriffen wird, soll nicht irritieren: Es geht ja darum, zu beurteilen, ob bei Entfall des schädigenden Verhaltens (aktives „Weismachen" der Vaterschaft Viktors) auch der Schadenseintritt unterblieben wäre. Da hierbei ein alternativer Kausalverlauf in Betracht kommt (nämlich dass Viktor auch ohne aktives Zutun der Melanie die Vaterschaft anerkannt haben könnte, weil er über seinen für sie erkennbaren Irrtum nicht aufgeklärt wurde), ist zu prüfen, ob bei rechtmäßigem Verhalten Melanies in einer solchen Situation der Schaden ebenfalls eingetreten wäre. In diesem Zusammenhang ist darauf einzugehen, ob ein Schweigen Melanies unter derartigen Umständen rechtmäßig wäre.

Der **Adäquanzzusammenhang** ist jedenfalls gegeben, ist doch unter Umständen wie den vorliegenden (gelegentlicher Sexualkontakt trotz Beendigung einer Beziehung) das wider besseres Wissen erfolgende aktive „Weismachen", der Ex-Partner sei Vater des Kindes, geradezu typischerweise geeignet, dass er dieser Behauptung Glauben schenkt und in der Folge Unterhaltszahlungen leistet.

Ein Problem besteht jedoch im Bereich der **Rechtswidrigkeit** bzw des **Rechtswidrigkeitszusammenhanges**: Zwischen den ehemaligen Lebensgefährten besteht keine besondere rechtliche Beziehung (wie etwa ein Vertragsverhältnis), das grundsätzlich auch den Schutz des „bloßen Vermögens" gebieten würde (der Schaden besteht ja hier in der Leistung von Geldzahlungen). Anerkannt ist aber, dass das Vermögen im Falle einer absichtlichen sittenwidrigen Schädigung jedenfalls Schutz genießt. Eine solche wird man hier annehmen können, leitet Melanie den Viktor doch absichtlich mit dem Motiv irre, wegen des hohen Einkommens des Viktor „lukrative" Unterhaltszahlungen für Siegi „herauszuschlagen".

Anmerkung:

Wird der Ersatzanspruch auf §§ 1295, 1311 ABGB iVm § 146 StGB gestützt, sind Rechtswidrigkeit und Rechtswidrigkeitszusammenhang ebenfalls verwirklicht. Melanie hat Viktor über die Tatsache seiner Vaterschaft getäuscht und dabei mit dem Vorsatz gehandelt, Viktor dadurch zu Unterhaltszahlungen zu verleiten, um ihren Sohn Siegi zu bereichern. Anerkanntermaßen stellt der strafrechtliche Betrugstatbestand ein Schutzgesetz iSd § 1311 ABGB dar, das auch den Schutz bloßen Vermögens des Geschädigten bezweckt.

Da Melanie positiv weiß, dass das Kind von Adam abstammt, und dennoch den Viktor aktiv glauben macht, Vater des Siegi zu sein, wobei gerade das Ziel verfolgt wird, diesen zu Unterhaltszahlungen zu veranlassen, liegt vorsätzliche Schädigung vor. Auch die **Verschuldensvoraussetzung** ist somit gegeben. Damit sind alle Voraussetzungen eines Schadenersatzanspruchs verwirklicht.

Anmerkung:

Denkbar ist, dass Melanie hinsichtlich der vor mehr als drei Jahren gezahlten Unterhaltsbeträge den Einwand der Verjährung erhebt. Ein solcher Verjährungseinwand ginge aber jedenfalls ins Leere: Die Verjährung eines Schadenersatzanspruchs beginnt gemäß § 1489 ABGB erst zu laufen, wenn der Geschädigte Kenntnis von Schaden und Schädiger hat. Hier hat Viktor bis vor kurzem noch keine Ahnung davon gehabt, dass er in Wahrheit gar nicht Siegis Vater ist; somit lag „Kenntnis des Schadens" nicht vor.

Viktor kann die geleisteten Unterhaltszahlungen daher in voller Höhe von Melanie beanspruchen.

3) Viktor gegen Kain und Abel auf Ersatz der bisher für Siegi gezahlten Unterhaltsbeträge gemäß § 1042 ABGB

Nach dem Gesetz wäre Adam **als Vater verpflichtet** gewesen, für Siegi Geldunterhalt zu zahlen (§ 231 ABGB). Mit der erfolgten Feststellung der Vaterschaft Adams (die nach der Sachverhaltsangabe anzunehmen ist) gilt dies rückwirkend auf den Geburtstermin.

Diesen bei ex-post-Betrachtung eigentlich von Adam zu tätigenden Unterhaltsaufwand hat über sieben Jahre allerdings **Viktor gemacht**, weshalb ihm gemäß § 1042 ABGB ein besonderer Verwendungsanspruch gegen Adam zusteht. Der Umstand, dass Viktor die Leistungen in der irrtümlichen Meinung erbracht hat, selbst hierzu verpflichtet zu sein, tut der Anwendbarkeit der Norm nach heute verbreitetem Verständnis keinen Abbruch.[23] Der Regressanspruch nach § 1042 ABGB besteht daher dem Grunde nach zu Recht.

Mit Adams Tod geht die Verpflichtung im Wege der Gesamtrechtsnachfolge auf die (eingeantworteten) **Erben** über (§ 547 ABGB). Erben sind aufgrund des formgültigen Testaments jedenfalls Kain und Abel. Auch Siegi ist gemäß § 777 ABGB erbberechtigt (vgl die Anmerkung zu Frage 3; nach dem ErbRÄG 2015 wäre § 775 Abs 2 ABGB einschlägig) und es ist nach der Klarstellung zu Frage 4 davon auszugehen, dass eine Erbantrittserklärung des Siegi vorliegt. Allerdings will Viktor von Siegi nichts zurück verlangen. Es wird daher davon ausgegangen, dass er nur Kain und Abel in Anspruch nimmt.

Auf das praktische Ergebnis wirkt sich dies folgendermaßen aus: Jedenfalls wegen der Minderjährigkeit des Siegi[24] (gemäß § 802 ABGB auch dann, wenn Kain bzw Abel eine bedingte Erbantrittserklärung abgeben sollten) ist ein In-

---

23 Vgl OGH 2 Ob 74/10m, JBl 2011, 303; *Apathy/Riedler,* Schuldrecht BT[4] Rz 15/24.
24 § 165 Abs 1 Z 2 AußStrG, vgl *Koziol/Welser,* Grundriss II[13] 576.

ventar zu errichten. In diesem Fall haftet bei Teilbarkeit der Schuld jeder Erbe nur für jenen Bruchteil der Schuld, der seiner Erbquote entspricht, begrenzt zudem mit der Höhe der dem betreffenden Erben zukommenden Nachlassaktiva (§ 821 ABGB).[25] Viktor kann daher von Kain und Abel jeweils nur 1/3 verlangen.

Anmerkungen:

1) Mangels genauerer Angaben im Sachverhalt muss auf die Frage der Höhe des Anspruchs nach § 1042 ABGB nicht eingegangen werden. Aufgrund des „lukrativen Einkommens" des Viktor könnte es durchaus sein, dass der von ihm tatsächlich gezahlte Unterhalt jenen übersteigt, den Adam unter Zugrundelegung seiner eigenen Einkommenssituation nach § 231 ABGB zu zahlen verpflichtet gewesen wäre. Als Bereicherungsanspruch geht der Anspruch nach § 1042 ABGB auf die Ersparnis des Adam. Diese könnte niedriger ausfallen als der Aufwand des Viktor.

2) Kain und Abel könnten daran denken, Verjährung des Anspruchs aus § 1042 einzuwenden. Nach neuerer Rechtsprechung des OGH unterliegen solche Ansprüche einer dreijährigen Verjährungsfrist, wenn der getilgte Anspruch – hier gemäß der Sonderregel für Unterhaltsansprüche in § 1480 ABGB – einer Dreijahresfrist unterliegt. Als Grund wird der Gedanke des Schuldnerschutzes genannt.[26] Allerdings entspricht es dem Grundgedanken des Instituts der Verjährung, dass diese erst zu laufen beginnt, wenn das der Verjährung unterworfene Recht ausgeübt werden kann. Der Lauf der Verjährungsfrist beginnt daher nach der Judikatur in Fällen wie dem vorliegenden „nicht vor rechtskräftiger Beseitigung des (eigenen) Anerkenntnisses".[27] Diese ist nach der Sachverhaltsschilderung genau genommen noch gar nicht erfolgt, wird aber als Wirkung der Feststellung von Adams Vaterschaft künftig eintreten. Zur Verjährung des Anspruchs kann es somit noch nicht gekommen sein.

3) Schadenersatzansprüche kann Viktor gegen die Erben nicht geltend machen: Adam hatte keine Kenntnis von Melanies Schwangerschaft; ihn trifft keinerlei Verschulden daran, dass Viktor jahrelang Unterhalt gezahlt hat.

---

25 Siehe *Koziol/Welser*, Grundriss II[13] 580 f.
26 Vgl etwa OGH 4 Ob 15/05t, SZ 2005/50; OGH 8 Ob 68/06t, EF-Z 2006/50 (*Gitschthaler*) für einen Anspruch nach § 1042 ABGB; weiters OGH 4 Ob 201/07y, EvBl 2008/69; RIS-Justiz RS0119861.
27 OGH 4 Ob 201/07y, EvBl 2008/69. Vgl ferner OGH 3 Ob 134/08i, JBl 2009, 367; OGH 4 Ob 198/09k, JBl 2010, 456; RIS-Justiz RS0122888.

Stichwortverzeichnis

Die Zahlen beziehen sich jeweils auf die Nummer des Falles